SIXIÈME ÉDITION REVUE ET CORRIGÉE

BIBLIOTHÈQUE CONTEMPORAINE

PAUL DE SAINT-VICTOR

HOMMES ET DIEUX

ÉTUDES
D'HISTOIRE ET DE LITTÉRATURE

PARIS
CALMANN LÉVY, ÉDITEUR
ANCIENNE MAISON MICHEL LÉVY FRÈRES
RUE AUBER, 3, ET BOULEVARD DES ITALIENS, 15
A LA LIBRAIRIE NOUVELLE

1882

HOMMES
ET DIEUX

CALMANN LÉVY, ÉDITEUR

DU MÊME AUTEUR

Format in-8°

Les Deux Masques, 1re série. — Les Antiques : Eschyle. 1 vol.

Sous presse :

Les Deux Masques, 2e série. — Les Antiques : Sophocle, Euripide, Aristophane, Calidasa...................... 1 —

Format grand in-18

Hommes et Dieux. Études d'histoire et de littérature..... 1 —
Barbares et Bandits. La Prusse et la Commune. 4e édition.. 1 —

PARIS. — IMP. P. MOUILLOT, 13-15, QUAI VOLTAIRE. — 23760.

HOMMES ET DIEUX

ETUDES
D'HISTOIRE ET DE LITTÉRATURE

PAR

PAUL DE SAINT-VICTOR

SIXIÈME ÉDITION

REVUE ET CORRIGÉE

PARIS
CALMANN LÉVY, ÉDITEUR
ANCIENNE MAISON MICHEL LÉVY FRÈRES
3, RUE AUBER, 3
1882

Droits de reproduction et de traduction réservés

AVANT-PROPOS

Je prie le lecteur de se figurer un atelier dans lequel l'artiste aurait rassemblé quelques-unes de ses études les moins imparfaites, pour les exposer aux yeux du public : un tableau d'histoire auprès d'une eau-forte, un dessin d'après l'antique à côté d'un portrait ou d'une fantaisie. C'est l'image de ce volume composé de morceaux écrits à des occasions très-diverses. J'essayerais vainement de leur former un lien factice que briserait à chaque instant la diversité des sujets : ils n'ont entre eux d'autre analogie que celle de reproduire des scènes et des figures du passé. En recueillant ces feuilles dispersées, j'ai mis tous mes soins à corriger leur forme et à remplir leurs lacunes. A défaut de l'unité de composition, ce livre aura du moins celle de l'inspiration qui en a dicté toutes les pages : un grand amour de l'art et une recherche sincère de la vérité.

HOMMES ET DIEUX

I.

LA VÉNUS DE MILO.

Béni soit le paysan grec dont la bêche exhuma la déesse enfouie depuis deux mille ans dans un champ de blé! Grâce à lui, l'idée de la Beauté s'est exhaussée d'un degré sublime; le monde plastique a retrouvé sa reine.

A son apparition, que d'autels écroulés, que de prestiges évanouis! Comme dans le temple biblique, toutes les idoles tombèrent la face contre terre. La *Vénus de Médicis*, la *Vénus du Capitole*, la *Vénus d'Arles*, s'abaissèrent devant la *Vénus* deux fois *Victorieuse* qui les réduisait, en se relevant, au rang secondaire. L'œil humain a-t-il jamais embrassé forme plus parfaite? Ses cheveux, négligemment rattachés, ondulent comme les vagues d'une mer au repos. Le front se découpe sous leurs bandelettes, ni trop haut ni trop bas, mais tel que l'on peut concevoir le siège d'une pensée divine, unique, immuable. Les yeux s'enfoncent sous l'arcade profonde des sourcils; elle les recouvre de son ombre, elle les frappe de cette sublime cécité des dieux, dont le regard, aveugle au monde extérieur, retire en lui sa lumière et la répand sur tous les points de leur être. Le nez se rattache au front par ce trait droit et pur qui est la ligne même de la beauté. La bouche, entr'ouverte, creusée aux angles, animée par le clair-obscur que projette sur elle la lèvre supérieure, exhale le souffle ininterrompu des vies immortelles. Son léger mouvement accuse la rondeur grandiose du menton marqué d'un imperceptible méplat.

La beauté coule de cette tête divine et se répand sur le corps, à la façon d'une clarté. Le cou n'affecte point ces molles inflexions de cygne que la statuaire profane prête à ses Vénus. Il est droit, ferme, presque rond, comme un fût de colonne supportant un buste. Les épaules étroites développent, par leur contraste, l'harmonie d'un sein digne, comme celui d'Hélène, de servir d'empreinte aux coupes de l'autel: sein doué d'une virginité éternelle, que l'Amour n'a pas fatigué en l'effleurant de ses lèvres, auquel les quatorze enfants de Niobé pourraient boire sans altérer son contour. Le torse offre ces plans cadencés et simples qui marquent les divisions de la vie.

La hanche droite, assouplie par l'inclinaison de la pose, prolonge son ondulation dans la draperie glissante que le genou, porté en avant, laisse retomber en plis majestueux.

Mais la beauté sublime est la beauté ineffable. La langue d'Homère et de Sophocle serait seule digne de célébrer cette royale Vénus; l'ampleur du rhythme hellénique pourrait seule mouler, sans les dégrader, ses formes parfaites. Par quelle parole exprimer la majesté de ce marbre trois fois sacré, l'attrait mêlé d'effroi qu'il inspire, l'idéal superbe et ingénu qu'il révèle? Le visage ambigu des sphinx est moins mystérieux que cette jeune tête en apparence si naïve. D'un côté, son profil exhale une douceur exquise; de l'autre, la bouche contracte le tour, l'œil prend l'obliquité d'un dédaigneux défi. Regardez-la de face : la figure apaisée n'exprime plus que la confiance de la victoire, la plénitude du bonheur. — La lutte n'a duré qu'un instant; d'un regard, Vénus sortant des flots a mesuré son empire. Les Dieux et les hommes ont reconnu sa puissance... Elle met le pied sur la plage et s'expose, demi-nue, à l'adoration des mortels.

Mais cette Vénus n'est pas la Cypris frivole d'Anacréon et d'Ovide, celle qui forme l'Amour aux ruses érotiques, et à laquelle on immole les oiseaux lascifs. C'est la Vénus Céleste, la Vénus Victorieuse, toujours désirée, jamais possédée, absolue comme la vie, dont le feu central réside dans son sein; invincible comme l'attrait des sexes auquel elle préside, chaste comme l'Éternelle Beauté qu'elle personnifie. C'est la Vénus qu'adorait Platon, et dont César donnait le nom — *Venus victrix* — pour mot d'ordre à son armée, la veille de Pharsale. Elle est la flamme qui crée et qui conserve, l'instigatrice des grandes choses et des projets héroïques. Ce qu'il y a de pur dans les affections terrestres, l'âme des sens, l'étincelle créatrice, la particule sublime mêlée à l'alliage des passions grossières, tout cela lui appartient de plein droit. Le reste revient aux Vénus vulgaires, copies profanées de son type qui se parent de ses attributs et usurpent son piédestal. Quelques-uns croient que son pied mutilé reposait sur un globe; ce symbole compléterait sa grandeur. Les astres gravitent en cadence autour de la Vénus Céleste, et le monde roule harmonieusement sous son pied.

On a attribué la *Vénus* de Milo à Praxitèle : rayons ce nom du socle sans tache. Praxitèle modelait ses déesses sur des courtisanes; il amollit le marbre divinisé par Phidias. Sa *Vénus* de Gnide enflamma la Grèce d'une impure ardeur. Contemporaine du Parthénon, la grande Vénus est née, comme ses héros et ses dieux, d'une conception idéale. Il n'y a pas un atome de chair dans son marbre auguste ; ces traits grandioses ne reflètent aucune ressemblance ; ce corps, où la grâce se revêt de force, accuse la génération de l'esprit. Il est sorti d'un cerveau viril fécondé par l'idée et non par la présence de la femme.

Il appartient au temps où la statuaire n'exprimait que des types surhumains et des pensées éternelles.

O Déesse! tu n'as apparu qu'un instant aux hommes dans la splendeur de ta vérité, et il nous est donné de contempler cette lumière! Ta rayonnante image nous révèle l'Eden de la Grèce, alors qu'au premier soleil de l'art l'homme tirait les dieux des flancs de la matière endormie. De quelle avenue de siècles tu viens à nous, ô jeune souveraine! A quelles traditions sacrées tu nous inities! Homère lui-même a méconnu ta grandeur, lui qui glisse ton fantôme dans le filet où Vulcain surprit l'adultère! Pour te chanter, il faudrait cette lyre à trois cordes qu'Orphée faisait résonner avec une gravité religieuse dans les vallées du monde naissant! Bientôt ton type primitif va se corrompre et se dégrader. Les poëtes t'énerveront dans les mollesses d'Amathonte : ils prostitueront ton idée à leurs fictions licencieuses; ils rouleront tes membres profanés sur tous les lits de la terre. Les sculpteurs feront de toi une bacchante et une courtisane; ils t'entraîneront dans les orgies du marbre et du bronze; ils plieront aux poses lascives ta noble stature : l'âme des hétaïres s'insinuera dans ton corps divin et dépravera tes images. Vénus va sourire, feindre la pudeur, sortir du bain, peigner ses cheveux, se regarder au miroir... Que t'importe, ô Déesse! tu sors intacte de ces métamorphoses sacriléges. Dante nous montre, dans son poëme, la Fortune agitant sa roue et versant sur la race humaine, par répartitions mystérieuses, les biens et les maux, les succès et les revers, les prospérités et les catastrophes. Les hommes la maudissent et l'accusent. « Mais elle n'entend pas ces injures. Calme « parmi les créatures premières, elle fait tourner sa « sphère et se réjouit dans sa béatitude. » Ainsi la grande Vénus répand au hasard sur les âmes de hautes pensées et de vils désirs, les voluptés saintes et les obscènes convoitises. Mais l'outrage ne l'atteint pas, l'injure ne l'offense pas, l'écume qu'elle a déchaînée ne remonte point jusqu'à elle. Debout sur son piédestal, elle se recueille en elle-même et fait tourner tranquillement son globe étoilé :

Volge sua sfera e beata si gode.

Qui n'a senti en entrant au Louvre, dans la salle où règne la Déesse, cette sainte terreur, — *deisadaimonia*, — dont parlent les Grecs ? Son attitude est fière, presque menaçante. La haute félicité qu'exprime son visage, ce bonheur inaltérable que puise dans son essence un être parfait, vous consterne et vous humilie. Il n'y a pas de squelette dans ce corps superbe, ni de larmes dans ces yeux aveugles, ni d'entrailles dans ce torse où circule un sang calme et régulier comme la sève des plantes. Elle est de la race lapidaire de Deucalion et non de la famille de sang et de larmes engendrée par Ève. On se souvient de cet *Hymne d'Apollon* attribué à Homère, où sourit cette strophe d'un mépris si olympien, d'une sérénité si cruelle : « Et les Muses en chœur, « se répondant avec leurs belles voix, se mettent à « chanter les dons éternels des dieux et les misères « infinies des hommes, lesquels, ainsi qu'il plaît aux « Immortels, vivent insensés et impuissants, et ne « peuvent trouver un remède à la mort ni une dé- « fense contre la vieillesse. »

Laissez le charme agir. Fatigué des doutes et des angoisses de la pensée moderne, reposez-vous au pied du marbre auguste, comme à l'ombre d'un chêne antique. Bientôt une paix profonde coulera dans votre âme. La statue vous enveloppera de ses linéaments solennels, vous vous sentirez comme enlacé dans ses bras absents. Elle vous élèvera doucement à la contemplation de la beauté pure. Sa calme vitalité passera dans votre être. La lumière et l'ordre se feront dans votre esprit obscurci par de vains rêves, obsédé par des fantômes gigantesques. Vos idées prendront le tour simple des pensées antiques. Il vous semblera renaître à l'aurore du monde, alors que l'homme adolescent foulait d'un pied léger la terre printanière, et que le rire éclatant des dieux retentissait sous les voûtes de l'Olympe, comme un joyeux tonnerre dans un ciel serein.

II.

DIANE.

La Mythologie fait de Diane la fille de Latone, mais le sein qui l'a portée est plus vaste, sa conception plus divine encore. C'est du courant des sources, de la profondeur des ombrages, des bruits du vent, des mystères de la solitude que Diane est sortie. Tous les éléments chastes de la nature, toutes les puretés du corps et de l'âme se personnifient dans la grande Vierge dorienne. Sœur de Phébus, le dieu solaire, Diane, à l'origine, est la Lune, unique comme lui dans le ciel : leur double célibat exprime leur solitude éthérée. Mais de même qu'Apollon, pareil à une statue qui surgit des flammes de son moule, se dégage vite du Soleil, de même Diane descend bientôt de l'astre nocturne. Son caractère lunaire pâlit par degrés; elle en gardera toujours le reflet, mais la Chasseresse prédomine, l'héroïne sans protecteur et sans maître, qui vit, libre de tout joug, au fond des grands bois.

C'est ainsi que l'adorait la Grèce, c'est ainsi que l'imagination l'évoque, et que les poëtes la chantent, et que le ciseau des sculpteurs la détache du marbre pur et froid comme elle. Grande et svelte, dépassant de la tête le cortége errant de ses Nymphes. Sa figure est celle d'Apollon à peine adoucie; aucune mollesse n'allanguit sa beauté hautaine. Sa bouche entr'ouverte aspire le souffle des bois; ses narines palpitent comme à l'odeur de la proie; ses yeux fixes lancent des regards rapides et droits comme ses flèches; ses hanches étroites sont celles d'un éphèbe plutôt que d'une femme; son sein, rétréci par l'exercice des jeux héroïques, a la verdeur de la puberté. L'idée de la course s'attache à ses jambes, comme l'idée du vol aux ailes de l'oiseau. La bottine crétoise chausse son pied agile; le court chiton d'Orient étreint de ses plis sa taille élancée, et se retrousse à son genou sous la morsure de l'agrafe. Souvent encore, avec une grâce hâtive, elle ploie son manteau en guise de ceinture autour de ses flancs. Le premier souffle dénouera ses cheveux relevés en ondes sur son front, ou noués derrière sa nuque en une simple touffe. Toujours en marche, toujours en mouvement, retournant la tête comme à l'appel d'une fanfare, tirant une flèche du carquois qui bat ses épaules, ou domptant une biche cabrée sous sa main, ses statues offrent l'image de l'activité éternelle.

C'est ainsi qu'au son des cors et aux aboiements de sa meute, elle parcourt les bois et les monts, suivie du chœur de ses Nymphes, farouches et vierges comme elle. La troupe indomptée franchit les précipices et passe les fleuves à la nage, lançant ses traits aux aigles, perçant de ses javelots les sangliers et les ours. A midi, les guerrières agrestes s'endorment sous les vastes chênes, parmi les molosses; au crépuscule, à l'heure où les lionnes vont boire, elles lavent dans les sources froides leurs mains sanglantes et leurs bras poudreux. Une loi austère régit le gynécée vagabond. Les compagnes de Diane font vœu de chasteté perpétuelle. Les bois sacrés sont leurs cloîtres, les montagnes sont leurs monastères. La Déesse est, pour ainsi dire, l'abbesse des forêts.

De quels prestiges devait remplir les bois sa présence secrète! Elle sanctifiait tous leurs sites, elle divinisait tous leurs bruits. La brise qui troublait le feuillage était peut-être sa divine haleine. Peut-être le lac, frémissant encore, venait-il de recevoir son corps virginal. Sa chasse merveilleuse enchantait la forêt; elle se mêlait à toutes ses rumeurs. Les bûcherons et les pâtres entendaient siffler ses flèches dans les cris du vent; ils voyaient reluire ses épaules dans les clartés qui blanchissaient les ombrages. Quelle frayeur religieuse devait saisir le jeune chasseur laconien pénétrant dans les taillis du Taygète!

Si, au tournant d'un sentier, il allait voir s'avancer vers lui la Déesse, appuyée sur son arc d'argent!... S'il la surprenait sortant nue du bain, et rajustant sa draperie d'un geste pudique!... Que les rameaux qu'écarte sa marche lui jettent au visage une goutte de rosée, il croira sentir l'eau magique que Diane lança sur Actéon, et qui fit germer à ses tempes les ramures du cerf. — Fuis, téméraire, sans retourner la tête! déjà tes chiens te regardent d'un œil soupçonneux...

La nuit surtout devait multiplier les terreurs qui s'attachaient à la rencontre de l'Immortelle. Ces fracas lointains qui traversaient le silence, étaient-ce les bonds de ses Nymphes ou les bondissements des cascades? Ne pouvait-on prendre les branches argentées pour les pointes de leurs lances mouvantes sous la lune?... Dans le croissant qui s'abaissait sur les cimes, le voyageur attardé croyait voir le diadème de Diane endormie sur quelque sommet.

Mais la Lune, c'était elle encore. Dépouillant chaque soir, comme un habit de chasse, sa forme terrestre, Diane, la nuit, remontait au ciel pour y diriger l'armée des étoiles, comme le jour elle dirigeait la troupe de ses Nymphes. Du firmament même, ses traits ne cessaient pas de pleuvoir, tantôt propices et tantôt funestes. C'étaient les rayons paisibles qui percent les ténèbres et frayent les sentiers; c'étaient aussi les flammes sinistres qui suscitent les spectres et qui éclairent les noirs maléfices.

Car, de son origine lunaire, Diane a gardé un caractère mystérieux. Elle est changeante comme la planète qu'elle personnifie. Contemplez-la dans le ciel : le croissant limpide va se métamorphoser en face grimaçante. Regardez-la sur la terre : elle vous montre tour à tour le visage d'une déité secourable, ou le profil violent d'une Furie. Ses vengeances sont impitoyables : elle livre Actéon aux dents de ses chiens; elle tue Calisto, sa nymphe infidèle; elle extermine en masse les filles de Niobé. Junon, indignée, dans l'*Iliade*, lui reproche son « cœur de lionne « contre les femmes. » A Pellène, nul n'osait regarder sa statue en face; lorsqu'on la portait en procession, les plus hardis détournaient les yeux. Son regard, disait-on, stérilisait les arbres et faisait tomber les fruits verts. En Tauride, Diane se réjouit du sang des victimes; à Sparte, du cri des adolescents et des vierges fouettées sur son autel. Pendant la flagellation déchirante, sa prêtresse, tenant entre ses bras sa statue de bois, s'écrie que le poids l'écrase et qu'elle va la laisser tomber, chaque fois que le bras qui frappe ralentit ses coups. Effrayante surtout, lorsqu'elle revêt le masque d'Hécate, et que, du haut du ciel, son disque livide, brouillé de nuages, plane sur le trépied magique dont il consomme les philtres et fait bouillir les poisons. — « Je « t'invoque, terrestre Hécate! » — s'écrie la Symétha de Théocrite composant ses *charmes*, — « devant « qui les chiens mêmes tremblent de terreur, lors-

« que tu arrives à travers les tombes, et dans le sang « noir des morts. Salut, consternante Hécate! et « jusqu'au bout sois-nous présente, faisant que ces « poisons ne le cèdent en rien à ceux ni de Circé, ni « de Médée, ni de la blonde Périmède. » Origène nous a transmis la prière liturgique que lui adressaient les magiciennes de la Thessalie : elle égale en horreur l'incantation des trois sorcières de Macbeth :
« Viens, infernale, terrestre et céleste Hécate, déesse « des grands chemins, des carrefours, toi qui apportes « la lumière, qui marches la nuit, ennemie de la « lumière, amie et compagne de la nuit, toi que « réjouissent l'aboiement des chiens et le sang versé, « qui erres au milieu des ombres, à travers les tom- « beaux; toi qui désires le sang et qui apportes la « terreur aux mortels, Bombo! Gorgo! Mormo! Lune « aux mille formes! assiste d'un œil propice à nos « sacrifices. » Plus tard encore, corrompue par l'Asie, la déesse dorienne s'identifie avec la Diane monstrueuse du temple d'Éphèse. Sa taille élancée s'emboîte dans la gaîne informe d'une momie; sa chaste poitrine se charge d'un triple rang de mamelles. Elle a pour prêtres des eunuques et pour fêtes d'obscènes mascarades.

La vraie Diane n'est pas responsable des métamorphoses impures ou perverses que subit son type. Ces Dieux grecs, si humains et si sympathiques, avaient contracté dans leur passé oriental des engagements qu'il leur fallait acquitter. Sortis des cultes phalliques et orgiastiques de l'Asie, ils s'étaient dégagés de leur servitude : de monstres, ils s'étaient faits hommes ; de la difformité du fétiche, ils s'étaient élevés à la beauté du Génie. Mais, sous leurs traits épurés, ils gardaient les signes de leur conception primitive. De temps en temps, du moins, par quelque côté ils devaient reprendre leur figure première. Le prêtre ne livrait pas tout entière son idole à la lyre du poëte et au ciseau de l'artiste; il s'en réservait la face obscure, la partie voilée, la forme hiéroglyphique et occulte. De là ces doubles existences qui divisent et contredisent si souvent les divinités de la Grèce. Aphrodite se plonge par instants dans les Mystères impurs d'Astarté ; le jeune et doux Bacchus, sous le nom phrygien de Zagreus, répand, au lieu de vin, le sang des victimes; Proserpine s'arrache aux fleurs de la Sicile pour siéger sur le trône noir de l'Hadès.

Mais, malgré tout, Diane Chasseresse efface Hécate ; la Vierge pure rachète les crimes de l'idole Éphésienne et de l'astre impur. Elle pourrait fouler sous ses pieds le croissant qu'elle porte à son front. Qu'elle est belle et bienfaisante sous cette noble forme ! que de bonté sous son air sévère ! que de vertu sous ses airs farouches ! Elle mérite le titre que les Athéniens avaient gravé sur le socle de sa statue : *A la trèsbonne et très-belle Déesse.* Invoquée par les malades, elle apporte à leur chevet l'odeur balsamique des bois qu'elle exhale, et qui guérit tous les maux. Par une compensation délicate, la Grèce lui avait confié le patronage des jeunes créatures. Puisqu'elle ne devait pas connaître les voluptés de l'hymen, on voulait du moins qu'elle ressentît quelque chose des joies maternelles. C'était elle qui protégeait les enfants ; les petits animaux même lui étaient voués. Comme Illythie, elle allégeait les douleurs des mères. Selon les mythes de Délos, à peine sortie du sein de Latone, elle l'avait aidée à mettre au jour Apollon. L'auguste vierge remplissait ainsi dans la mythologie le rôle que joue dans la famille la tante restée fille, qui répand sur les enfants de ses sœurs l'amour renfermé dans son sein stérile. Sa pureté lui donne une beauté spéciale ; il y a de l'auréole dans l'éclat qu'elle jette, et dans sa divinité de la sainteté. Ses apparitions sont d'une Madone plus que d'une déesse. — « La Diane de ce carrefour, — dit « une épigramme de l'*Anthologie*, — c'est une fille « de Démarète, Agélochie, jeune vierge demeurant « encore dans la maison de son père, qui l'a ainsi « parée d'une robe ; car la déesse elle-même lui est « apparue près de son métier, toute resplendissante « de lumière. »

Lorsque l'heure nubile arrivait, et que les troubles de Vénus succédaient à sa chaste influence, la jeune fille lui dédiait sa dernière poupée. En ex-voto à sa statue elle suspendait l'innocent fétiche qu'une idole vivante allait bientôt remplacer sur son cœur.

Il n'y a qu'un amour dans la légende de Diane, immaculé comme la lumière qui l'exprime. C'est sous sa forme sidérale qu'elle aime Endymion. Alors elle n'est plus Diane, elle s'appelle Séléné, la Lune paisible et propice. Et quelle pudeur dans son hymen aérien ! Ses caresses sont des reflets, son baiser est un rayon qui se glisse sur des lèvres closes par le sommeil ; elle se donne en déployant sa clarté sur le corps du jeune chasseur endormi. Redescendue sur la terre, Diane garde envers ses initiés même une inviolable réserve. Dans la tragédie d'Euripide, Hippolyte, son favori le plus cher, entend sa voix sans voir son visage. Elle ne se montre pas même à lui, lorsqu'il va mourir, mais elle console son agonie avec une céleste pitié. A son approche ses douleurs s'apaisent ; il se meurt, mais ne souffre plus. Si elle évite son dernier souffle, si elle ne reçoit pas son dernier regard, c'est que sa dignité divine lui interdit l'aspect de la mort. — « Adieu, reçois mon dernier salut. Il « ne m'est pas permis de voir les morts, ni de souiller « mon regard par de funèbres exhalaisons. Déjà je te « vois approcher du terme fatal. » — Et son départ solennel précède celui de l'âme du héros.

Une fonction terrible est assignée à Diane : son arc lance le trépas subit qui renverse l'homme dans sa force et l'adolescent dans sa fleur. Mais, pour les Anciens, la mort soudaine était l'*euthanasie*, la « bonne mort, » et ils bénissaient Diane de la sûreté de ses coups. Ils appelaient « doux » ses traits invisibles.

« O ma mère ! » demande dans l'*Odyssée* Ulysse, évoquant les Mânes, à l'Ombre d'Anticlée, « comment « la Parque t'a-t-elle soumise au long sommeil de « la mort? As-tu souffert d'une longue maladie, ou « Diane, te visitant, a-t-elle fait tomber sur toi ses « *douces* flèches? » — Et Anticlée lui répond, avec un accent de regret : « Diane, au sein de mon palais, « ne m'a point frappée de ses *douces* flèches ; mais « c'est le souci de ton absence, ô mon fils, qui m'a « ravi le jour ! »

C'est en Diane que le paganisme a donné son plus haut et son plus pur idéal. Il avait besoin de cette vierge pour l'opposer à ses divinités de chair et de joie. Tandis que les Immortels remplissent d'adultères la terre et le ciel, la rigide déesse, retranchée dans ses montagnes inviolables, proteste par son austérité contre les débordements de l'Olympe. Elle y donne l'exemple de l'abstinence et de l'énergie ; elle y élève des âmes saines dans des corps robustes, elle y tient école d'héroïsme. Son exemple est efficace, son influence s'exhale du fond des forêts, et se répand sur la Grèce, pareille à ces vents froids qui purifient l'atmosphère. C'est elle qui excite les jeunes gens aux mâles exercices du Gymnase ; c'est elle qui les entraîne à la chasse, loin de la maison des courtisanes et du portique des rhéteurs. Lorsque son image s'altéra, lorsque son culte se corrompit, une vertu se retira du Polythéisme. Il perdit sa seule pudeur et sa dernière dignité.

III.

LES GRANDES DÉESSES.

CÉRÈS ET PROSERPINE.

I.

Cérès était la déesse la plus vénérable du paganisme. Comme Zeus, Hermès, Pan, Rhéa, elle appartient à ce groupe immémorial de divinités Pélasgiques qu'on pourrait appeler les ancêtres et les patriarches de l'Olympe. Les racines de son nom grec, *Déméter*, — « terre mère, » — indiquent la profondeur de son origine. On l'entrevoit, aux premiers âges de la Grèce, encore enfouie sous l'enveloppe de la masse terrestre, dont elle exprime vaguement la fécondité. Elle s'en dégage d'abord sous la forme monstrueuse d'une idole. Ses plus antiques images la représentent avec la tête d'un cheval, enlacée de serpents, portant un dauphin sur la main droite et une colombe sur la main gauche. C'est la terre à l'état sauvage, livrée aux énergies aveugles de la production, avant que l'homme ait défriché sa glèbe et discipliné son règne animal.

La mythologie de l'âge homérique dégrossit cette barbare ébauche. Cérès se détache des fanges du chaos; elle s'élance, parmi les épis, du sillon creusé par la charrue du labour; elle apparaît à l'agriculteur sous l'auguste aspect d'une reine bienfaisante. Ce n'est plus la nature brutale qu'elle personnifie, c'est la terre maternelle, le champ nourricier, la culture qui fonde et qui civilise. Sœur de Zeus, le roi du ciel, elle s'unit à lui dans un hymen mystérieux. Proserpine naît de leurs amours. Une légende merveilleuse sanctifie la mère et la fille. L'une règne sur le corps de l'homme, l'autre sur son âme. Leur personnalité physique s'illumine d'une allégorie spirituelle. Elles deviennent par excellence les deux « Grandes Déesses. »

Ce n'est pas dans Ovide, le frivole romancier des symboles antiques, qu'il faut lire l'histoire de Cérès, c'est dans l'Hymne homérique qui lui est dédié, et qui porte l'empreinte des traditions primitives.

Proserpine cueille des fleurs avec les Océanides, dans le champ Nyséen. Au moment où elle détache la tige d'un narcisse, la terre s'écarte en un vaste gouffre, d'où s'élance Pluton monté sur son char. Il enlève la vierge, qui se débat en vain sous sa rude étreinte. Hécate et le Soleil sont seuls témoins du rapt infernal. Le char de Pluton dévore l'espace et plonge dans la mer. Les cris dont Proserpine a rempli le monde ont frappé l'oreille de Cérès. Elle s'élance, éperdue, à la poursuite du ravisseur; pendant neuf jours, elle parcourt la terre en secouant des torches ardentes. Le dixième jour, Hécate lui annonce qu'elle a aperçu Proserpine à la lueur de son pâle flambeau; mais elle n'a pu voir le visage du dieu qui l'enlevait. Enfin, le Soleil, infaillible témoin à qui rien n'échappe, révèle le nom du roi des Enfers. Cérès, irritée, abandonne l'Olympe; elle abdique son rang de déesse; elle revêt les rides et les haillons d'une vieille femme, et cherche sa fille par les champs et par les cités. Épuisée de fatigue, elle s'arrête à Éleusis, à l'ombre d'un olivier, près du puits de Parthénios. Les filles du roi Céléos, qui venaient puiser l'eau vive dans des vases d'airain, interrogent la vénérable étrangère. Cérès leur répond par un récit mensonger, et leur demande de lui trouver dans la ville un emploi de servante ou de nourrice. Les filles de Céléos l'amènent à leur mère Métanire, qui lui confie son fils Triptolème. La déesse promet de le garder des maléfices : elle le nourrit sans pain et sans lait, le lavant d'ambroisie et l'alimentant de son souffle. Pendant la nuit, elle l'enfonce dans un brasier ardent pour le purifier de l'alliage terrestre. Triptolème croît en force et en beauté, comme l'enfant d'un Immortel. Métanire, curieuse, épie furtivement la divine nourrice. Une nuit, elle l'aperçoit

plongeant l'enfant dans la flamme ; elle pousse un cri de frayeur. Cérès, irritée, retire l'enfant du foyer, et adresse à la mère de sévères reproches. Son fils mourra, puisqu'elle a manqué de foi. Et elle se révèle dans la splendeur de sa divinité. « Je suis la glo-
« rieuse Déméter, qui fais la joie des dieux et des
« hommes. » Puis elle commande qu'on lui bâtisse, sur la colline Callichore, un temple où, plus tard, elle enseignera ses Mystères. Le temple s'élève et la déesse s'y retire ; mais la perte de sa fille la rend insensible aux prières et aux sacrifices. La terre, que ne fécondent plus ses bénédictions, est frappée de stérilité ; la famine sévit sur l'espèce humaine. C'est en vain que les dieux viennent tour à tour intercéder pour les hommes auprès de Cérès. Elle a juré que le sol resterait stérile tant qu'elle n'aurait pas revu sa fille bien-aimée.

Jupiter députe vers le dieu des Enfers Hermès à la verge d'or. Pluton se laisse fléchir ; il permet à Proserpine d'aller visiter sa mère. Proserpine s'élance sur le char éclatant de son noir époux ; Hermès la conduit au temple d'Éleusis. Cérès accourt au bruit du sombre quadrige ; elle couvre de baisers et de larmes la tête de sa fille ; elle lui demande si elle n'a goûté d'aucune nourriture auprès du Roi des morts : « Car s'il en est ainsi,
« tu pourras désormais habiter dans l'Olympe, près
« de ton père Zeus ; mais si tu as pris une nourriture
« dans le noir empire, alors il t'y faudra retourner.

« Tu demeureras la troisième partie de l'année avec « ton époux, et les deux autres avec moi et les Dieux « immortels. » Mais Pluton, avant de laisser partir Proserpine, lui a fait manger un pépin de grenade. L'arrêt est porté. Cérès se résigne aux lois du Destin. Elle relève la terre de l'excommunication qu'elle lui avait infligée. Triptolème, son nourrisson, reçoit d'elle les principes et les leçons de la vie. Elle lui confie les germes sacrés qui fertiliseront le sein de la terre ; elle lui enseigne l'art de cultiver le sol avec la charrue ; elle lui apprend à récolter le blé et à faire le pain. Triptolème ensemence d'abord le champ paternel, puis il monte sur un char auquel Cérès attelle des serpents ailés, et parcourt le monde en jetant du haut du ciel les semailles des moissons futures.

Ce mythe si pathétique et si pur recouvre, comme toutes les fables de la Grèce, une signification naturelle. Proserpine, partagée entre les Enfers et la terre, symbolise le phénomène de la végétation, enfouie chaque année avant de fleurir. Pluton représente l'aveugle principe des productions souterraines. Cérès, par sa douleur maternelle, figure à la fois l'amour de la Terre pour ses enfants, sa désolation lorsque l'hiver arrache sa verdure, sa joie quand elle renaît au printemps. Triptolème exprime l'éducation de l'homme primitif initié aux rites de l'agriculture. Tel est le sens général de cette belle légende, revêtue des formes harmonieuses de l'allégorie.

L'imagination grecque ne cessa de perfectionner

les types de ces Divinités bienfaisantes. On les voit croître d'âge en âge en beauté, en vertu, en grandeur morale. A son titre de nourricière du genre humain, Cérès joignit celui de législatrice. Elle présida à la formation des lois, à l'accomplissement des devoirs, à l'union des familles, dont le champ est l'éternelle base. Proserpine se transfigura dans les ténèbres du monde souterrain : elle y prit l'aspect fantastique d'une Vénus funèbre ; elle y devint la maîtresse des âmes immortelles. Les jeunes hommes enlevés prématurément à la vie s'endormaient entre ses bras d'un sommeil mystique. Le célèbre vase peint de Ruvo nous la montre accueillant dans un bosquet de myrtes l'adolescent que lui présente un Génie ailé. Le nom de *Félicité* est inscrit au-dessus de sa tête. Trois femmes l'entourent : l'une, qui symbolise les *Banquets éternels*, porte un plat chargé de fruits; l'autre, enveloppée d'un manteau étoilé, se nomme la *Santé*; la troisième, tenant le fil des Parques entre ses doigts, est appelée la *Belle*. Le jeune mort lui-même est désigné par cette légende : *Celui qui doit vivre de longs jours.*

Ainsi, déjà dans l'enfer païen la Mort a perdu son aiguillon et dépouillé son horreur. La joie et l'amour régnent là où l'homme rêvait l'épouvante et la solitude ; la santé brille dans l'asile de la destruction ; une vie nouvelle s'ouvre à l'homme qui croyait descendre dans le vide sans fond du néant.

C'est sans doute à l'influence de Proserpine qu'est

due cette transformation du sombre royaume; ce sont ses yeux qui l'éclairent de cette aube ravissante d'immortalité. Comme une jeune reine embellit une cour attristée par un roi sévère, elle apporte aux Enfers l'amour et la jeunesse. Sa grâce agit sur Pluton lui-même. Le Dieu farouche s'attendrit à son doux contact; il enchante les morts qu'il effrayait autrefois. Platon le représente, dans son *Cratyle*, comme un pur Esprit qui apprivoise et retient les âmes par le charme de ses discours.

« Disons donc, par cette raison, Hermogène, qu'il
« n'est personne dans l'autre monde qui ait envie de
« revenir dans celui-ci, pas même les Sirènes, et
« qu'elles sont retenues par le charme avec tous les
« autres morts : tant sont beaux les discours que
« Haidès sait leur tenir; et, d'après ce que je viens
« de dire, ce Dieu est un sophiste accompli et un
« grand bienfaiteur pour ceux qui habitent auprès
« de lui... Quant à la volonté qu'il a de ne pas se
« trouver avec les hommes revêtus de leur corps,
« mais d'entrer en commerce avec eux lorsque leur
« âme est délivrée des maux et des désirs du corps,
« n'est-ce pas là, à ton avis, être philosophe, et avoir
« bien compris que dans cet état il fixera les hommes
« par le désir de la vertu, tandis que, s'ils sont trans-
« portés par les passions et les folies du corps,
« son père Chronos lui-même ne pourra pas les re-
« tenir près de lui, en les attachant par les liens qui
« portent son nom? »

Ainsi, les bienfaits de la vie et les espérances de la mort, les phénomènes de la germination et les miracles de la renaissance, le champ qui nourrit et qui fonde, le tombeau qui purifie et qui ressuscite, l'amour maternel et la piété filiale, la providence terrestre et les espérances éternelles, toutes les idées sublimes, tous les sentiments purs, toutes les saintes croyances se personnifiaient dans Cérès et dans Proserpine. Elles étaient les Madones du polythéisme. Leur caractère religieux se maintint intact au milieu des travestissements que le caprice mythologique imprima aux autres divinités. Tandis que Zeus se souille d'adultères, qu'Aphrodite se prostitue aux enfants des hommes, que Bacchus se dégrade dans les orgies asiatiques, les deux Grandes Déesses restent chastes, austères, édifiantes. Leur culte est l'enseignement sacré, leurs Mystères sont les sacrements de la Grèce.

Éleusis fut la Jérusalem païenne. C'était là que Cérès, revêtue d'un corps de femme, avait porté son deuil maternel : là étaient le puits près duquel s'était assise la déesse, le champ Rharius qui avait porté la première moisson, l'aire où Triptolème avait battu les premiers épis. C'était à Éleusis que se célébraient ces *Éleusinies* qui furent le Saint des Saints du polythéisme. Qu'étaient ces Mystères dont tous les poëtes, tous les historiens, tous les philosophes ne parlent qu'avec un tremblement religieux ? Nous en connaissons l'appareil et l'ordonnance extérieure. Qui nous rendra leur esprit? Cinq des neuf jours que durait la fête étaient consacrés aux purifications préalables. Le rendez-vous était à Athènes. Les candidats à l'Initiation se rassemblaient avec un tumulte symbolique à l'appel de l'Hiérophante; ils faisaient des ablutions dans la mer; ils offraient dans l'Éleusinium de l'Acropole l'orge sacrée du Rharius; ils se promenaient dans les rues en secouant des torches; puis, l'âme exaltée par ces préludes religieux, ils partaient pour Éleusis en suivant le *Chemin Sacré*. La procession y arrivait de nuit, à la clarté des flambeaux. Là, dans l'enceinte du temple, vaste comme un théâtre, se célébraient les Mystères. Des prêtres en costume jouaient devant les Initiés, vêtus de robes blanches, le drame hiératique du rapt de Proserpine et des douleurs de Cérès. Les cymbales imitaient ses longs gémissements, des danses et des cris de joie célébraient le retour de la jeune déesse sur la terre. Pendant le jour, des breuvages mystiques, des jeûnes expiatoires, des stations à l'olivier et au puits de Parthénios entretenaient la ferveur. Enfin, l'initiation commençait. Les candidats échangeaient leurs robes blanches contre des peaux de faon. Sous la conduite de l'Hiérophante, ils erraient dans des dédales parmi les ténèbres. Des voix effrayantes criaient à leurs oreilles; la terre tremblait sous leurs pieds et semblait prête à s'ouvrir; des fantômes horribles surgissaient, aux lueurs des éclairs, dans l'obscurité. Puis un faucheur mystérieux moissonnait silencieusement un épi. Tout à coup, la lumière éclatait comme un lever de soleil; les propylées du temple s'ouvraient à grand bruit; des chants d'allégresse s'élevaient du fond du sanctuaire, les voiles tombaient et découvraient l'image de la Divinité rayonnante.

La signification précise de ces rites échappe aux recherches de la pensée moderne. Le secret était juré par les Initiés, et la mort punissait toute révélation. Les écrivains anciens ne nous transmettent sur les mystères que de furtives réticences. On dirait, lorsqu'ils en parlent, que leur voix baisse et qu'ils regardent autour d'eux. Démosthènes, dans un de ses discours, déclare que « les profanes ne pouvaient les « connaître même par ouï dire. » Pausanias, dans son *Voyage*, passe en se voilant la tête devant le sanctuaire d'Éleusis. « Quant à ce qui est dans l'intérieur du « temple, dit-il, un songe m'a défendu de le décrire; « les non initiés, à qui il n'est pas permis de voir cet « intérieur, ne devant pas même connaître ce qu'il « renferme. » On démêle cependant, parmi les images confuses que nous laisse entrevoir le récit des rites, l'emblème de l'Ame passant des ombres de la mort aux clartés de la vie future; sa résurrection spirituelle assimilée à la renaissance du grain moissonné; l'intuition des félicités promises aux élus. Que ces doctrines aient été l'énoncé d'un dogme, ou l'impression de spectacles mystiques parlant à des esprits ouverts aux symboles, il est certain que les Mystères furent en Grèce la grande école de l'immortalité de l'âme.

L'antiquité est unanime à glorifier leur sainteté sacramentelle, leur efficacité religieuse, leur vertu morale.
— « Heureux, s'écrie Pindare, qui, après avoir vu ce
« spectacle, descend dans les profondeurs de la terre !
« Il sait la fin de la vie, il en sait la divine origine ! »
— Diodore de Sicile écrit que « ceux qui ont participé
« aux Mystères en deviennent plus pieux, plus justes,
« meilleurs en toutes choses. » Andocide, dans un
des quatre discours qui sont restés de lui, dit aux
Athéniens : « Vous êtes initiés, et vous avez contem-
« plé les rites sacrés des Déesses, afin que vous punis-
« siez l'impiété et que vous sauviez ceux qui se défen-
« dent de l'injustice. » Parmi les poëtes de la Grèce,
on distingue ceux qui ont été marqués par l'Initiation
à leur accent plus profond, à leur piété plus ardente,
aux pressentiments étranges qui exaltent ou calment
leurs vers. C'est l'Initiation qui donne à Pindare la
sainteté d'un David, et qui tire de sa lyre des accords
dignes de la harpe du psalmiste hébreu ; c'est elle
qui agite d'un souffle surnaturel les chœurs de Sophocle. Dans les comédies même d'Aristophane, au
milieu de cet immense carnaval de dieux travestis
et de croyances profanées, tout à coup, au plus fort
de l'orgie moqueuse, les rires cessent, les huées se
taisent, la scène devient grave, la fumée de l'encens
succède à la vapeur de l'orgie : on entend retentir
un hymne enthousiaste : c'est le Chœur des Initiés
d'Éleusis qui passe en chantant. — Telles, dans la
Divine Comédie, ces processions d'Anges qui défilent,

penchés sur leurs théorbes, voilés de leurs ailes, au milieu des dérisions et des blasphèmes de l'Enfer.

II.

Si les livres antiques sont muets sur les Mystères, la sculpture parle avec une auguste éloquence. L'admirable bas-relief récemment découvert à Éleusis [1] vient de faire sortir les deux Grandes Déesses du fond de leur temple, dans l'exercice même de leur sacerdoce.

Cérès, appuyée sur un grand sceptre, emblème de la royauté d'Éleusis, tend à Triptolème le grain de blé qu'il doit semer dans le champ Rharius. Derrière Triptolème, Proserpine, tenant de la main gauche un long flambeau, étend sa droite sur la tête de l'éphèbe, en signe de bénédiction. Cette scène est unique parmi les monuments connus jusqu'ici. Les vases peints et les monnaies reproduisent plusieurs épisodes de la mission du fils de Céléos. — Debout sur son char traîné par des dragons ailés, il reçoit de Cérès une gerbe d'épis. Ailleurs, assis sur le même char et coiffé

---

1. Ce bas-relief fut trouvé, en 1859, à Éleusis, auprès d'une chapelle que les archéologues croient bâtie sur l'ancien emplacement du temple de Triptolème. M. F. Lenormand, dans son dernier voyage en Grèce, le fit mouler pour notre École des beaux-arts. Le plâtre de cette admirable sculpture a été exposé depuis dans les galeries de l'École.

du pétase d'Hermès, il sème le blé qu'il tient dans le pan de sa chlamyde relevée. Ailleurs encore, il partage l'apothéose de Cérès saluée par les Heures. — Mais c'est la première fois qu'un monument antique nous montre Triptolème recevant le grain primitif des mains de Cérès. La présence de Proserpine rehausse encore la solennité de cette première communion païenne. Si la terre d'où sort le bas-relief d'Éleusis n'attestait pas sa valeur sacrée, l'auguste simplicité de sa composition suffirait à la révéler. Nous touchons évidemment ici le fond des Mystères. Le rideau chargé de symboles qui voilait le sanctuaire du temple se soulève; il nous découvre dans ce marbre le double type de l'Initiation. Tandis que Cérès apprend à Triptolème les phénomènes de la terre, Proserpine lui dévoile les secrets de la vie future.

Aucun attribut ne désigne Cérès, ni la faucille, ni la couronne d'épis, ni le pavot, ni le porc familier qui l'accompagne dans les représentations d'un art postérieur. Elle se révèle par sa majesté même : *Vera incessu patuit dea*. La Déesse est vêtue d'une longue robe rayée de cannelures symétriques, comme celles des colonnes du Parthénon : vêtement pesant qui enracine à la terre la Mère universelle, et dont les plis rappellent les sillons qui tendent le champ cultivé. Un péplos aux plis nombreux couvre sa poitrine ; ses cheveux courts et calamistrés ont la rudesse virile que l'art antique prêtait aux coiffures des divinités androgynes. Le profil est d'une rectitude étonnante ; c'est le type grec à sa plus haute expression. Le nez prolonge le front, sans inflexion apparente ; les lèvres offrent ces contours épais qui donnent aux bouches divines tant de gravité. L'attitude de Cérès est pontificale ; le mouvement du bras qui s'appuie au sceptre, le geste de la main qui confère à Triptolème la graine mystérieuse, tout en elle indique l'exercice d'une fonction sacrée. Son visage est empreint d'une bonté austère : elle enseigne et elle exhorte son jeune néophyte ; elle lui révèle l'excellence du grain nourricier ; elle l'encourage aux mâles travaux qui en tireront d'éternelles moissons. On croit entendre le discours qui coule de ses nobles lèvres, avec une gravité didactique.

Triptolème, debout devant la déesse, étend une main pour recevoir le viatique ; de l'autre il rejette en arrière sa chlamyde, désormais inutile. Athlète de la terre, il s'offre nu aux luttes du labour. Sa tête, tournée vers Cérès, exprime une attention religieuse. Il regarde en face la déesse avec une foi ingénue et une franchise intrépide. Son corps juvénile accuse la vigueur plutôt que la grâce ; une vie héroïque anime ce torse robuste, ces jambes fortement taillées. C'est le type de l'homme rural, le fils des rois pasteurs, le guerrier armé non de l'épée, mais de l'aiguillon qui pique les grands bœufs et de la faux qui abat les gerbes.

Proserpine fait un ravissant contraste à Cérès et à Triptolème. Ce n'est pas le marbre fait chair, c'est le marbre fait ombre. Elle semble reflétée plutôt que sculptée. On croit voir ce reflet d'elle-même que traça sur le mur poli où il oscillait, la jeune fille à qui les Grecs attribuaient l'invention de l'art du dessin. Son profil respire une mélancolie résignée. Le flambeau qu'elle tient levé indique qu'elle est rendue à la vie terrestre; mais il lui faudra bientôt rentrer sous la terre, avec le grain que Cérès donne à Triptolème. Elle va passer de la lumière du jour au clair-obscur des enfers, des certitudes de la vie aux illusions de la mort; elle va redevenir un fantôme... Déjà son incarnation s'évapore, sa beauté prend une surnaturelle transparence, ses formes s'atténuent et ses traits s'effacent... A peine fixée sur le marbre, elle y glisse comme dans la blancheur d'une nuée.

Les draperies participent à la mysticité de ses formes : on dirait une vapeur tissée baignant ce jeune corps. Elles rappellent par leur transparence celles de la femme à demi couchée du fronton oriental du Parthénon, qui, d'après quelques érudits, représente aussi Proserpine. Il semble que cette draperie éthérée ait été l'attribut de la reine des Ombres, comme les voiles lumineux sont celui des Vierges de l'art chrétien.

III.

Les Dieux grecs sont partis, le temple du monde a perdu les grandes images qui le décoraient, mais en partant ils l'ont consacré. Les éléments qu'ils personnifiaient, les forces actives dont ils étaient la conscience, se ressouviennent d'avoir été divins avec eux. Les traits humains et maternels de Cérès se sont perdus dans la face vaste, vague, indifférente de la Nature productrice : sa personnalité religieuse l'anime toujours d'un souffle affaibli. La Grande Déesse a laissé les vestiges de ses pas dans tous les sillons; elle a attaché quelque chose de saint à toutes les fonctions de la vie rurale. Aujourd'hui encore, dans quelques coins des campagnes, de petites fêtes locales, payennes sans le savoir, réveillent, au temps de la moisson, son culte aboli. Le geste du semeur, épanchant le grain par larges secousses, semble la bénédiction de son prêtre. De saison en saison, sa légende, si intimement liée à l'histoire naturelle du sol, déroule ses épisodes invariables. Chaque hiver replonge Proserpine, avec la végétation mourante, dans l'abîme obscur de la terre; chaque printemps la ressuscite couronnée de fleurs. Éternellement la nature répète le drame sacré d'Éleusis.

IV

HÉLÈNE.

Un admirable dessin de Prudhon, reproduit par la gravure, représente la scène qui termine le troisième chant de l'*Iliade : Pâris et Hélène réconciliés par Vénus*. Hélène, fièrement drapée dans les grands plis de ses voiles, rejette avec mépris les molles caresses de Pâris qui la convie au plaisir. Mais Vénus, ironique, presque menaçante, la pousse des deux mains vers le lit adultère, comme dans un piége tendu par les dieux.

Je rêvais devant cette figure, d'une expression chaste et triste; elle me révélait une nouvelle Hélène, non moins belle et plus touchante que celle de la tradition vulgaire; une Hélène victime, souffrante, obsédée, résistant à Vénus, entraînée par elle, vouée aux excès de l'amour, comme une esclave à de durs labeurs.

Elle passe de main en main parmi les héros du monde homérique, semblable à la coupe de nectar qui circule dans les banquets de l'Olympe. Thésée l'enlève à l'âge de dix ans, pendant qu'elle dansait dans le temple de Diane. — « Il m'enleva, — dit-« elle dans le *Second Faust* de Goëthe, — moi, « biche svelte de dix ans, et le bourg d'Aphnide, « dans l'Attique, me reçut. » — Achille l'entraîne ensuite dans sa violente existence, puis il la cède à Patrocle, comme un butin partagé. Ménélas l'épouse et noue à son front les bandelettes de l'hymen. Alors arrive Pâris le beau pasteur, et Vénus, pour tenir la promesse qu'elle lui a faite sur le mont Ida, jette entre ses bras sa fatale esclave. Elle assiste pendant dix ans, du haut des tours d'Ilion, à la guerre qu'ont allumée ses yeux, dans l'attitude élégiaque de la fille de Jephté pleurant sa virginité sur le sommet des montagnes. A Pâris, tué par le javelot de Pyrrhus, succède son frère Déiphobe; puis Ménélas reparaît dans les flammes de Troie, l'arrache au lit adultère et la ramène dans son palais de Lacédémone. Mais l'implacable Vénus ne lâche pas sa proie : Achille, dans les ténèbres de l'Hadès, se ressouvient de la beauté suprême qu'il a possédée ; il s'échappe de la prison des Ombres, vient surprendre Hélène pendant son sommeil, et un enfant ailé, Euphorion, naît des mystères de cette nuit magique.

Cependant, au milieu de ces rapts, de ces adultères, de ces vagabondages de captive livrée en prix aux luttes de la force, la fille du Cygne reste pure, et, comme l'oiseau paternel, revêtue de candeur et de majesté. Les caresses et les outrages glissent sur elle sans la pénétrer. Parmi les transports qu'elle excite, elle garde l'indifférence d'une statue autour de laquelle tournerait une orgie sacrée. La faute en est aux Dieux qui se servent de sa beauté pour éblouir le monde et pour l'embraser. La vigne n'est pas responsable des ivresses sanglantes qu'elle inspire ; le flambeau n'est pas complice de l'incendiaire qui attache sa flamme aux murs des cités.

Suivez Hélène de l'*Iliade* à l'*Odyssée*, vous la verrez toujours noble, sérieuse, imposante. La ville même dont elle ravage les foyers, dont elle décime la jeunesse, l'entoure de respect et d'admiration. — « Ma fille, — lui dit le vieux Priam, — à mes « yeux tu n'es point coupable, mais ce sont les Dieux « qui ont déchaîné sur nous les Grecs et les fléaux « de la guerre. » — Les vieillards assis aux portes de Scée se lèvent devant elle et murmurent entre eux, à voix basse : — « Certes, ce n'est point sans « raison que les Troyens et les Achéens aux belles « cnémides endurent pour une telle femme des « maux si affreux ; elle ressemble aux déesses im- « mortelles. » — Au dernier chant de l'*Iliade*, elle reparaît, gémissant et se lamentant sur le cadavre d'Hector, dans la langue virginale d'Iphigénie. A la

douceur de sa plainte, vous diriez que la voix du cygne vient de s'éveiller en elle pour pleurer le mort : — « Hector ! ô de tous mes frères le plus cher
« à mon âme ! Ah ! que ne suis-je plutôt descendue
« chez Pluton ! Déjà vingt ans ont passé depuis que
« j'ai fui ma patrie, et jamais un reproche, une pa-
« role amère ne s'est échappée de tes lèvres. Et si
« dans nos palais, l'un de mes beaux-frères ou l'une
« des sœurs de mon époux m'outrageait, ô noble
« Hector ! tu l'arrêtais par tes paroles pleines de
« bonté, par tes discours affables. Hélas ! mainte-
« nant, le cœur contristé, je pleure sur toi et sur
« moi, misérable, car il n'est plus dans la vaste
« Ilion personne qui m'aime, qui me pardonne, et
« je suis odieuse à tout un peuple. »

Enfin, nous la retrouvons au quatrième chant de l'*Odyssée* dans le palais de Ménélas, honorée à l'égal de la plus chaste épouse. A voir l'auguste cérémonial dont Homère entoure sa rentrée dans l'épopée rouverte, on dirait qu'il veut l'absoudre solennellement des meurtres et des carnages de l'Iliade. Lorsqu'elle descend, à l'arrivée de Télémaque, de sa chambre odoriférante, tous les regards se tournent vers elle : « Elle est semblable à la fière Diane. » Adraste pose sous ses pieds une riche escabelle ; Philo lui présente une corbeille d'argent remplie de fils merveilleux, et place entre ses mains une quenouille d'or chargée de laine violette, symbole de sa royauté domestique.

Pour l'absoudre plus pleinement encore, une tradition disait que son fantôme seul avait suivi Pâris dans les murs de Troie, tandis que la véritable Hélène, cachée en Égypte, attendait obscurément l'arrêt du Destin. Plus tard, la Grèce la divinise et la réunit au groupe étoilé des Dioscures. Sa mémoire devient une chose sainte, il est défendu d'y toucher. Stésichore, l'ayant outragée dans un poëme, devint subitement aveugle. Averti par les Muses, il rétracta le chant injurieux ; alors Hélène lui rendit généreusement la lumière. Sparte lui éleva un temple où les jeunes filles laides venaient implorer la métamorphose de leurs traits. Elle apparaît, dans une légende d'Hérodote, comme une Notre-Dame de Beauté, imposant les mains sur une enfant difforme que sa nourrice avait portée dans ce temple, et prédisant qu'elle serait un jour la plus belle des femmes de Lacédémone. Depuis Homère, les poëtes et les rhéteurs entretiennent autour d'elle un concert croissant de louanges. L'*Épithalame d'Hélène*, de Théocrite, est un hymne d'adoration. « La fille de Zeus est en-
« trée dans ton lit, — chantent à Ménélas les vierges
« de Sparte, — elle que n'égale aucune des femmes
« qui marchent sur la terre achéenne. Certes, il sera
« merveilleusement beau, l'enfant qui sera semblable
« à une telle mère ! Et nous ses compagnes, quatre
« fois soixante vierges, frottées d'huile comme des
« hommes, nous courions avec elle sur les bords de
« l'Eurotas; mais pas une d'entre nous, comparée à

« Hélène, n'était sans défaut. » Électre, dans l'*Oreste* d'Euripide, l'insulte d'abord, lorsqu'elle rentre de nuit dans Argos, « craignant les pères de ceux qui « sont morts sous les murs d'Ilion. » Mais bientôt son charme gagne la sombre vierge; la volupté qu'elle exhale fait tressaillir cette statue de tombeau. Hélène arrache un cri d'envie à Électre : on dirait une Euménide séduite par une Grâce. « O beauté! que tu « es fatale aux mortels et que tu es précieuse à qui « te possède! Hélène est toujours la femme d'autre- « fois. » D'après un poëte cyclique, cette beauté l'avait protégée dans Troie en flammes, comme un bouclier, contre l'épée de Ménélas dressée sur sa tête. A sa vue, le glaive était tombé des mains de l'époux ravi. Au crépuscule de l'antiquité, Hélène apparaît une dernière fois, dans le dernier poëme de la Grèce[1], et elle y reçoit un suprême hommage. Le poëte représente les chefs de l'armée grecque après la prise de Troie emmenant vers les vaisseaux leurs captives; Agamemnon conduit Cassandre, Néoptolème entraîne Andromaque, Ulysse pousse la vieille Hécube devant lui, Ménélas ramène Hélène; on n'entend que plaintes et sanglots. « Hélène, elle, ne sanglotait pas, « mais la pudeur siégeait sur ses yeux d'azur et lui « rougissait ses belles joues; et son cœur au dedans « roulait une infinité de pensées sombres, de peur « que les Grecs ne la maltraitassent une fois venue

---

1. Les *Posthomériques* de Quintus de Smyrne.

« dans les noirs vaisseaux. Dans cette crainte, le
« cœur lui battait en secret, et, s'étant couvert la
« tête d'un voile, elle suivait pas à pas les traces de
« son époux, les joues rougissantes de honte, comme
« Cypris lorsque les habitants de l'Olympe l'aper-
« çurent à découvert dans les bras de Mars à travers
« les mailles du filet du savant Vulcain. C'est pa-
« reille à elle en beauté comme en rougeur natu-
« relle qu'Hélène marchait elle-même, avec les
« Troyennes prisonnières de guerre, vers les beaux
« vaisseaux des Grecs. Tout autour les troupes
« étaient éblouies en voyant l'éclat et la merveille
« aimable de cette beauté sans défaut, et personne
« n'osa l'attaquer de traits méchants ni en arrière ni
« en face, mais ils la regardaient comme une divi-
« nité, avec délices; car elle leur apparut à tous
« comme l'objet désiré. » — Comme pour compléter
le récit de Quintus, un admirable bas-relief[1] nous
montre Hélène rentrant à Sparte sur son char, avec
Ménélas, non en captive, mais en triomphatrice, l'air
assuré, l'attitude haute, et tenant d'un geste royal
les rênes du quadrige.

Cette grande femme représente la beauté passive, innocente des ravages qu'elle cause et des
fléaux qu'elle suscite : car Vénus s'attache à elle sans
la posséder. Le trouble qu'elle porte dans le sein des
hommes n'agite point son cœur; le feu qui dévora

---

1. Musée Campana.

Phèdre et Médée respecte ce sein tranquille sur lequel les sculpteurs venaient prendre l'empreinte des coupes de l'autel. Elle est froide comme le sont les beautés parfaites, destinées à ravir les yeux plutôt qu'à troubler les sens, et pour lesquelles l'amour devrait n'être qu'une contemplation. Partout où elle apparaît, dans les drames, dans les poëmes, dans les odes et les élégies antiques, elle se montre grave, silencieuse, recueillie en elle-même, et comme noblement attristée des amours auxquelles les Dieux la condamnent. Sa parole est toujours décente; les désirs qu'elle excite l'effrayent et l'affligent; elle s'y livre sans les partager, comme pour obéir à une loi sévère. Lorsque Vénus, dans l'Iliade, l'invite au lit adultère où l'attend Pâris, c'est avec le mépris d'une vierge repoussant une entremetteuse qu'elle refuse d'abord d'obéir. — « Cruelle,
« lui dit-elle, pourquoi veux-tu me séduire encore?
« Que n'y vas-tu toi-même? Renonce aux voies
« célestes, ne porte plus tes pas dans l'Olympe,
« mais, toujours auprès d'un mortel, endure ses
« caprices jusqu'à ce qu'il fasse de toi son épouse
« ou bien son esclave. Pour moi, je n'irai pas où tu
« veux me conduire. Non, je ne veux plus honorer
« sa couche. Toutes les femmes de Troie me couvri-
« raient de honte, et mon âme endurerait d'intolé-
« rables douleurs. »

Ainsi, cette femme merveilleuse ne subit pas la destinée des filles de la chair. L'Amour, l'Esclavage, l'Hyménée ont beau l'emporter dans leurs bras fougueux, la rejeter, la reprendre, se la renvoyer l'un à l'autre, elle garde sous leurs étreintes une virginité mystérieuse. La vieillesse même ne peut la flétrir ; le Temps n'ose point l'attaquer. Elle parcourt l'espace d'un siècle dans le cycle de la poésie antique, toujours jeune, toujours désirable. Vivante image de la Beauté idéale, l'homme peut souiller ses formes éphémères, il n'atteint pas son type éternel.

V

MÉLÉAGRE [1].

« Les arbres, dit un proverbe, empêchent de voir la forêt. » Souvent aussi la forêt empêche de voir l'arbre, et le jardin d'apprécier la fleur. Méléagre, s'il était arrivé à nous isolé, aurait été placé, sinon parmi les Dieux, du moins dans le groupe des demi-dieux de la poésie grecque. Perdu dans le vaste répertoire de l'*Anthologie*, ce poëte original et exquis y a été longtemps oublié. On ne le discernait guère de la foule médiocre et obscure des imitateurs. Lui-

---

[1]. Voir sur Méléagre un admirable article de M. Sainte-Beuve (*Portraits comtemporains et divers*, t. III) qui, le premier dans la critique française, l'a révélé et mis en lumière. Nous avons emprunté quelques-unes des traductions exquises insérées dans cette belle étude. C'est comme un buste de poëte antique, taillé dans le marbre même de la Grèce, et dont le socle serait orné des plus délicats bas-reliefs. Après un tel maître, il n'y a plus qu'à redire et qu'à surmouler.

même, une première fois, avait rassemblé cette gerbe dont l'épaisseur l'a voilé. On peut dire que de ses propres mains il s'est enseveli sous les roses. Imaginez ce que seraient les poésies d'André Chénier disséminées dans l'*Almanach des Muses*.

L'*Anthologie*, dans ses mauvaises pages, pourrait s'appeler en effet « l'Almanach des Muses » de l'antiquité. La Grèce a eu son « Rococo » et son « Pompadour. » Sa littérature, transportée d'Athènes à Alexandrie, y fut prise du mauvais goût asiatique. Les raffinements du langage et de la pensée amollirent la noble muse de Pindare ; les subtilités l'étiolèrent, la galanterie l'affadit. C'est l'époque de ces « petits poëtes » qui fourmillaient à la cour des Ptolémées et des Séleucides, vrais musiciens de sérail, dont les vers semblent faits pour être chantés par des voix d'eunuques. Toutes les hautes sources de l'inspiration sont taries ; la patrie est morcelée par la conquête ; le sens des grands symboles s'est perdu ; des contes équivoques ont remplacé les traditions vénérables ; une mythologie sucrée et confite corrompt l'auguste théologie des premiers âges ; les grands dieux chantés par Homère et sculptés par Phidias se changent en petites idoles licencieuses, jouets des rhéteurs et des romanciers. C'est alors qu'une *Plaie* pire que celle des Sauterelles envahit la poésie grecque transplantée sous le ciel d'Égypte : la plaie des *Amours*. L'Éros d'Anacréon a l'effroyable fécondité de l'abeille à laquelle le poëte le compare; il engendre des milliers de petits bâtards faux, maniérés, alambiqués, pédantesques, qui transforment en jargon galant la langue de Sophocle. Ces Cupidons de pacotille fourmillent dans l'*Anthologie*, parmi de divins chefs-d'œuvre. On y trouve « l'Amour mouillé, » « l'Amour noyé, » « l'Amour oiseau, » « l'Amour prisonnier, » « l'Amour laboureur, » « l'Amour chasseur, » « l'Amour écolier, » « l'Amour à vendre... » Ce ne sont que niches à Vénus, bouquets à Chloé, ex-votos de Cythère, cœurs en brochette, madrigaux mignards, vignettes libertines. Le miel corrompu coule à pleins bords; on marche jusqu'aux genoux dans les fleurettes artificielles de la décadence.

Il faut dire que l'*Anthologie* eut quatre éditions, dont la quatrième seule nous est parvenue. La première, recueillie par Méléagre, offrait la fleur des « poésies fugitives » de l'antiquité; la dernière, compilée dans le xe siècle par un scholiaste du Bas-Empire, n'est plus qu'un fouillis et qu'un résidu. Les pièces fausses se sont glissées dans cette « glyptothèque » où tout était rare et de premier choix. Que de purs camées, que de fines intailles, signés du nom de Sapho ou de Stésichore, ont disparu des tablettes livrées au pillage! Et quel bric-à-brac les a remplacés!

Il en reste assez cependant pour faire de l'*Anthologie*, telle que nous l'avons, un des plus précieux reliquaires de la Muse antique. Le médiocre abonde, mais aussi l'exquis étincelle; l'or pur brille parmi l'alliage et le clinquant entassés. Il est telle série de l'*Anthologie* qu'on pourrait comparer à ces bracelets bizarres que la mode recherche aujourd'hui : entre une piastre turque et une monnaie byzantine resplendit l'effigie sublime d'une belle médaille sicilienne.

Méléagre, du moins, nous est resté tout entier, et ses cent vingt-huit épigrammes forment ce qu'on pourrait appeler le fond du trésor. Est-ce un Grec pur que Méléagre? Non, sans doute. Né en Palestine, il passa sa jeunesse à Tyr et se retira dans l'île de Cos pour y vieillir longuement, à la façon d'Anacréon, son aïeul. Lui-même signale son origine étrangère dans l'épitaphe anticipée qu'il avait composée pour son tombeau : — « Ma nourrice est l'île
« de Tyr, pour patrie attique j'ai eu la syrienne
« Gadara. Moi, Méléagre, fils d'Eucrates, j'ai grandi
« avec les Muses, et ma première course s'est faite
« en compagnie des Grâces Ménippées. Que je sois
« Syrien, qu'y a-t-il d'étonnant? O étranger! nous
« habitons une seule patrie, le monde. Un seul Chaos
« a engendré tous les mortels. Agé de beaucoup
« d'années, j'ai gravé ceci sur mes tablettes, en vue
« de la tombe, car celui qui est voisin de la vieil-
« lesse n'est pas loin de Pluton. Mais toi, si tu m'a-
« dresses un salut, à moi le babillard et le vieux,
« puisses-tu atteindre toi-même à la vieillesse babil-
« larde. » Ailleurs, Méléagre mêle gracieusement ses

trois patries dans le salut funèbre que son Ombre implore : — « O étranger ! approche sans crainte.
« Avec les âmes pieuses repose dans l'Élysée, depuis
« qu'il dort du dernier sommeil, Méléagre, fils d'Eu-
« crates, Méléagre qui a célébré l'Amour aux douces
« larmes, les Muses et les Grâces enjouées. Son âge
« viril, il l'a passé dans la divine Tyr et sur la terre
« sacrée de Gadara ; l'aimable Cos a abrité, a nourri
« sa vieillesse. Donc, si tu es Syrien, *salam!* si tu
« es Phénicien, *haydoui!* Es-tu Grec? *khairé* (adieu);
« Et toi, dis de même. »

On définirait donc Méléagre en l'appelant un créole de race athénienne : il y a du « sang mêlé » dans ses vers. L'atticisme s'y pare déjà des hyperboles de l'Orient ; leur subtilité tourne au raffinement : sa verve fiévreuse et sensuelle n'a plus l'ampleur qui caractérise l'inspiration des premiers Lyriques. Il est telle de ses épigrammes, qu'avec d'insensibles variantes on pourrait attribuer à un poëte indien ou persan.

Ce titre d'*Épigrammes*, que portent tous les opuscules de l'*Anthologie*, n'a pas le sens que lui donne notre poétique. Les épigrammes grecques n'affectent pas, comme les nôtres, le ton satirique. Elles ont les ailes et la petite taille, mais non le dard des abeilles. Ce sont des miniatures d'idylles, des raccourcis d'odes, des jeux d'esprit qui n'ont qu'un trait, des élégies qui n'ont qu'un soupir, des groupes érotiques, exigus et fins comme les petits bronzes du musée de Naples, des épitaphes si gracieuses qu'il semble qu'on écarte les fleurs d'une tombe pour les déchiffrer ; des scènes agrestes ou maritimes qui tiendraient sur le cachet d'un anneau.

Méléagre, entre tous, excelle à ciseler ces figurines poétiques. Quand son nom ne signerait pas les siennes, sa manière molle et ardente, spirituelle et tendre, les désignerait entre mille. Ce qui les distingue, je l'ai déjà dit, c'est une langueur asiatique relevée par l'atticisme le plus vif et le plus aimable. On dirait Alcibiade à la cour de Perse, vêtu de la robe traînante des Satrapes, mais lui donnant les plis de la chlamyde athénienne. La foule de ses maîtresses rappelle déjà le sérail. C'est d'abord Démo, puis Dorothée, puis Fanie, Timo, Timarion, Zénophile. A chaque épigramme une nouvelle femme surgit et s'entrelace à celles qui l'ont précédée. Elles-mêmes, ces filles de la Phénicie et de la Syrie, n'ont rien de la simplicité du gynécée grec. Les désirs brûlants qu'elles inspirent, les parfums étranges qu'elles exhalent, le luxe oriental de leur costume et de leur toilette, tout trahit en elles des prêtresses d'Astarté et des dévotes d'Adonis. Le poëte les agglomère en un trophée voluptueux ; par instants, ce n'est plus sa maîtresse, mais son *harem* qu'il célèbre : « Ni
« les cheveux de Timo, ni la sandale d'Héliodora, ni
« le corps toujours parfumé de Démo, ni le tendre
« sourire d'Anticlée aux grands yeux, ni les fraîches
« couronnes de Dorothée ; non, non, ton carquois,

« Amour, ne cache plus rien de ce qui, hier encore,
« te servait de flèches : car en mon cœur sont ras-
« semblés tous ces traits. » — Il se complaît dans ce désordre d'amours; les images de ses maîtresses dansent devant lui comme autour d'un homme enivré; il emprunte à toutes leurs beautés diverses pour en former sa multiple idole. Leurs formes s'accordent comme au son d'une lyre : chacune d'elles fournit sa nuance au bouquet, sa note au concert. — « J'en jure par les tresses de Timo, par
« le corps odorant de Démo, dont le parfum en-
« chante les songes, par les jeux aimables d'Ilias;
« j'en jure par cette lampe qui brille pour mes plai-
« sirs et qui consume mes forces, je n'ai plus sur
« mes lèvres qu'un tout petit souffle que tu m'as
« laissé, Amour ! Mais, si tu le veux, dis, et celui-là
« même va s'exhaler. »

Parfois cependant ses épigrammes, lasses de voltiger sur ces femmes éparses, se reposent amoureusement sur une seule, et la voix émue de l'amour succède aux cris de la volupté. C'est à Zénophile qu'il dédie cette *Coupe* où plus tard aurait pu tomber la larme du roi de Thulé : « Ma coupe a
« souri de joie; elle dit que c'est pour avoir touché
« la bouche éloquente de Zénophile : bienheureuse !
« Pourquoi maintenant ses lèvres collées sur mes
« lèvres ne boiraient-elles pas mon âme d'un seul
« trait ? » — C'est encore près de Zénophile endormie qu'il exhale ce vœu d'une jalousie passionnée :

« Tu dors, Zénophile, tendre tige! Que ne puis-je
« maintenant, Sommeil sans ailes, pénétrer sous tes
« paupières, afin que pas même lui, lui qui charme
« les yeux mêmes de Jupiter, n'habite en toi, et que
« moi seul je te possède! » — Une autre fois, il envoie un moucheron bourdonner son message autour
du lit de sa maîtresse : « O moucheron! vole pour
« moi, léger messager, effleure l'oreille de Zénophile,
« et murmure-lui ces mots : Il veille, il t'attend, et
« toi, oublieuse de ceux qui t'aiment, tu dors! — Va,
« vole, oui, vole, ami du chant, envole-toi; mais parle
« bien bas, pour ne pas éveiller celui qui dort à côté
« et déchaîner sur moi ses jalouses colères. Si tu m'a-
« mènes cet enfant, ô moucheron! je te coifferai d'une
« peau de lion et j'armerai ta main d'une massue. »
— Ce moucheron déguisé en Hercule ne rappelle-t-il
pas les délicates caricatures des vases grecs? En tout
la Grèce excelle et domine. Comme elle atteint la
Beauté suprême, elle crée, en se jouant, l'idéal du
joli et du badinage.

Timarion ne fait que passer dans les poëmes de
Méléagre, mais elle y trace des sillons de feu. Ce fut
sans doute un de ces caprices qui ont l'ardeur et la
brièveté de l'éclair. — « Éros lui-même volant par
« les airs est tombé dans tes filets, et tes yeux, ô
« Timarion, en ont fait leur proie. » — « Ton baiser,
« Timarion, a de la glu; tes yeux ont de la flamme.
« Celui que tu regardes, tu le brûles, celui que tu

« touches, tu le prends. » — Fanie ne dure que trois épigrammes; son nom grec, qui signifie *petite flamme*, présageait l'inconstance du poëte amoureux; mais cette lueur d'amour éclaire une ravissante *marine* d'archipel. — « Navires bien frétés, légers sur les
« eaux, qui traversez le passage d'Hellé, recevant
« au sein des voiles l'haleine de Borée; si, dans l'île
« de Cos, vous apercevez sur le rivage la petite Fanie
« regardant vers la mer bleue, annoncez-lui cette
« parole, ô bons navires : L'Amour le ramène, non
« pas nautonnier, mais voyageur pédestre. — Et si
« vous dites cela, voguez au plus vite, voguez à sou-
« hait; Jupiter propice soufflera dans votre voi-
« lure. »

Enfin vient Héliodore, la vraie maîtresse de son cœur. Celle-là lui imprime la marque brûlante à laquelle Anacréon dit qu'on reconnaît les amants sincères, « comme les Parthes se reconnaissent à leurs
« tiares, et les chevaux au stigmate empreint sur
« leur cuisse. » Ce dut être une enchanteresse; son charme a passé dans les vers du poëte. Il vante sa séduction plus que sa beauté, sa parole autant que ses lèvres. On se la représente comme une de ces hétaïres que Platon admettait parmi ses élèves. Elle devait faire tous les matins cette prière que les Anciens adressaient à Vénus : « Accordez-moi de ne
« rien faire qui ne soit agréable et de ne rien dire
« qui ne plaise. » — « Au fond de mon cœur, —

« s'écrie Méléagre, — l'amour a fait d'Héliodore qui
« parle si bien l'âme de mon âme. » — Il ne désire pas
seulement Héliodore, il l'aime, il l'admire, il s'humilie devant elle. Son nom seul l'exalte et l'enivre; il
le mêle comme un philtre au vin qu'il boit et aux
parfums qu'il respire : « Verse, et dis encore, en-
« core, encore : « A Héliodore! » dis, et mêle son
« doux nom au vin pur, pour que je boive ce nom
« adoré. En souvenir d'elle, attache-moi sa guir-
« lande d'hier tout humide de parfums. Regarde,
« cette rose amoureuse est en larmes parce qu'elle
« la voit ailleurs, parce qu'elle ne la voit plus dans
« mes bras. » — Le poëte tresse de magnifiques guirlandes pour encadrer sa maîtresse. La jeune Ionienne
apparaît dans une de ses épigrammes comme la
Béatrix de Dante, à demi voilée sous une pluie de
fleurs : « J'enlacerai la giroflée, j'enlacerai aux
« myrtes le tendre narcisse, j'enlacerai les lis
« riants, j'enlacerai le safran suave, encore l'hya-
« cinthe pourprée, et j'enlacerai ensuite les roses
« chères à l'amour, afin que sur les tempes d'Hélio-
« dore la couronne frappe les belles boucles de sa
« chevelure. » — Si la couronne se fane sur le front
de l'idole, sa beauté lui en paraît plus radieuse :
« Les fleurs se flétrissent autour du front d'Hélio-
« dore, mais elle n'en resplendit que mieux, fleur
« des fleurs ! »

Héliodore meurt en pleine jeunesse, en plein printemps : le poëte la pleure avec effusion. Ne lui de-

mandez pas, cependant, les excès des douleurs modernes. Dans le désespoir même, l'Élégie grecque reste belle. Le sanglot n'altère point la grâce de ses lèvres; ses larmes coulent sans la flétrir, comme des gouttes de pluie sur le visage d'une triste statue.
— « Ce sont des larmes que je t'offre, Héliodore,
« même là-bas, à travers la terre, reliques de mon
« amour qui te suit chez Pluton; des larmes cruelles
« à pleurer! et sur ta tombe amèrement baignée, je
« verse en libation le souvenir de notre tendresse;
« car tu m'es chère jusque parmi les morts ; et moi,
« Méléagre, je m'écrie pitoyablement vers toi, sté-
« rile hommage dans l'Achéron! Hélas! hélas! où
« est ma tige adorée? Pluton me l'a enlevée, et la
« poussière a souillé la fleur dans son éclat. Mais je
« te supplie à genoux, ô terre, notre nourrice à tous,
« de presser sur ton sein, ô mère! de presser dou-
« cement cette morte tant pleurée. »

Les *Épitaphes* de Méléagre sont de ravissantes mélodies. Jamais flûte plus suave, jamais pleureuse plus touchante n'accompagna au bûcher les jeunes filles frappées par une mort précoce. Sa lyre baisse de ton pour bercer leurs âmes endormies; mais l'harmonie est la même. Sur le rhythme pur de ces chants funèbres, je crois voir défiler les Canéphores du Parthénon, portant à leur épaule une urne cinéraire, au lieu de la corbeille de Minerve. — « Ce n'est pas un
« mari, mais Pluton que Cléariste a reçu en présent
« de noces, quand elle détachait son voile virginal.

« Déjà résonnaient les flûtes du soir auprès des doubles battants de la chambre de l'épousée ; déjà retentissaient sous des mains bruyantes les portes nuptiales. Et les flûtes du matin ont éclaté en sanglots, et Hyménée a fait succéder au silence des cris lamentables. Les mêmes flambeaux qui devaient éclairer l'épouse marchant vers sa couche ne lui ont montré que la route des morts. »

A ce chant plaintif répondent, à travers les siècles, les cris qui remplissent le palais de Vérone, quand la mère, au matin, découvre Juliette inanimée sur son lit. — « O mon fils ! la nuit qui précéda tes noces, — la mort est entrée dans le lit de ta fiancée, — et voici la pauvre fleur toute déflorée par elle. — Le sépulcre est mon gendre, — le sépulcre est mon héritier, — le sépulcre a épousé ma fille... — Tous nos préparatifs de fête — se changent en appareil funèbre. — Notre concert devient un glas mélancolique, — notre repas de noces un triste banquet d'obsèques, — nos hymnes solennels des chants lugubres. — Notre bouquet nuptial sert pour une morte, et tout change de destination. »

Elle est de Méléagre encore cette délicieuse épitaphe qui semble tracée, du bout du doigt, sur la poussière d'un tombeau : — « O terre, mère universelle, salut ! Sois légère maintenant pour Aisigène, elle a si peu pesé sur toi ! »

Je m'arrête à cette fleur dernière. Méléagre a la légèreté de son Aisigène. Comme elle il a si peu posé sur la terre, que la louange même ne doit que glisser sur lui. Sa poésie est le chant du cygne de l'Éros ailé de la Grèce. Après lui les Alexandrins et les Romains vont venir. Ils apprivoiseront un instant ce gracieux Amour comme un oiseau exotique; mais bientôt ils l'étoufferont sous leurs caresses banales ou grossières. La vénusté grecque sourit dans Méléagre pour la dernière fois.

L'intérêt des vers de Méléagre et de ceux de ses contemporains de l'*Anthologie* est aussi dans le jour qu'ils jettent, au déclin de l'antiquité, sur la Grèce demi-orientale de l'Asie Mineure et de l'Archipel. On se croirait transporté dans la Venise du xviiie siècle : même mollesse de mœurs, même énervation voluptueuse, même décadence oisive et lascive. Les courtisanes y pullulent, adulées et presque honorées comme les *honeste meretrici* de Venise; une bacchanale perpétuelle devance son carnaval de six mois. Les navires filent comme des gondoles, chargés d'amours et de doux messages. Tel voyage fait d'une île à l'autre, pour rejoindre ou ramener une maîtresse, semble une promenade galante au Lido. Les bouquetières qui circulent, chargées de roses, dans les rues de Rhodes et de Chypre, et auxquelles les poëtes lancent, en passant, des provocations libertines, rappellent ces petites marchandes de fleurs qui glissaient, parmi les colombes, sur les dalles de la place Saint-Marc. Les épigrammes mêmes de l'*Anthologie* sont les *Canzones* et les Sonnets de la Grèce. — A deux mille ans de distance, sous une même lueur de crépuscule, Venise, comme dans un miroir prophétique, se dessine en lignes ioniennes dans le cadre brillant de la mer Égée.

VI

LA MOMIE.

Le paganisme hellénique consume le corps sur un bûcher triomphal; du cadavre, il fait une belle flamme. L'homme se dissout comme le diamant, sans laisser après lui aucune des scories de la destruction. La mort n'apparaît dans le pur climat de la Grèce que sous sa forme la plus légère. Elle souffle la vie comme le flambeau symbolique que ses Génies funèbres foulent sous leur pied, et qui expire dans une molle fumée. Elle livre ses restes à l'élément qui efface et qui purifie; elle n'en extrait qu'un résidu diaphane, presque aérien, une poignée de cendres blanches : la poussière des ailes du papillon de Psyché.

Le judaïsme et le christianisme traitent plus durement la dépouille humaine : ils rendent la chair à la terre; ils la jettent nue et sans défense à la vermine du tombeau. Job dit à la pourriture : « Tu es ma « mère ! » et aux vers du sépulcre : « Vous êtes mes frères et mes sœurs ! »

L'Égypte seule entreprit de lutter contre la destruction. Ce cadavre, que les autres peuples livrent à la terre qui souille, au feu qui dévore, elle le satura d'incorruptibles parfums; elle enchaîna sous les bandelettes sa forme précaire, et l'arracha, en la séquestrant, aux métamorphoses de la corruption. Du mort elle fit une Momie, c'est-à-dire une statue pétrie dans un bloc de baumes.

C'est un phénomène unique entre tous, que celui de ce peuple occupé pendant des siècles à s'embaumer lui-même, à se creuser d'éternels sépulcres. Pénétrez dans le quartier funèbre de Thèbes : la ville de la mort s'étale au milieu de la ville vivante; silencieuse comme un sépulcre, active comme un laboratoire. Des salles immenses s'y succèdent : leur perspective prolongée à perte de vue semble se perdre dans l'éternité. Là, sous la surveillance de prêtres lugubres, ceints de peaux de panthères, coiffés de masques de chacals, la caste des embaumeurs vaque silencieusement à ses travaux funéraires. Là, des milliers de cadavres, que des mains savantes élaborent, s'élèvent lentement à la dignité de momies, en passant par toutes les phases de la chrysalide transformée et de la statue dégrossie. Les uns, vidés de leurs entrailles, s'emplissent d'aromates; les autres plongent dans une chaudière de bitume, Styx lustral qui doit les rendre invulnérables à la corruption. Ceux-ci s'allongent sous des spirales de minces bandelettes; ceux-là, entrés déjà dans leur gaîne de carton, n'attendent plus que le pinceau du scribe et du vernisseur.

La ville funèbre a ses hiérarchies; les momies ont leur aristocratie, leur bourgeoisie et leur plèbe. Un groupe de perruquiers, de peintres et d'orfévres s'attache au corps du roi, du prêtre et du riche; ils le coiffent de cheveux postiches, ils attachent à son menton la barbe tressée, ils insèrent des yeux d'émail dans les cavités de son masque; ils le parent, pour la tombe, comme pour la chambre nuptiale d'une divinité. Cette toilette funèbre redouble envers les femmes de délicatesse et de luxe : elles ont leur gynécée dans la ville mortuaire, et leurs formes charmantes, ouvragées par des mains d'artistes, s'y métamorphosent en un vague mélange de parfums et d'orfévrerie. On dore leurs seins comme des coupes, leurs ongles comme des bagues, leurs lèvres comme des colliers. L'embaumeur les sculpte dans de gracieuses et chastes attitudes : presque toutes croisent pieusement leurs bras sur leur poitrine; il en est d'autres qui voilent des deux mains les mystères de leur beauté : Vénus de Médicis du tombeau. Plus touchante encore, une mère exhumée à Thèbes serre sur son cœur une petite momie d'enfant nouveau-né. Ici l'embaumement surpasse la sculpture : ce n'est pas dans une matière insensible, c'est dans la vie même, dans la chair, dans ce qui souffrit et qui palpita que fut taillé ce groupe maternel.

Les momies de seconde classe sont enfermées dans des boîtes moins riches et sous des suaires plus grossiers; les pauvres et les esclaves, empaquetés à la hâte dans des corbeilles de branches de palmier. On a souvent comparé les bibliothèques à des cimetières; on pourrait ici retourner la comparaison et l'appliquer strictement à la nécropole égyptienne. Ne sont-ce pas des livres que les momies adossées le long de ses murs, avec leurs suaires de papyrus et leurs étuis couverts d'écritures et de hiéroglyphes? Les unes, magnifiquement reliées, racontent les gloires de la royauté et les mystères du sacerdoce; les autres, revêtues de cartonnages vulgaires, ne renferment que les secrets de la vie commune; les dernières, enfin, brochées sous une vile enveloppe, ne disent que la misère et la nudité de l'esclavage perpétuées par delà la tombe.

Mais il est une égalité que la vieille Égypte reconnaît: c'est celle de la conservation dans la mort. L'embaumement saisit le pauvre comme le riche; l'esclave qui travaille, sous le fouet de l'inspecteur pour un salaire de trois oignons crus, à la pyramide, comme le Pharaon qui la fait construire pour y loger son cercueil. Les estropiés, les lépreux, les êtres déformés par l'éléphantiasis n'échappent pas à cette saumure implacable; ils ont leur maladrerie dans la ville funèbre, où des embaumeurs spéciaux salent et préparent leurs chairs purulentes. Le fœtus même se momifie : ce qui n'a pas vécu fait semblant de survivre. Que dis-je? cette folie sacrée franchit le règne animal; elle s'étend aux bêtes, aux oiseaux, aux poissons, aux insectes, à ce qui passa dans le monde sans y laisser d'autres traces qu'une empreinte sur le sable, qu'un nid sur la branche, qu'un sillage sur le flot du Nil. On embaume les chats, les chiens, les crocodiles, les rats, les scarabées, les musaraignes, les œufs des serpents. La plus petite, la plus fugitive goutte de vie, fixée par une atmosphère d'aromates, se cristallise, devient éternelle. L'Égypte s'insurge contre cette loi de la nature qui veut que tout rentre, que tout se dissolve dans l'universelle chimie qui renouvelle la matière; elle accepte la mort, mais elle lui défend de détruire. A sa puissance de corruption elle oppose une pharmacie énergique, un acharnement séculaire, une théologie qu'on pourrait définir : l'hygiène sacrée du cadavre.

Mais où parquer ces générations immobiles qui tiennent, après leur mort, autant de place que de leur vivant? L'Égypte ne recula pas devant le problème; ce peuple embaumeur se fit fossoyeur : il inventa une architecture souterraine qui répétait en les grossissant les énormités de son architecture extérieure. Imaginez un homme dont le regard percerait le sol; il aurait, en Égypte, l'effroyable vision d'un monde souterrain correspondant au monde du dehors, dix fois plus vaste, cent fois plus profond, mille fois plus peuplé. Chaque ville se répercute en nécropole; chaque maison bouche un puits mortuaire; sous le pied de chaque homme qui passe s'étend, comme sa racine, dans les entrailles de la terre, une file superposée de momies dont le bout plonge dans des profondeurs insondables. L'Égypte n'est que la façade d'un sépulcre immense; ses pyramides sont des mausolées, ses montagnes des ruches de tombeaux; le terrain sonne creux dans ses plaines, épiderme de vie drapé sur un charnier gigantesque. Pour loger ses cadavres, elle s'est convertie elle-même en cimetière; elle s'est dédiée, en quelque sorte, à la Mort.

L'exemple parlait de haut : dès qu'un Pharaon montait sur le trône, on commençait à construire sa tombe; tant qu'il vivait on y travaillait; la hauteur ou la profondeur de son sépulcre se mesurait à la durée de son règne. Chaque jour il voyait grandir la pyramide ou s'allonger l'hypogée qui engloutirait sa momie. La mort était l'unique horizon de ces hommes voués aux idées, aux travaux posthumes. Parcourez les hypogées sacerdotaux ou royaux creusés dans l'épaisseur des montagnes : vous traversez de sombres et splendides enfilades de chambres, de salles, de galeries, où des milliers de mains se sont usées à tailler la pierre, à peindre les murs, à dérouler dans le roc d'interminables panneaux d'hiéroglyphes. Les jeux, les chasses, les festins, les batailles, tout le poëme de la vie, sculpté et colorié avec une grandiose élégance, est enseveli dans ces catacombes. Et ce luxe de l'art n'est là que pour récréer les yeux d'émail ou de carton peint d'une momie ! Aucun regard vivant ne profane ces musées cryptiques. Les peintres et les sculpteurs qui les ont décorés de la base au faîte ont travaillé pour la Nuit et pour le Silence. A peine le corps en avait-il pris possession, que la porte disparaissait sous des quartiers de rochers. La montagne se refermait sur le palais funèbre ; elle le dévorait en quelque sorte, elle le digérait, elle l'assimilait à sa masse aride. Il n'existait plus que sur la carte des prêtres, seuls géographes du monde sépulcral.

Si ce monde mystérieux avait gardé son secret, si les spoliateurs n'avaient pas le flair des hyènes pour découvrir les tombeaux cachés, et si l'Égypte, inviolée jusqu'alors, ouvrait subitement le catafalque intérieur dont sa surface n'est que le portail, quel spectacle s'étalerait au monde des vivants ! Quarante siècles embaumés ! un Jugement Dernier de momies ! l'histoire humaine et l'histoire naturelle des générations d'hommes et d'animaux qui, depuis les Rois Pasteurs jusqu'aux Ptolémées, foulèrent le sol du Delta, miraculeusement conservées ! — Voici Sésostris et voici Joseph ! — Ce crocodile orné de pendants d'oreilles était adoré dans les viviers de Memphis. — L'encens brûlait devant cet ibis auquel le temps n'a pas enlevé une plume. — Posez la main sur ce suaire brodé de perles : là palpitait le cœur de Cléopâtre. — Et l'aspic qui mordit son bras blond comme l'ambre, il dresse à côté d'elle sa tête acérée !... Au parfum qu'il exhale, on dirait qu'il sort de son panier de figues et de fleurs.

Quel fut le principe du fétichisme mortuaire qui caractérise la race égyptienne? C'est à sa mythologie qu'il faut demander le sens de ses étranges funérailles. Selon la doctrine de ses prêtres, l'âme dépendait du corps, même après leur séparation. Elle le reflétait de loin dans ses incarnations successives; elle ressentait par delà le temps et l'espace ses mutilations et ses flétrissures. Son individualité spirituelle tenait à l'intégrité de sa dépouille matérielle. De là, ces soins infinis du cadavre, et l'inviolabilité qu'on lui attribue. Il est le gage que l'homme laisse après lui en partant pour le voyage inconnu, sa caution, son répondant, l'hypothèque de sa destinée.

Ajoutez encore à cette raison toute-puissante la piété des morts portée à son paroxysme. Vertu sans doute, mais vertu fatale lorsqu'elle s'exalte jusqu'au fanatisme. Ce culte de la mort fut la plaie historique de l'Égypte, plaie plus terrible que celles dont la frappa Moïse. C'est une mauvaise école que le sépulcre; il enseigne l'immobilité, l'engourdissement, le sommeil. Un peuple tombe vite dans la décadence lorsqu'il ne fait que monter et redescendre les escaliers d'un tombeau. Qu'il tente un progrès, qu'il

cherche une voie nouvelle, qu'il dépasse la borne
prescrite, et il trouvera, rangée en bataille, toute
une armée de momies pour le repousser. Est-il plus
sage que ses ancêtres, qui le regardent si gravement
de leurs yeux chargés de siècles, et dont le corps
couvert d'hiéroglyphes s'identifie au dogme qu'il
allait enfreindre? On échappe à la doctrine orale, im-
mémoriale, évanouie avec les hommes qui jadis la
représentaient sur la terre; mais la tradition embau-
mée, empaillée, palpable, simulant la vie, comment
la braver? — Rentre, vieille Égypte, dans l'ornière
creusée par le bœuf que ton peuple adore, et qui
symbolise sa morne routine! Retourne à tes vieilles
idoles aux têtes d'éperviers ou de singes, tandis que
les Dieux charmants et superbes qu'elles ont enfantés
sans le savoir répandent sur le monde la vie, la
liberté, la lumière! Taille des sphinx à la face aussi
bestiale que la croupe, pendant que Phidias sculpte
dans le marbre du Pentélique les divinités de l'héroïsme et de la sagesse! Inscris péniblement à coups
de marteau sur tes obélisques des grimoires sacrés,
à l'heure où Homère chante par les sentiers des Cy-
clades, où la parole de Platon voltige dans la Grèce
sur les ailes des abeilles qui visitent ses lèvres! Te
voilà prise dans le cercle de l'immobile serpent qui
se mord la queue autour de l'éternel cadran! Ton
passé momifié te barre l'avenir! Joue, peuple-
gnome, avec ces poupées funèbres qui perpétuent
ton enfance; vernis leurs masques, peins leurs

yeux, colorie leurs gaînes des bariolages que prescrit le rite; endors-les dans leurs sarcophages en murmurant les litanies inintelligibles que tes prêtres t'ont enseignées! Point de bruit surtout : arrière la poésie, la philosophie, l'éloquence! le dernier des sacristains d'Isis en sait plus long qu'elles... On parle bas dans le pays des tombeaux!

Et puis, de toutes les formes de la sépulture, l'embaumement est la plus choquante. Cette gauche parodie de la vie révolte l'intelligence; cette factice perpétuité du corps semble nier l'immortalité. Je crois voir les ailes de l'âme s'empêtrer dans cette glu d'aromates ; je crois la voir mise sous les scellés de ces ligatures! Comment une chose si légère laisserait-elle après elle cette lourde dépouille ? Mieux vaut mille fois l'anéantissement apparent de la forme humaine qu'une conservation si artificielle et si laide! Certes, je comprends l'effroi qui s'attache aux hideuses images de la destruction; je comprends que les yeux de l'amant ou du fils voient avec horreur la lente dissolution de l'être aimé, à travers la terre qui le couvre. J'envie cette flamme du bûcher grec qui brûlait la prison pour délivrer la captive, et qui enlevait le corps, comme un aigle d'apothéose, avant que la pourriture eût eu le temps d'approcher. Je regrette même les funérailles, cruelles en apparence, de ces tribus guèbres qui, craignant de souiller le sein de la terre en y déposant le cadavre, l'exposent sur un rocher,

où il sert de pâture aux oiseaux de proie. — « Quelle
« est, demande Zoroastre à Ormuzd, dans le *Zend-*
« *Avesta*, la troisième chose qui déplaît à cette
« terre que nous habitons et qui l'empêche d'être
« favorable ? » Ormuzd répondit : « C'est lorsque,
« après l'avoir bien unie, on y construit un tombeau
« dans lequel on met les cadavres des hommes. »
« — Lorsqu'un homme meurt, dit encore le *Zend-*
« *Avesta*, dans les vallées où sont situés les villages,
« les oiseaux s'élancent du haut des montagnes,
« descendent dans ces gorges, et, se jetant sur le
« corps de cet homme mort, ils le mangent avec
« avidité. Ensuite les oiseaux s'élèvent de ces gorges
« sur les sommets des montagnes. Leur bec, dur
« comme l'amande, porte la chair morte et la graisse
« sur ces montagnes. De cette façon, le cadavre de
« l'homme est transporté du fond des vallées sur le
« haut des montagnes. » — Ces obsèques aériennes
ont encore leur grandeur et leur poésie. Qui ne préférerait la dévorante morsure des vautours à la lente
piqûre des vers du sépulcre ? A défaut de la flamme
qui dissout et qui transfigure, quelle plus rapide
transformation de la vie ? Le corps dispersé prend
les ailes des oiseaux de haute envergure ; il monte
avec eux vers les cimes, il plonge dans l'éther, il
participe à la vie des régions sublimes. Le héros
d'une chanson grecque se réjouit d'être dévoré par
un aigle : — « Mange, oiseau, repais-toi de ma
« force, repais-toi de mon courage, ton aile en de-

« viendra plus grande d'une aune et ta serre d'un
« empan. »

Mais enfin la terre finit par purifier comme le feu; comme lui, à la longue, elle réduit en cendres. Cette forme morte que l'imagination n'exhumait qu'avec épouvante, elle s'abrége, elle s'amoindrit, elle s'évanouit par degrés du monde visible : à ses traits défigurés se substituent bientôt les lignes idéales, les contours fuyants d'une apparition... La voilà entrée dans les régions de la mémoire et des ombres! L'esprit l'évoque de la même façon qu'il conçoit l'idée ou le rêve. Qu'elle est belle et touchante cette métamorphose, et combien la fixité de l'embaumement paraît grossière auprès d'elle! N'est-ce pas attacher une puérile importance à notre effigie périssable que de la restaurer péniblement lorsqu'elle a perdu sa valeur? Eh quoi! la beauté s'efface, la jeunesse se fane, son vêtement de chair se déchire à chaque tournant du chemin, et l'homme s'acharnerait à disputer au néant les restes de la maladie et de la vieillesse, ce qui n'est plus même le masque et le costume de la vie! Le beau spectacle pour l'âme qui vient d'aborder au monde éternel que de voir se dessécher pendant des siècles, sur l'autre rive, le haillon qu'elle a dépouillé!

De même, ces mausolées égyptiens, qui entassent des rochers pour enterrer une momie, indignent l'esprit par leur hyperbole. Le tombeau ne doit pas

s'écarter trop démesurément de la taille humaine;
le corps est limité si l'âme est infinie. Le monde
n'est pas assez large pour contenir la mémoire d'un
héros, mais c'est trop d'une montagne pour enfermer son cadavre. Est-ce la carcasse de Léviathan
ou les ossements d'un Pharaon que renferme la
grande pyramide? *Quoi libras in Alexandro?* Une
urne, une croix noire, un turban sculpté, c'en est
assez pour qui vécut quelques jours.

J'ai vu, dans le cimetière de Nuremberg, une
tombe plus grande à mon sens que tous les hypogées de l'Égypte, avec les colosses qui les gardent
et les panégyriques en lettres de dix coudées gravés
sur leurs parois. C'est une simple dalle sur laquelle
est écrit ce seul mot : *Resurgam !* « Je me relèverai ! »
Cri sublime poussé par une pierre nue, par un
cercueil en lambeaux, par des ossements en poussière, mais qui affirme plus haut l'immortalité que
les pyramides, les sarcophages et les momies indélébiles de l'antique Égypte.

VII.

NÉRON.

Ce n'est point sur le type classique du Tyran qu'il faut mesurer et juger Néron. La politique entre pour peu dans ses crimes; ils dérouteraient tous les raisonnements et tous les calculs. La logique n'a rien à voir dans cet amalgame chimérique de fou et d'histrion, de scélérat et de dilettante. Il appartient à l'*aliénisme* historique, une science à créer et dont relèveraient la plupart des mauvais Césars.

Néron est un enfant gâté, auquel le hasard a donné le monde pour jouet ; un enfant méchant et robuste, dont aucune résistance n'a jamais refroidi la cervelle ni calmé les nerfs. Il veut et il peut ; et il veut à tout moment, et sa volonté, surexcitée par l'exécution immédiate, s'enfle, grandit, s'exagère, s'étend démesurément, s'agite avec convulsions et se heurte

contre l'impossible. — La lune dans un seau d'eau !
finit par demander l'enfant colérique, auquel on n'a
jamais rien refusé. — La tête du genre humain ! ce
sera le dernier souhait des Césars.

Ce n'est pas à un germe de vertu, c'est à l'inexpérience de la tyrannie qu'il faut attribuer son calme début. Il essaie les âmes, il sonde la bassesse humaine, il mesure la « Voie Scélérate » qu'il peut parcourir. Tout au plus, pendant ses premières années de règne, s'amusera-t-il à rôder la nuit par les rues de Rome, en pillant les boutiques et en battant les passants. Ce sont là jeux de prince. Le peuple tend le dos et ne fait qu'en rire. Il faut bien que César s'amuse. Bientôt il passe à des exercices plus sérieux : il empoisonne son frère publiquement, effrontément, au milieu d'une fête. A la première gorgée du breuvage préparé par Locuste, Britannicus tombe mort à la renverse sur les coussins de son lit. Les convives s'effrayent ; mais le maître n'a pas sourcillé ; ils se modèlent sur ce visage impassible et reprennent les rires commencés : « Après un moment de silence, dit Tacite, la gaieté du festin se ranime. *Post breve silentium, repetita convivii lætitia.* »

L'impunité l'excite, il saute d'un bond aux bornes du crime. Agrippine le gêne, il décide sa mort. D'abord, il fait construire un vaisseau qui doit l'écraser ou la noyer en pleine mer. L'ironie s'ajoute au parricide : avant de l'embarquer sur le navire meurtrier, il lui donne une fête à Baïa; et, en prenant congé de cette mère qui va mourir, il la baise sur les yeux, comme pour les lui fermer. Mais le vaisseau se détraque; le flot qui devait engloutir Agrippine « recule épouvanté, » comme celui du poëte, et la dépose sur la plage. Néron s'impatiente et s'irrite. Ses deux graves précepteurs, Sénèque et Burrhus, restent muets devant sa colère : ils ne sont plus de force à museler le jeune tigre, ils y renoncent, ils ont peur. Burrhus lui-même désigne l'homme proportionné à l'énormité du forfait. Anicetus et ses licteurs vont frapper Agrippine au ventre. A peine versé, le sang maternel dégrise un moment Néron. Il se repent, il s'effraye, son imagination d'artiste se trouble et s'ébranle. « La face des lieux, qui, dit Tacite, ne change pas comme celle de l'homme, » lui représente le visage mort de sa mère. Il entend siffler le fouet des Furies, et la trompette funéraire embouchée par un fantôme invisible sonner autour du tombeau d'Agrippine. La nuit qui suivit le meurtre, il rêva, dit-on, pour la première fois : le spectre de sa mère lui ouvrit la porte des songes. Mais le monde s'empresse de rassurer son maître. Les centurions et les tribuns viennent baiser sa main comme pour lécher le sang qui la couvre; l'encens fume dans les villes de la Campanie, son retour à Rome est un monstrueux triomphe. Le Sénat vient au-devant de lui en habits de fête. L'assassin monte au Capitole et rend grâces aux Dieux.

Trois protestations muettes votèrent seules contre le crime glorifié. Thraséas sortit du Sénat quand on décréta que le jour de naissance d'Agrippine serait mis au nombre des jours néfastes ; une main inconnue attacha, la nuit, au bras droit de la statue de Néron le sac de cuir dans lequel la loi cousait vivants les parricides avec une vipère et un singe ; et un nouveau-né fut trouvé dans une rue de Rome portant cette inscription vengeresse : « Enfant abandonné, de peur qu'il ne vienne à tuer sa mère. » Des prodiges, selon Tacite, protestèrent aussi contre le forfait. La nature outragée se vengea par des monstruosités et des météores. Le soleil s'éclipsa, ainsi qu'au repas d'Atrée, une femme accoucha d'un serpent, et la foudre tomba dans les quatorze quartiers de Rome, comme pour la purifier par le feu.

Ce monde moral à la renverse était fait pour ébranler les cœurs les plus fermes, les intelligences les plus droites. Quel vertige devait-il produire sur l'adolescent effréné qui le dominait du haut d'une toute-puissance sans obstacle et sans garde-fou ? Au-dessous de lui, une terre avilie sur laquelle a passé le niveau de la servitude ; des peuples humiliés, prosternés, vautrés ; rien qu'une vague mosaïque de têtes aplaties. Au-dessus, des Dieux lointains et indifférents, dont il est l'égal, et parmi lesquels l'aigle envolé de son bûcher funèbre le transportera de plein droit. « Lorsque, ta carrière « achevée en ce monde, — lui chantait Lucain, —

« tu remonteras tardif vers la voûte céleste, soit
« que tu veuilles tenir le sceptre des cieux, soit
« que, nouveau Phébus, tu veuilles éclairer ce
« monde que n'affligera pas la perte de son soleil,
« il n'est pas de divinité qui ne te cède sa place, et
« la nature te laissera prononcer quel dieu tu veux
« être, où tu veux mettre la royauté du monde. Ne
« te place pas à une des extrémités de l'univers;
« l'arc du monde perdrait l'équilibre et serait en-
« traîné par ton poids. Choisis le milieu de l'éther,
« et que là le ciel pur et serein n'offusque d'aucun
« nuage le rayonnement de César! » Ainsi isolé
entre ces deux grands vides, entre ces deux néants
de la responsabilité et de la conscience, le César
romain perd toute vue lucide, tout aperçu de rapports, tout sentiment de juste et d'injuste. Sa personnalité envahit la terre; il est le chiffre d'un zéro
immense qui s'annule exprès pour le faire valoir.
C'est plus qu'un dieu, c'est le Destin; il s'en attribue la puissance aveugle, la tyrannie sans appel, les
irresponsables caprices; il en revendique le droit de
mort absolu, fatal, inintelligible, tel que l'exerce en
apparence la Nature.

Quel spectacle que le règne de Néron après le
meurtre d'Agrippine! La société se laisse décimer
avec l'obéissance passive d'une armée. La nation
n'est plus qu'un troupeau marqué du stigmate uniforme de l'esclavage, et parmi lequel le maître tire
au hasard ses hécatombes quotidiennes. Les vies

illustres s'éteignent sur tous les points du monde comme les mille flambeaux d'une fête qui finit. Pour l'élite, l'existence assurée est une exception. Tacite signale, en s'en étonnant, la chance d'un personnage consulaire qui résolut l'énigme de vivre : « Mem« mius Régulus, dit-il, put vivre en paix, parce que « l'illustration de sa race était nouvelle et que sa « fortune n'attirait pas l'envie. » Aucune lutte, aucune révolte. L'héroïsme, la gloire, la vertu, s'offrent d'elles-mêmes au couteau. Bientôt Néron supprime les hommes et les instruments du supplice. A quoi bon cet appareil qui suppose l'éventualité de la résistance? C'est volontairement que la victime désignée doit se vouer à la mort; c'est de sa propre main qu'elle doit la subir. Le suicide devient une mode à Rome, comme il l'est encore au Japon. Dans cette Venise de l'Asie, le courtisan ou le fonctionnaire en faute n'attend pas l'ordre du Taïcoun pour mourir. Dès qu'il s'est reconnu coupable, dès qu'il a constaté sa disgrâce, il se fend en croix le ventre avec ses deux sabres. Il a appris et il répète, depuis son enfance, l'escrime de ces coups de sabre, qu'il s'est accoutumé à considérer comme sa fin probable. De même les citoyens romains, avertis par le tribun que l'heure est venue, s'ouvrent les veines avec un canif et se mettent au bain pour mourir. Ainsi font Ostorius, Antinus, Vestinus, Torquatus et tant d'autres.

Était-ce juste impatience de sortir de la vie, ou

servilité machinale, ou habitude de la mort? Quoi qu'il en soit, les plus illustres et les plus forts obéissent passivement à la consigne funèbre donnée par César. Corbulon, le vainqueur de l'Orient, duquel Tiridate, étonné qu'un tel homme souffrît un tel maître, avait dit ironiquement à Néron : « Tu as en « Corbulon un bon serviteur, » — se tue en s'écriant : « Je l'ai bien mérité ! » Plautus, exilé en Asie, loin des licteurs et des prétoriens, n'a qu'un mot à dire pour soulever des légions ; et il tend sa gorge au glaive d'un eunuque avec le fatalisme d'un pacha de la vieille Turquie baisant le nœud coulant que le Muet lui présente. Vetus, un homme de la vieille Rome, informé de sa condamnation prochaine, se hâte de la prévenir ; il s'enferme avec sa femme et sa fille, les perce du stylet dont il va se frapper, et meurt en famille, comme il a vécu. Sénèque dicte des sentences dans sa sanglante baignoire, Lucain y corrige son poëme, Pétrone ouvre ses veines, les referme, les ouvre encore ; il joue avec la mort, la provoque, l'éloigne, la rappelle ; il chante, soupe, récompense des esclaves, en fait châtier d'autres, et compose une satire érotique pendant les entr'actes de son voluptueux supplice. Thraséas fait à Jupiter Libérateur une libation du sang qui s'égoutte de son artère appauvrie par l'âge. La lancette du chirurgien, devenue l'arme du supplice, est l'effrayant symbole de ce temps, où la mort était vraiment l'unique et héroïque remède de la vie.

Le Stoïcisme même, dont la secte rigide offrait, au milieu de la dissolution romaine, le seul noyau de résistance autour duquel pût se former une conspiration, enhardit par sa résignation ce règne effréné. Il l'accepte comme une grande école de douleur et de sacrifice : au lieu de glaives, il n'a que des sarcasmes à enfoncer au cœur de Néron. — Démétrius lui répond : « Tu me menaces de la mort, « la nature te rend ta menace. » Canius Julius, allant au supplice, se fait assister d'un philosophe comme d'un confesseur. — « Vous me demandez, « dit-il à ses amis, si l'âme est immortelle. Je vais « le savoir, et, si je le puis, je reviendrai vous le « dire. » Quelques-uns, graciés par César, rejettent sa grâce et se tuent, ne voulant pas manquer l'occasion.

En dehors des thermes tragiques où meurent les héros et les philosophes, le règne n'est qu'une farce grandiose, dont le prince est à la fois l'histrion et l'impresario. Le Singe de l'apologue, lorsqu'il a déposé la foudre avec laquelle il parodie Jupiter, revient à ses gambades et à ses grimaces naturelles; or, Néron est un comédien avant tout. L'Empire, pour lui, n'est qu'un tréteau colossal, où il parade devant un parterre de nations. Chanteur, mime, athlète, danseur, acteur, il prostitue à toutes les momeries du Cirque, à tous les oripeaux du théâtre la majesté souveraine. Son voyage en Grèce est le Roman-Comique d'un cabotin couronné. Parti à la tête d'une armée de cinq mille claqueurs, — *Augustani*, — il chante, lutte, pose, déclame dans toutes les arènes helléniques. — Il chante du nez, il tombe de son char, il danse gauchement, car ses jambes grêles fléchissent sous le poids d'un ventre proéminent. Et ce peuple d'artistes crie, applaudit, admire, feint de se pâmer devant les pirouettes et les roulades du Divin Néron! On lui décerne dix-huit cents couronnes; on traîne aux égouts, pour faire place aux siennes, les statues des anciens vainqueurs des Jeux Olympiques. Le terrible comédien réussissait à coup sûr : sa supériorité dans les tragédies de la vie réelle lui assurait le premier rang dans tous les genres de l'art dramatique. Paraître sur un théâtre avec Néron était aussi dangereux que de jouer à la main chaude avec le léopard de la fable. Aussi l'athlète le plus robuste tombe-t-il, les jambes en l'air, à son premier coup de poing; le cocher qui court avec lui fait prendre à son char le train d'une charrue; la voix la plus mélodieuse affecte l'enrouement ou tombe d'extinction lorsqu'elle alterne avec la voix de César. — Seul, un virtuose de Corinthe s'avisa de chanter juste dans une de ces représentations impériales; on l'applaudit, il fut perdu! Sur un signe de Néron, les autres acteurs, le poussant contre une colonne du théâtre, lui percèrent la gorge à coups de stylet.

Car le sang était le vin de ces grotesques orgies. Dans toutes les farces de Néron, la Mort joue son rôle. — Voyez ce cocher, habillé de vert, lancer son char dans les jardins du Vatican. Le quadrige galope entre deux rangées de flambeaux étranges. Une odeur de chair brûlée s'en exhale, la flamme crie, la fumée râle... Ces torches vivantes sont des Chrétiens empalés et enduits de cire. Néron fait rouler son char infernal à travers une illumination de martyrs !

Il est curieux d'observer la démence croissante de cet halluciné du pouvoir. Son cerveau se ramollit à mesure que s'endurcit son cœur. Son masque d'histrion finit par dévorer les contours césariens qu'avait gardés sa figure. Dans les trois dernières années de son règne, ce n'est plus qu'un mime effréné qui contrefait les Dieux. Il n'a plus même la politique du meurtre, la courte mais droite logique du poignard; il tue à tort, à travers, par crises, par accès, sans motif, et comme pour satisfaire un besoin physique de tempérament. Ses luxes, ses vices, ses orgies, ses caprices, tournent à l'hyperbole orientale. Étant un monstre, il vise au monstrueux. Ses désirs sont des Chimères qui cherchent leur proie. Il remplit Rome, la ville positive, des fantasmagories du despotisme asiatique. Pour la refaire, il la brûle, et sur les ruines de ses quartiers incendiés il se bâtit la *Maison d'Or*, un palais qui envahit trois des Sept Collines, qui a des lacs pour pièces d'eau, des plaines et des forêts pour jardins, dont les souterrains mêmes sont couverts de fresques, dont les salles lambrissées d'ivoire tournent avec un mouvement de sphères et répandent des pluies de parfums par leurs voûtes changeantes comme le ciel. Il pêche dans des filets dorés; il ferre d'argent ses mules et ses buffles; il alloue cinq cents ânesses à la baignoire de Poppée; il épouse solennellement un eunuque; il se promène dans un vaisseau d'ivoire, sur l'étang d'Agrippa, entre deux rangs de groupes obscènes posés sur les rives. Un de ses jeux est d'avilir les fiertés et de souiller les pudeurs. Il mêle les matrones avec les courtisanes; il fait battre des sénateurs contre des gladiateurs, et monter un chevalier romain sur un éléphant.

On s'use vite dans ces excès du pouvoir; le répertoire du despotisme est, en fin de compte, borné par la nature. Un moment vient où la matière humaine a donné à celui qui la pressure tout ce qu'elle contient de boue, de sang et de larmes. Que faire alors pour se distraire? Il ne reste plus que l'impossible; c'est à l'impossible que Néron s'adonne dans ses derniers jours. Tacite l'appelle « l'amant de l'incroyable : *Incredibilium cupitor.* » — Un Grec lui fait croire qu'il va se métamorphoser en oiseau; il l'héberge dans son palais, en attendant que les ailes lui poussent. Un saltimbanque égyptien dévore de la viande crue; il veut le perfectionner, en faire un cyclope, et le dresser à manger de la chair humaine. — Cette génisse de bois qui répond, dans le Cirque, par des cris de femme aux mugissements d'un taureau furieux, c'est une invention de Néron parodiant la fable de Pasiphaé.

Mais si Néron a épuisé le monde, s'il a touché le fond du rendement terrestre, il lui reste le ciel à escalader. Il commence par destituer en masse tous les Dieux, il les décapite et plante sa tête sur les épaules de leurs statues mutilées ; puis il divinise sa barbe et sa voix ; consacre l'une au Capitole, et fait offrir à l'autre des sacrifices. — Le sacrilége recèle peut-être des voluptés inédites : pour l'éprouver, il viole une vestale, souille une idole de la Déesse Syrienne et se baigne dans l'eau des fontaines sacrées. Il confisque, à Delphes, les terres d'Apollon dont l'oracle lui a parlé d'Oreste, et il ferme la bouche souterraine d'où la Pythie recevait le souffle du Dieu. La Magie l'occupe un moment ; il fait venir des devins, et il épelle avec eux les grimoires de l'Orient et les entrailles des victimes. Sa dernière manie accuse un ramollissement singulier ; elle nous montre le César romain sous l'angle facial d'un sultan d'Afrique. Un plébéien lui fait don d'une petite statuette de jeune fille ; il s'éprend de cette poupée, proclame sa divinité suprême, et lui fait par jour trois sacrifices. Il en était à l'amulette, et il alla jusqu'au fétiche. Ayant cassé un vase de cristal dont il aimait à se servir, il éleva un mausolée à ses « Mânes. »

C'est dans sa chute qu'éclate la misérable nature de ce faux dieu théâtral ; elle rappelle cette idole de la Bible qui se brisa sur le parvis du Temple : de sa tête d'or sortit une poignée de rats.

La tyrannie, qui endurcit affreusement l'énergie des forts, — qui donne à Tibère, par exemple, sur son rocher de Caprée, une attitude de mépris qui a sa hauteur, — la tyrannie énerve les faibles, les mine, les hébète. Otez d'un homme la conscience, le sens moral, le cœur, les entrailles, s'il n'a pas de génie pour remplir ces vides, qu'en restera-t-il ? Un simulacre de puissance, mis en mouvement par des nerfs débiles, une volonté égarée, l'animation de la fièvre, la vacillation de l'ivresse, un peu de bile aux veines, un peu d'écume aux lèvres ! rien, presque rien. Un jour vient où le monde perd patience, où le groupe de cariatides sur lequel piétine, depuis quinze ans, ce dieu frénétique, se lasse d'endurer les contre-coups de ses soubresauts ; il s'en retire, il le laisse tomber.

Vindex soulève la Gaule, Galba insurge l'Espagne. Au seul bruit de ces révoltes lointaines, la puissance de Néron s'écroule. L'urgence du danger ne lui inspire que des colères puériles ou des projets insensés. Ce qui le touche le plus dans la proclamation furieuse de Vindex, c'est qu'il l'ait appelé « mauvais musicien. » Il en écrit au Sénat, pour le prendre à témoin de l'iniquité du reproche. Il promet aux Dieux, s'ils lui donnent la victoire, de jouer dans une fête de l'orgue hydraulique, et de danser le pas de Turnus. Il imagine de désarmer les légions de

Galba en allant à leur rencontre et en pleurant devant elles. Puis il passe à des velléités belliqueuses, et ses préparatifs de guerre consistent à faire couper les cheveux de ses concubines, à leur distribuer des haches, et à les former en escadron d'amazones. Ses songes mêmes, — ces songes fatidiques qui dans l'antiquité traversent, sous des formes si grandioses, la dernière nuit des mourants, — sont ceux qu'enfanterait la cervelle d'un nain ou l'imagination d'un bouffon. Il rêve qu'il est mangé par des fourmis, et qu'il chevauche sur un singe à tête de cheval qui pousse des hennissements cadencés. Parfois l'infatuation le reprend ; il se cramponne à l'épave de trône qui lui reste encore, il y reprend sa jactance et sa grimace césarienne. De vagues idées d'extermination passent dans son esprit : — massacrer les généraux, empoisonner le Sénat dans un grand festin, incendier Rome pour la seconde fois, lâcher la ménagerie du Cirque dans ses rues en flammes. — Inoffensive écume d'une rage impuissante, radotages d'une tyrannie tombée en enfance! Une nuit, les prétoriens abandonnent le poste du Palatin, et c'en est fait de Néron. Rome fait le vide autour de lui, et ce vide forme un gouffre dans lequel il tombe. L'effrayant César de la veille n'est plus qu'un proscrit hagard qui rôde la nuit par les rues, frappant à des portes qui ne s'ouvrent pas. L'histoire des catastrophes impériales n'a pas de plus misérable spectacle que celui de Néron fuyant, le matin, hors de la ville, nu-pieds, masqué d'un mouchoir, et rampant sous les ronces pour entrer dans la cave de son affranchi, comme un reptile poursuivi qui se fray... trou. Cette extrémité rapetisse encore sa n... de nature. Démaillotté de la pourpre, il reparaî... u ce qu'il est, un enfant lâche et gâté. Ses dernières pensées sont des regrets de virtuose et des lamentations d'épicurien dégoûté. —« Voilà donc l'eau cuite de Néron, » *hæc est Neronis decocta!* dit-il, en buvant de l'eau d'une mare dans le creux de sa main. Au bruit des cavaliers qui le cherchent sur la route, il déclame un vers de l'*Iliade*: « Le galop des coursiers a frappé mon oreille. » Histrion dans l'âme, il pense à son larynx au moment de perdre la vie et l'empire. La mort pour lui est l'extinction de sa voix; son dernier soupir est une note aiguë de vanité musicale. « Quel artiste va périr ! » dit-il en s'égorgeant d'une main maladroite. *Qualis artifex pereo!*

VIII.

MARC-AURÈLE.

Marc-Aurèle est le stoïcien couronné ; la Destinée, qui avait jeté Épictète dans l'ergastule d'un affranchi de Néron, éleva son disciple sur le trône du monde. Sa gloire est d'avoir été, par l'âme plus que par le rang, une exception dans son temps.

Lorsque Marc-Aurèle prit la pourpre, l'Empire agrandi par Trajan, calmé par Antonin, ne penchait pas moins vers la ruine. Sa population baissait comme le niveau d'un fleuve desséché ; sa surface était entrecoupée de déserts ; les mariages diminuaient dans une proportion effroyable, comme si, par un accord tacite, les hommes se décidaient à finir. Au dehors, la mer des Barbares cernait déjà l'horizon romain ; les flots de leur avant-garde bouillonnaient contre ses frontières. Refoulés par Trajan, ils avaient submergé, sous Adrien, trois provinces : le Dieu Terme, emblème de la stabilité des conquêtes de Rome, reculait, sous son règne, pour la première fois. — Au dedans, une décadence incurable. Le despotisme avait brisé tous les ressorts, faussé toutes les lois, corrompu tous les caractères. Rome s'était anéantie devant les Césars ; elle se déchargeait sur eux du poids de vivre et d'agir. Il faut qu'ils pensent, qu'ils prévoient, qu'ils jugent, qu'ils gouvernent pour ces millions d'hommes passifs et inertes ; il faut qu'ils soient l'âme de ce cadavre qui couvre la terre. La parole même leur était réservée comme un privilége. Fronton exhorte Marc-Aurèle à l'éloquence, par pitié pour le monde, qui serait muet sans sa voix : « Le « monde, qui jouissait de la parole par toi, devien- « drait muet ! Mais, si quelqu'un coupait la langue « à un seul homme, ce serait une cruauté. Serait-ce « donc un médiocre attentat que de retrancher l'Élo- « quence au genre humain ? » Le Sénat, plié à la servitude, ne se relevait, entre ses longues prostrations, que pour injurier le César tombé et acclamer le César levant. Les Patriciens, avilis par la servilité de la cour, ne se distinguaient plus des esclaves ; le peuple n'était plus qu'une plèbe fainéante abrutie par le Cirque, soûlée du sang des gladiateurs et des bêtes, ne demandant au maître que la tuerie et le pain du jour. La pénurie des hommes libres et la désertion faisaient à l'armée des brèches incessantes ; pour les combler, on était contraint de recruter les

Esclaves et les Gladiateurs. La religion officielle de l'ancienne Rome était livrée à l'anarchie des idolâtries orientales. Les Dieux s'en vont et les Monstres arrivent. Ils s'étalent et ils grimacent entre les sévères divinités du Latium : le Panthéon devient une ménagerie égyptienne. Une noire vapeur de magie obscurcissait l'atmosphère ; la Déesse Syrienne, promenée par un clergé de jongleurs, parcourait les rues et les carrefours, en vendant des faux miracles et des amulettes. Le Christianisme, encore latent, minait la société qu'il devait plus tard reconstruire.

C'est sur ce chaos que fut appelé à régner le plus sage, le plus pur, le plus vertueux des hommes. Marc-Aurèle montant au trône, c'est le Juste d'Horace s'asseyant sur les ruines de l'Univers qui s'écroule. Quelle épreuve pour une âme si haute ! Sa vocation était la pensée ; ses instincts l'attiraient vers les sphères de la raison pure ; la Destinée le jeta au gouvernail du monde en détresse ; elle le plongea jusqu'à la tête dans cette foule humaine qu'il était né pour contempler du rivage. Il dut conduire un siècle dont il n'était pas, soutenir une décadence imminente, remédier à des maux qu'il savait incurables, se dévouer à une société qu'il méprisait et qu'il condamnait. On peut en croire son historien disant la tristesse qui le saisit lorsque l'adoption d'Adrien le désigna à l'Empire.

Il fit du moins tout ce qu'il put faire : son règne

n'est que la Vertu en action. Il se dépouille lui-même de sa toute-puissance pour la partager entre le Sénat et le peuple ; il essaye de faire revivre la liberté dans l'Empire. Sous son influence, la dure loi romaine s'attendrit ; elle s'imprègne de la douceur grecque. Ses décrets bienfaisants descendent sur les faibles et sur les petits : ils protègent la femme et l'enfant ; ils défendent l'esclave contre son maître, et lui ouvrent de toutes parts des issues vers l'affranchissement. Le maître du monde songe à l'ensevelissement des pauvres : César, du haut du trône, jette son manteau sur le cadavre nu du misérable porté au bûcher. Il poursuit les délateurs ; il supprime les confiscations ; il ferme les sources de sang qui jaillissaient dans l'Arène. Par son ordre, les Gladiateurs ne combattent plus, comme les athlètes de la Grèce, qu'avec des épées à bout arrondi. Le premier et le seul de tous les Césars, il ose retrancher au peuple sa pâture humaine. Aux jeux mêmes de ce Cirque purgé de meurtres, il affecte une indifférence méprisante, penché sur un livre pendant le spectacle, ou écoutant des rapports. Ne pouvant les condamner par son absence, l'Empereur protestait par son attitude contre les plaisirs de son peuple.

Ce règne bienfaisant est attaqué par tous les fléaux. Un débordement du Tibre menace de submerger Rome ; la famine succède à l'inondation ; la peste vient achever l'Empire exténué. Les Bretons se soulèvent, les Cattes envahissent la Rhétie et la Germanie, les Parthes chassent les Romains de l'Asie Mineure. Le monde s'écroule, comme pour éprouver l'homme capable de le soutenir. Marc-Aurèle fait face à tous les périls; il nourrit le peuple et il repousse les Barbares. A peine vaincue, cette première invasion en démasque une autre. La guerre des Marcomans éclate avec une âpreté redoutable. Elle trouve l'Empire dévasté et vidé par l'épidémie. Depuis les guerres Puniques, Rome n'avait pas été en pareil péril. Cette fois Marc-Aurèle va combattre lui-même en tête des légions. Il dépouille son palais pour subvenir à la guerre; il le laisse aussi nu que la tente qu'il va habiter. Pendant deux mois, on vend à la criée, sur le forum de Trajan, les ornements impériaux, les coupes d'or et de cristal, les vases royaux, les pierres précieuses, les tableaux, les statues, jusqu'aux robes de l'impératrice. Il part malade pour cette guerre atroce qui dure des années, dans un climat mortel à sa poitrine affaiblie; combattant sur la glace, hivernant dans la neige, parmi les marais, ne mangeant que le matin et le soir, avant de haranguer ses armées. Son héroïsme dompte les Barbares, sa douceur les charme et les apprivoise. — On se le représente, dans cette rude campagne, tel que nous le montre sa statue équestre du Capitole : simple et grave, assis, comme sur un trône, sur son fort cheval taillé pour fendre les forêts et labourer les boues de la Pannonie, accueillant d'un geste magnanime les hordes soumises.

Que d'épreuves dans cette vie sublime ! Quelles luttes déchirantes au sein de cette gloire ! Quels combats durent se livrer dans une pareille âme le Stoïcien aux prises avec le César ! Quelque parfait que fût son pouvoir, il l'exerçait contre ses principes. Le philosophe qui abhorrait le sang était forcé de détruire et d'exterminer. Que valait la gloire militaire pour celui qui s'écrie dans ses *Pensées*, avec une ironie si hautaine : — « Une araignée se glorifie d'avoir
« pris une mouche ; et parmi les hommes, l'un se
« glorifie d'avoir pris un lièvre, un autre un poisson,
« celui-ci des sangliers et des ours, celui-là des
« Sarmates ! » L'adorateur d'un Principe unique, investi du pontificat officiel, doit sacrifier publiquement aux mille dieux du polythéisme, et présider cette cérémonie du *Lectisternium*, où l'on servait à manger à leurs idoles, couchées sur des lits. — Imaginez Moïse redescendant du mont Sinaï, et contraint de danser autour du Veau d'or ! — Lorsqu'il partit pour la Germanie, le peuple l'obligea d'emmener des magiciens chaldéens. Le penseur dut traîner à sa suite une bande d'astrologues. Rentrant à Rome après ses campagnes, ayant vaincu les Barbares et sauvé l'Empire, il parle au peuple de sa longue absence, et le peuple crie de tous côtés, pour témoigner qu'il en a compté les années : « Huit ! huit ! » Mais, en même temps, il lui fait signe, avec les doigts, qu'il doit recevoir un congiaire de huit écus d'or. L'Empereur sourit et répète : « Oui, huit années ! huit écus d'or ! »

Quel mépris dut exprimer ce sourire pour le peuple mendiant qui le remerciait en lui faisant payer son salut! — Il eut à souffrir la révolte et la trahison. Avidius Cassius, son meilleur capitaine, se souleva contre lui; ce Cassius, dont il avait dit avec une résignation magnanime à Vérus qui l'avertissait de son ambition : « Si les Dieux ont destiné l'Empire à Cas-
« sius, Cassius nous échappera; car tu sais le mot
« de ton bisaïeul : « Nul prince n'a tué son succes-
« seur. » Si les Dieux ne lui ont pas destiné l'Em-
« pire, il viendra de lui-même, sans que nous ayons
« besoin de nous souiller d'une cruauté, se jeter
« dans le lacet fatal... Quant à ce que tu me dis,
« que je dois par sa mort pourvoir à la sûreté de mes
« enfants : Périssent mes enfants eux-mêmes, si
« Avidius mérite plus qu'eux d'être aimé, si la vie
« de Cassius importe plus à la république que celle
« des enfants de Marc-Aurèle. »

Sa famille même le trahit ou le déshonore. Lucius Vérus, son frère adoptif, qu'il a associé volontairement à l'Empire, croupit à Antioche dans les orgies asiatiques. Sa femme, Faustine, se prostitue, à Gaëte, aux matelots et aux gladiateurs; les bouffons raillent, sur le théâtre, son déshonneur conjugal. Son fils sera Commode qui, sur tous les mauvais Césars, aura cette supériorité dans l'horreur d'avoir eu pour père Marc-Aurèle.

Tant d'épreuves et tant de souffrances n'altèrent pas la source de douceur que répand son âme. Ce

Stoïcien, de bronze pour penser, est de chair pour aimer et pour s'attendrir. Il éleva dans le Forum un temple à la Bonté : pour créer cette divinité nouvelle, il n'avait eu qu'à la tirer de son cœur. Sa miséricorde était infatigable ; s'il l'avait pu, il aurait épargné Cassius. Lorsqu'on lui présenta sa tête tranchée par un centurion, il détourna le visage et ordonna de l'ensevelir. Le Sénat, façonné aux exterminations césariennes, voulait proscrire ou tuer la famille du traître ; il vint plaider sa cause devant lui : — « Vous accorderez le pardon au fils d'Avidius « Cassius, à son gendre, à sa femme. Que dis-je, le « pardon ? ils ne sont point coupables. Qu'ils vivent « avec sécurité, sachant que c'est sous Marc-Aurèle. » Il défendit même avec une compassion délicate qu'on reprochât en justice aux enfants de Cassius le crime de leur père. Le seul reproche qu'il adressa à Vérus fut celui de son exemple et de sa présence. Il alla loger chez lui pendant quelques jours et lui infligea le spectacle de la vie stoïque dans sa maison remplie de mimes et de courtisanes. Faustine lui fut toujours chère ; il ignora ou plutôt il feignit d'ignorer ses débordements. Elle était la fille d'Antonin ; il aurait craint, en la répudiant, d'offenser la mémoire de son bienfaiteur.

Au sein de cette famille si troublée, le héros n'est plus qu'un père doux et tendre ; le philosophe se fait enfant avec ses enfants. Il se plaît aux caresses de ses petites filles, il les appelle « ses mignonnes fauvettes. » Il y a, dans ses Lettres à Fronton, des coins de paysages enchanteurs où on le voit au milieu d'elles, pareil à un aigle couvant des colombes. — « Voici encore les chaleurs de l'été, mais comme nos « petites se portent bien, il me semble que nous « avons l'air et la température du printemps. » — « .... Notre petit Antonin (*pullus noster*) tousse un « peu moins ; dans notre petit nid, autant chacun a « de raison, autant il prie pour toi. » — Lorsque, après la guerre contre les Parthes, le Triomphe lui fut décerné, il fit monter derrière lui ses deux jeunes filles sur son char. Spectacle touchant et nouveau dans le monde antique ! L'Innocence et la Famille triomphaient avec l'héroïsme.

C'est moins sur son règne, à demi effacé d'ailleurs par l'injuste histoire, que sur le livre de ses *Pensées* qu'il faut mesurer cette âme. Elle est là tout entière, dans sa force et dans sa grandeur. Ce fut au soir, et comme à la lueur du crépuscule de sa vie, qu'il les écrivit, sur des tablettes rassemblées sans ordre, et recueillies après sa mort. Le premier livre est daté: « De chez les Quades, sur le bord du Granua ; » le second : « De Carnuntum. » La plupart sans doute furent écrites dans le camp, sous la tente, alors que, déposant le poids de l'Empire avec son armure, il pouvait vaquer à son âme. Il y a quelque chose du recueillement de la nuit dans ce livre auguste : conçu dans le silence, il en a la solennité. Sont-ce les strophes d'une ode ou les arguments d'une philosophie que ces pensées brèves, serrées, haletantes, qui se succèdent sans cadence et sans transitions, comme les soupirs d'un cœur gonflé par l'extase? Respirations entre l'oppression du jour et celle du lendemain, confidences que se fait à lui-même l'homme de solitude s'échappant un instant de la multitude, cris d'enthousiasme que la vision de l'Absolu lui arrache, apostrophes lancées vers l'Infini comme des flèches, examens d'une conscience responsable des destins du monde! Jamais la Vérité, dans sa réalité ou dans son fantôme, n'a été recherchée avec plus de zèle, embrassée avec plus d'ardeur, possédée avec plus d'amour. Sa conception des choses a la grandeur nue d'un temple sans symboles et sans ornements. Pour lui, Dieu ne se sépare pas du Monde, être vivant, indivisible, unique, qui subsiste par lui-même et qui se développe selon des lois infaillibles. Les formes innombrables des êtres représentent les actes de cette puissance génératrice qui se complaît dans la production et dans le renouvellement éternel de ses créatures. Le marbre et l'homme, la végétation et la pensée expriment inégalement sa grandeur. Cette Fatalité est une Providence. La douleur, la mort, le mal, l'injustice ne sont que les dissonances illusoires d'un concert dont l'harmonie nous échappe, les détails mal compris d'un ensemble à la majestueuse unité duquel ils concourent. Tout est grand et tout est juste, tout est beau et tout est réglé. Marc-Aurèle s'incline devant cette Divinité immuable, consterné

d'effroi et d'admiration. C'est en lui chantant un hymne qu'il acquiesce à ses lois : « Tout ce qui
« t'accommode, ô Monde, m'accommode moi-même.
« Rien n'est pour moi prématuré ni tardif qui est de
« saison pour toi. Tout ce que m'apportent les heures
« est pour moi un fruit savoureux. O Nature ! tout
« vient de toi, tout est dans toi, tout rentre dans toi !
« Un personnage de théâtre dit : « Bien-aimée cité
« de Cécrops ! » Mais toi, ne peux-tu pas dire du
« Monde : « O bien-aimée cité de Jupiter ! » Il l'adore jusque dans ses difformités et dans ses horreurs ; il tire de la fange une louange à sa gloire, comme on fait jaillir la flamme du caillou. — « Même la gueule
« du lion, les poisons mortels, tout ce qui peut nuire,
« comme les épines, la boue, sont des accompa-
« gnements de ces choses si nobles et si belles. Ne
« va donc pas t'imaginer qu'il y ait rien là d'étranger
« à l'Être que tu révères. Réfléchis à la source véri-
« table de toutes choses. » Nul, d'ailleurs, plus que lui n'a eu le sentiment du néant de la vie mortelle absorbée dans l'infinité. Salomon, du fond de son harem, le Bouddha indien, sous le figuier où le Nirvana lui fut révélé, l'Ascète de la Thébaïde s'étonnant qu'on bâtit encore des maisons et des villes, n'ont pas jeté sur le monde un regard plus désenchanté et plus triste. — « Oh ! que toutes choses
« s'évanouissent en peu de temps ! les corps au sein
« du monde, leur souvenir au sein des âges. » Il dit à l'homme : « Tu es une âme chétive portant un ca-

« davre. » Il s'étonne, comme d'une folie, qu'on poursuive la gloire, la volupté, la fortune : « C'est « comme si on se prenait d'amour pour les oiseaux « qui passent en volant. » — Parfois, évoquant les générations mortes depuis deux mille ans, il rappelle, sous une forme antique, ce spectre de César que le poëte allemand nous montre passant la revue d'une armée funèbre. « Contemple d'un lieu élevé « ces troupeaux innombrables d'hommes, ces mille « cérémonies religieuses, toutes ces navigations pen- « dant la tempête ou le calme, cette diversité d'êtres « qui naissent, qui vivent ensemble, qui s'en vont... « Vérus mort avant Lucilla, puis Lucilla; Maximus « avant Secunda, puis Secunda; Diotime avant Épi- « tynchanus, puis Épitynchanus; Faustine avant An- « tonin, puis Antonin : il en est ainsi de toute chose. « Adrien mort avant Céler, puis Céler. Et ces hommes « d'un esprit si pénétrant, et ceux qu'enivrait l'or- « gueil, où sont-ils? Où sont Charax, Démétrius, « Eudémon et ceux qui leur ressemblaient? Choses « éphémères, mortes depuis longtemps. Quelques- « uns n'ont pas même laissé un instant leurs noms; « d'autres sont passés au rang des fables; d'autres « ont disparu des fables mêmes. » Il a des images et des trivialités shakspeariennes pour peindre l'inanité des choses et les horreurs de la destruction. Comme Macbeth, il compare l'existence à une farce folle. — « Ce que nous estimons tant dans la vie « n'est que vide, pourriture, petitesse. Des chiens

« qui se mordent, des enfants qui se battent, qui
« rient, qui pleurent bientôt après... Le vain appareil
« de la magnificence, les spectacles de la scène, les
« troupeaux de petit et de grand bétail, les combats
« des gladiateurs, tout cela est un os jeté en pâture
« aux chiens, un morceau de pain qu'on laisse tom-
« ber dans un vivier. Ce sont des fatigues de fourmis
« traînant leur fardeau, une déroute de souris ef-
« frayées, des marionnettes secouées par un fil ! »
— Comme Hamlet devant la fosse du cimetière d'Elseneur, il se demande, devant le gouffre de l'infini,
ce que la nature a fait des os d'Alexandre : —
« Alexandre de Macédoine et son muletier ont été
« réduits, après la mort, à la même condition, ou
« bien ils sont rentrés dans le même principe géné-
« rateur du monde, ou bien ils se sont l'un comme
« l'autre dispersés en atomes... Puanteur que tout
« cela et pourriture au fond du sac ! »

De cette vanité universelle le sceptique conclut à
la volupté et à l'insouciance. « Mangeons et buvons,
car nous mourrons demain, » s'écrie l'Ecclésiaste
découragé par le spectacle du monde et par l'immo-
ralité de ses destinées. Mais au milieu de ces vicissi-
tudes et de ces ténèbres, sous les lois fatales qui le
pressent, entre les infinis qui l'écrasent, le Stoïcien
découvre en lui-même un point fixe, pur, lumineux,
avec lequel il refait tout le monde moral. C'est la
Raison émanée de l'intelligence suprême qui régit le
monde, particule de Dieu disséminée dans chaque

être, qui lui révèle le Devoir, et l'associe à l'œuvre magnifiquement belle, souverainement juste de la création. Marc-Aurèle parle comme d'un Génie vivant de cet être moral qui réside en lui ; il lui offre ses vertus comme des sacrifices intérieurs ; il se purifie, pour mieux l'honorer, de tout vice et de toute souillure, comme on lave un tabernacle pour le rendre digne du dieu qui l'habite. « Offre au dieu qui est
« au dedans de toi un être viril, un citoyen, un em-
« pereur, un soldat à son poste, prêt à quitter la vie
« si la trompette sonne. » Quel effort vers l'idéal! quels élans vers la sainteté! On suit pour ainsi dire sa croissance vers la perfection ; on le voit grandir en héroïsme, en justice, en beauté morale : il monte au sommet de la vertu humaine par des degrés de sublimité. Il a des exhortations à son âme qui résonnent comme des coups de clairon réveillant en sursaut un combattant endormi : « Couvre-toi d'igno-
« minie, ô mon âme! Oui, couvre-toi d'ignominie!
« car c'est dans les âmes des autres que tu places
« encore ta félicité. » — Il en a d'autres où il lui parle comme à une vierge vouée aux autels : « Em-
« bellis-toi de simplicité, de pudeur, d'indifférence
« pour les choses qui tiennent le milieu entre le vice
« et la vertu. Chéris le genre humain, obéis à Dieu...
« Il faut vivre avec lui! »

Jamais homme, en effet, n'a vécu plus intimement avec sa conscience ; il s'y replie et il s'y retire aussi loin du monde extérieur que s'il allait prier

dans un **Bois Sacré**. « On se cherche des retraites :
« grottes pastorales, chaumières rustiques, mon-
« tagnes, plages des mers; à quoi bon? puisqu'il
« t'est permis de te retirer en toi-même. » Les
passions et les illusions sont chassées par lui de
cet asile inviolable, sans amertume, sans colère,
comme ferait un prêtre fermant doucement à des
profanes l'entrée d'un sanctuaire : — « Que fais-tu
« donc ici, Imagination? Va-t'en, par les dieux ! Tu
« es venue, suivant ta vieille coutume. Je ne me
« fâche point contre toi, mais va-t'en ! » De ces retraites en lui-même, il sort fortifié et tranquillisé,
muni, comme d'un viatique, d'un optimisme calmant
qui le fait compatir au mal en lui révélant sa fatalité :
— « C'est toujours malgré elle qu'une âme est pri-
« vée de la vérité et de la justice. Cette pensée te
« rendra plus doux envers tous les hommes. » Sa
vertu n'attend pas de récompenses par delà la vie :
elle se suffit à elle-même. L'arbre demande-t-il son
salaire après avoir fructifié ? — « Comme le cheval
« après la course, comme l'abeille quand elle a fait
« son miel, l'homme qui a fait le bien ne le crie point
« par le monde ; il passe à une autre action géné-
« reuse, de même que la vigne se prépare à porter
« d'autres raisins dans la saison. » Avec quelle sérénité il se prépare à la mort! Elle est pour lui
l'automne naturel de l'humanité, la récolte bienfaisante qui fera lever de nouvelles moissons. Les com-
paraisons qu'il en tire respirent une grâce pastorale :

on croit voir ces idylles que l'art antique sculptait sur les sarcophages : « Il y a bien des grains d'en- « cens destinés au même autel ; l'un tombe plus tôt, « l'autre plus tard dans le feu ; mais la différence « n'est rien. » — « Il faut partir de la vie avec rési- « gnation, comme l'olive mûre qui tombe en bénis- « sant la terre sa nourrice, et en rendant grâces à « l'arbre qui l'a portée. » — La théologie stoïcienne ne lui permet pas de croire à l'immortalité personnelle ; il en conçoit, parfois, un noble regret. Sa grande âme se sent digne de revivre dans la lumière d'une existence supérieure, mais elle replie tristement ses ailes qu'elle croit incapables de voler si haut. « Comment se fait-il que les Dieux qui ont ordonné si « bien toutes choses, et avec tant de bonté pour les « hommes, aient négligé un seul point : à savoir, que « les gens de bien d'une vertu véritable, qui ont eu, « pendant leur vie, une sorte de commerce avec la « Divinité, qui se sont fait aimer d'elle par leur « piété, ne revivent pas après leur mort et soient « éteints pour jamais ? » Mais il se reproche bientôt cette objection à la Loi suprême : « Tu vois bien « que faire de pareilles recherches, c'est disputer « avec Dieu sur son droit. »

Ces pensées étaient celles du Maître de la terre, de l'Empire fait homme, du Monde incarné. Conversations sublimes du Pan terrestre et du Pan divin ! Par instants, on croirait entendre la voix d'un Père du désert. Le Prince a déposé sa pourpre au seuil

du portique idéal où il va penser : pas un repli n'en
traîne dans son livre. L'être pensif semble étranger
en lui à l'homme impérial. Tandis que l'empereur
juge, harangue, décrète, préside le Sénat, combat
les Quades et triomphe dans Rome, le philosophe,
abstrait du tourbillon qui l'entraîne, médite à l'écart.
Quelquefois pourtant les événements extérieurs réa-
gissent sur ce pur esprit. L'écho des temps qu'il
traverse retentit dans sa contemplation solennelle,
comme, dans un temple, un cri de douleur poussé du
dehors. Quel crime ou quelle turpitude lui arracha
cette plainte pathétique ? « Ils n'en feront pas moins
« ce qu'ils font, quand tu en crèverais ! » Il vient
sans doute d'écouter quelque honteuse délation ou
d'avaler jusqu'à la lie la louange vénale d'un flatteur,
lorsqu'il s'écrie avec un dégoût indigné : — « Voilà
« donc les pensées qui les guident ! Voilà l'objet de
« leurs souhaits ! Voilà pourquoi ils nous aiment, ils
« nous honorent ! Habitue-toi à considérer leurs
« âmes toutes nues. Ils s'imaginent nuire par leurs
« blâmes, servir par leurs louanges. Vanité ! » Tenté
peut-être, un jour, d'un acte arbitraire, il jette à la
tentation, comme un exorcisme, ce barbarisme énergique qui peint si bien l'effroi que sa toute-puissance lui inspire : « Prends garde de *Césariser*, »
ὅρα μὴ ἀποχαισάρωθῃς. L'idée de son isolement semble
parfois le désespérer ; il se voit seul assis sur son
trône, comme sur un écueil, au milieu du naufrage
moral de son siècle, et il souhaite de mourir. —

7

« Tu vois aujourd'hui combien il est fâcheux de vivre
« avec des hommes dont tu partages si peu les sen-
« timents. Viens au plus vite, ô Mort! de peur qu'à
« la fin je ne m'oublie moi-même. » Un instant, las
de régner sur ce monde pervers, il appelle les
glaives des prétoriens ou les poignards des sicaires :
— « Que les hommes voient, qu'ils contemplent en
« toi un homme véritable, vivant conformément à sa
« nature. S'ils ne peuvent supporter cet homme,
« qu'ils le tuent! Cela vaudra mieux que de vivre
« ainsi. »

La mort vint le prendre à son poste, en Germanie, sur la brèche de l'Empire assailli par une nouvelle levée de Barbares. C'était un rude métier que celui des Empereurs à cette fin de Rome : toujours à cheval, parcourant la terre, subissant toutes les races et tous les climats, montant tour à tour l'éléphant africain et le mulet des Alpes, buvant dans la même année les eaux du Nil et celles du Danube, passant des sables de la Perse aux neiges de la Bretagne, essuyant les flèches des Parthes après les framées germaines. La consigne de toute leur vie était celle du dernier jour de Sévère : *Laboremus*, « Travaillons. »

Marc-Aurèle partant, vieilli et malade, pour la Pannonie, fut le martyr de l'Empire. Selon Capitolin, sa mort fut un suicide expiatoire. « A peine frappé,
« il s'abstint de manger et de boire dans le dessein
« de mourir. » Le monstre commençait à percer dans Commode ; il l'aperçut dans ses derniers jours,

et il s'échappa de la vie pour ne plus le voir. Sachant à qui il laissait l'Empire, il aurait pu s'écrier encore comme Sévère mourant : *Omnia fui, nihil prodest.* « J'ai été tout, et rien ne sert. » Ses amis lui demandèrent à qui il recommandait son fils. — « A vous, « répondit-il, et aux Dieux Immortels, s'il en est « digne. » — Les voyant s'éloigner de son lit déjà funèbre, hâtés peut-être d'aller saluer le nouveau César, une plainte lui échappa, et comme un triste adieu à l'humanité : « Si vous prenez déjà congé de « moi, adieu donc, je vais devant vous. » *Si jam me dimittitis, vale vobis dico, vos præcedens.* Il avait prévu cette défection de la dernière heure. « N'y aura-« t-il pas quelqu'un pendant ton agonie — dit-il dans « ses *Pensées* — qui se dira à lui-même : « Enfin, nous « allons respirer, délivrés de ce pédant; sans doute, « il ne faisait de mal à aucun de nous, mais je me « suis aperçu qu'en secret il nous condamnait. » Oui, « songe en toi-même : je sors d'une vie où ceux qui « la partageaient avec moi, pour qui j'avais tant « travaillé, tant fait de vœux, pris tant de soucis, « sont ceux-là qui désirent que je m'en aille et qui « espèrent qu'il leur en adviendra quelque bien. » Le tribun des soldats vint lui demander son dernier mot d'ordre : « Va au soleil levant, dit-il, moi je suis « à l'heure du couchant. » Le septième jour de sa maladie, se voilant la tête, comme pour dormir, de son manteau militaire, il expira tranquillement.

Peut-être murmura-t-il en mourant ces paroles qui

terminent son livre et qui sont les *Novissima Verba*
de son âme : « O homme ! tu as été citoyen dans la
« grande Cité. Que t'importe de l'avoir été pen-
« dant cinq ou pendant cent années ? Ce qui est
« conforme aux lois n'est inique pour personne.
« Qu'y a-t-il donc de si fâcheux à être renvoyé de
« la cité, non par un tyran, non par un juge inique,
« mais par la Nature même qui t'y avait fait entrer ?
« C'est comme quand un comédien est congédié du
« théâtre par le même préteur qui l'y avait engagé.
« — Mais je n'ai pas joué les cinq actes, je n'en ai
« joué que trois. — Tu dis bien, mais c'est que dans
« la vie les trois actes suffisent pour faire la pièce
« entière. Celui qui détermine la fin, c'est celui qui
« a constitué autrefois l'ensemble des parties, et qui
« aujourd'hui est cause de la dissolution : ni l'une
« ni l'autre chose ne vient de toi. — Va-t'en donc
« paisible. Celui qui te congédie est sans colère. »

Ce monde indigne de le posséder eut du moins la
pudeur de le regretter. Rome sentit que sa dernière
vertu se retirait d'elle avec ce grand homme. Son
apothéose ne fut pas la cérémonie officielle, service banal de tous les Césars, qui divinisait indis-
tinctement Tibère et Titus : ce fut un acte de foi
enthousiaste dans l'ascension de cette grande âme
vers la Divinité dont elle était, sur la terre, la royale
image. Un cri sortit de la multitude : « Ne le pleurez
« point, adorez-le. Prêté aux hommes par les Dieux,
« il est remonté vers les Dieux. » Le Sénat et le

peuple confondus, ce qui ne s'était jamais vu, et ce qui ne se vit jamais par la suite, le proclamèrent « Dieu propice. » On déclara sacrilége tout homme qui n'aurait pas chez lui un portrait de Marc-Aurèle. « Aujourd'hui encore, — dit Capitolin, — ses statues « se voient au milieu des Dieux pénates. » Ce culte n'a pas cessé : encore aujourd'hui Marc-Aurèle reste au premier rang parmi les dieux propices, parmi les pénates intellectuels de l'esprit humain.

IX.

ATTILA[1]. — CHARLES XII.

I.

Ce n'est pas une histoire, c'est une épopée en langue barbare que mériterait Attila. Il étonna le cinquième siècle, si habitué pourtant aux épouvantements. On crut voir se précipiter sur la terre le quatrième Cavalier de l'Apocalypse. — « Et voilà un
« Cheval pâle ; et celui qui était monté dessus s'ap-
« pelait la Mort ; et l'Enfer le suivait ; et le pouvoir
« lui fut donné sur les quatre parties de la terre,
« pour y faire mourir les hommes par l'épée, par la
« famine, par la mortalité et par les bêtes sauvages. »
Qui n'aurait vu, en effet, dans l'armée d'Attila, l'Enfer escortant la Mort? Les Huns effarouchaient les Barbares : auprès d'eux, les Vandales paraissaient des soldats d'Athènes. Les Goths racontaient qu'un de leurs rois avait relégué, au fond de la Scythie, des

1. Voir.la savante *Histoire d'Attila et de ses* ⁎
par M. Amédée Thierry.

sorcières qui y avaient rencontré les démons errants dans les steppes. De leur accouplement était née la race horrible des Huns : — « Espèce d'homme éclose « dans les marais, — dit Jornandès, — petite, grêle, « affreuse à voir, ne tenant au genre humain que « par la parole. » Ammien Marcellin les peint comme Pline, dans son *Histoire naturelle*, décrit les animaux fabuleux. Il parle avec terreur de leur corps aux membres trapus, de la grosseur monstrueuse de leurs têtes, de leurs nez écrasés, de leurs mentons hachés de cicatrices pour empêcher la barbe de croître. « Vous diriez des bêtes à deux pieds, ou ces « figures en bois grossièrement taillées qui décorent « le parapet des ponts. » — Ces hordes d'hommes avaient les mœurs des bandes de loups errants dans les bois. Ils n'habitaient ni maisons ni cabanes : toute enceinte de murailles leur paraissait un sépulcre. Les Gaulois ne craignaient rien, sinon que le ciel croulât sur leurs têtes : les Huns n'avaient qu'une peur, celle que les toits ne tombassent sur eux. L'usage du feu leur était presque aussi inconnu qu'aux bêtes. Ils se nourrissaient de racines et de viande crue pétrie sous la selle. Pour vêtements, ils portaient une tunique de toile sombre et une casaque de peaux de rats sauvages. Ils ne changeaient jamais cette tunique, qui pourrissait sur leur corps et les quittait d'elle-même, comme le poil tombe des animaux au temps de la mue. Leur existence était toute équestre : ils semblaient cloués au **dos** de leurs chevaux, laids comme eux et infatigables. Ils y mangeaient, ils y dormaient, ils y tenaient leurs conseils. La mort même ne divisait pas ces grossiers centaures : les Huns enterraient le cavalier avec sa monture. On ne leur connaissait aucun dieu : les timbales magiques des sorciers éveillaient seules dans leurs crânes épais quelque vague idée de surnaturel. La guerre était leur élément et leur existence ; ils ne vivaient que de ses pillages : l'extermination était leur travail ; ils allaient au carnage comme à la moisson. Leur cruauté toute bestiale ne s'assouvissait que de destruction : après avoir dépouillé les branches, ils coupaient l'arbre ; ils incendiaient la ville après l'avoir saccagée.

Au milieu du quatrième siècle, cette peuplade farouche, jusqu'alors à peine entrevue à l'horizon de l'Asie, fait sa trouée dans le monde barbare. Sur son passage elle a ramassé toutes les tribus slaves, toutes les populations teutoniques, tous les nomades de la Tartarie. La boule de neige s'est faite avalanche, la Barbarie s'est faite nation. Elle se fait homme avec Attila, et surgit au bord du Danube devant l'Europe consternée.

Étrange figure que celle de ce Caliban de la guerre ! Il mêle la férocité des brutes aux vices des despotes ; il est cruel comme un chef sauvage, et corrompu comme un vieux sultan ; il a la violence mongole et la perfidie byzantine ; il y a en lui de l'ogre et du diplomate. Ce n'est point seulement par la peur, c'est par la ruse qu'il attaque les deux Bas-Empires de l'Orient et de l'Occident. Le tigre se fait chat pour jouer avec les débiles Césars qui règnent en effigie sur le monde. Il les exploite, il les bafoue, il les trompe, il les flatte, il les effraye, il les fatigue d'ambassades et de négociations dérisoires ; il leur demande l'impossible, l'épée sur la gorge, et l'impossible lui est accordé. Rome et Constantinople s'épuisaient à satisfaire les caprices de ce monstrueux enfant gâté de la force. — Un jour, il somma l'empereur Théodose de lui livrer une riche héritière, que convoitait un de ses soldats : la jeune fille, épouvantée, prit la fuite, et Théodose, sous peine d'invasion, fut contraint de la remplacer.—Une autre fois, il réclama à Valentinien des calices sauvés par un évêque du pillage de Sirmium : l'empereur répondit qu'il ne pouvait, sans sacrilége, lui livrer ces vases consacrés ; il offrit de lui payer deux fois leur valeur : — « Mes vases ou la guerre ! » — ce fut la réponse d'Attila.

Du fond de son palais de bois, habité par son sérail inculte et par son peuple d'enfants, ce khan Kalmouck terrifiait le monde. C'est en suppliants que les ambassadeurs de l'empire abordaient la baraque royale ; ils erraient longtemps avant d'être introduits dans son enceinte de planches et de palissades. Arrivés devant Attila, ils se trouvaient en face d'un petit homme trapu, camard, imberbe, presque noir, dont les yeux flambaient de colère.

Priscus, qui fit partie de l'ambassade envoyée par Théodose au roi barbare, nous a transmis le tableau de cette cour presque fabuleuse. Il nous montre Attila entrant solennellement dans sa capitale, sous les voiles blancs que tenaient des vierges. Lorsqu'il passe devant la maison de son ministre Onégese, une femme en sort, entourée de ses servantes qui portent des plats de viande et une coupe de vin. Elle s'approche de lui et le prie de goûter au repas qu'elle a préparé. Attila consent par un signe ; alors quatre hommes soulèvent à la hauteur du cheval une table d'argent, et, sans mettre pied à terre, le roi boit et mange.

Quelques jours après, Attila convia l'ambassade à un grand banquet. Les Romains entrèrent dans une salle garnie de siéges et de petites tables. Au milieu se dressait une estrade qui portait la table royale et le lit où Attila était étendu. A ses pieds se tenait Ellak, l'aîné de ses fils, dans l'attitude d'un esclave, silencieux et les yeux baissés. On servit les convives dans des plats d'argent, on leur versa l'hydromel dans des coupes d'or ; mais Attila buvait dans une coupe et mangeait dans des plats de bois. Au milieu du festin, deux bardes se levèrent et chantèrent en langue hunnique les victoires du roi. Leur hymne exalta l'auditoire ; un enthousiasme frénétique saisit les Barbares, des cris s'échappèrent de leurs poitrines, des larmes jaillirent de leurs yeux ; les visages prirent l'expression furieuse de l'attaque et de la défense ; la salle ressembla à un camp qui prendrait les armes.

Un bouffon vint ensuite, et ses contorsions firent éclater de gros rires. Mais, au milieu du tumulte, Attila restait immobile. Il présidait en silence la bruyante orgie. Seulement, quand Ernak, le plus jeune de ses fils, entra dans la salle, un rayon de joie illumina sa face sombre; ses yeux s'adoucirent, et, d'un geste caressant, il amena l'enfant à lui, en le tirant par la joue.

Cependant Attila répondait enfin à l'ambassadeur des Césars. Deux messagers Huns se présentaient le même jour devant les empereurs Théodose et Valentinien. Ils étaient chargés de dire à l'un et à l'autre : — « Attila, mon maître et le tien, t'ordonne de lui « préparer un palais, car il va venir. »

Il arriva, en effet, dans cette terrible année 451, prédite par des comètes, par des éclipses de lune, par des nuages de sang au milieu desquels s'entreheurtaient des fantômes armés de lances flamboyantes. Jamais le monde ne fut si près de sa fin. Ce n'était pas une invasion, c'était un déluge. Huns, Alains, Gélons, Ostrogoths, Gépides, Avares, Bulgares, Turks, Hunigares, la Barbarie en masse ondoyait autour d'Attila. Le peuple entier des animaux insurgés contre l'homme, et se ralliant autour d'un monstre doué de volonté et d'intelligence, donnerait à peine l'idée du péril que la civilisation courut à cette sombre date. En quelques jours, les deux Germanies et les Gaules disparaissent sous des tourbillons de chevaux et de cavaliers. Les peuples fuient à la débandade devant cette tempête humaine qui pille, broie, massacre, dévaste, saccage et achève par la flamme les œuvres du glaive. De tous côtés, on n'entend plus que le fracas des villes qui tombent et le râle des nations qu'on égorge. Le sang ruisselle et fait des torrents; les cités se vident, les forêts s'emplissent; la terre cultivée s'efface sous le niveau de la destruction. On dirait que, du fond de l'Asie, les Huns ont emporté le désert, et qu'ils le déroulent comme un linceul sur le monde ancien. Attila se métamorphose au milieu de l'orage qu'il a déchaîné; il apparaît, aux lueurs des villes incendiées, sous la forme d'une bête chimérique. Quelques Chroniques lui donnent une tête d'âne; d'autres un groin de porc; celles-ci le privent de la parole et ne lui font proférer que des grognements sourds. La tradition consacrée voit en lui une verge biblique, un *Fléau* qui pulvérise les nations, et qu'agite la main de Dieu sortant des nuées. Lui-même accepte avec orgueil ce surnom sinistre. La légende rapporte qu'Attila entendant un ermite l'appeler « le Fléau de Dieu, » bondit sur lui-même dans un accès de joie infernale : — « L'étoile tombe, s'écria-t-il, la terre frémit; « je suis le Maillet qui frappe le monde! » *Stella cadit, tellus fremit, en ego Malleus orbis!* — C'est de ce nom que les évêques l'interpellent, debout sur son passage, la mitre en tête et la crosse en main, aux portes des villes. Il y a du respect dans les apostrophes qu'ils lui jettent : les hommes de l'Évangile saluent, en l'exorcisant, le Dragon de l'Apocalypse. « Qui es-tu? » lui crie saint Loup, du haut des murailles de Troyes. « Qui es-tu, toi qui disperses « les peuples comme la paille, et brises les couronnes « sous le sabot de ton cheval? — Je suis Attila, Fléau « de Dieu. — Oh! répond l'évêque, sois le bienvenu, « Fléau du Dieu dont je suis le serviteur. Ce n'est « pas moi qui t'arrêterai. » Et, descendant avec son clergé, il ouvre la porte à deux battants, prend par la bride le cheval du roi des Huns, et l'introduit dans la ville. « Entre, dit-il, Fléau de mon Dieu, et « marche où son bras te pousse. » Attila entre avec son armée, mais un voile surnaturel enveloppe la cité; un mirage la dérobe aux yeux des Barbares; ils la traversent, en croyant parcourir une vaste prairie.

C'en était fait peut-être du monde occidental si, dans les Champs Catalauniques, Aëtius n'avait vaincu Attila. Bataille gigantesque dont les proportions déconcertent. Deux cent mille morts; le sang roulant par cascades dans le lit d'un ruisseau qu'il transforme en fleuve; Attila, retranché derrière ses chariots, et tournant, ivre de rage, autour d'un monceau de selles enflammées, dans lequel il va se jeter si l'ennemi envahit son camp! On dirait une Gigantomachie de l'Edda. Aëtius dépassa Marius et atteignit César dans cette lutte épique; la gloire, pourtant, éclaire à peine son nom d'un rayon douteux. Certes, l'histoire est injuste de ne pas dresser des autels à ces héros de 'a dernière heure, Probus, Posthumus, Stilicon, Aëtius, qui soutinrent si magnanimement le choc des Barbares, et forcèrent, comme Josué, le soleil de la civilisation romaine à retarder son coucher sanglant. Mais le propre de la Barbarie est de faire la nuit autour d'elle : hommes et choses s'assombrissent à son approche ; la civilisation devient barbare en la combattant ; la Plaie des Ténèbres s'abat également sur les vaincus et sur les vainqueurs. Les victoires mêmes remportées sur elle ne subjuguent pas l'imagination : leurs clairons jettent des cris rauques, leurs lauriers sont épineux comme des ronces. Il n'en reste guère plus de traces que d'une chasse aux loups dans l'épaisseur des forêts.

Repoussé des Gaules, l'homme de proie fondit sur l'Italie qu'il extermina. Les villes brûlaient, les hommes tombaient par gerbes, les peuples fuyaient jusque dans la mer, pour lui échapper. L'horreur ne varie pas à travers cette atroce histoire : ce sang qui tombe comme la pluie est, à la fin, ennuyeux comme elle. La carrière d'Attila a la monotonie de l'Enfer.

Enfin, il rentra dans sa bourgade, soûl de carnage et chargé des dépouilles du monde. Il y mourut de la mort d'Holopherne, dans son lit de noces, égorgé par une Judith germanique. Son armée hurla autour de sa tente funèbre comme une meute sur le corps du chasseur qui la gorgeait de curées. On tua les esclaves qui creusèrent sa tombe. Le cadavre même d'Attila massacrait encore.

Malgré ses conquêtes, ses exterminations, ses batailles, et l'effroyable bruit qu'il fit sur la terre, Attila ne s'élève pas à la vraie grandeur. Il n'y a que des cris dans sa renommée ; son nom résonne vide de sens ; son histoire rentre dans l'histoire naturelle des fléaux physiques. Il n'est pas plus humain qu'un tremblement de terre, qu'une éruption de volcan, qu'un typhon des mers de la Chine. La puissance de bouleversement qu'il manifesta a quelque chose d'inconscient et de machinal. Il est trop fatal pour être odieux, trop impersonnel pour être coupable. L'histoire ne daigne même pas l'accuser ; elle le décharge de toute responsabilité et de tout grief ; elle le renvoie à la Nature, dont il fut un des agents destructeurs. Le flétrir et le condamner, ce serait imiter Xerxès frappant de verges un élément en fureur. Le meurtre de Clytus déshonore plus Alexandre que le sang d'un monde dépeuplé ne souille Attila ; mais aussi le moindre combat grec, inspiré par la vertu civique et par l'héroïsme, surpasse toutes les conquêtes du Barbare. Le soldat de Marathon, agitant sa palme, est plus grand qu'Attila recevant les rois et les patrices sur le dos de son cheval maigre, dont le galop desséchait la terre.

Aussi, ce n'est pas dans l'histoire, qui le relègue parmi les fossiles de ses périodes chaotiques, c'est dans la légende qu'Attila prend sa véritable existence. Chaque peuple s'empare de cette figure brute, et la modèle selon ses instincts. L'Italie la dégrade, l'Alle-

magne l'idéalise. Tandis que la tradition latine
change Attila en spectre ou en monstre, les poëmes
germaniques font de lui un roi débonnaire et neutre,
qui préside aux événements sans trop s'y mêler,
comme l'Agamemnon de l'Iliade et le Charlemagne
de la Table-Ronde. Transformation imprévue ! L'ogre
se fait patriarche ; l'assassin du monde devient le
Juge de paix majestueux des querelles des *Niebelun-
gen*. — Plus hardie encore, la Hongrie traite avec
un respect filial le sauvage aïeul de sa race. L'Attila
des légendes magyares est saint comme David, sage
comme Salomon, magnifique comme Haroun-al-
Raschid. Ce n'est plus le pape Léon qui l'arrête sur
les bords du Tibre, c'est Jésus-Christ descendu du
ciel qui traite directement avec lui, et qui promet à
sa postérité la couronne de Hongrie, pour rançon de
Rome.

II.

Il y a dans l'histoire des résurrections de types et
de caractères qui feraient croire aux *Avatars* de la
Fable indienne. A quinze cents ans de distance,
Attila reparaît au Nord sous une nouvelle forme, raccourci dans son action, resserré dans un moindre
cercle, mais animé de la même fureur destructive.
Charles XII, roi de Suède, au dix-septième siècle,
est un Attila fourvoyé.

Pas plus que dans le roi des Huns, il n'y eut rien d'humain dans ce soldat implacable qui faisait la guerre comme on fait de la gymnastique, par pur besoin de tempérament. A dix-huit ans, il entra sous la tente, comme un moine entre dans sa cellule, pour n'en plus sortir : *Hic sunt tabernacula mea, hic habitabo in æternum!* Vrai moine, en effet, qui semblait avoir prononcé des vœux terribles entre les mains d'une de ces Walkyries sanguinaires que son pays avait adorées. La femme, que l'Écriture appelle « plus forte que la mort, » la femme, qui énerva Samson, charma César et fit pleurer Alexandre, n'entra jamais dans ce cœur fermé comme une citadelle. Il resta vierge comme la Mort, la seule maîtresse qu'il eut jamais. La comtesse Aurore de Kœnigsmark, une des beautés du siècle, envoyée par le roi de Pologne, son amant, pour attendrir le conquérant irrité, n'obtint pas de lui un regard. Un jour, le rencontrant dans un sentier étroit, elle descendit de carrosse et s'avança vers lui. Le roi la salua brusquement, tourna bride et disparut. Ce fut la seule audience qu'elle put en avoir.

Cherchez bien, vous ne trouverez pas une veine de chair dans cet homme de bronze : ni table, ni lit, ni plaisirs. Le sang le sèvre du vin : pendant cette campagne de vingt ans qui fut sa vie, il ne but jamais, comme David au désert, que l'eau du torrent puisée dans un casque. Son habit de gros drap bleu à boutons de cuivre lui durait autant qu'un froc à un moine ; il le râpait sur son dos. Les rois des contes de fées ne quittent jamais leur couronne ; lui, n'ôtait jamais ses bottes que pour dormir çà et là. Il avait la superstition de ces bottes de cent lieues qui lui faisaient parcourir l'Europe à grandes enjambées : il ne parla que d'elles au roi Auguste dans la conférence qu'il lui accorda à Gutersdorf, après sa défaite. Au Sénat suédois, qui le suppliait de rentrer dans le royaume, privé depuis si longtemps de son roi, il répondit qu'il enverrait à Stockholm une de de ses bottes pour trôner et gouverner à sa place : facétie de lion botté qu'on ne lui fit pas répéter.

La guerre fut sa religion ; il s'imposait, pour la pratiquer plus dignement, des macérations ascétiques. Un jour on lui dit qu'une femme avait vécu plusieurs mois en buvant de l'eau pour toute nourriture. L'envie le prit de subir cette rude abstinence, comme le caprice aurait pu venir à Mithridate d'essayer un nouveau poison. Cinq jours entiers il resta sans manger ; puis il fit un repas d'ogre, et reprit son train de vie habituel.

Le mysticisme de la gloire peut seul expliquer un tel caractère, une telle abstraction des joies et des passions de l'humanité. On eût dit qu'il avait fait vœu de pauvreté comme de continence : l'argent n'était pour lui qu'un moyen de fondre des balles et de forger des canons. — Un transfuge livonien, fait prisonnier et condamné au gibet, proposa d'échanger sa vie contre le secret de faire de l'or. Il en fabriquait dans sa prison avec des recettes d'alchimiste. Le lingot trouvé dans le creuset était de bon titre et d'excellent poids. Le Sénat s'émut, demanda sa grâce. La pierre philosophale ne valait-elle pas une tête de rebelle? Le roi, indigné qu'on osât lui marchander sa vengeance, ne répondit qu'en avançant le jour de l'exécution. Les monnaies informes frappées sous son règne le racontent mieux que les plus magnifiques médailles. Ce sont de larges carrés de cuivre estampillés du sceau royal à leurs quatre coins. Véritable monnaie spartiate, qu'on dirait faite à la hâte pour les besoins urgents de la guerre, avec des morceaux d'armures ramassés sur un champ de bataille et fondus au feu d'un bivouac.

Décomposez cette organisation excentrique : vous n'y trouverez même pas le ressort de l'ambition. Il fait l'aumône de ses conquêtes, il distribue aux autres les provinces qu'il prend, il ne daigne point ramasser les couronnes qu'il a fait sauter. Son royaume n'est pas de ce monde ; il combat pour combattre, en vue d'un idéal tout abstrait et tout ntérieur. Les conquérants les plus effrénés ont un but, un plan ou une convoitise. Attila lui-même flaire de ses narines de loup les voluptés romaines. L'idée de l'étendue tient dans le crâne étroit de Tamerlan : il rêve une Asie muette, vide, dépeuplée, sur laquelle il pourra régner et se coucher de son long. Charles XII, lui, ne veut de la terre que l'emplacement d'un camp et le terrain d'une bataille.

Son vagabondage armé du Nord à l'Orient ne trahit pas un instinct politique, pas un dessein d'agrandissement, pas une pensée d'avenir. Il est attaché à son cheval, comme son ami Mazeppa, et se laisse emporter à travers le monde.

Vainqueur ou vaincu, son indifférence est la même. Une défaite fait autant de bruit qu'une victoire, et il ne demanda jamais à la guerre que du bruit et de la fumée. Sa bravoure n'avait rien d'ardent ni de passionné : le danger était son élément; la paix l'aurait tué, comme l'eau douce empoisonne les poissons marins. Il lui fallait pour vivre le bruit du canon et l'âcreté de la poudre. Après la défense de Bender, où il soutint, en Roland furieux, l'assaut d'une armée; quand il tomba enfin sous le poids du nombre, le visage meurtri, les sourcils brûlés par la poudre, il souriait aux janissaires qui l'emportaient, calme, heureux, visiblement soulagé, comme un homme que le sang étouffe, et qui respire après une saignée.

« La pièce est finie, allons souper! » dit un de ses généraux, lorsque la guerre, fatiguée de jouer avec lui, le frappa, pour en finir, d'une balle à la tempe. Ce mot est un jugement; il définit ce règne théâtral qui n'eut, à vrai dire, rien de réel, rien d'historique, et ne fut qu'un drame romanesque joué par un homme pour sa propre gloire. Ce fut la fantasia du désert arabe transportée dans les steppes du Nord : charges à fond de train, brandissements

d'épées, salves de fusillades, cliquetis de sabres...
Le tourbillon passe, la neige tombe, le sable se nivelle... Est-ce une vision, est-ce une réalité qui vient de passer?

Que reste-t-il de Charles XII ? Un nom qui retentit dans l'oreille comme un coup de canon, mais qui n'ébranle ni le cœur ni l'intelligence. Sa flamboyante épée n'avait pas de tranchant; nulle part elle n'a laissé son entaille. Ce fut l'instrument d'un virtuose militaire plutôt que l'arme d'un grand homme. Une armée errante, qui ne colporte ni un Dieu, ni un principe, ni une civilisation nouvelle, passe comme une tribu nomade dans le silence du Sahara. Mais si la gloire du héros suédois est stérile, son caractère restera un des étonnements de l'histoire. Un roi de dix-huit ans partant de sa capitale pour se battre jusqu'à la mort, sans pause, sans trêve, sans retour, et se lançant dans l'Europe avec une poignée d'hommes, comme Alexandre à la tête de son carré de Macédoniens, dans l'infini de l'Orient, éblouira toujours l'imagination. On comprend qu'une sultane en ait rêvé au fond du sérail. Elle l'appelait son lion. « Quand donc, disait-elle au sultan Achmet, aideras-tu mon lion à dévorer le czar? »

L'époque où s'agita cette destinée excentrique rehausse encore son prestige. C'est au milieu de l'Europe politique et diplomatique du xviiie siècle que Charles XII fait son apparition fabuleuse de dieu de l'Edda. Il était évidemment égaré dans le monde moderne. C'était un héros du Nord barbare et païen. Malgré le livre de prières trouvé, après sa mort, dans la poche de son uniforme, ce n'est pas dans le ciel chrétien qu'il a dû aller, mais dans ce paradis sanglant de la mythologie scandinave, où les guerriers se taillent en pièces tout le jour, et, le soir venu, rajustent tant bien que mal leurs membres épars, soupent ensemble à la table d'Odin, mangent au même plat le lard du sanglier Serimner, et se portent des toasts dans des crânes ruisselants de bière fermentée.

LOUIS XI.

De tous les rois de France, Louis XI est peut-être celui qu'a le plus maltraité la postérité. Une impopularité diffamante frappe ce roi si essentiellement populaire. Il n'y a pas seulement de la haine, il y a du mépris dans l'image que le peuple a gardée de lui. D'accord avec l'histoire, la fiction le traite en personnage moitié tragique et moitié grotesque. Voyez-le sur la scène et dans les romans : il y paraît presque toujours méchant et lâche, cruel et avare, composé de Tartuffe et de Tibère, de Malade imaginaire et de Patelin.

Il y a du vrai et du faux dans cette légende, comme il y a, dans une caricature, de la ressemblance et de la chimère. Qu'il fût lâche, c'est là une calomnie gratuite, que l'histoire sérieuse n'a pas répétée. Il se battit bravement à Montlhéry, à Liége et dans la guerre de l'Artois. Légèrement blessé au siége d'Arras, il en plaisante dans une lettre, avec une verve narquoise qui illumine, un instant, sa sombre figure du clair sourire d'Henri IV. — « Monsieur le grand maître, mercy à Dieu et à « Nostre Dame, j'ai pris Arras et m'en vais à Nostre « Dame de la Victoire ; à mon retour, je m'en vais en « vostre quartier, et vous meneray bonne compai- « gnie. Au regard de ma blessure, ça esté le duc de « Bretagne qui me l'a fait faire, parce qu'il m'appe- « loit *le roi couard*. Aussi bien vous sçavez de long- « temps ma façon de faire ; vous m'avez veu autre- « fois Et adieu. » Les défaillances de son agonie furent celles d'une âme en peine des comptes qu'elle allait rendre, plutôt que les transes d'un vil carac- tère. Tel court au-devant de la mort violente, l'étreint, la provoque, qui tremble et tourne le visage contre la muraille, lorsque la mort naturelle vient le cher- cher dans son lit.

Son avarice se réduisait à sa personne. Qui lit les mémoires des dépenses de sa maison croit feuilleter le livre de comptes du froid logis d'Harpagon. On y trouve une note de vingt sols « pour deux manches neufves à son vieil pourpoint, » et une autre de « quinze deniers pour une boîte de graisse pour graisser ses bottes. » Cet étalage de lésine masquait la dépense la plus large et la plus prodigue. On pourrait comparer cette ladrerie apparente à ces devantures de boutiques telles qu'on en voit encore en Hollande. — Le dehors est sordide : une enseigne de gagne-petit, rouillée par la crasse, se balance au vent ; un sac d'épices, une tonne de harengs pourrissent à l'entrée ; derrière le vitrage trouble aux mailles de plomb, on entrevoit une blême figure chaussée de lunettes et allongée sur un vieux registre. On rogne des liards sans doute, on met à la tirelire dans ce taudis sombre. Entrez-y,... l'or l'illumine ; il y regorge et il y ruisselle, il crève les sacs, il fait craquer les balances. Le maître du lieu prodigue les millions dans des spéculations colossales. Du fond de son comptoir, il lance des navires sur les mers de l'Inde et soudoie les rajahs de la Malaisie. — De même, ce roi accoutré d'un tricot de laine et coiffé d'un bonnet crasseux fut le plus rude manieur d'argent que la France eût vu jusqu'alors. Aucune économie, nulle épargne. Cette vieille tradition du Trésor enfoui et couvé par un dragon, que la Mythologie semblait avoir léguée à la royauté, il la rejette et il la méprise. « Il prenoit tout et dépen- « doit tout, » dit Comines. Mais cet or que la Chevalerie, sa rivale, dépensait à monter ses tournois et à parer ses armures, lui l'employait à acheter des villes, à gagner des ennemis, à soudoyer des consciences. — Dans son voyage d'Arras, il emprunta d'un de ses valets la somme de trois cent vingt livres seize sous huit deniers, « pour l'employer à ses plaisirs et voluptés, » et il distribua quinze mille écus d'or pour se tirer du mauvais pas de Péronne. Ce fut lui, on peut le dire, qui découvrit la circulation de l'argent. Ce roi réputé avare est le premier banquier du budget moderne.

Quant à la cruauté de Louis XI, elle fut moindre peut-être que celle de bien des princes de son temps, mais à coup sûr elle fut pire. Le sang humain souille davantage celui qui le distille froidement goutte à goutte, que celui qui le répand par torrents, dans un accès de colère. Il faut sans doute tenir compte du siècle de fer qu'il eut à forger, des séditions qu'il eut à vaincre, des trahisons qu'il eut à châtier. Mais, cette part faite au feu de son temps, il reste un roi qui partageait, sur la question ordinaire et extraordinaire, l'opinion de Perrin-Dandin :

Et cela fait toujours passer une heure ou deux.

Ce qui distingue sa cruauté, c'est son humeur goguenarde. Il jouait avec les têtes qu'il faisait couper. Dans une de ses lettres, il raconte, en se gaussant, comme quoi il a fait décapiter maître Oudart de Bussy, un conseiller au parlement qui l'avait trahi. — « Et, dit-il, afin qu'on cogneust bien sa « tête, je l'ay faict atourner d'un beau chaperon « fourré, et est sur le marché de Hesdin, là où il « préside. » Ailleurs, pressé d'expédier un serviteur infidèle, il recommande jovialement à son sénéchal, M. de Bressuire, de « faire les préparatifs des nopces

du gallant avec une potence. » Il inventait des supplices avec la fantaisie méchante de ces tyrans italiens que l'on pourrait appeler les artistes de la torture. Ses cages de fer qui pesaient sur les prisonniers comme des corniches sur leurs cariatides, les chaînes atroces qu'il faisait forger en Allemagne et qu'il appelait « ses fillettes, » auraient fait honneur à l'imagination d'Ezzelin. Ce même livre des Comptes, que nous ouvrions tout à l'heure, étale un luxe lugubre d'écrous et de fers, des pages entières en sont surchargées ; cela grince et cela résonne : il y a là de quoi meubler des Bastilles. — « A maistre Laurens
« Volme, pour un grant fer trampéz à double fer-
« rure, et une grant chaisne à sonnette au bout,
« qu'il a faiz et livrés pour enfermer messire Lan-
« celot de Berne, 38 livres. — Pour deux fers à
« grans chaisnes et boulles, pour enfermer deuz pri-
« sonniers d'Aras que gardoit Henry de la Chambre,
« 6 livres. — Pour ung fers rivés à crampes, à
« chaisne longue et une sonnette au bout, et pour
« brasselets pour aultres prisonniers, 38 livres. —
« Pour ung fers à bouter les deuz bras, les jambes,
« et à bouter au col et parmi le corps, pour ung pri-
« sonniers, 16 livres. — A maistre Laurent Volme,
« cy devant nommé, la somme de quinze livres trois
« sols tournois, pour avoir fourni du sien, par l'or-
« donnance et commandement dudit seigneur, pour
« avoir faict faire au Plessy-du-Parc trois forges à
« faire une caige de fer que ledit seigneur y avoit

« ordonné de faire. » — L'histoire, appliquant à Louis XI la loi du talion, l'a enfermé aussi dans une cage, et elle le promène, à travers les siècles, comme une bête féroce d'espèce basse et de poil douteux.

On lui pardonnerait encore ses noyades turques, ses étranglements vénitiens et les arbres chargés de pendus de son manoir de Plessis-les-Tours. Mais il y a tel fait ignoré, telle exécution secrète, telle victime obscure qui crie contre lui avec une voix plus perçante que les milliers de martyrs du sac de Dinant ou du massacre de Liége. Ce Jean Bon, par exemple, qu'il avait d'abord condamné à mort, et auquel par grâce spéciale, il se contenta de faire crever les deux yeux. « Il fut rapporté que ledit
« Jean Bon voyoit encore d'un œil. En conséquence
« de quoi, Guinot de Lozière, prévôt de la maison
« du roi, par ordre dudit seigneur, décerna commis-
« sion à deux archers d'aller visiter Jean Bon, et,
« s'il voyoit encore, de lui faire parachever de pocher
« et estaindre les yeux. » Un empereur du bas-empire, conseillé par un eunuque, n'aurait pas fait pis.

Je trouve encore, dans Béroalde de Verville, une anecdote qui, vraie ou fausse, prouve le renom patibulaire qu'avait laissé le vieux Sire. Voici ce conte atroce au fond, comique à la surface, et narré avec l'étrange gaieté que mettent ces vieux conteurs à dire les histoires de sang et de corde. Est-ce insouciance? est-ce ironie? On ne devine pas.

« Loys XI avoyt donné l'abbaye de Turpenay à

« ung gentilhomme qui jouissant du revenu, se fai-
« soyt nommer monsieur de Turpenay. Il advint que
« le roy estant au Plessis-lez-Tours, le vray abbé,
« qui estoyt moyne, vint se présenter au roy et lui
« feit sa requeste, lui remonstrant que canonicque-
« ment et monastiquement il estoyt pourveu de l'ab-
« baye, et que le gentilhomme usurpateur lui faisoyt
« tort contre toute raison, et, partant, qu'il invoc-
« quoit Sa Majesté pour lui estre faict droict. En
« secouant sa perruque, le roy lui promit de le
« rendre content. Ce moyne importun comme tous
« animaulx portant cucule, venoit souvent aux issues
« du repas du roy, lequel, ennuyé de l'eau benoiste
« de couvent, appela son compère Tristan et lui dit :
« — Compère, il y ha icy un Turpenay qui me
« fasche, ostez le moy du monde. — Tristan, prenant
« un froc pour un moine ou un moine pour un froc,
« vint à ce gentilhomme que toute la cour nommoyt
« monsieur de Turpenay : et, l'ayant accosté, feit
« tant qu'il le destourna ; puis, le tenant, lui feit
« comprendre que le roy vouloyt qu'il mourust.
« Il voulut résister en suppliant et supplier en résis-
« tant ; mais il n'y eut aulcun moyen d'estre ouy.
« Il feut délicatement estranglé entre la teste et les
« espaules, si qu'il expira ; et trois heures après, le
« compère dit au roy qu'il estoit distillé. Il advint
« cinq jours après, qui est le terme auquel les âmes
« reviennent, que le moyne vint en la salle où estoyt
« le roy, lequel le voyant, demoura fort estonné.

« Tristan estoyt présent. Le roy l'appelle et luy souffle
« en l'aureille : « Vous n'avez pas faict ce que je
« vous ay dict? — Ne vous en desplaise, sire, je l'ay
« faict. Turpenay est mort. — Hé! j'entendoys de
« ce moyne. — J'ai entendu du gentilhomme!... —
« Quoy! c'est doncques fayct? — Oui, sire. — Ores,
« bien. » Se tournant vers le moyne : « Venez icy,
« moyne. » Le moyne s'approche. Le roy lui dit :
« Mettez-vous à genoilz. » Le pauvre moyne avoit
« paour. Mais le roy luy dict : « Remerciez Dieu qui
« ne ha pas voulu que vous feussiez tué, comme je
« l'avoys commandé. Celluy qui prenoyt votre bien
« l'ha esté. Dieu vous ha fait justice! Allez. Priez
« Dieu pour moy et ne bougez de votre couvent[1]. »

Ceci dit, il faut convenir que le renard a fait œuvre
de lion, et que ce mauvais homme fut un très-grand
roi. Il eut la passion de l'État. La France lui doit ses
plus belles provinces. L'âpreté que le paysan apporte
à joindre le sillon au sillon, et à son lopin de terre
le morceau voisin, il la mit à compléter et à arrondir
son royaume. Ce fut l'ardeur et le mobile de sa vie,
le zèle qui la dévora. Il parle, dans ses lettres, des
villes ou des provinces qu'il convoite comme les
amants de leurs maîtresses. Jamais l'ambition n'a
brûlé d'un feu si acerbe. Quelle âcre allégresse res-

---

1. *Le Moyen de parvenir,* chap. LXXXVIII. Brantôme dans
son chapitre sur *Don Juan d'Austrie* (*Vies des grands Capitaines étrangers*), rapporte à peu près la même anecdote.

pire cette lettre écrite après la conquête du Roussillon! « Je m'en vais délibéré de faire bonne chère
« et de me récompenser de la payne que j'ay eu tout
« cet yver en ce pays. Je m'en vays mardi, et picque-
« rai bien. Si vous avez rien de beau à mettre en
« foire, si le déployez, car je vous assure que je
« m'en vais bien bagué... je me semble que je n'ai
« pas perdu mon estoc. » On dirait le cri de joie
du chasseur qui rentre au donjon portant un cerf
sur ses épaules, la tête passée entre les pieds noués
de la bête. Il faut l'entendre encore, après la mort
du Téméraire, aspirer à la Bourgogne avec la flamme
du désir. « Je n'ay autre paradis en mon imagina-
« tion que celui-là. J'ay plus grand faim de parler à
« vous pour y trouver remède que je n'eus jamais
« à nul confesseur pour le salut de mon âme. »

Cette grandeur du but atténue la fourberie des moyens. A cette époque la patrie est si étroitement identifiée avec le Roi, leurs intérêts sont si mêlés, leur avenir est si bien le même, qu'il devient quelquefois difficile de distinguer nettement en Louis XI le mauvais homme du monarque habile. Dans cette lutte contre les grands vassaux qui remplit son règne, le droit est pour lui, sinon la moralité. Il se battit à armes déloyales contre une armée de félons; il se fit traître contre les traîtres et parjure contre les parjures. Le duc de Bourgogne, le duc de Bretagne, le connétable de Saint-Pol, le comte d'Armagnac, son propre frère le duc de Guienne, braconnaient en

pleine France et la rasaient jusqu'au sol. C'était la chasse au roi, une chasse féodale, violente et sauvage. — « J'aime tant le royaume, — disait le duc de Bourgogne, — qu'au lieu d'un roi, j'en voudrais six. » — Et le duc de Guienne : — « Nous lui mettrons tant de lévriers à la queue qu'il ne saura où fuir. » — Il fuyait, cependant, rapide, oblique, inépuisable en détours, trompant les pistes, brouillant les voies, multipliant sur sa route les piéges et les dédales ; et d'année en année, l'un des chasseurs tombait pris dans une embûche, ou désarçonné par derrière ; jusqu'à ce qu'enfin le grand veneur de cette chasse civile, Charles de Bourgogne, roula sous la flèche d'un archer lorrain, dans le fossé de Nancy. Alors l'humble roi, si longtemps traqué, vint visiter ses filets et dépouiller ses chasseurs. Ceux qui soufflaient encore, il les mit en cage comme le comte de Perche, ou il les décapita comme le duc de Nemours et le Connétable ; puis il mit la main sur leurs seigneuries et les dépeça royalement. Quelle curée ! la Picardie, la Bourgogne, le Roussillon, la Provence, le Maine et l'Anjou ! Tous ces rudes batailleurs qu'il avait défaits auraient pu lui dire ce que la tête coupée de Klephte dit, dans le chant grec, à l'oiseau de proie qui la ronge : « Mange, oiseau ! repais-toi de
« ma force ! repais-toi de ma bravoure ! ton aile en
« deviendra plus grande d'une aune, ta serre d'un
« empan. » Sa sépulture qu'il régla lui-même semble être l'emblème de son règne : il voulut être sculpté

sur son tombeau en habit de chasse, l'épieu à la ceinture et un lévrier à ses pieds.

Le droit est de son côté dans la guerre admirablement obstinée qu'il soutint contre ces rebelles ; la sympathie hésite à s'y ranger. Il luttait contre des traîtres, mais ses trahisons sont plus viles, sa perfidie est plus noire que celle de ses adversaires. Ce n'était pas le masque d'acier poli de la dissimulation italienne, c'était un masque mobile, grimaçant, à l'œil perfide et au faux sourire. Il protestait, il jurait sur des reliquaires, il prenait à témoin son vieux chapeau ourlé d'amulettes ; il accolait ceux qu'il aurait voulu étouffer ; il « se ruait à genoux, » comme dit la chronique, « se signant depuis la tête jusqu'aux pieds. » A la perversité de l'hypocrisie il ajoutait la laideur de sa pantomime. Nulle âme moins royale que celle de ce roi. Le sens de l'honneur lui faisait défaut. Il y a en Chine un proverbe que les mères apprennent à leurs fils dès le berceau, et auquel ce peuple abject doit peut-être son incurable bassesse : « *Siao-sin;* rapetisse ton cœur. » Ce proverbe était le sien ; il l'avait traduit en son gaulois : « Quand Orgueil chevauche devant, disait-il, Dommage suit derrière. » Il répétait ce vil dicton, lorsqu'après Péronne, le duc de Bourgogne l'emmena piteusement à sa suite voir saccager Liége, la ville qui avait levé son drapeau. Et quand Charles lui demanda ce qu'il fallait faire de la cité rebelle, il répondit par ce cruel apologue : « Mon « père avait un grand arbre, près de son hôtel, où

« les corbeaux faisaient leur nid ; ces corbeaux l'en-
« nuyant, il fit ôter les nids, une fois, deux fois ; au
« bout de l'an, les corbeaux recommençaient tou-
« jours. Mon père fit déraciner l'arbre, et depuis il
« en dormit mieux. »

Sa politique était équivoque et louche comme son caractère, toute de police, d'inquisition, d'espionnage. Elle fit horreur à ce que ce siècle avait encore de chevaleresque et de seigneurial. On comprend la colère des hommes de force et de violence qui le combattaient, en se sentant enlacés par cette diplomatie hypocrite. On admire le rugissement de lion que poussa Charles le Téméraire aux prises avec son inextricable réseau : « Je combats, — s'écrie-t-il dans une proclamation, — l'universelle araignée. » Il la combattit en vain. C'était l'araignée magique des légendes, qui enferme un héros dans ses toiles aussitôt refaites que rompues : il a beau les trouer à grands coups d'épée, la prison subtile se dédouble et se multiplie.

Mais, encore une fois, qui sait si cette allure oblique ne fut pas l'escrime nécessaire des luttes compliquées qu'il eut à subir? Imaginez un saint comme Louis IX ou un chevalier comme François I*er*, se débattant contre cette tempête faite homme qui s'appelait Charles le Téméraire. Il périssait au premier choc, et peut-être la France avec lui. L'héroïsme n'aurait pas suffi à vaincre ce Roland furieux en qui le moyen âge aux abois avait ramassé toutes ses forces et toutes ses puissances. Pour l'abattre, il fallait le grimoire, le bredouillement, les prestiges, les changements à vue d'un nécromant politique.

Le drame admis, il n'y a plus qu'à louer le comédien. Ses ridicules mêmes ajoutaient à la perfection de son jeu. Ce surtout de futaine râpé qu'il ne quitta de sa vie, et qui lui donnait l'air d'un vieux renard sorti demi-pelé de maint piége, était le costume de son rôle. Il faisait de lui l'antithèse vivante de la Chevalerie dorée et empanachée : il caractérisait, par un frappant contraste, son opposition aux pompes et aux œuvres du monde féodal. Roi du peuple contre les grands, il portait la livrée et le chapeau plébéien. Au banquet de son sacre, gêné par la couronne trop large pour sa tête, il l'ôta sans façon, et la posa sur la table, comme il aurait fait d'un bonnet. Ce geste annonçait et mimait son règne. Il eut toujours des amitiés de bas étage et des accointances populaires. Le seigneur du Haillant raconte dans sa Chronique, qu'à Paris « il allait maintes fois de rue « en rue, de maison en maison, dîner et souper chez « l'un et chez l'autre, parlant privément à chacun « pour se rendre agréable au peuple. » Il s'était fait inscrire « frère et compagnon de la grande confrairie « aux Bourgeois de Paris. » Ce qu'il prisait en ses « Compères, » comme il les appelait après boire, c'était justement leur roture. Il l'apprit à ses dépens ; ce marchand avec lequel il avait souvent banqueté, et qui, s'ennuyant de s'entendre appeler messire Jean,

le supplia de le faire écuyer. Louis XI lui donna ses titres de noblesse, mais depuis ne lui souffla mot, et, lorsqu'il l'apercevait, il rallongeait sa mine déjà si longue par elle-même. Le marchand voulut s'en plaindre; alors le roi prit sa voix royale pour lui dire : « Quand je vous faisois asseoir à ma table, je
« vous tenois comme le premier de vostre condition,
« et ne faisois tort aux gentilshommes de vous hono-
« rer pour tel. Maintenant que vous avez voulu estre
« gentilhomme, et qu'en ceste qualité, vous estes
« précédé de plusieurs qui l'ont acquis par les espées
« de leurs devanciers et leurs propres mérites, je
« leur ferois tort de vous faire la mesme faveur. Allez,
« monsieur le gentilhomme. »

Il eut toujours pour le peuple des velléités d'affection. Ses registres de comptes, que nous avons ouverts tout à l'heure aux feuillets sanglants, sont remplis d'aumônes distribuées comme de la main à la main, et d'articles tels que les suivants : « Ung escu
« pour donner à une femme, en récompense d'une
« oye que le chien du Roy, appelé Muguet, tua au-
« près de Blois. » — « Ung escu, pour donner à ung
« pouvre homme, près le Mans, en récompense de
« ce que les archiers du roy avoient gasté son blé,
« en passant par un champ, pour eulx aller joindre
« droict au grandt chemin. » — « Ung escu, pour
« donner à une pouvre femme, en récompense de ce
« que les chiens et levriers du roy luy tuèrent ung
« chat, près Montloys à aller de Tours à Amboise. »

C'est à croire, par moments, qu'on lit le livre de ménage d'un Louis le Débonnaire. — On est presque touché de le voir, dans sa dernière maladie, faire venir des bergers du Poitou, qui chantaient devant lui les airs de leur pays, en s'accompagnant de « bas et doux instruments. »

Vers le soir de sa vie, lorsqu'il déclinait et s'assombrissait, il se plaisait de plus en plus à s'enfoncer dans le peuple et dans les forêts; écoutant, pendant ses chasses, la doléance du paysan, l'avis du bûcheron; questionnant le charbonnier sous sa hutte et le berger dans sa maison roulante. Plus tard encore, quand il se fut cloîtré tout à fait derrière les grilles de son donjon de Plessis, et qu'il ne chassait plus qu'aux souris avec de petits chiens dressés tout exprès à ce jeu de chats, il prenait plaisir à descendre dans les offices et à causer avec ceux qu'il y rencontrait. — Un jour il trouve dans sa cuisine un enfant qui tournait la broche. Il lui demande ce qu'il gagne. Le marmiton, qui ne l'avait jamais vu, répond : « Autant que le roi, car il n'a que sa vie « non plus que moi la mienne. Dieu nourrit le roi et « le roi me nourrit. » Louis XI, ravi, fit un page de ce gâte-sauce et assura sa fortune. Ses favoris furent, on le sait, son barbier et son coupe-tête.

Cette fantaisie de souverain qui va chercher très-bas son confident pour l'élever jusqu'à lui et lui parler à l'oreille se rencontre chez presque tous les rois du caractère de Louis XI. Qui trouve-t-on le plus souvent, dans l'ancienne histoire, sur la première marche du trône des Césars, des czars, des sultans, des rois absolus et défiants, que préoccupent de sombres pensées ? Un eunuque, un affranchi, un mougick, un batelier du Bosphore. Le despote ne se fie guère qu'aux petits créés et façonnés par sa main. — Comme le roi de la Fable antique, il fait un trou dans la terre pour y déposer ses secrets.

XI.

CÉSAR BORGIA.

Si l'histoire, comme les bibliothèques, avait son *Enfer*, César Borgia, duc de Valentinois, y mériterait une place à part. Il présente ce phénomène unique d'un être né, conformé, organisé pour le mal, aussi étranger aux idées de moralité humaine que l'habitant d'une autre planète peut l'être aux lois physiques de ce globe. Les grands scélérats, qui ont effrayé le monde par la stature et les proportions de leurs crimes, eurent tous plus ou moins leur côté faible, leur défaut de cuirasse, leur quart d'heure d'attendrissement ou de repentir. Il y a un moment dans leur vie où ils s'arrêtent et où ils regardent en arrière d'un œil effrayé. La jeunesse de Néron a une forme humaine ; Ivan le Terrible, après avoir tué son fils, s'enferme dans le Kremlin en rugissant de douleur. Ali-Pacha laisse un vieux derviche l'arrêter par la bride de son cheval au seuil d'une mosquée de Janina ; il essuie, sans sourciller, les injures sanglantes que le vieillard lui crache à la face, et de grosses larmes roulent silencieusement sur sa barbe blanche. Alexandre VI lui-même, le père de César, assemble un consistoire après le fratricide de son fils, où il ouvre avec horreur son âme aux cardinaux, se confesse et frappe sa poitrine. César Borgia, lui, est coulé d'un jet dans l'endurcissement. Le doute et la lassitude lui sont inconnus. Il bondit, rampe, s'embusque et tue, dans le siècle agité et compliqué qu'il habite, comme un tigre indien dans sa jungle. Il en a l'éclat, la force, la souplesse, l'effrayante élégance, les bonds et les mouvements élastiques. Il obéit comme lui à des instincts de destruction qui ne discutent pas. Ce qui frappe à première vue, lorsqu'on étudie de près le jeune monstre, c'est la verve et le naturel qu'il met à commettre ses crimes. Rien de forcé ni de théâtral ; son ambition a l'élan d'un appétit carnassier, son astuce même tient de cette acuité de flair et d'ouïe dont la nature a doué les fauves. Tel nous le montre le grand portrait que l'on voit de lui au palais Borghèse, et qui a la « beauté du diable » dans la plus haute acception du mot. La main sur son poignard, tenant de l'autre une de ces boules d'or qui servaient à contenir des parfums, il vous regarde en face, avec une sérénité impassible. Ce n'est point la haine ni la colère qu'exprime ce regard, mais

la volonté : une volonté fatale, inflexible, tendue comme un glaive, et dont l'imagination pénétrée sent, en quelque sorte, la pointe et le froid. L'art s'est rarement assimilé la vie à un degré plus intense. L'homme est là, enchâssé tout vif dans le panneau de cèdre, comme un oiseau de proie cloué sur une porte. C'est le type de la méchanceté jeune, grandiose, florissante, pleine de génie et d'avenir. Cette santé robuste dans la corruption, inattaquable au remords, lui venait d'ailleurs de son père. Alexandre VI était de même trempe. — « Le pape a soixante-dix
« ans, — écrivait à la Seigneurie Francesco Capello,
« l'ambassadeur de Venise à la cour de Rome, —
« mais il rajeunit tous les jours ; ses soucis et ses
« inquiétudes n'ont d'autre durée qu'une nuit. Il est
« d'une nature peu sérieuse et n'a de pensées que
« pour ses intérêts. Son ambition absolue est de faire
« grands ses enfants : d'autres soins, il n'en a pas.
« *Ne d'altro ha cura.* »

On rêve, on croit rêver en voyant César Borgia se mouvoir avec l'entrain et l'incombustibilité d'un démon au milieu de l'enfer pittoresque de la Rome du xve siècle. L'énormité des choses les rend presque incompréhensibles. Fils d'un pape et d'une courtisane, il est l'homme d'action de ce pontificat unique dans l'histoire qui réalisa la farce infernale dont parlent les vieilles légendes : Satan en chape et mitré, parodiant les divins mystères, sur les ruines d'un antique autel. — Il y a au musée d'Anvers un tableau vénitien qui symbolise admirablement, à l'insu du peintre, cette papauté excentrique. On y voit Alexandre VI présentant à saint Pierre l'évêque *in partibus* de Paphos, qu'il vient de nommer général de ses galères. Saint Pierre est assis sur un basrelief où trépigne une impudique bacchanale : au fond, se délie une statuette de l'Amour ajustant son arc. Cet étrange amalgame, saint Pierre, un Borgia, un évêque du diocèse de Vénus, une idole, une saturnale païenne, brochant sur le tout, est l'image frappante des contradictions de cette partie de l'histoire. Qu'est-ce que le règne d'Alexandre VI, sinon le carnaval diabolique du vieil empire romain ressuscité pour quelques années, sous les costumes et les figures du catholicisme ? Tibère revient au monde déguisé en pape, et refait Rome à son image. Le Vatican a ses orgies comme Caprée : aux noces de Lucrèce Borgia, cinquante courtisanes nues dansent, pendant le banquet, et ramassent des châtaignes qu'on leur jette, entre les candélabres déposés à terre. Quelques jours plus tard, le pape offre à ses enfants le spectacle d'une jument poursuivie, dans une cour du palais, par des étalons en chaleur[1]. Lorsque Louis XII, marchant sur Naples, s'approcha de Rome, Alexandre VI envoya à la rencontre de l'armée cinquante tonneaux de vin, du pain, de

---

1. Burchard, *Diarium romanum*, ap. Eccard ; *Corpus historicum medii ævi*, t. II, p. 2134.

la viande, des œufs, des fruits, du fromage ; et, pour le roi et ses capitaines, seize des plus belles filles de joie de la ville[1]. En hôte prévoyant, il avait fait dresser, au lieu de l'étape, des tentes de feuillage. — Après douze siècles de relâche, les jeux sanglants du Cirque recommencent, à l'endroit même où Néron brûlait les martyrs. Un jour, après souper, César, en habit de chasse, fait venir six condamnés, *gladiandi*, sur la place Saint-Pierre barrée par des poutres ; il monte à cheval, chasse à courre ce gibier humain, et les tue tous à coups de flèches[2]. Le pape, sa fille, son gendre et sa maîtresse Giulia Bella assistent, d'un balcon, à cette reprise du spectacle antique : *Ave, papa, morituri te salutant.* Alexandre VI hérite du sacré collége, comme Caligula héritait du sénat romain : l'épidémie qui décimait les Pères Conscrits opulents se réveille pour emporter les cardinaux trop riches. La *cantarella* des Borgia vaut les champignons et les essences de Locuste. Après avoir empoisonné le cardinal Orsini, le pape dit ironiquement au sacré collége : « Nous « l'avons bien recommandé aux médecins. » Rome, comme ce groupe de Laocoon que l'on venait de découvrir, se sent attaquée aux plus nobles membres

---

[1]. « *Quæ illorum necessitatibus providerent.* » Burchard, ap. Eccard, t. II, p. 2134.
[2]. « *Et quasi tandem animalia perierunt.* » *Ibid.*, t. II, p. 2121.

par le reptile de l'empoisonnement. On meurt d'un gant, d'un fruit, d'un sorbet, de l'égratignure d'une bague, de la respiration d'un parfum, du vin bu dans le calice, de l'hostie de la communion. Il semblait que le poison émanât de la seule présence d'Alexandre : ses fureurs mêmes foudroyaient. Louis Capra, évêque de Pésaro, et le cardinal Laurent Cibo, moururent d'effroi au sortir d'une audience où il les avait menacés.

Pour compléter la ressemblance du pontificat des Borgia avec la Rome impériale, Lucrèce, la fille du pape, quatre fois mariée, trois fois incestueuse, reproduit l'infamie grandiose des Julie et des Drusille de la maison des Césars. Son père la comble d'honneurs sacrilèges ; il la fait trôner scandaleusement, avec sa sœur Sancia, aux fêtes de Saint-Pierre, sur le pupitre de marbre où les chanoines chantaient l'Évangile : *super pulpitum marmoreum in quo canonici Sancti Petri Epistolam et Evangelium decantare consueverunt.* Lucrèce a une livrée d'évêques; des prélats la servent à table ; il n'est permis qu'aux cardinaux de célébrer la messe devant elle. En l'absence du pape, c'est elle qui décachète les missives, rédige les dépêches, et convoque le sacré collége. La fabuleuse papesse Jeanne semblait renaître et régner en elle.

Mais ce que la Rome impériale ne donne pas, c'est un bandit du caractère de César Borgia. Ses tyrans sont pour la plupart des fous couronnés ; ils ont le vertige du pouvoir absolu ou la fièvre chaude de la cruauté. César Borgia les dépasse de sa tête qui resta toujours froide et lucide. Rien de malade en lui, ni d'aliéné, ni de chimérique. Il a son plan, la souveraineté de la Romagne ; il a sa politique, elle peut se résumer dans cette brève formule : « Les morts ne reviennent point. » Une logique atroce règle sa vie en apparence effrénée. Allégé du poids de l'âme, de la conscience, du remords, de tout ce bagage moral qui ralentit la marche des scélérats ordinaires, il va vite, se multiplie, tranche au lieu de dénouer, et porte des coups d'autant plus sûrs que son bras ne tremble jamais.

Son frère aîné, le duc de Gandie, était le chef naturel de cette maison des Borgia, dont le pape voulait faire une dynastie royale ou princière. Son droit d'aînesse reléguait César au second plan de la scène. On l'avait fait cardinal, comme plus tard on faisait abbés ou chevaliers de Malte les cadets de famille. César assista d'abord tranquillement à la grandeur croissante de son frère ; il laissa le pape le charger de richesses, accumuler sur lui les duchés, les dignités, les honneurs. C'était la patience du bandit embusqué, regardant avec joie l'homme que tout à l'heure il va dépouiller, revêtir ses plus riches habits et se parer de tous ses joyaux. Quand le duc de Gandie fut mûr, bon à tuer et à remplacer, César le fit assassiner par cinq sbires, monta à cheval, prit le cadavre en croupe, tête pendante, et alla le jeter, la nuit, dans le Tibre. Burchard, ce Dangeau des Borgia, nous donne le bulletin de l'exécution.

« Le 14 juillet, le seigneur cardinal de Valence
« (César Borgia) et l'illustre seigneur Jean Borgia,
« duc de Gandie, fils aîné du pape, soupèrent à la
« vigne de Mme Vanozza, leur mère, près de l'église
« de Saint-Pierre-aux-Liens. Ayant soupé, le duc et le
« cardinal remontèrent sur leurs mules. Mais le duc,
« arrivé près du palais du vice-chancelier, dit
« qu'avant de rentrer, il voulait aller à quelque
« amusement; il prit congé de son frère et s'éloi-
« gna, n'ayant avec lui qu'un estafier et un homme
« qui était venu masqué au souper, et qui, depuis
« un mois, le visitait tous les jours au palais. Arrivé
« à la place des Juifs le duc renvoya l'estafier, lui
« disant de l'attendre une heure sur cette place,
« puis de retourner au palais, s'il ne le voyait reve-
« nir. Cela dit, il s'éloigna avec l'homme masqué,
« et je ne sais où il alla, mais il fut tué et jeté dans
« le Tibre, près de l'hôpital Saint-Jérôme. L'esta-
« fier, demeuré sur la place des Juifs, y fut blessé à
« mort et recueilli charitablement dans une maison;
« il ne put faire savoir ce qu'était devenu son
« maître. Au matin, le duc ne revenant pas, ses
« serviteurs intimes l'annoncèrent au pape, qui,
« fort troublé, tâchait pourtant de se persuader
« qu'il s'amusait chez quelque fille et qu'il revien-
« drait le soir. Cela n'étant pas arrivé, le pape,
« profondément affligé, ému jusqu'aux entrailles,
« ordonna qu'on fît des recherches. Un certain

« Georges Schiavoni, qui avait du bois au bord du
« Tibre, et le gardait la nuit, interrogé s'il avait vu,
« la nuit du mercredi, jeter quelqu'un à l'eau,
« répondit qu'en effet il avait vu deux hommes à
« pied venir par la ruelle à gauche de l'hôpital,
« vers la cinquième heure de la nuit, et que ces
« gens ayant regardé de côté et d'autre si on les
« apercevait et n'ayant vu personne, deux autres
« étaient bientôt sortis de la ruelle, avaient regardé
« aussi et fait signe à un cavalier qui montait un
« cheval blanc et qui portait en croupe un cadavre,
« dont la tête et les bras pendaient d'un côté et les
« pieds de l'autre. Deux des hommes qui marchaient
« derrière le cavalier prirent le cadavre par les bras
« et par les pieds, le balancèrent avec force et le
« lancèrent dans le fleuve aussi loin qu'ils purent.
« Celui qui était à cheval leur demanda s'il avait
« plongé ; ils répondirent : *Signor, si*. Puis il piqua
« son cheval ; mais, en tournant la tête, il aperçut
« le manteau qui flottait sur l'eau. Il demanda :
« Qu'est-ce que je vois donc de noir sur la rivière ? »
« Ils répondirent : « Seigneur, c'est le manteau. »
« Alors, l'un d'eux jeta des pierres, ce qui le fit
« enfoncer. Cela fait, piétons et cavalier disparurent
« par la ruelle qui mène à Saint-Jacques. » Un trait,
digne de Shakspeare, termine ce témoignage populaire. « Les camériers du pape demandèrent à
« Georges Schiavoni pourquoi il n'avait pas été
« révéler le fait au gouverneur de la ville. Il répon-

« dit : « Depuis que je suis batelier, j'ai vu jeter
« plus de cent cadavres dans cet endroit du fleuve,
« sans qu'on ait jamais fait d'information. C'est
« pourquoi j'ai cru qu'on ne mettrait pas à la chose
« plus d'importance que par le passé. »

Dans la nuit même de son fratricide, César partit pour Naples, où le pape l'envoyait assister en qualité de légat *a latere* au couronnement du roi Frédéric. Il y fit une entrée superbe, bannières au vent, clairons sonnants, avec force pages, écuyers, timbaliers, cavaliers de toutes armes et de tout costume, montés sur des chevaux ferrés d'or.

Quelque temps après, il empoisonna à sa table le cardinal Jean, son cousin. Puis l'envie le prit de faire sa sœur Lucrèce, duchesse de Ferrare. Elle était mariée en troisième noces à don Alphonse d'Aragon, un bâtard de la maison de Naples, adolescent doux et timide. L'enfant effrayé avait fui à Naples, où il se tenait pendu aux jupes de sa mère. César fit si bien qu'il le décida à rentrer dans Rome. Trois jours après, il le poignarda, à quatre heures de la nuit, sur l'escalier de Saint-Pierre. « Le prince,
« tout sanglant, courut vers le pape, s'écriant : Je
« suis blessé ! et il lui dit par qui ; et Madona Lu-
« crezia, fille du pape et femme du prince, se
« trouvant alors dans la chambre de son père,
« tomba évanouie[1]. » Cette fois, le pape s'indigna,

---

1. *Relazione di Paolo Capello,* 28 septembre 1500.

et il fit garder à vue le jeune prince par seize de ses gens. César dit simplement : « Ce qui ne s'est pas « fait à dîner, se fera à souper. » Ce qui fut dit fut fait. Un jour, César entra dans la chambre, trouva le prince déjà levé; fit sortir sa sœur et sa femme, et le fit étrangler par Micheletto, son exécuteur ordinaire. « Comme le duc ne voulait pas mourir de ses « blessures, il fut étranglé dans son lit, » dit Burchard dans son *Diarium*. C'est le style habituel de cet honnête prélat alsacien, que le hasard fit maître des cérémonies d'Alexandre VI. Il rédige avec une encre de lymphe sa chronique de sang : vous diriez un eunuque enregistrant, d'une main machinale, les meurtres et les débauches du Sérail. Mais la force des choses lui arrache, par moments, des traits, des ironies, des sarcasmes, qu'on dirait de Tacite. Au reste, l'imbécillité du scribe garantit la véracité de son griffonnage : on croit sur parole des hommes comme Burchard ; ils n'ont pas assez d'imagination pour inventer un mensonge. Les grues d'Ibycus sont d'irrécusables témoins.

Alexandre VI tremblait devant son terrible fils. Un jour il lui tua un de ses favoris, nommé Peroto, sous son manteau où il s'était réfugié ; si bien que le sang sauta à la face du pape. — « Chaque jour, dans Rome, « dit une relation vénitienne, — il se trouve que, la « nuit, on a tué quatre ou cinq seigneurs, évêques, « prélats ou autres. C'est à ce point que Rome en- « tière tremble à cause de ce duc, chacun craignant

« pour sa vie. » — Don Juan de Cerviglione ne voulant pas lui céder sa femme, il le fit décapiter en pleine rue, à la turque : le pavé servit de billot. — Un homme masqué lui ayant lancé, pendant les courses de carnaval, une épigramme offensante, César le fit arrêter et conduire à la prison Savella : on lui coupa la main et la langue, qui fut attachée au petit doigt de la main coupée. — Pour avoir traduit en latin un pamphlet grec contre les Borgia, le Vénitien Lorenzo, malgré les réclamations de la république, fut jeté au fleuve. — Astorre Manfredi, seigneur de Faenza, ayant refusé de livrer sa ville au duc de Valentinois, fut pris avec elle, après une défense héroïque qui dura six mois. Astorre avait seize ans ; il était beau comme un éphèbe grec. César l'envoya à Rome, avec son frère plus jeune encore : il traîna les deux enfants dans les cloaques de Sodome ; puis, au bout d'un an, on les retrouva dans le Tibre, étranglés et attachés ensemble par les mains.

Un de ses meilleurs tours fut celui qu'il joua à messer Ramiro d'Orco, un homme de fer et de corde, qu'il avait chargé de mater la Romagne, après sa conquête. Ramiro justifia son choix, et dompta par les supplices toutes les résistances. Mais cette terreur suscita des haines ; le pays semblait prêt à se révolter de nouveau. Pour l'apaiser, César lui montra un matin le corps de Ramiro coupé en quartiers sur la place publique de Césène, et le coutelas sanglant à côté du cadavre. Ce spectacle lui rallia la Romagne ; elle acclama le prince magnanime qui brisait le manche de sa hache, quand elle n'était plus bonne à frapper. Machiavel, en mission auprès de Borgia, écrit d'abord à la Seigneurie de Florence : — « On ne sait au juste la « cause de la mort de Ramiro ; ce que l'on peut dire « de plus probable, c'est que telle a été la volonté « du duc de Valentinois, pour montrer qu'il a le « pouvoir d'élever et d'abattre les hommes à son « gré. » Mais plus tard, revenant sur l'exécution de Ramiro dans son livre du *Prince*, il l'analyse et l'admire comme un coup de maître. « Le duc, sa- « chant que la rigueur d'abord exercée avait excité « quelque haine, et désirant éteindre ce sentiment « dans les cœurs, pour qu'ils lui fussent entièrement « dévoués, voulut faire voir que si quelques cruautés « avaient été commises, elles étaient venues, non de « lui, mais de la méchanceté de son ministre... Sur « quoi, sa conduite pouvant encore servir d'exemple, « il n'est pas inutile de la faire connaître. »

Ce fut encore devant Machiavel que César Borgia eut l'honneur de jouer la meilleure de ses tragédies, celle du célèbre guet-apens de Sinigaglia. Vitelli, Orsino, Liverotto, Gravina, les quatre plus redoutables capitaines de l'Italie, y furent attirés, pris, étranglés, d'un même coup de filet ! César s'était surpassé pour mériter le suffrage d'un juge si expert. C'est une des plus curieuses rencontres de l'histoire que celle d'un tel spectateur placé en face d'un tel tragédien. César ne se dérange pas pour

Machiavel, il conçoit, médite, exécute son crime devant lui avec l'émulation d'un joueur d'échecs qui sent derrière son épaule l'œil d'un théoricien consommé. Le miracle diabolique de ce beau coup de Sinigaglia, ce ne fut pas tant l'exécution que la capture. Les quatre victimes qu'il prit à son piége étaient ses ennemis mortels ; ils avaient éprouvé dix fois la duplicité de sa parole ; le pressentiment d'une catastrophe les agitait à l'avance. L'un d'eux, Vitelezzo Vitelli, fit à sa famille des adieux de mourant, avant de se mettre en route pour Sinigaglia... Ils y vinrent pourtant fascinés et comme endormis par un magnétisme mortel. César les reçut « d'un air gracieux, » à l'entrée de sa maison, et les fit passer dans son oratoire où ils furent immédiatement étranglés. — Le trait comique de cette tragédie, c'est Vitelezzo Vitelli, priant son bourreau, la corde sur le cou, de demander au pape une indulgence plénière pour tous ses péchés. Alexandre VI se moqua fort des quatre dupes de Sinigaglia, et dit « que Dieu les « avait châtiés, pour s'être fiés au Valentinois, après « avoir juré de ne se fier jamais à lui. »

Machiavel a beau prendre une plume de bronze pour rapporter l'affaire à son gouvernement, elle tremble d'admiration dans sa main. L'artiste politique a trouvé son *Prince*. Il crie *Eurêka !* comme Archimède, quand il résolut son problème ! « En ré-
« sumant toute la conduite du duc de Valentinois,
« non-seulement je n'y trouve rien à critiquer, mais

« il me semble qu'on peut la proposer pour modèle
« à tous ceux qui sont parvenus au pouvoir souve-
« rain par la faveur de la fortune et par les armes
« d'autrui. Doué d'un grand courage et d'une haute
« ambition, il ne pouvait se conduire autrement ; et
« l'exécution de ses desseins ne put être arrêtée que
« par la brièveté de la vie de son père Alexandre et
« par sa propre maladie. Quiconque, dans une prin-
« cipauté nouvelle, jugera qu'il lui est nécessaire
« de s'assurer contre ses ennemis, de se faire des
« amis, de vaincre par force ou par ruse, d'être
« craint et aimé des peuples, suivi et respecté par
« les soldats, de détruire ceux qui peuvent et doivent
« lui nuire, de remplacer les anciennes institutions
« par de nouvelles, d'être à la fois sévère et gra-
« cieux, magnanime et libéral, de former une milice
« nouvelle et dissoudre l'ancienne, de ménager l'ami-
« tié des rois et des princes, de telle manière que
« tous doivent aimer à l'obliger et craindre de lui
« faire injure ; celui-là, dis-je, ne peut trouver des
« exemples plus récents que ceux que présente la vie
« politique du duc de Valentinois. »

César Borgia explique Machiavel : son *Prince* est calqué sur lui. Ce livre énigmatique a épuisé tous les commentaires. Il en est qui lui prêtent l'ironie du prophète Osée, épousant une prostituée et affichant l'adultère pour effrayer Israël par l'allégorie de sa propre honte. Quelques-uns croient y voir un piège à tigre tendu à Laurent de Médicis, auquel

Machiavel dédia son œuvre, et qu'il aurait espéré perdre en le lançant dans la tyrannie. D'autres n'y trouvent que l'opération d'un chirurgien politique qui démontre aux princes le jeu des organes et des ressorts du pouvoir, avec l'indifférence scientifique du professeur de la *Leçon d'anatomie* de Rembrandt, disséquant un cadavre devant ses élèves. Son explication la plus simple est celle d'un peintre généralisant un modèle. L'influence de César Borgia sur Machiavel est incontestable. Il le vit de près et à l'œuvre; il vécut longtemps enfermé dans cette cour, « où on ne dit jamais les choses qui doivent se taire, « et où tout se gouverne avec un secret admirable. » Avec sa froide impartialité, il étudia cet homme redoutable, muni de toutes les armes de la force, de toutes les dextérités de la ruse, concentré dans son égoïsme, comme un caïman sous sa carapace, produit naturel et parfait de l'horrible Italie du temps. Il le trouva conformé pour la dominer et pour l'asservir, et, constatant sa puissance, analysant ses actes, codifiant ses cruautés et ses fraudes, il en fit le type suprême et idéal du Tyran.

N'oublions pas que le livre du *Prince* fut écrit pendant une des plus sanglantes éclipses du sens moral qu'ait connues le monde, dans un temps où l'idée du droit avait disparu des consciences, où toute créature inoffensive, sujet ou prince, était bientôt détruite. Le blason que César Borgia avait adopté : un Dragon combattant et dévorant des serpents, était l'emblème de son époque autant que le sien. L'Italie du xv⁰ siècle semblait retombée sous l'atroce loi de l'extermination des faibles par les forts qui régit le règne animal. Inférieurs par l'intelligence à César Borgia, les princes du temps l'égalaient en scélératesse. — Bentivoglio, seigneur de Bologne, massacrait en une nuit la famille de son rival composée de plus de deux cents membres. — Oliveretto, une des victimes de Sinigaglia, neveu de Jean-Fogliani, seigneur de Fermo, invitait son oncle, avec les citoyens les plus importants du pays, à un grand banquet, les faisait égorger en masse au milieu de la fête, et s'emparait de la ville terrifiée par ce coup de main. — Machiavel, ayant sous les yeux un homme supérieur à ces brigands subalternes, fait le *Prince* à son image, et d'après les adversaires contre lesquels il devra lutter. Il lui apprend à tisser les ruses, à machiner les embûches, à étouffer ses ennemis avant qu'ils n'aient eu le temps de lui nuire, à ne voir dans les autres hommes que des instruments à employer ou des obstacles à faire disparaître. On écrit *Télémaque*, à la cour de Louis XIV, et *ad usum Serenissimi Delphini*; on écrit le *Prince*, à l'usage du très-fourbe et très-cruel Laurent de Médicis, en sortant du massacre de Sinigaglia.

Au reste, c'est en naturaliste plutôt qu'en historien que Machiavel envisage les affaires humaines. Il formule les lois du succès, sans les blâmer ni les justifier : il n'a ni préférence ni système. Comme il enseigne au tyran, dans le livre du *Prince*, l'art d'asservir le peuple, il apprend au peuple, dans les *Discours sur Tite-Live*, l'art de renverser le tyran. Son cruel génie est à deux tranchants ; il en présente la poignée et il en démontre l'escrime aussi bien au conspirateur et au tribun qu'au despote. On pourrait se représenter son œuvre comme un cabinet de consultations politiques plein de circuits et de dédales, avec des entrées et des issues doubles. Sylla peut en sortir par une porte, avec une liste de proscription cachée sous sa toge, et Chéréas, par l'autre, avec un poignard.

Est-ce un fait, est-ce une légende que le souper tragique où, à en croire Bembo et Paul Jove, Alexandre et son fils burent la mort en se trompant de verre ? Il s'agissait d'empoisonner cinq cardinaux à la fois ; la table était dressée dans la vigne de Saint-Pierre-aux-Liens. Le pape et César, arrivant altérés, demandèrent à boire. Le sommelier qui avait le secret des fioles mortelles était allé chercher une corbeille de pêches au palais ; son valet prit au hasard parmi les flacons et leur versa le vin de Chio apprêté. Le poison agit sur le vieux pape avec la violence de la flamme ; il tomba presque foudroyé. César avait dompté l'empoisonnement comme on apprivoise un reptile ; il s'était fait un estomac de Mithridate, à l'épreuve des plus noirs venins. La *canturella*, cette poudre sucrée qui recélait un feu corrosif, entama pourtant ses entrailles. On dit que, pour guérir, il se fit enfermer dans le corps d'un taureau fraîchement éventré. Le conte, si c'en est un, a la beauté d'un mythe. Cet homme de meurtres et d'incestes incarné dans l'animal des hécatombes et des bestialités antiques en évoque les monstrueuses images. Je crois entendre le taureau de Phalaris et le taureau de Pasiphaé répondre, de loin, par d'effrayants mugissements, aux cris humains de ce bucentaure.

César en sortit pelé, dit-on, par la cuisson du venin, mais souple, nerveux et vivace comme un serpent qui a jeté sa vieille peau. « Le duc de Valenti« nois, rapporte Machiavel, me disait, lors de la no« mination de Jules II, qu'il avait pensé à tout ce « qui pouvait arriver si son père venait à mourir, et « qu'il avait trouvé remède à tout, mais que seule« ment il n'avait jamais imaginé qu'à ce moment il « se trouverait lui-même en danger de mort. » — *Eccetto che non penso mai, in sulla sua morte, di stare ancor lui per morire.* Le péril était grand, à en juger par les haines qui se déchaînèrent. Le corps du pape, délaissé dans une chapelle de Saint-Pierre, sans cierges et sans prêtres, fut livré toute une nuit aux brutalités et aux moqueries obscènes de quelques manœuvres. Le matin venu, ils couvrirent d'une vieille natte le cadavre à moitié pourri et le jetèrent dans un cercueil qui se trouva trop étroit ; alors ils l'y enfoncèrent à coups de pied et de poing, et le roulèrent dans son tombeau en crachant dessus.

— D'une autre part, on massacrait dans les rues les partisans des Borgia. Fabius Orsini, ayant tué un homme de la maison du duc, se rinça la bouche avec une gorgée de son sang.

César se tira pourtant très-grandement de ce désastre subit; il tint devant ses ennemis une fière contenance, fortifia le Vatican contre la ville, négocia avec le conclave, se fit livrer par le cardinal trésorier, avec le poignard sur la gorge, toutes les richesses de son père, et imposa au nouveau pape ses conditions de renoncement et d'exil. Sa sortie de Rome égala le faste de ses entrées. Il en partit couché sur une litière portée par douze hallebardiers et recouverte d'un manteau de pourpre. A côté, deux pages menaient son cheval de main, caparaçonné de harnais de deuil. Autour de lui, chevauchaient, l'escopette au poing, ses vieux reîtres noircis au feu de toutes les guerres civiles d'Italie. Satan, exorcisé de la ville sainte, en sortait suivi de sa bande, mais avec un orgueil d'enfer et portant haut son front foudroyé.

A partir de là, César « commença à n'être plus rien, » comme le lui dit Sannazar, dans un distique injurieux... *Incipis esse nihil.* Heureux malgré tout, il parvint à s'évader, au moyen d'une corde jetée sur un gouffre, de la forteresse de Medina, où le roi d'Espagne l'avait enfermé. « Seigneur, — disait le gardien du fort à Brantôme, en lui montrant la lucarne de sa prison, — par là, se sauva, très-miraculeusement, César Borgia : » *Senor, por aqui se salvó César Borgià por gran milagro.* Les crimes lui étant devenus inutiles par la chute de son ambition, il est probable qu'il n'en commit plus, et qu'il redevint simplement un vaillant chef de condottieri. Les hommes de l'espèce dont il est le type ne font pas plus le mal pour le mal, que les animaux carnassiers n'attaquent une proie quand ils n'ont plus faim. On le perd de vue pendant sept années, jusqu'au jour où on le retrouve bataillant bravement au siége de Viana, à côté du roi de Navarre, son beau-frère. Il y fut tué, dans une sortie, d'un coup de zagaie. L'amour immoral que la Fortune portait à ce bandit se manifesta jusqu'au dernier jour : elle le fit mourir en soldat. Ce damné du Dante tomba comme un héros de l'Arioste.

XII.

BENVENUTO CELLINI.

Benvenuto Cellini avait cinq ans, lorsqu'un soir d'hiver, son père, qui jouait de la viole au coin de l'âtre, crut voir un animal pareil à un lézard qui dansait tout vif dans la flamme. Il dit à l'enfant d'approcher, et lui appliqua sur la face un soufflet qui lui fit jaillir les larmes des yeux. Mais le père les essuya bien vite avec ses caresses : « Cher petit, « lui dit-il, je ne te frappe point pour te punir, mais « seulement pour que tu te souviennes que ce lézard « que tu aperçois dans le feu est une salamandre, « animal que n'a vu aucun homme vivant sur la « terre. »

Ce phénomène de son enfance fut le présage et le symbole de sa vie : lui aussi fut un animal vivant dans la flamme, un homme de feu, de fiel et de bile, qui s'agita, pendant soixante ans, au milieu de passions dont le premier jet aurait dévoré une organisation moins robuste. Ses *Mémoires*, écrits dans ses dernières années, sont ceux d'un *Orlando furioso* de la vie réelle. La main du vieillard tremble en retraçant son histoire, non de vieillesse, mais d'orgueil posthume, de haine inassouvie ou de vengeance satisfaite. C'est le cheval de Mazeppa rentrant à l'étable : il saigne, il fume, il écume encore. Là on peut voir ce que fut l'Art au xvi° siècle, non pas comme dans les époques reposées, un luxe, un goût, un dilettantisme, mais une passion violente et terrible, un fanatisme à outrance, quelque chose comme un mahométisme renversé, propageant, prêchant, imposant ses idoles avec la même ardeur que l'autre mettait à les démolir. La vie de Cellini ne fut qu'un long accès de colère entrecoupé d'inspirations ravissantes. Bandit aux mains de fée, il semait les bijoux dans le sang des assassinats et des embuscades, comme Atalante jetait ses pommes d'or dans la poussière de l'arène. La Renaissance n'eut pas d'enfant plus excentrique que ce gladiateur maniant le burin, que ce cyclope ciselant des bagues. Contraste bizarre de l'imagination la plus délicate unie au caractère le plus intraitable !

Ce qui le caractérise, c'est la rage passée à l'état chronique. Il est exaspéré de naissance, il est né l'écume à la bouche. Tout est instinct dans cette fauve nature, élan primesautier, exercice soudain et

passionné de la force. Il rugit et il se hérisse contre ses émules, comme le lion contre les concurrents de son antre ou de sa citerne. A vingt ans, on le voit donner tête baissée dans une boutique d'orfèvres rivaux. « Traîtres! m'écriai-je, voici le jour où je vais tous vous tuer! » Plus tard, il poignarda, en pleine rue de Rome, Pompeo, le joaillier du pape, dont il avait à se plaindre. « Je ne voulais que le saigner. dit-il, mais, comme on dit, on ne mesure pas ses coups. » A Paris, il entra, armé jusqu'aux dents, dans l'atelier du Primatice qui lui disputait une statue, et il le fit renoncer à sa commande, l'épée sur la gorge. « Messer Francesco, sache que si jamais j'ap-
« prends que tu reparles de façon ou d'autre de
« cette commande qui m'appartient, je te tuerai
« comme un chien! » A Florence, il se rencontre avec ce sombre et haineux Baccio Bandinelli, qui usait ses dents sur le ciseau de Michel-Ange, plus dur encore que la lime mordue par le serpent de la fable. Type de l'artiste envieux, que Dante aurait placé dans son *Purgatoire*, parmi ces âmes qui rampent, dans des postures de cariatides, courbées sous d'énormes pierres. — Mais sa charge, à lui, aurait été un bas-relief de Buonarotti, pour qu'il fût écrasé deux fois, sous le poids du marbre et sous la beauté du chef-d'œuvre. — La lutte fut terrible entre Baccio et Benvenuto. Ici l'attaque et la défense s'équilibrent : même hauteur d'orgueil, même noirceur de tempérament, mêmes facultés

d'acrimonie et de haine. Il faut les voir se disputer
chaque bloc de marbre qui arrive au duc, de Car-
rare ou de Grèce : on dirait qu'ils vont le briser
pour se lapider avec ses fragments. D'autres fois, ils
se rencontrent devant un ouvrage que l'un d'eux
vient de terminer. Alors, au pied de la statue ou du
groupe, s'engage une rixe qui rappelle ces sculptu-
res des socles antiques représentant deux béliers
furieux s'entre-heurtant de la corne. Mais Cellini a
l'avantage dans ces invectives homériques : il sonne
de l'injure comme de la trompette. Écoutez-le érein-
ter l'*Hercule* de son rival; sa parole vaut le couteau
d'Apollon disséquant Marsyas : elle entre dans le
marbre comme dans la chair vive : « On prétend que
« si l'on coupait les cheveux de ton Hercule, il ne
« lui resterait pas assez de crâne pour contenir sa
« cervelle; on ne sait si son visage est celui d'un
« homme, d'un lion ou d'un bœuf; on dit que sa
« tête n'est pas à l'action et ne tient pas à son cou;
« que ses deux épaules ressemblent aux paniers
« d'un âne; que les mollets ne sont pas copiés sur
« un modèle humain, mais sur un mauvais sac rem-
« pli de melons que l'on aurait appuyé tout droit
« le long d'un mur; que le dos produit l'effet d'un
« sac de courges longues; on cherche en vain de
« quelle manière les deux jambes sont attachées à
« ce torse hideux qui ne s'appuie ni sur l'une ni
« sur l'autre. Cette pauvre statue tombe en avant
« de plus d'une brasse, ce qui est la plus grande et

« la plus affreuse erreur que puissent commettre les
« artistes à la douzaine que nous connaissons ; on
« trouve que les bras pendent si disgracieuse-
« ment, que l'on est tenté de croire que tu n'as
« jamais vu de gens nus et vivants; que la jambe
« droite d'Hercule et celle de Cacus n'ont pas même
« un mollet à elles deux ; on dit encore qu'un des
« pieds d'Hercule est en terre et que l'autre semble
« posé sur du feu... »

Et il poursuit ainsi, raillant, outrageant, vociférant à perdre haleine. Il n'y eut pas un instant de repos, pas une trêve de Dieu dans cette existence agressive. Dégaîner, tirer son poignard était le plus naturel et le plus fréquent de ses gestes. Tous les griefs semblaient égaux devant sa rancune. Il taxait de mort l'irrévérence et l'outrage, l'offense futile aussi bien que l'affront sanglant. Comme il s'était sacré lui-même et couronné monarque absolu de son art, chaque délit à son égard devenait crime de lèse-majesté. — Son frère est tué dans une rixe de corps de garde; il « lorgne comme une maîtresse » l'arquebusier qui a fait le coup, jusqu'à ce que, le rencontrant à la porte d'un cabaret, il l'égorge, par derrière, d'un coup de stylet entre l'os du cou et la nuque. — Un hôtelier de Ferrare, chez lequel il entra, voulut être payé d'avance avant de le recevoir : même fureur, même ressentiment. Il passa la nuit à forger des projets de vengeance. « Je pensai
« d'abord à mettre le feu à la maison, puis à égorger

« quatre chevaux que l'hôtelier avait dans son écu-
« rie. » Mais le temps lui ayant manqué, il déchargea
sa colère, avant de partir, sur les lits de l'auberge,
dont il tailla les draps à grands coups de couteau.
« Je hachai si bien quatre lits, que j'y fis pour plus
« de cinquante écus de dégât. » — Ses querelles avec
ses maîtresses tournaient à la rixe et à la tuerie.
Ayant à se venger d'une jeune fille qui lui servait
de modèle, et qui l'avait trompé avec un de ses
apprentis, il la forçait de poser, durant des heures,
dans les attitudes les plus fatigantes. Quand elle
voulut se plaindre, il la battit jusqu'à l'assommer.
« Enflammé de fureur, je la saisis par les cheveux
« et je la traînai dans la chambre, en la rouant de
« coups de pied et de coups de poing, jusqu'à ce
« que la fatigue m'obligeât de m'arrêter. »

Cette violence fiévreuse était d'ailleurs le tempérament de son siècle. Rien de plus curieux que les
rapports de Cellini avec ses patrons ; il y règne je
ne sais quelle cordialité bourrue et acerbe. — Un
évêque espagnol lui fait attendre le salaire d'un
vase, il le reprend sous prétexte de le finir, et
montre aux valets qui viennent le réclamer des
dents de dragon gardant son trésor. L'évêque envoie
une bande de coupe-jarrets l'assaillir dans son atelier ; il les reçoit l'escopette au poing, puis il endosse sa cotte de maille, et, le vase d'une main, le
poignard de l'autre, pénètre fièrement dans le palais
du prélat. Il traverse une antichambre jonchée de

sbires assis sur leurs armes. « Je crus passer au « milieu du Zodiaque; l'un avait la mine du Lion, « l'autre du Scorpion, celui-là du Cancer. » A sa vue l'évêque éclate en imprécations : il veut son calice, Cellini réclame son argent. L'affaire se termine par un troc à l'amiable mêlé de louanges et d'injures.

Les papes eux-mêmes ne l'intimidaient pas : il tint tête à Clément VII, à Paul III, ces terribles pontifes qui tenaient le bâton pastoral de façon à faire trembler leurs troupeaux. Il les ajournait, il les faisait attendre, il travaillait pour eux à sa fantaisie, à ses heures. Voici comment se passaient d'ordinaire ces altercations. — Le pape compte sur le calice ou la tiare qu'il a commandés ; l'artiste n'est pas prêt et envoie au diable ses messagers. On le mande au Vatican, il comparaît tête haute; Sa Sainteté est en colère, elle gronde, elle menace. « En vérité de Dieu, je te déclare, à toi qui fais pro« fession de ne tenir compte de personne, que si « ce n'était par respect humain, je te ferais jeter « par les fenêtres avec ton ouvrage ! » Cellini réplique, il élève le ton au diapason de cette voix qui bénit le monde et qui excommunie les empires ; le Vatican tremble, les cardinaux inquiets se regardent... Cela finit par un baisement de pied et par un sourire paternel.

Car les grands artistes étaient les enfants gâtés de cette papauté athénienne de la Renaissance. Elle leur passait toutes leurs excentricités et tous leurs caprices ; elle les comblait de ses absolutions et de ses largesses : ils se brouillaient et se raccommodaient impunément avec elle.

Ce violent Jules II, qui faisait tout trembler, ne se déridait que pour Michel-Ange. C'était un cas d'anathème que de lui enlever son sculpteur. Lorsque l'artiste, rudoyé par lui, s'enfuit à Florence, il lança à la Seigneurie des brefs fulminants pour la sommer de le rendre. Michel-Ange vint le retrouver à Bologne ; il entra, avec une moue de lion privé battu par son maître, dans la salle où le pape soupait, entouré du Sacré Collége. Jules, fronçant son sourcil blanchi, le toisa d'un œil irrité : « Enfin, au lieu de venir « nous trouver à Rome, tu as attendu que nous « ayons été nous-même te chercher à Bologne ! » Sur quoi, un des évêques de sa suite se prit à dire : « Que Votre Sainteté lui pardonne, ces sortes de gens « sont des ignorants qui ne connaissent que leur mé- « tier. » Mais le pape, furieux, se redressant à demi, frappa de sa canne le porte-mitre imbécile : « Ignorant « toi-même ! Tu l'outrages quand nous ne lui disons « pas d'injures, nous ! *Ignorante sei tu che gli di* « *villania, che non gliene diciam noi*. » Cellini eut, avec ses papes, des scènes toutes pareilles. Il avait beau remplir Rome de meurtres et d'algarades, il lui suffisait de montrer une bague, un joyau, un camée pour rentrer en grâce. — Ainsi, lorsqu'il vient d'expédier le meurtrier de son frère, Clément VII se fâche d'abord, le mande au Quirinal et le regarde avec des yeux menaçants. Cellini tire de son escarcelle un bouton de chape, au milieu duquel il a gravé, en demi-relief, un merveilleux Dieu le Père, assis sur un gros diamant supporté par de petits anges. A l'instant, la colère du pape se dissipe ; son visage s'illumine, comme frappé par le reflet du divin joyau. Ce n'est plus un juge irrité, un souverain prêt à punir, c'est un amateur idolâtre tournant et retournant un bijou unique entre ses mains tremblantes d'enthousiasme. « *Benvenuto mio*, tu « aurais été là, dans ma tête, que tu ne l'aurais pas « fait autrement. » — Le premier acte de Paul III fut de l'absoudre du meurtre de Pompeo, commis pendant l'interrègne ; et comme un Monsignor objectait la loi à cet excès de clémence : « Apprends « lui dit le pape, que des hommes uniques dans leur « profession, comme Benvenuto, ne doivent pas être « soumis aux lois, et lui moins qu'un autre. »

Ainsi la raison d'art était mise au-dessus de la raison d'État dans cette Rome de la Renaissance qui fêtait comme des Saints les dieux de l'Olympe et qui promenait par ses rues le groupe exhumé du *Laocoon*, ainsi qu'elle aurait fait d'un corps de martyr retrouvé dans les Catacombes. L'art était la seconde religion de ces pontifes patriciens ; ils voulaient que le catholicisme l'emportât, même par la forme, sur le paganisme, et que le crucifix fût aussi bien modelé que le Jupiter Il était la première affaire et la dernière sollicitude de leur règne. — Clément VII avait commandé des médailles à Benvenuto ; la maladie le prend, il se les fait apporter à son lit de mort. Le vieux pape moribond se soulève sur ses oreillers, on allume des cierges, il met ses lunettes : mais la taie de l'agonie voile déjà ses yeux ; il ne peut plus rien discerner. Alors il palpe, en tâtonnant, de ses mains séniles, les faibles reliefs de ces belles médailles qu'il renonce à voir ; puis il pousse un grand soupir et retombe, en bénissant pour la dernière fois son Benvenuto.

Jamais siècle n'eut une admiration si naïve et si profonde pour les chefs-d'œuvre de la main humaine. On sortait du chaos des époques barbares, la sculpture antique surgissait du sépulcre ; des types inconnus de grandeur et de beauté apparaissaient au soleil. Sous leur divine influence, le génie humain, si longtemps stérile, recouvrait ses forces plastiques : il concevait, il engendrait des formes exquises et grandioses. Le monde vivant contemplait, ébloui et ravi, ce monde immobile. C'était comme une seconde Création aussi féconde, aussi spontanée que l'autre. L'homme se retrouvait dans l'attitude étonnée d'Adam s'éveillant au milieu du peuple infini des êtres éclairés par la première aurore.

On comprend, alors, le prix que le xvie siècle attachait à ses grands artistes, depuis l'architecte qui bâtissait ses palais, jusqu'à l'orfévre qui ciselait ses anneaux. On comprend surtout l'accueil que les

Barbares faisaient à ces Italiens, qui leur arrivaient, comme les Mages de la Renaissance, les mains pleines de raretés et de merveilles exotiques. — Rien n'est touchant comme la conduite de François I*er* envers Benvenuto Cellini, lorsque, sur son appel, il vint installer en France sa forge de Polyphème. Il le combla de largesses, il lui donna un château pour atelier, il l'appelait « son ami. » « Je te noierai dans l'or, » lui dit-il un jour. A chaque aiguière, à chaque coupe, à chaque statue nouvelle c'étaient des flatteries royales et des louanges magnifiques : « Voilà un « homme qui mérite véritablement d'être aimé ! » Ou bien encore : « En vérité, je ne crois pas que « les Anciens aient jamais rien produit d'aussi « beau! » Ce roi, gaulois et batailleur, mais sensuel jusqu'au bout des ongles, tombe en adoration devant les délicates figurines que lui pétrit cette main d'enchanteur. Il s'émerveille de boire dans une aiguière sur laquelle une Nymphe recourbée en anse mire dans le vin sa tête élégante. Il se plaît à prendre son sel dans la conque d'Amphitrite enlaçant Cybèle de ses longues jambes florentines. Il ne se lasse pas d'admirer les grâces et les fiertés du style toscan, pour lui si nouvelles. C'était la surprise du guerrier du Tasse transporté du camp farouche des Croisés, dans ce jardin d'une fée d'Orient, où les fleurs pleuvent, où les oiseaux parlent, où l'Amour plane dans l'air lumineux.

Un jour que le roi ployait sous les anxiétés d'une

guerre désastreuse, le cardinal de Ferrare le mena voir une porte dont Cellini venait d'achever le modèle. Il se laissa conduire, soucieux et morose encore. Mais à peine eut-il vu la Nymphe de Fontainebleau, accoudée sur le flanc d'un cerf, et voluptueusement allongée dans la courbe de l'hémicycle, que sa physionomie s'éclaircit : ses yeux reprirent leur joyeux regard, son sourire de faune amoureux revint à ses lèvres. Il ne pensait plus à l'Empereur ni au Milanais : il était tout à ces joies de l'admiration artistique, qui correspondaient en lui aux sensations de l'amour. « Mon ami, — dit-il à Benvenuto en lui frappant sur « l'épaule, — je ne sais quel est le plus heureux, du « prince qui trouve un homme selon son cœur, ou « de l'artiste qui rencontre un prince qui sache le « comprendre. »

Comment s'étonner, après ces récits, de l'orgueil d'un homme devenu le compère des papes et l'ami des rois ! — Un trésorier de François Ier veut le faire voyager en poste. « Ainsi voyagent les fils de duc, » lui dit-il pour le décider. « N'ayant jamais été fils « de duc, — répond Cellini, — je ne sais comment « ces personnages voyagent, mais les fils de mon art « voyagent à petites journées. » — Un majordome du duc de Florence, qu'il rudoie selon sa coutume, s'étonne « qu'il l'ait jugé digne de parler à une « personne telle que lui. — Les hommes tels que « moi sont dignes de parler et aux papes et aux « empereurs et aux grands rois. On n'en trouverait

« pas deux de ma taille dans le monde entier; mais
« les gens comme vous, on les rencontre par dizaines
« à chaque porte. » Jamais vanité ne fut plus féroce :
qu'on se figure un paon armé du bec et des serres
de l'oiseau de proie. Il faut que tout cède et que tout
ploie devant lui. Seul il a le génie, la gloire et la
science infuse. Il ne conteste pas le talent de ses
rivaux, même les plus illustres; non, il le nie radi-
calement et de haut en bas. L'Antiquité même n'est
bonne qu'à faire repoussoir à ses œuvres. — Primatice vient de rapporter de Rome des statues de bronze
reproduisant les plus beaux marbres du Vatican et
du Capitole; mais on les expose dans la galerie où
trône le Jupiter de Cellini, et les pauvres figures
antiques ne peuvent soutenir la présence de ce Dieu
tonnant. La comparaison les écrase; encore un peu,
il les ferait choir en terre devant son chef-d'œuvre,
comme des idoles devant le vrai Dieu. — L'aplomb
dans l'outrecuidance ne saurait aller au delà. Ce
n'est pas assez des apothéoses perpétuelles où il
se pavane; un jour, il empanache d'une auréole
sa toque florentine, et se canonise lui-même tout
vivant. « Je ne veux point passer sous silence la chose
« la plus étonnante qui soit jamais arrivée à un
« homme. Qu'on sache qu'après la vision que j'ai
« racontée, il me resta sur la tête une lueur mira-
« culeuse qui a été parfaitement vue par le petit
« nombre d'amis à qui je l'ai montrée. On l'aperçoit
« sur mon ombre, le matin, pendant deux heures, à

« compter du lever du soleil, surtout quand le gazon
« est couvert de rosée, et le soir, au crépuscule. Je
« la remarquai en France, à Paris, où on la voyait
« beaucoup mieux qu'en Italie, parce que, dans ce
« pays, l'air est plus souvent chargé de vapeurs. Je
« puis cependant la voir et la montrer aux autres en
« tous lieux, mais toutefois moins distinctement
« qu'en France. »

Tel qu'il est, tel qu'il s'est peint de couleurs bilieuses et sanglantes, on l'aime et on l'admire ce *bravo* de génie. Ses excès sont ceux de la force, ses passions celles de la vie exaltée à son paroxysme. Le zèle de l'art le dévore; il se bat pour une statue comme pour une maîtresse, il approuve les élèves de Raphaël qui voulaient tuer le Rosso parce qu'il avait dénigré leur maître. La « force superbe de la forme, » *Vis superba formæ*, comme dit un poëte latin de son temps, le transporte d'admiration. Il faut l'entendre, dans son *Discours sur les principes de l'art du Dessin*, parler en idolâtre de la beauté du corps humain, de ses ossements, de ses membres, des ressorts internes qui le font mouvoir et agir. « Tu feras copier à ton élève un de ces ma-
« gnifiques os des hanches qui ont la forme d'un
« bassin, et qui s'articulent si admirablement avec
« l'os de la cuisse... Quand tu auras dessiné et bien
« gravé dans ta mémoire ces os, tu commenceras à
« dessiner celui qui est placé entre les deux han-
« ches; il est très-beau et se nomme *sacrum*... Tu

« étudieras ensuite la merveilleuse épine du dos que
« l'on nomme colonne vertébrale. Elle s'appuie sur
« le sacrum, et elle est composée de vingt-quatre os
« qui s'appellent vertèbres... Tu devras avoir plaisir
« à dessiner ces os, car ils sont magnifiques. Le
« crâne doit être dessiné sous tous les sens imagina-
« bles, afin qu'il ne puisse sortir du souvenir. Car
« sois bien certain que l'artiste qui n'a pas les os du
« crâne bien gravés dans la mémoire, ne saura jamais
« faire une tête qui ait la moindre grâce... Je veux
« aussi que tu te mettes dans la tête toutes les
« mesures de l'ossature humaine, afin que tu puisses
« ensuite la revêtir plus sûrement de sa chair, de
« ses muscles et de ses nerfs, dont la divine nature
« se sert pour assembler et lier cette incomparable
« machine. »

Cet enthousiasme est partagé par toute son époque. On sait avec quelle ferveur Michel-Ange anatomisait les cadavres, plantant une chandelle dans leur nombril, pour les étudier jusque dans la nuit. Le squelette n'est plus, comme au moyen âge, la hideuse guenille d'une chair méprisable, mais l'admirable armature de la vigueur et de la beauté. L'homme se penche sur la tête de mort avec ravissement ; il n'y cherche plus le dégoût, mais le secret de la vie : il mesure sur les trous du crâne l'orbite des yeux d'Apollon ; de son rictus grimaçant il tire le radieux sourire de Vénus. Les Dieux, les Nymphes, les Héros, les Anges, les Déesses qui peuplent de leurs beaux corps les palais et les temples, sortent du charnier fécondé, comme des fleurs de la pourriture. Le xvi⁰ siècle inaugure le triomphe plastique de la Mort.

Toutes les choses du burin et de l'ébauchoir sont sacrées pour Benvenuto. Son art le possède si bien tout entier qu'il le poursuit jusque dans ses rêves. Il sculpte l'impalpable, il cisèle le songe. Emprisonné par Paul III, au château Saint-Ange, une vision lui apparaît où il voit le soleil comme un disque énorme, représentant tour à tour le Christ et la Vierge. « Le soleil, sans rayons, ressemblait
« à un bain d'or fondu. Pendant que je considérais
« ce phénomène, le centre de l'astre se gonfla et il
« en sortit un Christ sur la croix, formé de la même
« matière lumineuse. Il respirait une grâce et une
« mansuétude telles, que l'esprit humain ne pourrait
« en imaginer la millième partie... puis le centre de
« l'astre se gonfla comme la première fois, et prit la
« forme d'une ravissante Madone assise et tenant
« sur son bras l'Enfant divin qui semble sourire.
« Elle était placée entre deux Anges d'une incroyable
« beauté. » L'orfèvre, persistant dans l'halluciné, frappe le soleil à l'effigie des médailles.

Par ses qualités comme par ses défauts, par son talent comme par sa folie, Benvenuto Cellini est la plus originale personnification de cette Italie artistique du xvi⁰ siècle, qui produisit des êtres à part dans les séries de l'histoire. Étranges créatures organisées pour le mal et pour le génie, pour les violences du crime et pour les œuvres de l'inspiration. L'Italie, à cette époque, offre l'étonnant spectacle d'un Pandæmonium ennobli et décoré par les arts. Elle a des monstres lettrés et des bandits dilettantes, des Périclès empoisonneurs et des Phidias meurtriers. Des tigres bondissent et s'embusquent dans les jardins d'Armide. Les haines sont atroces, les ressentiments implacables, les concurrences se dénouent à coups de stylet; mais un souffle divin plane sur toute cette tempête humaine; la séve déborde et fermente; et l'Art grandit au fort de ces passions déchaînées, comme le bronze prend une forme sublime au milieu des flammes et des scories de la fonte.

XIII.

DIANE DE POITIERS[1].

Diane de Poitiers est une des enchanteresses de l'histoire. Son nom seul évoque et rassemble, comme la fanfare d'un cor magique, tout un chœur de déesses éparses dans les peintures et les bas-reliefs de la Renaissance. Ce sont les deux Dianes de Jean Goujon : l'une appuyée sur son grand cerf qui semble un prince enchanté ; l'autre contemplant amoureusement le noble animal qui, avec la hardiesse du cygne de Léda, approche sa bouche de ses lèvres, comme pour reprendre sa forme humaine par la vertu d'un baiser. C'est la Nymphe de Benvenuto, couchée parmi les chiens et les fauves. Ce sont encore les Divinités chasseresses du Primatice et de son école qui lancent la flèche, ajustent l'épieu,

1. Voir les *Lettres inédites de Dianne de Poytiers*, publiées d'après les manuscrits de la Bibliothèque impériale, par M. Georges Guiffrey.

allongent leurs corps ondoyants au bord des fontaines, ou marchent nues dans la campagne, au milieu d'une troupe de nymphes qu'elles dépassent du front. L'imagination confond dans un même type ces sveltes images; elle leur donne à toutes le nom de la maîtresse triomphante qui les inspira. L'histoire a beau crier que cette jeune déesse était une vieille femme, que Diane de Poitiers avait près d'un demi-siècle à l'aurore même de son règne; on n'y croit pas, on n'en veut rien croire. On préfère, aux dates rigoureuses, le chiffre amoureux qui marie l'H royal à deux croissants enlacés. La postérité a pour Diane les yeux éblouis d'Henri II.

Renaud dans les jardins d'Armide, Roger *charmé* par Alcine, Merlin captivé par la fée Viviane dans le buisson de la forêt des Ardennes, donneraient une faible idée de l'ensorcellement de ce roi crédule par une magicienne qui avait l'âge des sorcières. Il l'aima toute sa vie uniquement et absolument. La faveur de Diane n'eut pas un instant d'éclipse. Pas un nuage ne passa sur son Croissant symbolique qui devint l'astre du règne. On a quelques lettres de Henri II à sa favorite : elles respirent une servitude passionnée: jamais le sigisbéisme italien n'a parlé plus humble langage : « Madame, je vous suplye de
« me mander de vostre santé... afin que, selon cela,
« je me gouverne. Car si vous contynuyés à vous
« trouver mal, je ne vouldroys faillyr vous aller trou-
« ver pour vous faire servyce, selon que j'y suys

« tenu, et aussy qu'yl ne me seroyt possyble de
« vivre sy longuement sans vous voir... Estant elloi-
« gné de cele de quy dépent touct mon byen, il est
« maléaé que je puysse avoir joye... — Madame ma
« mye, je vous mercye très humblement de la peyne
« que vous avez prise de me mander de vos nouvelles,
« quy est la chose de ce monde que j'ay la plus
« agréable, et vous suplye me tenir proumesse, car
« je ne puys vyvre sans vous, et sy saviez le peu de
« passetens que j'ay isy, vous auryés pityé de moy...
« — Cependant je vous suplye avoir souvenance de
« celuy quy n'a jamais connu que ung Dyeu et
« une amye, et vous assurer que n'aurez poynt de
« honte de m'avoyr donné le nom de serviteur,
« lequel je vous suplye de me conserver pour
« jamès. » Une fois même, ce roi si peu lettré rime
pour elle des stances où la veine d'une passion vraie
perce sous la versification rocailleuse :

> Plus ferme foy ne fut onques jurée
> A nouveau prince, ô ma seule princesse,
> Que mon amour, qui vous sera sans cesse
> Contre le temps et la mort asseurée.
> De fosse creuse ou de tour bien murée
> N'a point besoing de ma foy la fortresse
> Dont je vous fy dame, roine et maîtresse,
> Pour ce qu'elle est d'eternelle durée.
> . . . .
> Hélas, mon Dyeu, combyen j'ai regrèté
> Le temps que j'ai perdu en ma jeunesse !
> Comblen de foys je me suys souété
> Avoyr Dyane pour ma seule maytresse,

Mais je crégnoys qu'elle, quy est déesse,
Ne se voulut abesser jusque-là
De fayre cas de moi qui sans cela
N'avoys playsir, joie, ni contentemant,
Jusques à l'heure que se délybéra,
Que j'obeisse à son commandemant.

Maîtresse en titre, Diane de Poitiers tenait, entre Henri II et Catherine de Médicis, la place d'une troisième personne de la Royauté. Le blason de son adultère officiel décorait les murs des châteaux, les dômes des palais, les arcs de triomphe des Entrées royales; le roi le portait jusque sur ses habits de gala toujours semés de croissants. Au couronnement même de Catherine, l'initiale de Diane, accouplée à celle de Henri, s'étalait sur tous les décors de la fête. Quand le roi visita Lyon, avec la reine, à son retour d'Italie, la ville lui donna un ballet représentant la « Chasse de Diane, » qui n'était que l'apothéose éclatante de la favorite. « Mme de Valentinois,
« — dit Brantôme, — que le roy servoit, au nom
« de laquelle cette chasse se faisoit, en fut très-
« contente, et depuis en aima fort toute sa vie la ville
« de Lyon. » Au tournoi où Henri II tomba sous le coup de lance de Montgommery, — Diane avait alors soixante ans, — il portait encore ses couleurs.

A quoi tint cette passion si étrange et si absorbante que Nicolas Pasquier l'attribué au charme d'une bague enchantée? Diane était belle sans doute, et d'une beauté taillée dans le marbre : mais sur le marbre même soixante années marquent leurs entailles. D'un côté Brantôme s'écrie : « J'ai veu « madame la duchesse de Valentinois, en l'aage de « soixante-dix ans, aussi belle de face aussi fraische « et aussi aimable, comme en l'ange de trente ans. » D'une autre part dès 1538, des épigrammes latines lui reprochent, avec une rudesse cynique, « ses rides, sa peau flasque, ses fausses dents et ses cheveux gris. » La vérité doit être entre l'adulation et l'injure. Il est certain que Diane lutta héroïquement contre l'âge. Elle n'avait pas seulement l'orgueil de la Déesse dont elle portait le nom redoutable, elle en eut aussi l'activité virile, les habitudes matinales, la passion pour la chasse, le goût des eaux glacées où elle se plongeait au fort de l'hiver. Un tel régime la maintint longtemps : ces froides ablutions surtout, d'après les chroniqueurs, furent sa vraie fontaine de Jouvence. L'ambassadeur vénitien, Lorenzo Contarini, qui la vit en 1552, avec les yeux clairvoyants d'un indifférent, fait d'elle un portrait aussi éloigné du dénigrement que de l'enthousiasme : « La per« sonne, — dit-il, — que, sans nul doute, le roi « aime le mieux, c'est Mme de Valentinois. C'est une « femme de cinquante-deux ans, autrefois l'épouse « du grand sénéchal de Normandie et petite-fille de « M. de Saint-Vallier, laquelle restée veuve, jeune « et belle, fut aimée et goûtée du roi François et « d'autres encore, selon le dire de tous; puis elle « vint aux mains de ce roi, lorsqu'il n'était que dau-

« phin. Il l'a beaucoup aimée, il l'aime, et elle est
« sa maîtresse, toute vieille qu'elle est, *cosi vecchia*
« *come è*. Il est vrai de dire que bien qu'elle n'ait
« jamais employé de fards, et peut-être en vertu des
« soins minutieux qu'elle prend, elle est loin de
« paraître aussi âgée qu'elle l'est en effet. » — Les
rares effigies authentiques qui restent de Diane s'accordent avec ce portrait impartial. Ce sont celles
d'une matrone robuste, sculptée à grands traits, au
front hautain, à l'œil dur, au nez impérieux. La
gorge est ample, l'épaule plantureuse; la bouche
serrée et rentrante semble faite, non pour le baiser,
mais pour le secret. Nulle mollesse, aucune volupté;
l'air d'une Junon romaine avec les formes massives
d'une patricienne de Venise.

Ce n'est pas non plus à l'attrait des sens qu'on
peut attribuer son empire. Henri II n'avait rien du
tempérament pantagruélique de son père. Chaste
plutôt, d'un sang lent et lourd, caractère engourdi
dans un corps agile. Le Faune avait engendré un
amant transi. On note à peine, dans toute sa vie,
deux esclandres : une passade italienne d'où résulta
Diane de France, et son amourette pour une petite
Écossaise qu'un complot de cour jeta dans ses bras.
Diane de Poitiers, de son côté, avait la froideur de sa
patronne païenne, sinon sa virginité. On ne trouverait pas un caprice dans cette vie active, dont tous
les actes vont droit au but, comme des flèches sûrement lancées. Ses rares amours, si elle en eut avant

Henri II, furent toutes politiques : instruments de règne et non de plaisir. Leur liaison était si décente qu'on la crut longtemps platonique. — « Le Dauphin « n'est guère adonné aux femmes, » — écrit Marino Cavalli, un de ces Envoyés vénitiens, les meilleurs espions de l'histoire, — « la sienne lui suffit. Pour « la conversation, il s'en tient à celle de Madame la « Sénéchale de Normandie, âgée de quarante-huit « ans. Il a pour elle une tendresse véritable, mais on « pense qu'il n'y a rien de lascif, et que, dans cette « affection, c'est comme entre mère et fils. On affirme « que cette dame a entrepris d'endoctriner, de cor-« riger, de conseiller M. le Dauphin, et de le pous-« ser à toutes les actions dignes de lui. »

Marino Cavalli touche à peu près juste. Le prestige de Diane fut dans la fascination romanesque et chevaleresque qu'elle exerçait sur Henri. Elle l'éblouissait de tournois, l'étourdissait de rêves, lui soufflait les faits d'armes et les entreprises, le nourrissait en amour d'abstractions et de quintessences espagnoles, et se posait vis-à-vis de lui comme une « Dame de pensée » plutôt que d'alcôve. L'ostentation du deuil sempiternel qu'elle portait de son vieux mari, le sénéchal de Brézé, avait tout d'abord élevé haut sa conquête. Venir à bout de la vertu de Diane, c'était presque séduire la reine Artémise. A qui lui aurait demandé son secret, elle aurait pu répondre comme la Galigaï à ses juges : « L'influence d'une âme forte « sur une âme faible, d'une femme d'esprit sur un

« *balourd.* » Mais ce balourd avait l'imagination d'un paladin de la Table Ronde : Henri II, sous sa longue mine somnolente et terne, cachait une âme fantastique. Les visions de la chevalerie troublaient sa cervelle : l'*Amadis* était son livre de chevet. Il y avait du Don Quichotte dans ce roi de triste figure ; Diane de Poitiers fut sa Dulcinée ; une Dulcinée décevante, aussi chimérique que celle du Toboso, idéalisée par les arts, incessamment rajeunie par les cadres mythologiques où elle se posait. Toutes ces *Dianes* vaguement ressemblantes qui surgissaient aux yeux du roi, comme des apparitions olympiennes au tournant de chaque allée de parc, dans chaque salle de Chambord et de Fontainebleau, lui divinisaient sa maîtresse. Elle apparaissait et reparaissait de fresque en fresque et de groupe en groupe, comme par une enfilade de miroirs magiques. Le reflet transformait la femme ; la blancheur des marbres se mêlait à celle de la chair ; l'immortelle jeunesse des divinités rajeunissait la matrone. Transfiguration perpétuelle ! Où finissait la duchesse ? où commençaient les déesses ? *Discrimen obscurum.* Le Croissant, invoqué dans les incantations païennes, achevait l'œuvre fatidique. Les voûtes des palais royaux jonchées de demi-lunes, célébraient l'apothéose de Diane, comme le ciel étoilé chante la gloire de Dieu, dans les psaumes.

En ce genre de sorcellerie, le Château d'Anet fut le chef-d'œuvre de la favorite : on l'eût dit bâti sur le plan d'un magicien de l'Arioste. Villa exquise, peuplée de statuettes, décorée d'élégants portiques, réjouie par l'abondance et par le chant des eaux vives; avec des viviers qui invitaient à la pêche, des chenils résonnants de l'aboi des meutes, des volières où piétinaient les faucons; et, comme dans le palais d'été d'un sultan d'Orient, des cages pour les guépards dressés à la chasse. Tout alentour, par delà le jardin semé de bosquets, des plaines et des forêts giboyeuses entourées d'une molle ceinture de collines. C'était le cercle de l'enchanteresse. Le roi y coulait des jours féeriques, sous l'influence de la fée du lieu. Au milieu de ses guerres d'Italie et d'Allemagne, on le voit aspirer aux fontaines d'Anet, comme le cerf de David aux sources.

On cherche la reine dans toute cette histoire : elle paraît à peine, éclipsée qu'elle est par la déesse au Croissant. C'est une *Cenerentola* couronnée. Longtemps stérile, craignant le divorce, disgraciée du roi que rebutaient ses gros yeux à fleur de tête et sa bouffissure maladive, Catherine de Médicis s'était anéantie devant sa rivale. Ne pouvant la renverser, elle se jetait dans ses bras. Diane la protégeait et la consolait, et de temps à autre, avec une altière pitié, impérieuse comme la Vénus de l'Iliade jetant Pâris sur la couche d'Hélène, elle poussait le roi dans le lit nuptial. Contarini le dit nettement dans une dépêche au sénat de Venise : — « La reine fréquente
« continuellement la duchesse, qui, de son côté, lui
« rend les meilleurs offices dans l'esprit du roi : et

« souvent, c'est elle qui l'exhorte à aller dormir avec
« la reine. » Selon le rituel chevaleresque, dans la
sphère sublimée où Henri et Diane avaient placé
leurs amours, ce n'était pas là une infidélité de
l'amant. Qu'importait l'épouse matérielle à la maîtresse de l'âme, la *génitrice* dynastique à l'inspiratrice de la royauté? Rachel n'avait-elle pas ouvert à
sa servante Bilha la tente de Jacob? Comme la fille
de Laban, Diane de Poitiers, envoyant le roi dans la
chambre de Catherine, pouvait dire : « Voici ma ser-
« vante. Viens vers elle ; elle aura des enfants; je les
« élèverai sur mes genoux, et je serai glorifiée par
« elle. »

Une seconde fois, le verset biblique fut accompli
à la lettre. Catherine eut des enfants, Diane les éleva
sur ses genoux, et elle en fut glorifiée. L'imitation
de la Déesse dont elle portait le nom est visible dans
tous ses actes : ici, encore, elle fut fidèle à son type.
La mythologie attribuait à la sœur d'Apollon la délivrance des femmes en travail et le patronage des
enfants. Diane revendiqua, auprès de la reine, cette
fonction propice. Elle l'assistait dans ses couches,
elle la soignait dans ses relevailles, elle présidait
au choix des nourrices, et s'occupait, par menus
détails, de la santé des princes nouveau-nés. Ses
lettres sont remplies de ce tracas de nourrices et de
nourrissons. Ce ne sont que règles d'aménagement
intérieur, changements de résidence ordonnés au
moindre soupçon d'épidémie ou de mauvais air, holà

mis sur les querelles des valets et des gouvernantes, médecins avertis, médicaments expédiés. — Un jour elle envoie de la poudre de licorne pour la rougeole d'une princesse : remède fabuleux qui sied, venant d'une fée chasseresse.

Cet empiétement de maternité autorisé du roi, subi par Catherine, mettait le comble à sa puissance. Les enfants seuls auraient pu éloigner d'elle son amant en le ramenant vers la reine. Diane se les adjugeant de haute main, accaparant les soins de leurs berceaux, ne laissant à la reine que la fonction de les mettre au monde, l'annulait encore plus qu'avant. La mère passive, destituée de l'éducation, s'effaçait derrière la seconde mère vigilante, active, efficace, génie tutélaire de la dynastie. — Deux tableaux du temps célèbrent insolemment cette usurpation maternelle. L'un montre Diane assise, nue, dans son bain, au milieu des enfants de France allaités ou jouant dans la chambre [1]. L'autre la représente nue encore, selon son privilége de déesse, entourée des dames de la cour en costumes de fête, et recevant solennellement un prince nouveau-né qu'une femme agenouillée lui présente. La reine, très-reconnaissable, s'éloigne, à pas lents sur le second plan [2]. Elle a enfanté, sa tâche est remplie. C'est toujours l'histoire de la Bible : — « Bilha con-

---

1. Musée de Versailles.
2. Collection de M. Lachnicho.

« çut et enfanta un fils à Jacob. — Rachel dit : Dieu
« m'a jugée, il a exaucé ma voix, et m'a donné un
« fils. — Bilha, servante de Rachel, conçut encore
« une seconde fois, et enfanta un second fils à Jacob.
« — Rachel dit : J'ai lutté contre ma sœur dans des
« luttes divines, et je l'ai vaincue. »

Il faut passer aux affaires sérieuses. Écartez cet appareil olympien, soufflez sur le Croissant, dissipez les fantasmagories mythologiques qui la voilent et la transfigurent, vous trouvez une femme, non pas d'État, mais d'affaires, exploitant et pressurant sa faveur. La chasseresse s'entendait aux piéges et aux curées. Sa seule passion fut l'avidité : une avidité immense, insatiable, que ne rassasia pas la France dépecée et dévorée pendant quatorze ans. Que sont les concussions de la Pompadour, les dilapidations de la Du Barry, auprès de celles de Diane de Poitiers ? Des larcins et des grappillages. Diane aspirait, et absorbait tout, les confiscations, les bénéfices, les procès, les ventes de grâces et de charges, Anet, Chenonceaux, le duché de Valentinois, des provinces. Un moment, elle se fit adjuger « toutes les terres vacantes au royaume : » ce n'était rien moins qu'un quart de la France. On la voit dans une de ses lettres, brocanter avec son cousin, M. de Charlus, des captifs espagnols pris en mer par le baron de La Garde, et dont le roi lui avait fait don. Il s'agit de les vendre le plus cher possible : « Vous regarderez
« qui en baillera le plus des capitaines des gallères

« ou bien des Génois, et les destinerez à ceux-là. »
Les capitaines de galères en offrent vingt-cinq écus
pièce : — « Mais, — dit Diane, — ce n'est raison-
« nable, car le tout ne reviendroit qu'à environ
« douze mille écus. » — Cependant le Turc, allié
du roi, pourrait réclamer sa part de capture : « Je
« vous prie donc, regarder pour le myeulx, et y user
« de diligence, car on m'a dict que le Grand Sei-
« gneur envoye ung homme par deça, pour en faire
« quelques remontrances au roy, et je voudroys
« bien que cela fust vuidé avant que il fust arrivé. »
— Spectacle étrange et presque incroyable! La Diane
de Jean Goujon tenant le comptoir d'un bazar d'esclaves!

Les supplices faisaient partie des revenus de la
favorite. Elle battait monnaie à la place de Grève.
Pour les protestants, ce fut la féroce Diane de Tauride. Elle les dépouillait en les égorgeant sur son
coffre taillé en autel. « La vache à Colas, » comme on
appelait alors la Réforme, fut sa vache à lait et à
sang. — Une scène tragique, que l'histoire nous a
conservée, est celle de cet ouvrier calviniste qu'elle
manda dans sa chambre pour le faire abjurer devant
Henri II. L'homme nullement effrayé, parla haut et
soutint sa foi, et, lorsque Diane voulut intervenir
dans la controverse, il éclata comme aurait fait Élie
apostrophant Jézabel : — « Madame, contentez-vous
« d'avoir infecté la France, et ne mêlez votre ordure
« parmi chose si sacrée qu'est la vérité de Dieu. »

Le roi, furieux, voulut aller le voir brûler vif; mais il recula transpercé d'effroi, devant le regard fixe que le martyr attacha sur lui, du milieu des flammes.

Ainsi, parmi ses phases brillantes et divines, Diane, comme sa patronne, avait une phase infernale. Les feux qui l'entourent, dans les fresques de Fontainebleau où elle figure sous l'image d'Hécate, proviennent du reflet des bûchers ardents.

Ses curieuses lettres, récemment publiées, mettent à nu sa dureté d'âme et sa volonté implacable. Elles sont courtes, serrées, précises, tendues au fait, dénuées d'agrément. Aucune larme, aucune effusion n'attendrissent ces missives arides. Pas une fleur dans leurs broussailles de chicane. Il en est que pourrait signer un vieux greffier de Basoche. Çà et là, au bas des pages, des protestations de bienveillance ou de modestie feinte qui ressemblent à de faux sourires. Rien de plus sec et de plus glacial. Cela semble écrit, de la pointe d'une flèche, sur du sable ou sur de la neige.

Des attitudes majestueuses, un imposant décorum masquaient cette vie de fraude et d'exploitation. L'orgueil de Diane ne fléchit jamais; elle vécut sur un piédestal. Après la mort du roi, elle sortit en reine du théâtre où elle avait régné si longtemps. Henri II respirait encore lorsque Catherine de Médicis l'envoya sommer de rendre les joyaux de la Couronne qui remplissaient ses écrins. « Elle de- « manda soudain à M. l'harangueur : « Comment! le

« roi est-il mort? — Non, madame, respondit l'autre,
« mais il ne peut guieres tarder. — Tant qu'il luy
« restera un doigt de vie doncques, dit-elle, je veus
« que mes ennemys sachent que je ne les crains
« point, et que je ne leur obeyrai tant qu'il sera
« vivant. Je suis encore invincible de courage. Mais
« lorsqu'il sera mort, je ne veus plus vivre après
« lui; et toutes les amertumes qu'on me sçauroit
« donner ne me seront que douceurs auprès de ma
« perte. Et par ainsy mon roy vif ou mort, je ne
« crains pas mes ennemys[1]. » — Le roi mort, elle
garda envers et contre tous cette fière contenance,
ne rendit rien, sauf Chenonceaux, dont Catherine se
contenta pour rançon, et se retira lentement, tranquillement, lourde des dépouilles de la France.

Elle vécut sept ans encore dans son château
d'Anet, bientôt réconciliée avec le nouveau règne;
toujours belle, s'il faut en croire Brantôme qui
chante un hymne à son crépuscule. Son testament
hérissé de clauses, de restrictions, de réserves équivaut à une autopsie morale. Le cérémonial de sa
sépulture, les messes, les prières, les aumônes mortuaires, les habits de deuil payés à ses gens, les
cierges et les chapelets fournis aux bons pauvres,
qui devront se répéter l'un à l'autre : « Priez Dyeu
pour Dianne de Poytiers, » y sont réglés avec une
précision pointilleuse : « Que je sois bien servie en

---

1. Brantôme.

« l'esglise, je me contenteray des pompes de ce
« monde. » Son caractère positif s'empreint encore
sur ce contrat de la dernière heure. Diane mourante
fait les affaires de son âme, aussi âprement qu'elle
fit celles de sa vie terrestre.

Malgré tout, l'art l'emportera sur l'histoire, les
marbres prévaudront sur les textes, les tableaux
recouvriront la réalité. Diane restera pour la postérité, la déesse protectrice de la Renaissance. Elle
apparaîtra toujours dans sa nudité divine, appuyée
sur un arc d'argent, au seuil d'un château de la Touraine, entre François Ier qui la regarde avec son
large rire de satyre, et Henri II, qui la couve de son
vague regard d'Actéon... Le cor sonne, des statues
élancées surgissent entre les éclaircies des charmilles ; les eaux jaillissent et se recourbent en
gerbes ; un cerf royal sort des futaies ombreuses et
vient mollement s'étendre à ses pieds. Un Enchanteur arrive qui fixe à jamais le groupe idéal, et
l'apothéose illusoire devient une consécration éternelle.

IV.

HENRI III.

Dans la longue succession des Césars, grands ou abjects, glorieux ou infâmes, mais tous marqués au type romain, ceints du laurier, drapés dans la toge, apparaît, tout à coup, un adolescent au visage fardé et aux sourcils peints, le front surmonté d'une tiare, qui s'habille en prêtre ou en femme, prend le titre d'Impératrice, épouse publiquement des soldats et des gladiateurs, se fait traîner dans un char attelé de courtisanes nues, adore une pierre solaire, et célèbre en plein Capitole les noces de la Lune avec ce fétiche. C'est Héliogabale, l'enfant de chœur de l'Astarté phénicienne, juché par des prétoriens ivres sur le trône de Trajan et de Marc-Aurèle. — Henri III intercalé dans la lignée des rois de France, y paraît tout aussi étrange. Comme le César syrien transporta dans Rome le luxe fou, le fétichisme érotique et les mœurs obscènes de l'Orient, Henri III intronisa en France la bigoterie baroque et les vices excentriques de la décadence italienne. Rien de français en lui, pas un trait gaulois, aucune physionomie nationale. Sa mère l'avait fait tout florentin, avec je ne sais quoi d'asiatique. Son portrait, au Palais Ducal, dans la fresque de Vicentino, qui le représente entrant à Venise, à son retour de Pologne, trace déjà tout un caractère. La tête usée et rusée a l'expression ambiguë d'un masque : l'œil est oblique, le sourcil arqué ; un faux sourire pince ses lèvres minces. Étroitement serré dans son pourpoint noir, coiffé de son bonnet retroussé, il a l'air, entre le doge et le patriarche, de l'Arlequin vénitien inaugurant solennellement le carnaval de la République.

Ce fut, en effet, un carnaval qu'il inaugura dans son nouveau royaume. Il était parti valeureux et viril encore ; il revint efféminé et puéril, l'esprit ramolli et le cœur gâté. Imaginez un jeune moine italien devenu, par quelque aventure d'outre-mer, sultan ou calife : voilà son image. Il mêlait la luxure au mysticisme ; il assaisonnait les voluptés de macérations. Sa religion était celle d'un gnostique ou d'un Templier ; elle exhalait une odeur d'encens corrompu. Nul doute qu'il y ait mêlé un grain de magie et de sacrilége. L'érotisme accouplé à la dévotion engendre toujours des monstruosités. On disait qu'il avait fait peindre ses Mignons et ses maîtresses, habillés en Saints et en Vierges, dans un livre d'Heures, et qu'il emportait à l'église ce bréviaire impur. Après son départ de Paris, les Ligueurs trouvèrent dans son appartement du donjon de Vincennes, tout un mobilier de sorcier : grimoires cabalistiques, verges de coudrier, miroirs à apparitions, fioles suspectes, peau corroyée d'enfant couverte de signes démoniaques. La plus scandaleuse trouvaille fut celle d'un crucifix d'or, accosté de deux impudiques statuettes de Satyres, qui semblait avoir décoré l'autel de la Messe Noire du sabbat.

Sa vie fut une double orgie sacrée et profane. Qu'il s'affuble de la cagoule et se fouette de la discipline des pénitents gris, ou qu'à la façon de Néron, il coure les rues de Paris en insultant les femmes et en assommant les passants, la farce est la même : c'est celle d'un libertin blasé qui se jette violemment d'un extrême à l'autre, pour raviver ses sens éteints et son cerveau appauvri. Les Mémoires du temps enregistrent sur la même page ces excès divers. D'un paragraphe à l'autre, le roi se montre en habit de masque et reparaît enveloppé d'un froc. « Le jour
« de quaresme prenant, — dit Lestoile, — le roi et
« Monsieur allèrent de compagnie, suivis de leurs
« mignons et favoris par les rues de Paris, à cheval
« et en masque, desguizés en marchans, prestres,
« avocats, et en toute autre sorte d'estat, courans à
« bride avallée, renversans les uns, battans les autres
« à coups de bastons et de perches, singulièrement
« ceux qu'ils rencontroient masqués comme eux;

« pour ce que le roi vouloit seul avoir, ce jour, pri-
« vilége d'aller par les rues en masque. » Le rideau
tombe et se relève; admirez le changement à vue.
— « Le dimanche 5 avril, le roy fut à la procession
« le premier, portant le cierge allumé à la main
« quand il fut à l'offrande, où il donna vingt écus,
« assista à la messe en grande dévotion, durant la-
« quelle il marmonna tousjours son grand chapelet de
« testes de morts, que, depuis quelque temps, il por-
« toit à sa ceinture, ouist la prédication tout du long,
« et fist en apparence tous actes d'un grand et dévot
« catholique. » — Ce chapelet de têtes de morts
était sa discipline de Tartufe. Un jour, il lui échappa
de dire en le secouant d'un geste comique : « voilà
le fouet de mes ligueurs. »

La mascarade était le fond et la forme de ce curieux personnage. Il déguisait à la fois son corps et son âme, son sexe et sa pensée. Il faussait son sourire, il fardait son visage, il parjurait sa parole, il parodiait son rang. Toutes les duplicités et toutes les astuces de la politique florentine s'étaient incarnées et fixées en lui. D'année en année, sa nature s'efféminait, son caractère tombait en enfance. Il jouait au bilboquet, il découpait des miniatures, pleurant comme un enfant, quand ses ciseaux avaient effleuré l'image. Son hermaphrodisme croissant s'accusait par les métamorphoses d'un costume qui changeait lentement de sexe. Il arbora d'abord les pendants d'oreille, puis il prit les chausses bouffantes qui rappelaient le vertugadin. Un jour enfin il apparut devant la cour stupéfaite, vêtu d'un pourpoint échancré sur la poitrine nue, le cou pris dans une fraise brodée, les cheveux enroulés d'une torsade de perles, mâchant des pâtes confites et jouant avec un éventail de taffetas à dentelles. D'Aubigné, dans ses *Tragiques* l'exécute en cette infâme effigie. On dirait qu'il prend le couteau sacré qui écorcha le Satyre pour disséquer la toilette de l'hermaphrodite.

. . . .

Si bien qu'au jour des Rois, ce doubteux animal,
Sans cervelle en son front, parut tel en son bal :
De cordons emperlés sa chevelure pleine,
Soubz un bonnet sans bords faict à l'italienne,
Faisoit deux arcs voûtés ; son menton pinceté,
Son visage de blanc et de rouge empâté,
Son chef tout empoudré nous firent voir l'idée,
En la place d'un roy, d'une femme fardée.
Pensez quel beau spectacle et comme il fit bon voir
Ce prince avec un busc, un corps de satin noir
Coupé à l'espagnole, où des déchiquetures
Sortoient des passements et des blanches tirures,
Et afin que l'habit s'entresuivist de rang,
Il montroit des manchons gauffrés de satin blanc,
D'autres manches encor qui s'estendoient fendues ;
Et puis jusques aux pieds d'autres manches perdues
Pour nouveau parement, il porta tout le jour
Cet habit monstrueux, pareil à son amour,
Si, qu'au premier abord, chacun estoit en peine
S'il voyoit un roy femme ou bien un homme reine.

Alors les Mignons apparurent. Le « roi femme » s'entoura d'une escouade de jeunes icoglans. L'ins-

tinct de sa faiblesse lui faisait rechercher la force. Il choisit ses favoris parmi les plus hardis duellistes et les plus fiers spadassins. Ses Ganymèdes étaient taillés en Achilles. Un cercle d'épées flamboyantes environna cette royauté tombée en quenouille. Mais le maître imposant à ces vaillants son honteux costume, leur faisait porter une livrée d'eunuques.
— « Ces beaux mignons, — dit Lestoile, portaient
« leurs cheveux longuets, frisés et refrisés par arti-
« fices, remontans par-dessus leurs petits bonnets
« de velours, et leurs fraises de chemises de toile
« d'atour empesées et longues de demi-pied, de
« façon qu'à voir leurs testes dessus leur fraise, il
« sembloit que ce fust le chef de Saint-Jean sur un
« plat. » Lestoile revient à chaque page sur ces parures scandaleuses. On devine à son insistance la révolte de l'esprit gaulois indigné de ces folies orientales: — « Le dimanche 29 octobre, le roy arriva à
« Olinville en poste, avec la troupe de ses jeunes
« mignons fraisés et frisés, avecq les crestes levées,
« les rattepenades en leurs testes, un maintien fardé
« avecq l'ostentation de même; pignés, diaprés et
« pulvérisés de pouldres violettes, de senteurs odo-
« riférantes, qui aromatisoient les rues, places et
« maisons où ils fréquentoient. »

Cet état-major ambigu lui coûtait autant qu'un sérail. Les Mignons pillaient la France, gaspillaient le trésor, pressuraient les villes, confisquaient les rentes. Le roi dépensa onze millions aux noces de

Joyeuse. La relation qui en reste éblouit encore. C'est le luxe sinistre, à force d'être excessif d'une orgie romaine. Un banquet de dix-sept jours, toute la cour habillée de drap d'or et de toile d'argent, des profusions de perles, des pluies de bijoux, des mascarades et des cavalcades, des tournois et des joutes nautiques... On ne sait si on lit Suétone ou Lestoile.

Ce fut lui encore qui introduisit à la cour de France cette étiquette byzantine qui réglementa la servilité. Il prit le premier le titre de Majesté, auquel un long usage nous a habitués, mais qui indigna les esprits libres du temps, comme s'il s'était déguisé en dieu.

Ronsard lui-même, protesta par un fier sonnet contre ce titre féminin, qui semblait revêtir les rois français de la robe des empereurs de Bysance :

> Ne t'étonne, Binet, si maintenant tu vois
> Notre France, qui fut autrefois couronnée
> De mille lauriers verts, ores abandonnée,
> Ne servir que de fable aux peuples et aux rois.
> . . . .
> On ne parle en la cour que de Sa Majesté.
> *Elle* va, *Elle* vient, *Elle* est, *Elle* a été :
> N'est-ce faire tomber le royaume en quenouille.

Jusqu'alors, les rois vivaient en France avec leurs courtisans, dans une sorte de familiarité féodale : Henri III lui substitua un cérémonial idolâtre. *Les Reglemens faicts par le Roy, lesquels il est très ré-*

solu de garder, et veut désormais estre observéz de chacun pour son regard, publiés en 1585, inaugurent les rites de la bigoterie monarchique. Les honneurs à rendre à la serviette et à la chemise, au bouillon et au vin royal y sont minutieusement détaillés. On y voit le Prince s'enfermer dans des balustrades, écarter de lui ses gentilshommes et ses serviteurs, les tenir à distance, leur tracer l'orbite qu'ils doivent décrire, de près ou de loin, autour de sa personne déifiée. En de certaines occasions, ils doivent « reculer contre la muraille. » Tel des articles de ce manuel de servitude a une portée historique ; celui-ci entre autres : « Lorsque Sa Majesté sortira pour aller à la messe ou ailleurs, en public, elle veut et entend estre accompagnée de tous les princes, cardinaux, seigneurs et gentilsommes, jusqu'à ce qu'Elle se mette à table, s'ils n'ont excuse légitime. » Texte fatal qui va domestiquer la Noblesse française, et paralyser toutes ses forces vives, en la clouant, pour deux siècles, sur des banquettes d'antichambre.

Il est impossible, d'ailleurs, de voir sans pitié ce prince énervé, fait pour croupir au fond d'un harem, ou pour présider les fêtes d'une petite cour d'Italie au XVIIe siècle, dépaysé dans cette âpre et violente époque. Autour de lui ce n'étaient qu'embûches, complots, trahisons. Il était pris entre les deux feux des guerres religieuses : d'un côté, la féodalité protestante ralliée autour du roi de Navarre ; de l'autre, la noire populace de la Ligue, lancée et soudoyée par les Guise; plus loin, Philippe II, du fond de l'Escurial, mettant en branle ce réseau d'intrigues; à côté de lui, le duc d'Anjou, un frère haineux jusqu'au fratricide; derrière, sa mère Catherine, cette vieille filandière de lacs et de piéges, fatale et antique déjà comme une Parque, qui, secrètement et dans sa cachette, brouillait et débrouillait des fils mystérieux. Isolé au milieu de ces factions et de ces complots, Henri III n'avait pour se défendre que les armes de la perfidie; mais il était trop faible pour les manier puissamment. Il avait beau trahir de tous les côtés, son machiavélisme indécis ne réussissait qu'à le faire haïr. Le mépris creusait autour de lui un gouffre qui s'élargissait tous les jours. — Une satire du temps appelle sa cour *l'Ile des Hermaphrodites.* C'était l'image exacte de cette camarilla licencieuse, cernée par les haines et par les passions. Il y continuait pourtant son train de momeries et d'orgies, de fantaisies et d'enfantillages. Sa cour chantait et bouffonnait à travers les catastrophes de l'époque, comme la galère de Cléopâtre au milieu des carnages d'Actium. — Le voilà « qui s'en va en coche avec la reine par « les rues et maisons de Paris, prendre les petits « chiens damerets qui à lui et à elle viennent à « plaisir; va semblablement par tous les monastères « de femmes faire pareille queste de petits chiens, « au grand regret des dames auxquelles les chiens « appartenoient. » Sa « chenaille, » comme on l'appelait, ne comptait pas moins de deux mille chiens de toute race; il allait communier et toucher les écrouelles, en portant un épagneul sur le bras. Plus loin, on le voit revenir de Normandie avec l'attirail d'une sultane en voyage. « Le 14 juillet, le « roy arriva à Paris, revenant du pays de Norman- « die, d'où il rapporta grandes quantités de guenons, « perroquets et petits chiens achetés à Dieppe. » Il eut de tout temps cet amour des bêtes rares, qui est une manie des efféminés. Il y a toujours un singe qui gambade sur les marches des trônes orientaux. Chaque sérail a pour pendant une ménagerie. Aussi Henri III avait-il la sienne; mais, une nuit, il rêva que des bêtes fauves le dévoraient. La peur le prit, et, le lendemain, il fit tuer à coup d'arquebuses les lions et les ours qu'il nourrissait dans ses cages du Louvre. — Ainsi auraient fait ces schahs de Perse qui avaient un astrologue pour premier ministre.

Jamais, il faut le dire, roi fainéant ne fut si rudement secoué et par des mains plus brutales. Il se défendait avec des gémissements de femme ou des ruses d'esclave. « Je le sais, mesieurs, » disait-il aux députés des États, qui avaient supprimé tous les nouveaux impôts, « je le sais, *peccavi*, j'ai offensé « Dieu, je m'amenderai, je réduirai ma maison au « petit pied. S'il y avait deux chapons, il n'y en « aura plus qu'un. Mais comment voulez-vous que « je revienne aux tailles de l'ancien temps? comment

« voulez-vous que je vive? » Quand les États, non contents de lui refuser l'aumône, lui disputèrent jusqu'au droit de vendre ses domaines : « Voilà, dit-
« il, une énorme cruauté ; ils ne me veulent aider du
« leur, ni me laisser aider du mien. » Et il se mit à pleurer. Le peuple de Paris bafouait ses processions monastiques. Ses propres pages les contrefaisaient,
« aians mis leurs mouchoirs devant leurs visages
« avec des trous à l'endroit des yeux. » Le roi fut obligé d'en faire fouetter quatre-vingts dans la cour du Louvre. Une autre fois, des écoliers parcoururent la foire de Saint-Germain, accoutrés d'énormes fraises de papier, en dérision de celles qu'il portait, et crièrent presque à ses oreilles : « A la fraize on connoist le veau ! »

Les moines eux-mêmes se moquaient de leur confrère couronné. Ils prenaient vis-à-vis de lui l'insolence de ces derviches musulmans qui arrêtent par la bride le cheval du sultan sortant de la mosquée, et lui crachent l'injure à la face. — « J'ai
« été adverti de bon lieu, — s'écriait en chaire le
« moine Poncet, — qu'hier au soir, qui estoit le
« vendredi de leur procession, la broche tournoit
« pour ces bons pénitents, et qu'après avoir mangé
« le gras chapon, ils eurent pour leur collation de
« nuit le petit tendron qu'on leur tenoit tout prest.
« Ah ! malheureux hypocrites ! vous vous moqués
« de Dieu sous le masque, et portez pour conte-
« nance un fouet à vostre ceinture? Ce n'est pas là,

« de par Dieu, où il vous le faudroit porter, c'est sur
« vostre dos et sur vos espaules, et vous en estriller
« bien. Il n'y a pas un de vous qui ne l'ait bien
« gaigné. » Le roi se vengea en bon prince : il exila
le moine dans une abbaye de Melun, « sans lui faire
« autre mal que la peur qu'en y allant on le jettast
« en la rivière. » Ce Poncet, d'ailleurs, n'était pas
facile à déconcerter. Le duc d'Épernon, étant allé le
voir avant son départ, et lui reprochant de faire rire
les gens pendant ses sermons, en reçut ce fier coup
de langue qui le cloua sur la place : « Monsieur, je
« veux bien que vous sçachiez que je ne presche que
« la parole de Dieu, et qu'il ne vient point de gens
« à mon sermon pour rire, s'ils ne sont meschants et
« athéistes : et aussi n'en ay-je jamais tant fait rire
« en ma vie comme vous en avés fait pleurer. » A un
autre prêcheur qui censurait ses algarades du
Caresme-prenant, le roi fit don de quatre cents écus
« pour acheter, lui dit-il, du sucre et du miel pour
« aider à passer vostre caresme, et adoucir vos trop
« aspres et aigres paroles. » — Querelles de moines,
Contesa di frati ! comme disait Léon X des premières
disputes de Luther.

De la parole on passa bientôt à l'épée. Le duel et
le meurtre lui décimèrent ses Mignons. Quélus et
Maugiron périrent les premiers dans une furieuse
rencontre avec les gentilshommes de la maison de
Guise. Deux mois après, Saint-Mesgrin était assailli
et tué par vingt hommes masqués, au sortir du

Louvre. Le roi se déshonora à force de les pleurer ; il leur fit des funérailles d'une pompe infamante. C'est ainsi que, dans l'antiquité, les prêtres émasculés de Cybèle menaient le deuil du jeune Atys, au bruit des cymbales. L'église Saint-Paul où il les fit ensevelir côte à côte, en resta tarée comme un temple de Sodome : on ne l'appela plus que le « Sérail des Mignons. »

Tout est bas et burlesque dans cette méprisable histoire. Plus tard, quand, après avoir chassé Henri III de Paris, la Ligue, effrayée de sa victoire, essaya de rentrer en grâce, elle lui envoya à Chartres une ambassade dérisoire. Un capucin, déguisé en Christ, traînant sur ses épaules une croix de carton, suant du sang de poulet sous une couronne d'épines artificielles, entra dans la ville. Des soldats habillés comme ceux des *Mystères*, marchaient à ses côtés et faisaient semblant de le fustiger. Deux petits moines, travestis en Saintes Femmes, pleuraient et se pâmaient derrière le cortége. La troupe nasillarde criait grâce et merci « en mémoire de la Passion de Jésus. » — L'enfant se fâchait ; on le faisait jouer, pour l'apaiser, à la petite chapelle.

Même quand il tue, Henri III est plus vil encore que terrible. C'est dans un traquenard qu'il attire le duc de Guise, c'est par des sbires qu'il le fait tuer. L'histoire le prend entre les deux battants de la porte qu'il entrebâille, lorsque le Balafré est tombé, pareil au chacal qui sort de son trou à l'odeur du sang, et flaire de loin la proie que viennent d'abattre les tigres. Il y reste pris, serré, emboîté : c'est dans cette attitude que la postérité le regarde. Cette porte entr'ouverte est son pilori.

XV.

LA COUR D'ESPAGNE SOUS CHARLES II.

I.

Au XVIIe siècle, l'Espagne présente le phénomène d'une décadence mortelle au milieu d'une puissance intacte. Le colosse vidé au dedans, se tient debout encore, les pieds sur deux mondes. Son énorme empire est à peine entamé : elle a perdu le Portugal, la Hollande, le Roussillon et la Franche-Comté : mais c'est comme si l'on avait coupé les ongles d'un géant. Il lui reste encore, en Europe, le royaume de Naples et le duché de Milan, la Sardaigne, la Sicile et les Flandres ; une côte immense en Afrique ; des royaumes en Asie, avec tout le rivage de l'océan des Indes ; en Amérique, le Mexique, le Pérou, le Brésil, le Paraguay, le Yucatan, la Nouvelle-Espagne ; sur la mer des îles innombrables, parmi lesquelles les Baléares, les Açores, les Canaries, les Philippines, Madère, Cuba, Porto-Rico, Saint-Domingue.

Et pourtant cet immense empire, qui a si longtemps étouffé la terre, n'est maintenant qu'un simulacre impuissant. L'Europe le méprise ; elle en fait son jouet et sa dérision. Ce qui était une terreur est devenu un épouvantail qui n'effraie plus même les principicules. La formidable armée de l'Espagne, brisée à Rocroy, n'a pas rejoint ses tronçons ; bandes déguenillées d'invalides qui vieillissent dans leurs garnisons. Sa flotte gigantesque n'est plus qu'une épave ; les restes de l'*Armada* pourrissent dans ses ports. Sa politique souterraine qui minait le monde, est percée à jour ; la confusion des fils qu'elle faisait mouvoir a perdu ses trames. Son *Despacho Universal*, qui était le Conseil des Dix de l'Europe semble tombé en enfance : on se moque de ses intrigues surannées comme des imbroglios de ses comédies. Frappée au dehors, l'Espagne se ronge et se consume au dedans. Une dépopulation sans exemple sévit sur elle avec la violence d'une épidémie. L'expulsion des Juifs et des Maures lui a enlevé quatre millions d'hommes, l'Amérique lui en a pris trente millions : le monachisme décime encore ce peuple éclairci. Les couvents, multipliés par milliers, étendent sur le royaume la stérilité mystique de la Thébaïde ; les moines deviennent littéralement les Pères du Désert. L'Espagne périt faute d'Espagnols : dès 1619, les Cortès jettent ce cri d'alarme : « On ne se

« marie plus, ou, marié, on n'engendre plus. Per-
« sonne pour cultiver les terres... Il n'y aura pas
« seulement de pilotes pour fuir ailleurs. Encore un
« siècle, et l'Espagne s'éteint. »

A la fin du siècle, en effet, on compte à peine six millions d'hommes clair-semés dans la Péninsule. Trois cents villages en ruine dans les deux Castilles, deux cents autour de Tolède, mille dans le royaume de Cordoue. Un proverbe dit : « L'alouette ne tra-« verse les Castilles qu'en portant son grain. » Une paresse morne et superbe stérilise encore cette stérilité. L'Espagne renonce au travail considéré comme œuvre servile ; son idéal est la vie oisive du seigneur et du prêtre. L'industrie est méprisée ; le commerce jeté comme un os à ronger aux juifs convertis et aux étrangers ; l'agriculture est anéantie par la double main-morte du clergé et de la Grandesse. Le pauvre mendie fièrement ; le riche vit à la mode arabe, d'un trésor qui croupit dans un coffre ou dans un silo. Au rude labeur de la charrue, les paysans préfèrent la fainéantise pastorale. Le chevrier ne croit pas déroger en gardant ses bêtes : immobile, drapé dans sa loque il est l'*hidalgo* de la Sierra, le gentilhomme de la solitude. — C'est pourquoi la vaine pâture envahit et sèche la campagne : on se croirait en Chaldée aux temps des Patriarches. L'Estramadure tout entière est livrée aux mérinos ; les pâtres du marquis de Gebraleon gouvernent à eux seuls un troupeau de huit cent mille moutons.

Aussi, une misère affreuse dévore l'Espagne jusqu'aux os. Comme l'avare des légendes enterré vivant dans sa cave, elle meurt de faim sur ses mines d'or. Ses guerres perpétuelles, sa police européenne, ses garnisons cosmopolites, les frais énormes de sa lourde Cour creusent un gouffre qui absorbe le revenu de deux mondes. Une fiscalité insensée résout le problème de pressurer sans rien rendre. Les peuples suent l'or de Mexico à Bruxelles, et les coffres du roi sont toujours à sec. Le royaume improductif est à la merci de ses colonies. Il y a des jours où l'Espagne rôde désespérément sur les quais de Cadix, attendant le galion de Lima ou de Vera-Cruz en retard. Souvent la mer l'a noyé, l'ennemi l'a pris; quelquefois même la flotte d'un prince créancier l'a confisqué insolemment en pleine mer. Alors tout est perdu; on croit que l'État va périr.

Ce revenu aléatoire n'était d'ailleurs que le résidu de la fraude. Un proverbe italien disait des gouverneurs espagnols : « L'officier de Sicile ronge, l'officier de Naples mange, l'officier de Milan dévore. » Il aurait pu ajouter : Les vice-rois du Mexique et du Pérou engloutissent. Ces gouvernements d'outre-mer avaient organisé le pillage. Les rois d'Espagne et des Indes recevaient les restes de leurs vice-rois. Les dettes et les hypothèques étrangères amoindrissaient encore ce revenu si précaire. Jamais richesse ne fut plus stérile. L'or d'Amérique ne faisait que traverser l'Espagne pour aller enrichir les autres nations. Un écrivain du temps assimilant le monde à un corps, la compare à la bouche qui reçoit les aliments, les mâche, les triture ; mais qui les envoie aussitôt aux autres organes, et n'en retient, pour sa part, qu'un goût fugitif, ou les bribes qui, par hasard, s'attachent à ses dents.

Cette misère était de vieille date. En 1556, Charles-Quint, voulant passer en Espagne, fut retenu, faute d'argent, pendant quatre mois dans les Pays-Bas. Il proclama son abdication dans une salle encore tendue du deuil récent de sa mère : l'argent manquait pour d'autres tentures. — La correspondance de Philippe II avec Granvelle n'est qu'un long cri de famine. A bout d'expédients, il propose de vendre des indulgences dans un jubilé. Mais le ministre lui répond que les Flandres, qui viennent d'avoir un jubilé gratuit, n'apporteront pas un ducat à celui du roi. Au xviie siècle, le dénûment augmente. Sur une solde de douze écus par mois, les officiers de Philippe IV n'en reçoivent pas six en dix ans. Un voyageur ne compte que quatre seigneurs riches dans tout le royaume : don Luis de Haro, le duc d'Albe, le marquis de Laganes et le comte d'Onnate. Sous Charles II, le commerce reprend, dans quelques provinces, les échanges du monde primitif : on troque des bestiaux contre du blé, et du drap contre de la toile. La Grandesse met en gage ses meubles et ses habits chez les usuriers. Le fisc n'impose point de taxe personnelle, parce que les contribuables, dépouillés de tout dans leurs maisons nues, n'offrent à la saisie aucune prise. Les soldats mendient ou désertent : la nuit, ils se joignent aux bandits pour détrousser les passants. La misère monte jusqu'au Palais; les caméristes ne reçoivent plus leurs rations; les valets du roi quittent sa livrée; ses chevaux abandonnés par leurs palefreniers, meurent de faim dans les écuries. La reine emprunte pour payer ses femmes. L'État est réduit pour vivre à des expédients de larron : tantôt il fabrique de la fausse monnaie, tantôt il saisit les lingots expédiés aux négociants, des Indes à Séville, et leur délivre en échange le titre d'une rente qui n'est pas payée. — En 1679, Charles II venait d'épouser Marie-Louise d'Orléans; on ne savait comment défrayer les noces. En même temps arrivèrent à Cadix des galions appartenant au commerce; le Conseil délibéra s'il ne les ferait point saisir, par raison d'État, pour subvenir aux frais du mariage.

Cette pénurie presque fabuleuse produisit une littérature toute spéciale. Comme l'Œuvre de Rembrandt, la bibliographie espagnole a ce qu'on pourrait appeler sa série des *Gueux*. Ouvrez les romans *picaresques*, qui abondent dès le seizième siècle, vous croyez entrer dans ces villes assiégées où l'on mange des rats et des sauterelles. La faim, la maigreur, l'inanition, l'étisie y sont peintes en traits d'une énergie fantastique. L'exagération même des caricatures atteste l'horreur des réalités. Ce ne sont que licenciés desséchés, bacheliers faméliques, mendiants dont les os sonnent comme des cliquettes de ladres, et qui, ayant oublié comment et par où l'on mange, portent à leurs yeux le morceau de pain qu'on leur jette. Quel dénûment et quel jeûne dans ces posadas de *Don Quichotte*, où des lambeaux de merluches sèchent sur une planche poudreuse, près d'un morceau de pain bis moisi! Tout le roman de Cervantes vous laisse l'impression d'un désert traversé à jeun par une caravane. La nourriture y est rare, la bonne chère y semble un prodige. La vallée des noces de Gamache joue, dans le livre, le rôle de la Terrre promise dans l'Exode.

II.

Mais la plus horrible plaie de l'Espagne, le cancer qui la corrompt et qui la dévore, c'est l'Inquisition. En luttant corps à corps contre l'Afrique, le catholicisme espagnol s'était empreint de son génie exterminateur, il avait refait au Christ l'autel de Moloch; il encensait le Dieu du Calvaire avec la vapeur du sang et la fumée des bûchers. Son orthodoxie épurait celle de Rome : le Saint-Office, du milieu de ses flammes, bravait les conseils et les censures de la papauté. On eût dit Pluton revendiquant contre l'Olympe son autocratie infernale. Les ravages de l'Inquisition furent ceux d'un incendie permanent. Au XVe siècle, elle ouvrit des cratères sur tous les points de l'Espagne. Torquemada mit la Castille en feu. En dix-huit ans, dix mille condamnés brûlés vifs; sept mille brûlés en effigie. Vers 1483, on comptait cinq mille maisons vides dans l'Andalousie. Les statues d'Apôtres dressées aux quatre coins du bûcher de pierre de Séville, s'enfumaient d'une suie de chair consumée.

Ce cannibalisme sacré coïncida étrangement avec la conquête du Mexique. Les terribles moines qui suivaient l'armée de Cortez y trouvèrent des dieux carnivores nourris par un clergé de bourreaux. Le meurtre était le dogme, les tortures étaient les rites de ce culte atroce. Le Grand-Sacrificateur se revêtait, pour officier, d'une chasuble rouge de sang caillé; il arrachait le cœur des victimes enchaînées aux briques de l'autel, et l'enfonçait avec une cuillère d'or dans la bouche monstrueuse de l'idole. L'inauguration du grand temple de Mexico fut fêtée par une boucherie de soixante-quatre mille victimes. Tapia, le lieutenant de Cortez, compta cent trente mille crânes dans les charniers du sanctuaire. — L'Inquisition sembla prise, à ce spectacle, d'une émulation sanguinaire. Ce fut l'époque de ses plus vastes supplices. On eût dit qu'elle s'inspirait de ces dieux funèbres. Elle apporta le Christ au Mexique, et elle en rapporta Vitzlipoutzli en Espagne.

Cependant, le gibier manqua bientôt à ce limier portant une torche ardente dans sa gueule, que le Saint-Office prenait pour emblème. Les Maures devinrent rares, les hérétiques disparurent ; il ne resta guère que le Juif, âpre à l'expulsion, tenace dans sa foi, patient parce qu'il se sent éternel. Les autres peuples le rançonnaient et le méprisaient ; ils le marquaient d'un signe dérisoire et le cloîtraient dans la « cité dolente » du Ghetto. En somme, ils le laissaient, pendant de longues trêves, vivre et commercer à sa guise. Pourvu que Shylock rentrât à l'heure fixée dans son antre, il y couvait en paix ses trésors. L'Espagne seule n'admit jamais ni pacte ni trêve avec Israël. Des quatre éléments, elle ne lui accordait que le feu. Le Juif persistait à faire souche sur cette terre ingrate, et, de cette souche opiniâtre, l'Inquisition alimentait ses brasiers. Elle était la bûche de Noël de son noir foyer, cette bûche inextinguible qui dure tout l'hiver. Les Juifs qui restèrent se firent chrétiens pour échapper à la flamme, mais la loi des suspects pesait sur les *Maranos*, — on donnait ce nom aux juifs convertis. — Au moindre signe de rechute, au plus vague indice d'hébraïsme, le *Marane*, saisi comme relaps, était replongé dans le feu.

L'Inquisition ne tyrannisa pas seulement l'héroïque Espagne, elle l'endurcit et la dépraya. Pour ne pas être sa victime, la nation se fit sa complice. Le Saint-Office engendra une horrible tribu d'affiliés, d'affidés, d'espions et de sbires. Les plus hautes existences furent à la merci des plus abjectes délations. A la fin du XVIe siècle, on peut dire que chaque Castillan est un espion espionné.

Plus il fit autour de lui la nuit et le vide, et plus le monstre devint ombrageux. Les rois eux-mêmes tremblaient devant lui. Il les forçait d'assister officiellement à ses holocaustes. — Philippe II ordonna qu'un vice-roi tendît le dos au fouet du Saint-Office, pour avoir frappé un de ses familiers. C'est, dit-on, à l'Inquisition qu'il sacrifia son fils don Carlos. Il avait dit, à son avénement, en lui livrant son précepteur, l'archevêque de Tolède : « Si j'ai du sang « hérétique dans les veines, moi-même je donnerai « mon sang. » — On disait que Philippe III avait expié un mot de pitié, qui lui échappa, pendant un auto-da-fé, de quelques gouttes de sang tirées de son bras par la main du bourreau.

L'Inquisition dégénéra vite, d'ailleurs, de son esprit primitif; car le mal lui-même a sa décadence. Son fanatisme tourna en routine ignare et perverse. C'était une croisade à son début; bientôt ce ne fut plus qu'une police. L'Ange Exterminateur se fit alguazil. Une noire méchanceté devint le fond de son caractère. Le catholicisme pratiqué par elle mêlait l'atrocité du molochisme à l'intolérance de l'Islam.

Il y a au Louvre un tableau qui semble son portrait de famille : tous les types du Saint-Office y sont rassemblés, comme dans le groupe d'une apothéose. C'est le *Saint Basile dictant sa doctrine* d'Herrera le Vieux. Au centre de la toile siége saint Basile, vieillard farouche à face léonine, dont la barbe s'épanche à flots de crinière, et qui rugit l'anathème.

A droite, un moine enragé brandit, comme un stylet, la plume de sa dictée. L'ovale du capuchon encadre lugubrement son hideux visage; une frénésie cruelle convulse sa bouche et fait cligner ses yeux caves. A gauche, un évêque rébarbatif se renverse dans une arrogante attitude. Derrière, se dressent des têtes de moines furieuses, menaçantes, dont les yeux flambent comme des tisons de bûcher. Au-dessus du sanhédrin démoniaque plane le Saint-Esprit; mais sous ce pinceau sinistre, la Colombe divine a pris des griffes et des prunelles de vautour; elle s'abat sur saint Basile comme si elle voulait lui crever les yeux. Les têtes même des chérubins qui jonchent le ciel du tableau, font des grimaces d'enfants colériques. C'est l'Enfer tenant son concile. On croit voir ces démons qui, dans les légendes, s'affublent d'habits sacerdotaux pour parodier les rites de l'Église.

La dépopulation avait fait de l'Espagne le plus pauvre pays de l'Europe, son terrorisme religieux fit d'elle la plus triste et la plus insociable des nations. A la fin du xviie siècle, cette décadence se résume dans sa Cour et se personnifie dans son Roi. C'est au palais de Madrid qu'il faut descendre pour en toucher le fond; c'est sur Charles II qu'il faut étudier la maladie dont l'Espagne se meurt.

III.

Philippe II avait fait la cour d'Espagne à son image : rigide comme un cloître, gardée comme un harem : il y avait du moine et de l'eunuque dans le règlement de son étiquette. L'esprit du terrible roi y régnait d'ailleurs plus que son exemple, car Philippe II n'eut, à proprement parler, pas de cour. Au milieu du siècle qu'il bouleversait, au centre des immenses intrigues qu'il faisait mouvoir, il s'était creusé une solitude factice et inaccessible. C'était le Sphinx qui a le mot de toutes les énigmes humaines, et qui reste au désert, caché dans le sable. L'Escurial bâti dans un site sinistre, sur le plan d'un instrument de torture, est moins un palais qu'un sépulcre. Avec ses lignes sèches, ses murs nus, ses cours claustrales, ses labyrinthes symétriques, ses jardins mortuaires, son architecture ambiguë de forteresse et de monastère, et le *Pourrissoir* qu'il recèle, comme le dernier mot de sa construction, il ressemble à ces cryptes que, dès le premier jour de leur règne, les Pharaons construisaient à leur cadavre futur. C'est là que Philippe II se cloîtra au milieu d'un petit peuple de moines, sans dignitaires et sans courtisans. — « La cour, — dit une Relation « italienne faite en 1577, — est aujourd'hui réduite « à très-peu de monde, car on n'y voit que ceux de « la chambre du roi ou de son conseil, parce que

« beaucoup de *cavalieri privati*, qui y étaient, ou
« pour servir le roi, ou pour solliciter des faveurs,
« trouvant que Sa Majesté vit toujours dans la re-
« traite ou à la campagne, se laissant peu voir,
« accordant rarement des audiences, donnant peu
« et tard, n'ont pas pu y rester sous le poids des
« dépenses, sans plaisir ni profit. »

Philippe II s'est fait moine dans ce couvent politique ; c'est Tibère anachorète au fond d'une Caprée mystique. Le globe du monde est sa tête de mort, les papiers d'État sont sa Bible. Jour et nuit il est là, lisant, écrivassant, compulsant, annotant les lettres et les dépêches qui lui arrivent, par milliers, des quatre points du monde. En entrant à l'Escurial, il semble avoir fait vœu de mutisme. Sa politique est toute scripturale ; il ne parle même pas à son secrétaire assis au coin de sa table : c'est par des billets qu'il communique avec lui pour les moindres ordres. Les députations qu'il reçoit ne lui arrachent pas une parole : il se penche, après leur discours, à l'oreille de son ministre, qui répond à sa place un *Veremos* invariable. « Dans le silence universel des lettres, —
« dit un historien du v° siècle, — je n'entends plus
« que le bruit de ma plume grinçant sur le par-
« chemin. » De même, dans le silence de l'Espagne terrifiée et anéantie, on n'entend plus que la plume de Philippe II criant sur le papier. — Plus il vit, plus il se resserre. Bientôt la cellule de l'Escurial lui semble trop vaste ; il passe ses dernières années en-

terré vivant dans un caveau vitré, au pied du maître-autel de l'Église. Près de cette chambre déjà mortuaire, il a fait placer son cercueil. — Il y a un tableau de Zurbaran qui représente saint Bonaventure mort, revenant la nuit dans sa cellule, finir un livre commencé. C'est l'image exacte de ce roi spectral, achevant, du fond d'un tombeau, l'œuvre funèbre de son règne.

C'est sur Philippe II que se modèlent ses trois descendants : ils prennent son attitude sinon son âme inflexible. Sa morne effigie est comme le type prescrit par les prêtres d'après lequel se façonnaient toutes les idoles de l'Égypte. Philippe III, Philippe IV, Charles II le répétèrent en l'amoindrissant. Si la race de Charles-Quint s'était perpétuée, l'Ombre de Philippe II régnerait encore à Madrid. La cour d'Espagne observait les règlements qu'il avait tracés. Ses fonctions à la fois compliquées et monotones ressemblaient aux rouages de ces horloges montées pour un an, qui reprennent le lendemain le cercle qu'elles ont parcouru la veille, marquant les mêmes chiffres, sonnant les mêmes heures, mettant en branle, suivant les saisons et les mois, les mêmes figures allégoriques et lunaires. Le roi et la reine étaient comme les jacquemarts de cette mécanique monarchique. D'un bout de l'année à l'autre, le couple royal, mû par des ressorts inflexibles, sortait, paradait, rentrait, évoluait avec une régularité machinale. » Il n'y a point de prince qui vive comme le

« roi d'Espagne, — dit un voyageur contemporain,
« parlant de Philippe IV. — Toutes ses occupations
« sont toujours les mesmes, et marchent d'un pas si
« égal, que, jour par jour, il sçait ce qu'il fera toute
« sa vie. On diroit qu'il y a quelque loi qui l'oblige
« à ne jamais manquer à ce qu'il a accoustumé.
« Ainsi, les semaines, les mois, les années, et toutes
« les parties du jour n'apportent aucun changement
« dans son train de vie, et ne lui font rien voir de
« nouveau. Car, à son lever, selon le jour qu'il est,
« il sçait quelles affaires il doit traiter, ou quels
« plaisirs il doit gouster. Il a ses heures pour l'au-
« dience étrangère et du pays, et pour signer tout
« ce qui regarde l'expédition de ses affaires, et l'em-
« ploi de ses deniers, pour ouïr messe et prendre
« ses repas. Et l'on m'a assuré que, quoi qu'il arrive,
« il demeure fixe sur cette façon d'agir. Toutes les
« années, il va au mesme temps à ses maisons de
« plaisance. On dit qu'il n'y a qu'une maladie qui le
« puisse empescher de se retirer à l'Aranjuez, au
« Prado ou à l'Escurial, aux mois qu'il a accoustumé
« de jouir de l'air de la campagne. Enfin ceux qui
« m'ont parlé de son humeur m'ont dit qu'elle
« répond à sa mine et à son port, et ceux qui l'ont
« approché assurent que, quand ils lui ont parlé,
« ils ne lui ont jamais veu changer d'assiette ny de
« posture, qu'il les recevoit, les écoutoit et leur répon-
« doit avec un mesme visage, n'ayant rien de mobile
« en tout son corps que les lèvres et la langue. »

Cette existence apathique se réflète dans les portraits de Philippe IV, peints par Vélasquez sous tous les aspects et à tous les âges. Qu'il ait vingt ans, qu'il en ait soixante, qu'il soit représenté en chasse ou en guerre, à cheval sur un champ de bataille ou à genoux dans son oratoire, c'est toujours le même masque taciturne et terne, aux lèvres pendantes, aux yeux somnolents. Ce regard, vague, dont la fixité est partout et le rayon visuel nulle part, étonnait déjà les contemporains. Comme Philippe IV était né un vendredi saint, et qu'une superstition espagnole attribuait aux personnes venues au monde ce jour-là, la faculté de voir dans chaque endroit où un meurtre avait été commis, le corps de la victime, le peuple attribuait les yeux égarés de son roi à la préoccupation d'éviter cette perpétuelle vision de cadavres. Symbole frappant et lugubre! A qui sait l'histoire de son règne, Philippe IV semble détourner les yeux pour ne pas voir le cadavre de l'Espagne gisant à ses pieds.

De grands levers tristes comme des exhumations, la messe entendue derrière un grillage, le conseil présidé en silence, le dîner public transformé en cérémonie culinaire, une promenade monotone dans de vieux carrosses aux rideaux tirés, des chasses sanglantes et liturgiques comme des hécatombes, de longs tête-à-tête avec le confesseur, des audiences où tout se passait en gestes et en pantomimes, des couchers pareils à des ensevelissements, tant on y mettait de gravité et de pompe, telles étaient les fonctions du palais royal. Un détail dira la rigueur de ce mécanisme : l'Étiquette fixait l'argent que devait coûter chaque voyage au château d'Aranjuez : c'était cent cinquante mille écus. Il était interdit de dépenser plus ou moins. Souvent Charles II restait, en plein été, à Madrid, faute de pouvoir rassembler cette somme. La moitié ou le quart aurait suffi, mais le chiffre cabalistique était inflexible. L'Étiquette réglait encore les présents des rois à leurs maîtresses, la façon dont ils devaient les disgracier ou les établir, lorsqu'elles avaient cessé de leur plaire. Le chef-d'œuvre produit par ce rituel royal fut un régicide : un jour, l'étiquette espagnole tua le roi d'Espagne. Philippe III, asphyxié par la vapeur d'un *brasero*, cria au secours ; l'officier attaché à ce meuble s'était absenté ; la cariatide du trépied avait déserté son poste. Lui seul avait le droit d'y toucher. On le chercha par tous les corridors et par toutes les chambres : lorsqu'il arriva, le roi était mort.

Quelques fêtes variaient çà et là ce cérémonial immobile. C'étaient des combats de taureaux presque aussi sanglants que les spectacles du Cirque antique, des auto-da-fé allumés aux grands jours comme des feux d'artifice humains, des processions moitié galantes et moitié mystiques où les sigisbés des filles du palais avaient la liberté de courtiser leurs maîtresses ; pendant la semaine sainte, des courses nocturnes de femmes parées cherchant leurs amants d'église en église. Les bacchanales de Madrid couraient autour du Calvaire.

Car une des bizarreries de la dévotion espagnole était de mêler l'austérité à la volupté et la licence à l'intolérance. Il y avait de l'hystérie dans son mysticisme. Elle faisait des toilettes de comédienne à ses madones plaquées de fard et pailletées de clinquant. Les entremetteuses hantaient les chapelles ; les rendez-vous se donnaient autour du bénitier : on eût dit la conque de Vénus suspendue au seuil de l'église. La *Vie de la Sainte-Vierge*, écrite par Marie d'Agreda, la grande Béate castillane du xviie siècle, fit rougir Bossuet. — C'est dans les tableaux de Murillo que se montre nue cette piété profane. Est-ce à la Reine du ciel ou à une Infante de la terre que ses Anges amoureux qui jouent de la viole, donnent leur sérénade ? Avec quelle ardeur étrange ses jeunes Saintes offrent à l'Époux le cœur qu'elles viennent d'arracher saignant et brûlant de leur poitrine entr'ouverte ! Son paradis ressemble à une Andalousie céleste : on dirait qu'on y monte par l'échelle de soie des romans. Les Vierges de ses *Conceptions* scandalisent les yeux en les ravissant. Je crois voir des Houris montant au ciel sur le croissant musulman.

Les offices du cérémonial espagnol ne s'accomplissaient pas, comme en France, avec la légèreté de l'esprit et les grâces de la politesse. Sombre d'habits et de visages, attristée par la surveillance de l'Inquisition, gouvernée dans son intérieur par de vieilles femmes intraitables, plus ponctuelles sur l'étiquette que des abbesses sur la règle, la cour de Madrid offrait l'aspect d'un clergé funèbre desservant la châsse d'un roi embaumé. Les costumes étaient d'une laideur affreuse ; un deuil éternel enténébrait le palais ; on n'abordait le roi que vêtu de noir. Les golilles qui prenaient le cou des hommes comme dans un carcan, leurs habits à longues basques, leurs chausses étroites, leurs pesants manteaux, les larges besicles prescrites par la mode déformaient la beauté et vieillissaient la jeunesse. Le costume des femmes faisait peur ; il effraya Saint-Simon lorsqu'il le vit pour la première fois, dans son ambassade. C'étaient des guimpes monastiques, des mantes qui masquaient les yeux, des corsages raides comme des armatures, des vertugadins qui imprimaient au corps les escarpements de la forteresse. Les femmes dont les maris étaient en voyage, portaient une ceinture de cuir ou de corde. Au bal même, elles ne quittaient pas leurs rosaires, dont les grains machinalement défilés marquaient la mesure des menuets. Ajoutez un silence de mort à tous ces éléments de tristesse. On comptait ses paroles, parce qu'on savait qu'elles seraient pesées. Chaque dame du palais avait son sigisbé ; mais, en dehors des jours réservés, il ne pouvait lui parler que de loin et par gestes. Aux spectacles, à la Chapelle, d'une fenêtre à l'autre, des mains levées échangeaient des signes mystérieux.

L'amour se faisait par hiéroglyphes dans la royale nécropole. On eût cru voir les Muets du sérail courtisant les femmes du sultan.

Des nains et des bouffons tâchaient de divertir cette cour funéraire, pareils aux Faunes qui bondissent autour des sarcophages de l'antiquité. « Il y a ici deux « nains, dit dans sa correspondance Mme de Villars, « — qui soutiennent toujours la conversation. » — « Nous fûmes surpris, raconte un voyageur visitant « en 1654 les jardins d'Aranjuez, — de l'imperti- « nence du bouffon de la reine, qui, avec un tuyau « de fer-blanc, s'en vint à un de nous pour lui par- « ler de près, faisant semblant d'être dur d'oreille. » Ces marottes officielles résonnaient d'ailleurs sans échos. Les bouffons entraient dans l'ordonnance du palais : on ne devait pas plus s'égayer de leurs grimaces que de celles des mascarons du portique. Un jour, la reine Marie-Anne, femme de Philippe IV, étant à dîner, se prit à rire des contorsions du Fou de service. « On l'avertit que cela n'était pas séant « à une reyne d'Espagne, et qu'il falloit être plus « sérieuse ; de quoy se trouvant surprise, étant jeune « et nouvellement arrivée d'Allemagne, elle leur dit « qu'elle ne s'en pouvoit empescher, si on ne luy « ostoit cet homme, et qu'on avoit tort de luy faire « voir si on ne vouloit qu'elle en rît [1]. »

Les princesses étrangères fiancées aux rois d'Es-

---

1. *Relation du voyage d'Espagne.*

pagne partaient avec terreur pour leur destinée. Il était dur d'échanger les splendeurs de Versailles ou les mœurs naïves de l'Allemagne contre cette majesté sépulcrale. A peine la nouvelle reine avait-elle passé la frontière, que tout changeait autour d'elle : les visages s'allongeaient, les habits s'assombrissaient ; un cortége d'enterrement l'enveloppait de ses manteaux noirs et de ses robes pailletées de jais. On eût dit le drap mortuaire jeté sur la Carmélite prononçant ses vœux. Les femmes et les officiers de sa maison étaient brusquement congédiés : l'ombrageuse Espagne la dépouillait de ses affections, comme on dépouille la novice des vêtements du monde. Elle passait entre les mains de dignitaires moroses et de mornes duègnes qui la dévisageaient d'un air scrutateur. Elle n'était plus jeune, elle n'était plus femme, elle était quelque chose de fragile et de sacré que couvaient des yeux soupçonneux. Il lui fallait quitter les fraîches parures du pays natal, et revêtir le maussade habit castillan. L'Étiquette l'attendait au seuil de la frontière, pour la charger de ses chaînes.

Les Mémoires du temps racontent les angoisses des jeunes princesses allemandes ou françaises, mariées par la politique à ces rois sévères. On les voit fondre en larmes lorsqu'elles approchent de l'Espagne. Vous diriez Proserpine se débattant entre les bras de Pluton, qui l'emporte dans son quadrige noir.

Marie-Anne d'Autriche, allant épouser Philippe IV,

passa par une ville renommée pour les bas de soie qu'on y fabriquait. Les députés de cette ville vinrent lui présenter des échantillons magnifiques de son industrie ; mais le majordome qui accompagnait la reine jeta la corbeille au visage de ceux qui l'offraient : « *Aveis de saber*, leur dit-il, *que las reynas de Espana no tienen piernas.* » C'est-à-dire : « Apprenez que les reines d'Espagne n'ont point de « jambes. » Il voulait dire par là qu'elles étaient d'un rang à ne jamais toucher terre. Mais la jeune reine prit à la lettre la métaphore du vieux courtisan. Elle s'écria en pleurant « qu'elle voulait absolument « retourner à Vienne, et que si elle eût su, avant « son départ, le dessein que l'on avait de lui couper « les jambes, elle aurait mieux aimé mourir que de « se mettre en chemin... » Arrivé à Madrid, le majordome raconta au roi cette naïveté de la reine : « il la trouva si plaisante qu'il en sourit un peu. » Ce qui fut noté par les courtisans, comme pourrait l'être un rayon de soleil par les astronomes de l'Islande. « C'était — dit Mme d'Aunoy [1] — la « chose du monde la plus extraordinaire pour lui ; « car, soit qu'il l'affectât, ou que ce fût un effet « de son tempérament, on a remarqué qu'il n'a « pas ri trois fois en toute sa vie [1]. »

La rodomontade de ce majordome caractérise l'existence bizarre à laquelle l'étiquette condamnait

---

1. *Mémoires de la cour d'Espagne*, 1692.

les reines espagnoles. Nous pouvons l'étudier, presque jour par jour, d'après sa plus aimable victime. Les mémoires du temps nous ont transmis le martyrologe de Marie-Louise d'Orléans. Le 3 novembre 1679, la fille d'Henriette d'Angleterre entra en Espagne pour épouser le roi Charles II. C'était, sous une autre forme, le supplice antique de la vivante liée à un cadavre, et jetée dans le sépulcre avec lui.

IV.

On pourrait définir d'un mot Charles II : ce fut un Louis XIII au dernier degré de la consomption et du spleen. Il naquit frappé des marques du rachitisme. Sparte aurait exposé ce maître de la moitié du monde. A cinq ans, il ne marchait encore qu'appuyé sur les épaules des *menines*. L'art des médecins galvanisa, sans l'animer, son corps avorté. Il languit, toute sa vie, entre les scrofules et la fièvre. La conformation vicieuse de mâchoire, qui caractérisait sa famille, atteignait chez lui la difformité. Ses rares portraits font frémir ; ce masque blême et hagard semble la larve d'une race épuisée. L'hébètement de son esprit répondait à l'infirmité de son corps ; une léthargie mélancolique faisait le fond de son caractère. Son ignorance était celle d'un prince musulman relégué dans un donjon des Sept-Tours.

Il ne connaissait pas ses propres États. Lorsque les Français s'emparèrent de Mons, il crut que c'était sur Guillaume III que Louis XIV avait conquis cette place forte. Les diableries de la dévotion espagnole ébranlaient encore son cerveau débile ; il se croyait possédé, et se fit exorciser plusieurs fois. La légende parle de Saints reproduisant les plaies du cruxifix sur leur chair : on peut dire que Charles II fut le Stigmatisé de l'histoire. Toutes les misères, toutes les déchéances, toutes les infirmités de l'Espagne s'incarnèrent dans le dernier descendant de Charles-Quint.

Jusqu'à son mariage, Charles II avait eu les femmes en aversion et en haine. Sa chétive enfance ayant croupi dans les gynécées, il ne connaissait d'elles que les tristes visages des duègnes et des gouvernantes. Le bruit d'une jupe le retenait dans sa chambre ou le faisait fuir par les escaliers dérobés. Quand une femme lui présentait un placet, il le prenait en tournant la tête, pour ne pas la voir. Par l'imbécillité de son esprit et par l'étiolement de son corps, ce roi malvenu semblait voué au célibat des Énervés de Jumièges. L'amour, « plus fort que la mort, » selon l'Écriture, ressuscita, pour un instant, ce cadavre. Un portrait de Marie-Louise d'Orléans fit le miracle : il aima subitement et passionnément la jeune princesse, sur la foi du peintre, et demanda sa main à Louis XIV, qui venait de signer avec l'Espagne le traité de Nimègue. Ce

n'était plus le même homme. « Il ne veut pas
« quitter ce portrait, — dit Mme d'Aunoy [1], — il le
« met toujours sur son cœur ; il luy dit des dou-
« ceurs qui étonnent tous les courtisans, car il parle
« un langage qu'il n'a jamais parlé ; sa passion
« pour la princesse luy fournit mille pensées qu'il
« ne peut confier à personne ; il luy semble que
« l'on n'entre pas assez dans ses impatiences et dans
« le désir qu'il a de la voir ; il luy écrit sans cesse,
« et il fait partir presque tous les jours des courriers
« extraordinaires pour luy porter ses lettres et luy
« rapporter de ses nouvelles. » L'amour l'avait
transfiguré : l'idiot pensait, le muet parlait, le somnambule se réveillait en sursaut. Il lui échappait des
paroles qui étaient comme des éclairs dans la nuit.
— Quelques mois avant son mariage, une courtisane
jalouse, déguisée en cavalier, assassina son amant à
la porte même du palais ; le roi la fit amener devant
lui ; il écouta son histoire ; puis, se tournant vers
ceux qui l'entouraient : « En vérité, s'écria-t-il, j'ai
« peine à croire qu'il y ait au monde un état plus
« malheureux que celui d'aimer sans être aimé. —
« Va, dit-il à la femme, tâche d'être plus sage que
« tu ne l'as été ; tu as trop d'amour pour avoir de
« la raison. »

Il était difficile, d'ailleurs, même à ce fantôme,
d'échapper aux brûlantes influences qui l'environ-

---

[1]. *Relation du Voyage d'Espagne*, 1691.

naient. En esquissant la physionomie de l'Espagne au xvii° siècle, il faut insister sur le délire érotique qui en est peut-être la plus saillante expression.

Les peuples en décadence, comme les individus en détresse, se plongent souvent pour s'étourdir dans un vertige physique ou moral. La Grèce s'enivre de sophismes et de rhétorique, Rome s'abrutit aux tueries du cirque, le Bas-Empire aux logomachies des conciles, Venise se fait courtisane et se suicide dans un carnaval. L'Espagne, plus idéale et plus fière, garda, en pleine chute, l'attitude de l'omnipotence, et, pour oublier ses misères, elle recourut aux excitations de l'amour. Ce n'était plus la chevalerie ardente et naïve du Romancero, c'était une galanterie subtile et morbide qui mêlait les ardeurs du fanatisme aux puérilités de la dévotion. On eût dit un vent africain soufflant dans les bosquets du Pays de Tendre. La femme devint une idole et presque un fétiche; elle réclama un culte bizarre, quelquefois sanglant. Il lui fallut les hyperboles de l'action et de la parole : les sacrifices humains du duel et l'encens raffiné du sigisbéisme. L'amour en Espagne prit les allures de la folie pure; la Cour était remplie de Rolands furieux et de Céladons. — Le comte de Villa Mediana, amoureux de la reine Élisabeth, femme de Philippe IV, mit le feu à un théâtre pour l'emporter dans ses bras. — Lorsqu'une dame de la cour se faisait saigner, le chirurgien trempait dans son sang un mouchoir; l'amant lui payait cette relique en vaisselle d'or et d'argent. L'usage prescrivait de ne pas donner moins de six mille pistoles.

L'étiquette admettait les extravagances érotiques. La Cour avait ses fous d'amour officiels : on les appelait *Embevecidos*, c'est-à-dire « enivrés d'amour. » Même lorsqu'ils n'étaient pas Grands d'Espagne, ils pouvaient rester couverts devant le roi et la reine ; ils étaient censés éblouis par la vue de leurs maîtresses, incapables de voir autre chose et de savoir où ils se trouvaient. Le roi leur permettait l'irrévérence, comme le sultan souffre l'insulte et l'imprécation des fakirs. Cette idolâtrie voluptueuse empruntait les rites de la religion. De ses pénitences même elle faisait des sacrifices à l'amour. Il était de mode parmi les courtisans de se flageller pendant le carême ; des maîtres de discipline leur enseignaient, comme des prévôts d'armes, l'escrime de la verge et de la lanière. Les jeunes *flagellants* couraient les rues, le soir des grands jours de la Semaine sainte. Leur costume presque asiatique ressemblait à celui des derviches-tourneurs. Ils portaient une jupe de batiste évasée en cloche ; un bonnet à pointe d'où retombait un morceau de toile masquait leur visage. C'est sous les fenêtres de leurs maîtresses qu'ils venaient faire parade de macérations ; leurs disciplines étaient nouées avec les rubans qu'elles leur avaient donnés. La grande élégance consistait à se flageller en gesticulant du poignet, et jamais du bras, de façon à ce que le sang jaillît sans maculer les habits.

La dame, prévenue d'avance, tapissait son balcon et l'illuminait aux bougies. A travers la jalousie soulevée, elle encourageait son martyr. Lorsqu'il rencontrait une femme de qualité, le *flagellant* devait se frapper de manière à lui éclabousser de sang le visage ; cette courtoisie lui valait un gracieux sourire. Quelquefois, deux chevaliers de la discipline, escortés de laquais et de pages portant des flambeaux, se rencontraient sous le balcon d'une même femme. L'instrument ascétique devenait alors une arme de duel : les champions se battaient à coups de fouets, leurs valets s'assommaient à coups de torches ; la place restait au plus fort ou au plus vaillant. Un grand repas terminait ces momeries sanglantes. « Le pénitent se met à table avec ses
« amis. Chacun luy dit à son tour que de mémoire
« d'homme on n'a pas vu prendre la discipline de
« si bonne grâce : on exagère toutes les actions
« qu'il a faites, et surtout le bonheur de la dame
« pour laquelle il a fait cette galanterie. La nuit
« entière s'écoule en ces sortes de contes, et quel-
« quefois celuy qui s'est si bien étrillé en est telle-
« ment malade, que, le jour de Pâques, il ne peut
« aller à la messe[1]. »

1. *Relation du voyage d'Espagne.*

V.

Cependant la nouvelle Reine s'acheminait vers l'Espagne comme Iphigénie vers l'autel. La fille de Madame Henriette avait le charme et la douceur de sa mère. C'était avec déchirement qu'elle quittait la France. Elle avait un instant rêvé d'épouser le Dauphin. Lorsque Louis XIV lui apprit qu'elle allait être reine d'Espagne, elle se jeta en sanglotant à ses pieds. Le roi lui dit : « Que pourrais-je faire de plus « pour ma fille ? » Elle répondit par ce mot touchant : « Vous pourriez faire quelque chose de plus pour « votre nièce. » Quelques jours avant son départ, comme le roi entrait à la Chapelle, elle tomba à ses genoux et le supplia de nouveau ; Louis XIV l'écarta rudement, et dit avec l'ironie sèche qui lui était propre : « Ce serait une belle chose que la Reine « Catholique empêchât le Roi Très-Chrétien d'aller à « la messe. » Les dernières paroles qu'il lui adressa eurent la dureté d'une menace : « Madame, — lui « dit-il en l'embrassant, — je souhaite de vous dire « adieu pour jamais ; ce serait le plus grand malheur « qui vous pût arriver que de revoir la France. » Jamais la raison d'État n'immola plus froidement une plus douce victime.

Ce fut le 3 novembre 1679 que Marie-Louise d'Orléans arriva près de Saint-Jean-de-Luz, sur le bord de la Bidassoa, ce Styx officiel qui séparait la France de l'Espagne. En entrant dans la maison de bois dorée, bâtie sur la rive, où le prince d'Harcourt devait la remettre aux mains du marquis d'Astorgas; lorsqu'il lui fallut, comme Marie Stuart, dire pour jamais adieu au *plaisant pays de France*, elle fut prise du morne effroi qui saisissait toutes les nouvelles reines au seuil de l'Espagne. Volontiers elle aurait dit à la maréchale de Clérembaut, sa dame d'honneur, ce que la Monime de Racine dit en vers délicieux à sa confidente :

> Si tu m'aimais, Phœdime, il fallait me pleurer,
> Quand d'un titre funeste on me vint honorer,
> Et lorsque, m'arrachant du doux sein de la Grèce,
> Dans ce climat barbare on traîna ta maîtresse.

« Elle avait dans ce moment là, — dit Mme d'Au-
« noy, — un air de mélancolie qui marquoit assez
« son regret d'être si proche de quitter la France...
« Hélas ! que tous ces moments étoient tristes pour
« une jeune princesse élevée dans la plus belle cour
« et la plus polie de l'univers ! Elle connoissoit, elle
« considéroit ceux qui l'avoient accompagnée; ils
« l'adoroient, si l'on peut se servir de ce terme-là;
« elle se trouva tout d'un coup avec des personnes
« qu'elle ne connoissoit point, et qui ne pouvoient
« pas lui paroître assez aimables pour prévenir
« agréablement son esprit. Elle savait si peu leur
« langue, qu'elle ne les entendoit et qu'elle ne leur

« répondoit qu'avec peine. Il faut ajouter à cela que
« la manière dont on la servoit avoit si peu de rap-
« port avec celle de France qu'elle en souffroit
« beaucoup. Tout étoit cérémonie, tout étoit con-
« trainte; dès le premier jour, les Espagnols vou-
« loient qu'elle sût et qu'elle fît ce que les Espagnols
« apprennent pendant toute leur vie. Ils n'entroient
« point dans la différence des deux nations qui sont
« si opposées en tout, et comme ils croyoient qu'il
« falloit de bonne heure mettre Sa Majesté sur le pied
« où ils vouloient la tenir toute sa vie, ils ne se relâ-
« choient sur rien, et dès ce temps-là elle éprouva
« un esclavage auquel l'humeur rigide de la Cama-
« rera-mayor ajouta beaucoup. »

Au milieu du pont, en effet, le Génie du lieu apparu sous la figure d'une vieille femme, avait pris possession de la nouvelle reine. La duchesse de Terra-Nova, sa Camarera-mayor, s'était avancée à sa rencontre, suivie des dames du palais. Elle était entrée avec elle dans un bateau à chambre vitrée. A partir de ce moment, la reine lui appartenait corps et âme.

La Camarera-mayor était la geôlière en titre des reines, l'Étiquette incarnée, ou, pour mieux dire, ossifiée; une duègne terrible, armée de toutes les rigidités de la dévotion et de la vieillesse, qui gardait à vue sa pupille couronnée, avec la grimace d'un dragon responsable couvant un trésor. Initier la nouvelle reine au cérémonial de l'Espagne, la façonnner à ses usages, la plier à ses servitudes, lui apprendre à marcher, à manger, à parler, à se mouvoir suivant une symétrie inflexible, épier ses regards, noter ses paroles, reprendre chaque mot et chaque geste s'écartant de la règle écrite, dépayser, pour tout dire, son corps et son âme, telle était cette charge redoutable et presque absolue. Elle conférait sur la reine à celle qui l'exerçait le droit de l'abbesse sur la novice. Espionne d'une nationalité aussi jalouse que l'amour, la Camarera-mayor répondait à l'Espagne de la naturalisation de sa reine.

La duchesse de Terra-Nova, de la maison de Pignatelli, était petite-fille de Fernand Cortez. « C'est une femme maigre et pâle ; elle a le visage « long et ridé, les yeux petits et rudes ; elle est la « plus fière personne du monde, et elle en a bien « l'air. Elle est froide et sérieuse, fort dangereuse « ennemie, gardant la gravité espagnole, sans faire « un pas ni une démarche qui ne soient compassés. « Elle parle peu, et dit un *Je le veux*, ou *Je ne le* « *veux pas*, à faire trembler. Don Carlos d'Aragon, « son cousin germain, fut assassiné par des bandits « qu'elle fit venir exprès de Valence, parce qu'il lui « demandait la restitution du duché de Terra-Nova, « qui lui appartenait et dont elle jouissait[1]. » — Ce caractère était celui de l'emploi ; il était au concours de l'austérité et de la vieillesse. Voici le portrait à la

---

1. *Mémoires de la cour d'Espagne.*

Riboira que fait Saint-Simon de la comtesse d'Alta-mire, Camarera-mayor d'Élisabeth Farnèse, femme de Philippe V. « Elle faisait fort assidûment sa
« charge, et fort absolument, toutefois poliment
« avec les dames, mais dont pas une n'eût osé lui
« manquer ni branler seulement devant elle. Elle
« était petite, laide, mal faite, avait environ soixante
« ans et en paraissait bien soixante et quinze, avec
« cela un air de grandeur et une gravité qui impo-
« saient. »

La reine, remise entre les mains de la duchesse de Terra-Nova, alla coucher à Irun, où le souper, préparé pour elle, lui donna l'avant-goût de la misère espagnole. « Le repas était si petit et si mal apprêté
« qu'elle en demeura dans la dernière surprise et à
« peine mangea-t-elle. » Le lendemain elle monta à cheval, flanquée de la duchesse de Terra-Nova,
« qui faisait une méchante figure sur sa mule. » Charles II la rejoignit près de Burgos, au village de Quinta-Napalla. Lorsqu'il l'aperçut, un éclair de joie fit rayonner sa triste figure. « *Mi reina! mi reina!* » balbutiait-il avec ravissement. Elle voulut plusieurs fois se jeter à ses pieds et lui baiser la main, mais il l'en empêchait toujours, et la saluait à la manière du pays en lui serrant les bras avec ses deux mains. Nul moyen d'ailleurs de s'entendre : le roi ne comprenait pas le français, la reine ne savait pas encore un mot d'espagnol. L'ambassadeur de France servait d'interprète.

Le mariage fut célébré presque incognito dans cette misérable bourgade. Le lendemain, le cortége s'achemina à petites journées vers Madrid. Après avoir entendu le *Te Deum* à Notre-Dame d'Atocha, la reine alla s'enfermer au *Buen-Retiro*.

VI.

La captivité de la jeune reine commença au Buen-Retiro, où l'étiquette la cloîtrait, avant qu'elle eût fait son entrée publique. La Camarera-mayor avait prêché le roi pendant le voyage, elle l'avait effrayé en lui montrant la reine « jeune, vive, d'un esprit « brillant, élevée dans les manières libres de la cour « de France, » et prête à briser le cérémonial, si dès les premiers jours elle n'en sentait pas la rigueur. Les automates redoutent l'imprévu : Charles II donna à la duchesse de Terra-Nova plein pouvoir pour la direction de la reine. « La duchesse de Terra-Nova, « dit Mme d'Aunoy, ayant entrepris d'ôter entièrement « à la reyne le peu de liberté qui lui restoit, et voulant « demeurer seule maîtresse des volontés de Sa Ma- « jesté, déclara, dès qu'elle fut retirée au Buen-Retiro, « que qui que ce soit ne la verroit qu'après qu'elle « auroit fait son entrée publique. C'étoit un état bien « triste et bien contraignant pour cette jeune reyne, « de se trouver ainsi éloignée tout d'un coup des « personnes qui auroient pu lui donner de la conso-

« lation, du plaisir et même des conseils utiles. Elle
« la tenoit renfermée au Retiro, sans la laisser même
« sortir de son appartement. Elle n'avoit pour tout
« régal que de longues et ennuyeuses comédies es-
« pagnoles dont elle n'entendoit presque rien, et
« sans cesse la redoutable Camarera étoit devant ses
« yeux avec un air sévère et renfrogné, qui ne rioit
« jamais et trouvoit à redire à tout. Elle étoit l'en-
« nemie déclarée des plaisirs et elle traitoit sa maî-
« tresse avec autant d'autorité qu'une gouvernante
« en a sur une petite fille[1]. »

Mme de Villars, l'ambassadrice de France, obtint enfin du roi la permission de voir la reine incognito; mais elle se heurta contre le refus de la Camarera. On l'informa que le roi avait permis cette visite; elle répondit une première fois « qu'elle ne savoit « point cela. » Mme de Villars insista; elle lui envoya un gentilhomme qui la supplia de s'en enquérir. Elle répondit « qu'elle n'en feroit rien, et « que la reyne ne verroit personne, tant qu'elle se- « roit au Retiro. » La reine ayant voulu parler à la marquise de los Balbasès, qu'elle rencontra dans un appartement du palais, « la Camarera la prit par le « bras et la fit rentrer dans sa chambre. » — Cette pédagogie impérieuse s'étendait jusqu'à la toilette: aux griffes de la mégère s'ajoutait la main de la maritorne. Un jour, la duchesse, voyant quelques che-

---

1. *Mémoires sur la cour d'Espagne.*

veux dérangés sur le front de la reine, cracha dans ses mains pour les unir. « Sur quoy la reyne lui « arrêta le bras, disant d'un air de souveraine que « la meilleure essence n'étoit pas trop bonne, et « prenant son mouchoir, elle se frotta longtemps les « cheveux à l'endroit où cette vieille les avoit si « malproprement mouillés[1]. »

La reine sortit, après son entrée, de la claustration du Buen-Retiro, mais ce fut pour passer dans ce que Mme de Villars appelle « la vie affreuse du Palais. » Les livres ascétiques, décrivant l'Enfer, parlent d'une horloge de bronze dressée sur l'abîme : le balancier pend immobile dans le vide du temps supprimé, et les aiguilles marquent éternellement ces deux mots: *Toujours!* — *Jamais!* — Les journées de la cour d'Espagne auraient pu être marquées par cette horloge infernale : il y avait de l'éternité dans leur longueur et de la fatalité dans leur règlement. Le cérémonial supprimait la volonté et le libre arbitre : il agissait comme une mécanique qui fait passer par tous ses rouages l'être ou l'objet mis à sa portée, sans plus s'inquiéter des convulsions de l'homme que de l'inertie de la chose. D'après l'étiquette, les reines d'Espagne devaient se coucher à dix heures l'été, et, l'hiver, à huit heures et demie. Marie-Louise, dans les premiers temps, oubliait parfois ce chiffre invariable : il lui arrivait de souper

---

[1]. *Relation du voyage d'Espagne.*

encore lorsque sonnait le couvre-feu royal. Alors ses femmes, sans lui rien dire, commençaient à la décoiffer; d'autres la déchaussaient par dessous la table. En quelques minutes, elle était déshabillée, dépeignée, portée dans son lit. On la couchait *le morceau au bec*, dit, dans une lettre, Mme de Villars.

L'étiquette pénétrait jusque dans l'alcôve; l'amour conjugal avait sa consigne et son uniforme. Lorsque le roi venait la nuit chez la reine, il devait mettre ses souliers en pantoufles, porter un manteau noir sur l'épaule, tenir d'une main son épée, de l'autre une lanterne sourde, avoir son broquel passé dans le bras droit, et, dans le bras gauche, une bouteille attachée avec des cordons. Cette bouteille, de forme équivoque, était du genre de celle que le médecin de Gérard Dow examine, d'un air si soucieux, dans son tableau de la *Femme hydropique*. — On ne peut s'empêcher d'imaginer la figure que devait faire Charles II, avec sa face de spectre, sous cet attirail moitié solennel et moitié bouffon! Qu'on se représente la Statue du Commandeur affublée de l'attribut d'un manneken-piss.

L'amour même du roi ne faisait qu'aggraver l'ennui de la reine; il avait la taciturnité d'une idée fixe et la tristesse d'une monomanie. « Le roi ne voudrait « jamais perdre la reine de vue, — dit Mme de Villars « avec sa fine ironie de cour, — cela est très-obli- « geant. » Trois ou quatre heures par jour, il jouait avec elle aux jonchets, « un jeu où l'on peut perdre

« une pistole avec un malheur extraordinaire. » Pour la distraire, il la menait encore visiter les couvents de Madrid : ce n'était guère que changer de cloître. Les lettres et les mémoires nous décrivent ces mornes visites : le roi et la reine, assis chacun dans un grand fauteuil ; les religieuses et les *Menines* accroupies au bas ; les dames venant processionnellement leur baiser la main, comme une relique exposée pour un jour dans le monastère ; une collation servie par des naines vêtues de brocard, aux cheveux pendants... On voit d'ici le tableau qu'en aurait fait Velasquez.

Deux grandes fêtes célébrèrent le mariage royal : un combat de taureaux et un auto-da-fé. A cette princesse, nourrie dans les élégances de Versailles, l'Espagne offrait, pour présent de noce, une boucherie et un supplice, des bourreaux et des gladiateurs. La tauromachie fut splendide ; six Grands ou fils de Grands y *tauricidèrent*, comme dit Mme de Villars, qui faillit s'évanouir en y assistant. « C'est
« une terrible beauté que cette fête, écrit-elle à
« Mme de Coulanges ; si j'étais roi d'Espagne, jamais
« on n'en reverrait. »

Trois mois après eut lieu l'auto-da-fé solennel qui, à l'avénement et au mariage des rois d'Espagne, remplaçait les feux d'artifice. Ce fut sans doute la plus cruelle initiation de la jeune reine aux mystères de l'étiquette espagnole. L'Inquisition semblait éprouver les souverains en leur imposant ses spectacles ; elle les sacrait avec le charbon ardent d'Isaïe. Avant de monter au trône, ils devaient passer par ses flammes : c'était le baptême de feu de leur royauté.

Un vaste échafaud, dominé par la chaire du Grand-Inquisiteur, avait été dressé sur la *Plaza Mayor*. A sept heures du matin, le roi, la reine, les grands, les ambassadeurs, les dames de la cour, parés comme pour une fête, prirent place aux balcons qui donnaient sur ce théâtre tragique. A huit heures, la procession commença. Cent charbonniers, armés de piques, marchaient en tête : c'était le privilége de ces fournisseurs du bûcher. Ensuite venaient les Dominicains précédés d'une croix verte drapée d'un crêpe ; le duc de Medina-Cœli, porte-étendard héréditaire de l'Inquisition, les Familiers du Saint-Office en manteaux rayés de croix noires, et trente hommes portant des effigies de carton, dont les unes représentaient les condamnés fugitifs, les autres ceux qui étaient morts en prison. Les ossements de ces réfractaires du supplice étaient traînés dans des cercueils semés de flammes peintes. On vit s'avancer ensuite, à la file, douze patients, la corde au cou et la torche au poing; leurs bonnets de carton étaient coloriés de peintures grotesques. L'Inquisition caricaturait ses victimes ; elle les habillait en mannequins avant de les jeter dans ses feux de joie. Cinquante autres suivaient, couverts du san-benito jaune à croix rouge. C'étaient les Juifs qui, pris pour la première fois,

n'étaient passibles que du fouet et de l'oubliette.
Enfin parurent les *morituri* de la fête, vingt Juifs et
Juives condamnés au feu. Ils marchaient enveloppés de leur damnation et de leur supplice. Leurs
san-bénitos et leurs bonnets flamboyaient. Ceux qui,
s'étant repentis, avaient obtenu d'être étranglés
avant le bûcher, portaient des flammes renversées ;
mais les flammes de ceux qu'on devait brûler vifs
étaient droites, et des diables grimpants sur leurs
robes les déchiraient en peinture. Les plus obstinés
étaient bâillonnés.

La troupe funèbre, traînée par des cordes, défila
sous le balcon royal, comme les gladiateurs devant
la loge de César. « On persécutoit ces pauures mal« heureux si proche du roi, dit M™ᵉ d'Aunoy, qu'il
« entendoit leurs plaintes et leurs gémissements,
« car l'échafaud où ils étoient touchait à son balcon.
« Des religieux habiles ou ignorants disputoient avec
« véhémence pour les convaincre des vérités de notre
« religion. Il se trouva des Juifs, forts savants dans
« la leur, qui répondoient de sang-froid des choses
« surprenantes. » La messe des Morts fut célébrée :
à l'Évangile, le prêtre quitta l'autel, et le roi d'Espagne, debout et tête nue, vint prêter serment au
Saint-Office entre les mains du Grand-Inquisiteur.
A midi, la lecture des arrêts et des condamnations
commença, interrompue par les cris et les supplications des patients. Parmi les condamnés au feu était
une jeune fille de dix-sept ans, « d'une beauté

« merveilleuse. » L'enfant ne voulait pas mourir ; elle se débattait comme si elle eût déjà senti la morsure des flammes, et, se tournant vers la reine, elle demandait grâce : « Grande reyne, lui disait-« elle, votre présence royale n'apportera-t-elle point « quelque changement à mon malheur? Considérez « ma jeunesse, et qu'il s'agit d'une religion que j'ai « sucée avec le lait de ma mère. » « La reyne dé-« tournoit ses yeux et témoignoit en avoir grande « pitié; mais elle n'osa jamais parler de la sauver [1]. » Il fallait qu'elle fût déjà bien asservie par la peur, pour contenir l'amère pitié qui gonflait son cœur. Qui sait? peut-être, une de ses larmes eût éteint l'horrible brasier.

La lecture des sentences dura jusqu'à neuf heures; la messe interrompue fut reprise : alors il fut permis au roi et à la reine de se retirer. Mais la Cour et le peuple accompagnèrent les patients liés sur des ânes, hors de la porte Fuencaral, où se dressait le bûcher. Cette vieille Espagne était bronzée aux feux de l'Inquisition. Un hidalgo de bonne race ne s'émouvait guère plus d'un juif en chemise souffrée grillant sur la braise, qu'un patricien romain des chrétiens enduits de cire qu'allumait Néron. Dans la Sicile espagnole, les dames, pendant les auto-da-fé, prenaient des sorbets que les moines leur faisaient passer, comme les touristes boivent du lacryma-

---

1. *Mémoires de la cour d'Espagne.*

christi dans la *trattoria* de l'ermite, en regardant fumer le Vésuve.

L'exécution fut horrible. « La fermeté avec laquelle
« les condamnés allèrent au supplice a quelque
« chose de fort extraordinaire, — dit Mme d'Au-
« noy. Il y en eut plusieurs qui se jetèrent
« d'eux-mêmes dans le feu, et d'autres qui faisoient
« brûler leurs mains, et puis leurs pieds, les avan-
« çant sur les flammes, et les y tenant avec une
« tranquillité qui faisoit regretter que des âmes si
« fermes n'eussent pas été éclairées des lumières de
« la foi. Je n'y allai point; car, sans compter que ce
« fut à minuit, j'étois si saisie de les avoir vus le
« jour que je m'en trouvai mal. » — Mme de Villars
ne fut pas plus forte ; c'est avec une pitié mêlée de
dégoût qu'elle raconte à Mme de Coulanges l'horrible
journée. La douceur française protestait contre ces
férocités africaines. On croit voir deux femmes de
la Gaule sortant indignées d'un cirque romain, au
moment où le gladiateur tombe, et où les Vestales
lui *montrent le pouce.* « Je n'ai pas eu le courage
« d'assister à cette horrible exécution des juifs. Ce
« fut un affreux spectacle, selon ce que j'ai entendu
« dire ; mais, pour la semaine du jugement, il fallut
« bien y être, à moins de bonnes attestations des
« médecins d'être à l'extrémité, car autrement on
« eût passé pour hérétique. On trouva même très-
« mauvais que je ne parusse pas me divertir tout à
« fait de ce qui s'y passoit. Mais ce qu'on a vu exer-

« cer de cruautés à la mort de ces misérables, c'est
« ce qu'on ne peut vous décrire[1]. »

VII.

Cependant, la solitude se resserrait autour de la reine. On avait renvoyé presque toutes ses femmes ; deux seulement étaient restées : sa nourrice et une femme de chambre. Mais la Camarera-mayor leur fit la vie si sévère, le roi qui haïssait tout ce qui tenait à la France, leur jetait en passant de si noirs regards, qu'elles demandèrent leur congé. Son isolement dans le cloître espagnol fut alors complet. Il n'y avait guère que Mme de Villars qui pût la voir quelquefois. Ces rares visites, surveillées comme celles d'une étrangère dans le parloir d'un couvent, n'en étaient pas moins bien venues. Par la porte qu'elle entr'ouvrait, un souffle, une parole de la France pénétrait parfois. Un jour, Mme de Villars lui montrait une lettre où Mme de Sévigné parlait d'elle, et la captive, à travers ses grilles, respirait mélancoliquement cette fleur de Versailles. « J'ai fait lire à
« la reine l'endroit où madame de Sévigné parle
« d'elle et de ses jolis pieds qui la faisoient si bien
« danser, et marcher de si bonne grâce. Cela lui a
« fait beaucoup de plaisir. Ensuite elle a pensé que

[1]. *Lettres de Madame de Villars.*

15.

« ses jolis pieds, pour toute fonction, ne vont pré-
« sentement qu'à faire quelques tours de chambre,
« et, à huit heures et demie, tous les soirs, à la
« conduire dans son lit. » — Pour se désennuyer, la
Rosine couronnée chantait comme l'oiseau en cage.
« Elle fait des opéras, elle joue à merveille du
« clavecin, assez bien de la guitare; en moins de
« rien elle a appris à jouer de la harpe. Elle ne
« prend pas beaucoup de consolation dans les livres
« de dévotion. Cela n'est point extraordinaire à son
« âge. Je dis souvent que je voudrais bien qu'elle
« fût grosse et qu'elle eût un enfant[1]. » — S'il faut
le dire, la pauvre reine se consolait encore par la
gourmandise. Elle mangeait beaucoup et souvent,
avec le plaisir animal qu'apportent à leurs repas les
créatures solitaires. Aussi prenait-elle un embonpoint
turc, l'embonpoint d'une sultane enfermée dans les
salles basses d'un harem. « La reine d'Espagne, —
« écrit Mme de Villars, — est engraissée au point
« que, pour peu qu'elle augmente, son visage sera
« rond. Sa gorge, au pied de la lettre, est déjà trop
« grosse, quoiqu'elle soit une des plus belles que
« j'aie jamais vues. Elle dort à l'ordinaire dix à douze
« heures; elle mange quatre fois le jour de la
« viande; il est vrai que son déjeuner et sa collation
« sont ses meilleurs repas. Il y a toujours à sa colla-
« tion un chapon bouilli sur un potage, et un chapon

---

1. *Lettres de Madame de Villars.*

« rôti. » Cet appétit venu de Versailles étonnait fort dans ce pays de frugalité presque arabe, où le duc d'Albuquerque, par exemple, avec ses deux mille cinq cent douzaines de plats d'or et d'argent, dînait d'un œuf et d'un pigeon. Il aurait charmé Louis XIV qui, selon Saint-Simon, s'amusait tant à voir manger les dames, « et manger à crever » dans les carrosses qui les menaient à Marly. Mais Charles II, à table devant sa femme, la regardait avec la stupeur d'un spectre dînant avec une vivante. — « Le roi, dit Mme de Vil-
« lars, regarde manger la reine et trouve qu'elle
« mange beaucoup. »

Nous avons aussi un récit touchant de la visite que Mme d'Aunoy lui fit à la même époque. Elle la trouva assise sur un carreau, dans un cabinet à miroirs, comme une idole dans sa niche. Elle portait un habit de velours rose brodé d'argent, et de lourds pendants d'oreille qui lui tombaient aux épaules. Elle travaillait à un ouvrage de lassis d'or mêlé de soie bleue. « La reyne me parla en françois, affectant
« de se servir de la langue espagnole devant la
« Camarera-mayor. Elle m'ordonna de lui envoyer
« toutes les lettres que je recevrois de France où il
« y auroit des nouvelles, et, sur ce que je lui dis que
« les nouvelles que l'on m'écrivoit n'étoient pas
« dignes de l'attention d'une si grande reyne : —
« Ah! mon Dieu! » reprit-elle en levant les yeux
« d'un air charmant, « je ne regarderai jamais avec
« indifférence tout ce qui peut venir d'un pays qui

« m'est si cher. » Puis elle me dit en français assez
« bas : « J'aurais mieux aimé vous voir habillée à la
« mode de France qu'à celle d'Espagne. — Madame,
« lui dis-je, c'est un sacrifice que j'ai fait au res-
« pect que j'ai pour Votre Majesté. — Dites plutôt,
« continua-t-elle en souriant, que la rigidité de la
« duchesse vous a effrayée [1]. »

Car il fallait veiller sur soi dans ce palais rempli
d'échos et de piéges. On parlait bas dans cette
chambre de la royauté moribonde : le moindre bruit
la réveillait en sursaut. Partout des yeux embus-
qués, des oreilles tendues, des langues perfides qui
grossissaient les paroles. — Un jour, la reine fit venir
au palais un prêtre chaldéen de la ville de Muzal,
l'ancienne Ninive. Elle l'interrogea sur son pays par
l'entremise d'un interprète, et, entre autres questions, elle lui demanda « si les femmes étaient aussi
sévèrement gardées à Muzal qu'à Madrid. » La Camarera-mayor fit un crime de cette douce malice ; elle
courut la rapporter au roi, qui se fâcha et qui s'assombrit. Cela fit entre lui et la reine un nuage de
disgrâce qui mit quelques jours à se dissiper.

Une autre fois, pendant la nuit, la reine entendit
sortir de sa chambre une petite épagneule qu'elle
aimait beaucoup. « Inquiète de ce qu'elle ne revenait
« point, elle se leva pour la chercher à tâtons. Le
« roi ne trouvant plus la reine, se lève à son tour

---

[1]. *Mémoires de la cour d'Espagne.*

« pour la chercher. Les voilà au milieu de la
« chambre, sans lumière, allant d'un côté, allant
« de l'autre, et heurtant contre tout ce qu'ils trou-
« voient. Enfin, le roi impatient demanda à la reyne
« pourquoi elle s'étoit levée. La reyne répondit que
« c'étoit pour chercher son épagneule. — Comment,
« dit-il, pour une mirérable petite chienne, le roi
« et la reyne se lèvent! — Dans sa colère, il donna un
« coup de pied à la petite bête qui était venue entre
« ses jambes, et il pensa la tuer. Aux cris qu'elle
« faisoit, la reyne, qui l'aimoit, ne put s'empêcher
« de la plaindre tout doucement, et elle revint se
« mettre au lit bien triste [1]. » — Le lendemain, le roi
se leva soucieux et maussade. Il partit pour la chasse
sans dire un mot à la reine. Vers le soir, comme la
jeune femme, impatiente de rentrer en grâce, s'ap-
puyait contre une croisée pour le voir venir de plus
loin, la Camarera la reprit d'un ton sévère et lui
dit « qu'il ne fallait pas qu'une reine d'Espagne
« regardât par la fenêtre. »

Il ne fallait pas non plus qu'on la touchât, sous
peine de la vie. L'impérieuse devise : *Ne touchez
pas à la reine!* n'était pas une vaine formule. La
reine, en Espagne, était littéralement impalpable :
on ne l'effleurait, comme les ciboires, qu'avec des
mains consacrées. — « Si la Reyne, en marchant
« venoit à tomber, — dit Mme d'Aunoy, — et qu'elle

---

[1]. *Mémoires de la cour d'Espagne.*

« n'eût pas ses dames auprès d'elle pour la relever,
« quand il y auroit cent gentilshommes, elle pren-
« droit la peine de se relever toute seule, ou de
« rester par terre tout le jour, plutôt qu'on osât la
« relever. » Une première fois elle faillit se tuer à
un rendez-vous de chasse. L'étiquette voulait qu'elle
se jetât à cheval de la portière du carrosse. L'animal
se retira au moment où elle s'élançait, et elle tomba
fort rudement à terre. — « Quand le roi s'y trouve,
« il lui aide, mais aucun autre n'ose approcher des
« reynes d'Espagne, pour les toucher et les mettre à
« cheval. On aime mieux qu'elles exposent leur vie
« et qu'elles courent risque de se blesser. » — Un
autre jour, Marie-Louise montait pour la première
fois un cheval andalous, dans la cour du Palais. La
bête s'étant cabrée, la reine tomba et son pied resta
pris dans un étrier : le cheval l'entraînait, il allait
lui briser la tête contre les dalles. — « Le roi qui la
« voyoit de son balcon, se désespéroit, et la cour étoit
« remplie de personnes de qualité et de gardes; mais
« l'on n'osoit se hasarder d'aller secourir la reyne,
« parce qu'il n'est point permis à un homme de la
« toucher, et *principalement au pied*, à moins que ce
« ne soit le premier de ses *Menins* qui lui met ses
« chapins. Ce sont des espèces de sandales où les
« dames font entrer leur soulier, et cela les hausse
« beaucoup. La reine s'appuie aussi sur ses menins,
« quand elle se promène; mais ce sont des enfants
« qui étaient trop petits pour la tirer du péril où elle

« étoit. » — Enfin, deux gentilshommes, don Luis de Las-Torres, et don Jaime de Soto-Mayor se jetèrent bravement dans ce cirque de l'étiquette. L'un saisit la bride du cheval, l'autre prit le pied de la reine et le dégagea de l'étrier. — « Sans s'arrêter un moment,
« ils sortirent, coururent chez eux et firent vite seller
« des chevaux pour se dérober à la colère du roi.
« Le jeune comte de Peneranda, qui était leur ami,
« s'approcha de la reyne, et lui dit respectueuse-
« ment que ceux qui avoient été assez heureux pour
« lui sauver la vie avoient tout à craindre si elle
« n'avoit la bonté de parler au roi en leur faveur.
« Le roi, qui était promptement descendu pour voir
« en quel état elle étoit, témoigna une joie extrême
« qu'elle ne fût pas blessée, et il reçut très-bien
« la prière qu'on lui fit pour ces généreux cou-
« pables[1]. » — Ainsi : « Ne touchez pas à la reine ! » avait en Espagne l'écho d'un échafaud : « Ne touchez pas à la hache ! »

VIII.

Cependant, la Camarera-mayor était devenue insuportable à la reine. En lisant les Mémoires de Mme d'Aunoy, on croit parfois relire un de ses Contes bleus. C'est ainsi que les méchantes fées maltraitent

---

[1]. *Mémoires de la cour d'Espagne.*

les princesses enfermées dans des tours de verre. — Marie-Louise avait rapporté de France deux petits perroquets qui ne savaient parler que français, ce qui les avait fait prendre en haine par le roi. La Camarera pour faire sa cour, tordit le cou à ces Vert-Vert du cloître royal. La reine se contint en apprenant cette exécution ; mais, lorsque la duchesse, entrant dans sa chambre, vint lui baiser la main, selon sa coutume, elle lui donna, sans mot dire, deux violents soufflets. On imagine la rage de cette superbe douairière, qui avait des États en Espagne et un royaume au Mexique. C'était presque un outrage d'égal à égal, un crime de lèse-majesté commis par une reine. Elle convoqua le ban et l'arrière-ban de sa parenté et vint, traînant à ses jupes quatre cents dames du plus haut parage, demander au roi justice de l'affront qu'elle avait reçu. Charles II s'émut d'abord, et, prenant sa mine la plus sombre, il vint gronder la coupable. Mais au premier mot, la reine l'interrompit en disant : *Senor, esto es un antojo.* — « Sire, c'est une envie de femme grosse. » A cette parole, la colère du roi se changea en jubilation ; car il désirait un fils avec l'impatience d'un sultan des *Mille et une Nuits*. Il approuva les soufflets donnés par la reine, les déclara de bonne prise, et dit « que si deux ne suffisaient pas pour la satis-
« faire, il consentait qu'elle en donnât encore deux
« douzaines à la duchesse. » La duègne eut beau se rebiffer et se plaindre, elle ne reçut que cette ré-

ponse : *Cailla os, estas bofetadas son hijos del antojo.*
— « Taisez-vous, ces soufflets sont les fruits d'une
« femme grosse. » Or, les *envies* de la grossesse
avaient force de loi en Espagne. Lorsqu'une femme
enceinte, fût-ce une paysanne, désirait voir le roi,
il se mettait au balcon pour la satisfaire.

La tyrannie domestique de la Camarera devint si
intolérable, que la reine, poussée à bout, demanda
au roi son renvoi. C'était lui demander une chose
sans exemple. Jamais une reine d'Espagne n'avait
changé de Camarera-mayor. La charge était inamovible ; elle avait le caractère d'un sacrement officiel. Marie-Louise obtint enfin le renvoi de la terrible duchesse. Elle s'en alla comme elle était venue,
raide, altière, inflexible. Le congé qu'elle prit de la
reine fut celui d'une prêtresse quittant une idole
infidèle à son propre culte. — « Son visage était
« plus pâle qu'à l'ordinaire et ses yeux plus étince-
« lants. Elle s'approcha de la reyne et lui dit, sans
« témoigner le moindre chagrin, qu'elle étoit fâchée
« de ne l'avoir pas aussi bien servie qu'elle l'auroit
« souhaité. La reyne, dont la bonté était extrême,
« ne put s'empêcher de paroître touchée et de s'at-
« tendrir, et, comme elle lui disoit quelques paroles
« obligeantes pour la consoler, elle l'interrompit
« pour lui dire d'un air plein de fierté qu'une
« reine d'Espagne ne devoit pas pleurer pour si peu
« de chose ; que la Camarera qui alloit entrer à sa
« place s'acquitteroit mieux de son devoir, et,

« sans parler davantage, elle prit la main de la reyne
« qu'elle fit semblant de baiser, et se retira. » Mais,
en sortant de la chambre, sa fureur rentrée éclata :
elle prit un éventail de Chine posé sur une table, le
cassa en deux, le jeta à terre et se mit à trépigner
dessus avec rage. L'imagination achève cette sortie :
elle la voit partir dans le carrosse chimérique des
Fées malfaisantes, fouettant à tour de bras ses dragons volants, et jetant sur le Palais des gestes de
maléfice.

La duchesse de Terra-Nova revint, pourtant,
quelques mois après, remercier la reine d'une viceroyauté donnée à son gendre. L'entrevue fut à peindre ; mais, pour en saisir l'aspect pittoresque, il faut
se représenter la duchesse d'Albuquerque, la Camarera-mayor qui lui avait succédé. C'était une femme
de cinquante ans, plus douce d'humeur, mais aussi
rebarbative de visage, « coiffée d'un petit bandeau
« de taffetas noir qui lui descendoit aussi bas que
« les sourcils, et qui lui serroit si fort le front qu'elle
« en avoit les yeux enflés. » — La duchesse de Terra-
« Nova étant entrée dans la chambre de la reine,
« parut d'abord un peu embarrassée ; elle s'excusa
« de n'être point venue au Palais sur une longue
« suite d'incommodités, et elle ajouta : — J'avoue à
« Votre Majesté, que je ne croyois pas pouvoir vivre
« après le malheur d'être séparée d'elle. — La reine
« lui dit qu'elle s'étoit informée de l'état de sa santé,
« qu'il ne falloit point parler de ce qui l'avoit chagri-

« née, et en effet, elle passa à un autre discours.
« La duchesse de Terra-Nova regardoit de temps en
« temps la duchesse d'Albuquerque, comme si elle
« eût voulu la dévorer, et la duchesse d'Albu-
« querque, qui n'avoit les yeux ni guère plus beaux
« ni guère plus doux qu'elle, la regardoit aussi de
« travers, et elles se disoient de moment en moment
« quelques paroles un peu aigres[1]. » —Quelle scène
pour Goya, le grand caricaturiste de la cour d'Espagne, s'il en avait été le témoin ! Une guivre et une
tarasque se disputant un poste héraldique !

IX.

Le départ de la duchesse de Terra-Nova éclaircit
un peu la sombre tristesse du Palais. Le règlement
s'adoucit, le cilice de l'étiquette se relâcha de quelques crans autour de la reine. Il lui fut permis de ne
se coucher qu'à dix heures et demie et de regarder
à la fenêtre. Mme de Villars célèbre ironiquement ces
conquêtes. — « On se trouve toujours bien du chan-
« gement de la Camarera-mayor. L'air du palais en
« est tout différent. Nous regardons présentement la
« reine et moi, tant que nous voulons, par une
« fenêtre qui n'a de vue que sur un grand jardin
« d'un couvent de religieuses qu'on appelle l'*Incar-*

---

1. *Mémoires de la cour d'Espagne.*

« *nation,* et qui est attaché au palais. Vous aurez
« peine à imaginer qu'une jeune princesse née en
« France et élevée au Palais-Royal puisse compter
« cela pour un plaisir ; je fais ce que je puis pour
« le lui faire valoir plus que je ne le compte moi-
« même. » — Mais si la contrainte devint moins
lourde, l'ennui pesait toujours du même poids, cet
ennui opaque, étouffant, comme l'atmosphère des
lieux renfermés, que Mme de Villars fait palper, pour
ainsi dire, dans une de ses lettres. — « L'ennui du
« palais est affreux, et je dis quelquefois à la reine,
« quand j'entre dans sa chambre, qu'il me semble
« qu'on le sent, qu'on le voit, qu'on le touche, tant
« il est répandu épais. Cependant, je n'oublie rien
« pour faire en sorte de lui persuader qu'il faut s'y
« accoutumer, et tâcher de le moins sentir qu'elle
« pourra. »

Marie-Louise avait d'ailleurs à lutter encore contre
une ennemie intime, dont la haine masquée de
sourires ne travaillait que dans l'ombre. La reine-
mère, Marie-Anne d'Autriche, veuve de Philippe IV,
était de la race de ces princesses autrichiennes bi-
gotes et violentes, bornées et méchantes qui ont
tant de fois désolé l'Europe. Régente pendant la mi-
norité de Charles II, elle fit d'abord gouverner l'Espagne par son confesseur le père Nithard, un jésuite
imbécile, — *rara avis in terris!* — puis par Valen-
zuela, une espèce de Gil-Blas transi qui était à la fois
son espion familier et son amant platonique. Don

Juan, bâtard reconnu de Philippe IV, se mit à la tête de la Grandesse, et renversa ces frêles favoris. Il tira Charles II du gynécée où il végétait, et le hissa sur le trône. Ce fut la répétition exacte de la tragi-comédie montée par Luynes et jouée par Louis XIII, contre la régente et le Concini. Comme Marie de Médicis à Blois, Marie-Anne d'Autriche fut exilée à Tolède ; et Charles II, poussé par don Juan, inaugura son simulacre de règne. La reine mère, dévouée à l'Autriche, avait voulu marier son fils à l'une des filles de l'Empereur. Don Juan brisa cette alliance et fit épouser au roi Marie-Louise. Il mourut pendant les négociations du mariage. Quelques jours après sa mort, la reine mère était rappelée de l'exil, mais trop tard pour défaire le mariage déjà célébré. De là sa haine sourde contre la princesse, qui venait d'avance marquer la place de la France sur le trône d'Espagne, et les noires intrigues dont elle l'entoura.

On les devine dans l'histoire, sans trop les saisir. Ces camarillas d'anciennes cours plongent dans les sapes et dans les ténèbres. Il y a là des êtres occultes qui creusent, minent, complotent, machinent, font éclater souvent de grands événements, et dont on ne distingue pas les visages. Confesseurs inconnus, secrétaires intimes, scribes obscurs, camériers secrets, favoris *in petto*, ministres *in partibus*, valets familiers. Ces conseillers de nuit s'effacent, le jour, devant les personnages officiels. On les voit rarement, on connaît à peine le son de leurs voix. En prêtant l'oreille à leurs conciliabules clandestins, vous n'entendriez qu'un vague chuchotement, pareil à celui qui souffle, dans une église, à travers les grilles des confessionnaux. Souvent la politique d'un royaume est changée de fond en comble, et en quelques heures, par ces gnomes de ruelles et de cabinets. Les ministres voient, le matin, leurs trames défaites, leurs plans retournés ; comme ces laboureurs des légendes, qui, arrivant à l'aube, trouvent leurs champs bouleversés par des Esprits invisibles. Qui soupçonner, et qui craindre ? Peut-être ce moine qui passe en marmottant son bréviaire... Peut-être cette duègne obscure qui rase les couloirs en regagnant une chambre secrète... *Ad augusta per angusta.*

X.

Après quelques jours de réveil, Charles II était retombé dans sa léthargie. La pâle lune de miel qui avait un instant ranimé sa morne personne, ne dura guère plus qu'un feu follet courant sur une ruine. Le comte de Rebenac, qui venait de succéder au marquis de Villars dans l'ambassade de Madrid, dévoile à son maître les mystères de la couche royale, avec la hardiesse d'un diplomate traitant un cas de médecine politique. Il la représente hantée par une Ombre, et déclare à Louis XIV que le roi d'Espagne n'aura jamais d'enfants. Dès les premières années de son mariage, l'Europe l'avait *condamné* : il était clair que la race de Charles-Quint s'éteindrait en lui. Les ambitions se déclarèrent, les prétendants apparurent; il se fit bientôt autour de l'Espagne le bruit d'une troupe d'héritiers envahissant la maison d'un riche moribond. Cette stérilité désolait le triste monarque; il la ressentait à la fois comme une honte et comme un remords; elle livrait à l'étranger son pays; ce grand empire dépérissait de sa faiblesse; il allait peut-être mourir de sa mort.

On ne peut refuser à Charles II le sentiment de sa race : il était Castillan dans toute la superbe du mot, méprisant les autres nations, portant haut son sceptre de roseau et sa couronne ébréchée, régnant sur le néant, comme s'il avait trôné dans la gloire. Combinaison étrange! la fierté du maître du monde mêlée à l'imbécillité d'un Roi Fainéant, l'orgueil d'un Dieu logé dans une larve. L'idée de léguer son royaume aux *gavachos*, comme il appelait tous les étrangers, lui était odieuse. Il tomba bientôt dans la mélancolie la plus noire. La chasse devint son plaisir unique; il l'aimait en ascète plutôt qu'en veneur, pour s'isoler du monde et s'enfoncer au désert. « Le roi, — dit Mme d'Aunoy, — ne menoit ordinaire« ment dans toutes ses chasses que le premier écuyer « et le grand-veneur. Il aimoit à se trouver seul dans « ces vastes solitudes, et quelquefois il se faisoit « chercher longtemps. » Ces solitudes étaient celles qui environnent l'Escurial, paysage affreux d'Arabie

Pétrée. La terre brûlée vive y étale à nu son squelette : des montagnes décharnées, des rochers gris, des ravins pierreux. Au centre de ce chaos aride, le cloître de Philippe II se dresse comme le sépulcre blanchi de la Bible : les oiseaux se taisent en le traversant. Il aurait effrayé les Stylites et les Silentiaires de la Thébaïde. — Ce fut de là que Charles II envoya un jour à la reine, dans un petit coffre de filigrane d'or, avec un chapelet en bois de calambour, ce billet qui tient dans un vers de *Ruy Blas* : « Madame, il fait grand vent, et j'ai tué six « loups. »

Spolié par la France, il l'avait toujours exécrée; cette haine s'exaspéra lorsque Louis XIV prétendit à sa succession : elle avait les crises d'une monomanie. Un mendiant français s'étant approché du carrosse de la reine pour demander l'aumône, le roi faillit le faire tuer sur la place. Une autre fois, deux gentilshommes hollandais, vêtus à la française, s'étant rangés respectueusement devant le carrosse royal, il leur fut signifié, de la part du roi, « qu'il « ne leur arrivât plus à l'avenir, quand ils rencon- « treraient Leurs Majestés, de se ranger du côté « de la reine et de la saluer. » Les bêtes mêmes n'étaient pas exceptées de cette gallophobie frénétique. La reine n'osait caresser ses chiens devant lui : « car il ne pouvoit souffrir ces petits animaux, « parce qu'ils venoient de France ; et lorsqu'il les « voyoit, il disoit : *Fuera, fuera, perros frances!*

« Ce qui veut dire : Dehors, dehors, chiens fran-
« çais[1]. »

Les années passaient, et la reine ne devenait pas mère. Ni les vœux, ni les pèlerinages, ni les présents offerts aux Madones n'opéraient le miracle : le chagrin du roi devint une sombre folie. Sa faible cervelle avait été de tout temps ouverte aux visions et aux cauchemars ; il croyait aux sorciers en roi qui les faisait brûler vifs. L'idée lui vint que la comtesse de Soissons, alors à Madrid, lui avait jeté un *sort* pour l'empêcher d'avoir des enfants. La camarilla autrichienne exploita cette hallucination maladive ; sa démence fut cultivée par des mains savantes. Les moines et les casuistes du parti s'en mêlèrent ; on lança à ses trousses tous les diables noueurs d'aiguillettes. Cette comédie infernale devait entraîner la répudiation de la reine. Si l'ambassadeur de France n'avait démasqué à temps ces jongleurs, leur œuvre était accomplie. Marie-Louise, livrée à un ignoble exorcisme, accusée d'ensorcellement, déshonorée par la superstition et le ridicule, n'avait plus qu'à se cacher dans un cloître. On aurait eu, au seuil du xviii° siècle, le spectacle d'une reine chassée du trône par un goupillon. Mais il faut laisser le comte de Rebenac raconter à Louis XIV cette farce lugubre du *Possédé imaginaire* couronné. Nous serons forcé de raturer quelques lignes : la diplomatie de ce temps

---

1. *Mémoires de la cour d'Espagne.*

a l'audace de la casuistique : elle consulte, au besoin, le *De Matrimonio*, de Sanchez.

« Un certain moine dominicain, amy du confesseur
« du roy, eut une révélation que la roy et la reyne
« estoient charmés; je marque, en passant, Sire,
« que depuis longtemps le roy d'Espagne a dans
« l'esprit qu'il l'est, et mesme par la comtesse de
« Soissons. Il estoit question de lever le charme,
« pourvu qu'il eust été jetté depuis le mariage ; s'il
« l'avoit été avant il n'y avoit point de remède tant
« qu'il dureroit. La cérémonie estoit horrible, car,
« Sire, le roy et la reyne devaient estre déshabillés
« tout nuds. Le moyne, revestu d'habits d'église,
« devoit faire des exorcismes, mais d'une manière
« infâme; ensuite de quoy, en la présence mesme
« du moyne, on devoit voir sy le charme estoit levé
« tout de bon. La reyne a été violemment persécutée
« par le roy pour y consentir, et elle ne pouvoit en
« aucune façon s'y résoudre. Tout cela s'étoit passé
« fort secrètement, et je n'en avois aucune connais-
« sance, lorsque je receus un billet non signé par
« lequel on m'avertissoit que, si la reyne avoit la
« complaisance de consentir à ce que ce moyne
« proposoit, pour que le roi eust des enfants, qu'elle
« seroit perdue, et que c'estoit un piége que le
« comte d'Oropesa lui tendoit. Le dessein estoit d'en
« conclure que la reyne estoit charmée avant son
« mariage ; que, par conséquent, il devenoit nul, ou
« du moins on la rendoit odieuse au roy et au peu-

« ple. Comme toutes ces meschancetés, mesme les
« plus noires, viennent par ces sortes de voies, le
« Père confesseur de la reyne et moy fismes nos dili-
« gences pour approfondir l'affaire. Nous sceumes
« premièrement de la reyne elle-mesme ce qui se
« passoit, et elle prit ses précautions. Nous trou-
« vasmes ensuite que la question avoit été proposée
« à de certains théologiens, et que quelques-uns
« d'entre eux avoient déjà opiné pour la nullité du
« mariage. Enfin, Sire, c'estoit une chose horrible
« et un piége dangereux pour la reyne; on n'a pas
« trouvé de voye plus seure pour l'éviter que celle
« de publier sous main la chose, et depuis le roy
« d'Espagne n'y pense plus[1]... »

L'année suivante, — 1689, — une mort marquée de signes tragiques emportait presque subitement Marie-Louise. Le *sort* redouté par le roi tombait sur la reine. Comme le Sabbat des sorciers, cette diablerie politique se terminait par un meurtre. Locuste consommait l'œuvre manquée par Canidie.

XI.

Les augures n'avaient pas manqué à Marie-Louise entrant en Espagne; ils auraient fait rebrousser chemin à une reine antique. Le jour de son entrée, la cloche de Barcelone, à laquelle le peuple attribuait

---

1. *Archives des affaires étrangères.*

une voix prophétique, se mit à sonner, toute seule, un glas lamentable. Au Buen-Retiro, la reine ayant appuyé légèrement sa main sur un grand miroir, la glace se fendit de haut en bas. Ce présage consterna les dames du palais. « Elles raisonnèrent long-
« temps là-dessus, et dirent en soupirant que leur
« reine ne vivroit pas longtemps. » Marie-Louise semblait prédestinée au poison ; sa mère en était morte : elle-même, dans son enfance, avait effleuré la coupe homicide. Mme de Sévigné raconte ce mystérieux incident et les paroles extraordinaires qu'il arracha à Louis XIV, d'habitude si secret et si contenu. Cela fit trembler, un instant, tout le monde des cloîtres. « La jeune Mademoiselle a la fièvre
« quarte ; elle en est très-fâchée : cela trouble les
« plaisirs de cet hiver. Elle fut l'autre jour aux Car-
« mélites de la rue du Bouloy. Elle leur demanda
« un remède contre la fièvre quarte ; on lui donna
« un breuvage qui la fit beaucoup vomir. Cela
« fit grand bruit. La princesse ne voulut point dire
« qui lui avoit donné ce breuvage ; enfin on le
« sut. Le roi se tourna gravement vers Monsieur.
« Ah ! ce sont les Carmélites ! Je savois bien qu'elles
« étoient des friponnes, des intrigantes, des ravau-
« deuses, des brodeuses, des bouquetières ; mais
« je ne croyois pas qu'elles fussent des empoison-
« neuses. » La terre trembla à ce discours ; tous
« les dévots furent en campagne. Enfin, on a tout
« *rapsodé*; mais ce qui est dit est dit, ce qui est

« pensé est pensé, ce qui est cru est cru. Ceci est
« d'original. »

La mort tragique de la reine d'Espagne eut le mystère d'une disparition. Les crimes d'empoisonnement ressemblent aux reptiles dont ils secrètent le venin ; ils rampent, ils se faufilent, ils glissent, ils s'évadent. Des traces de leur passage, il ne reste souvent qu'une tache imperceptible ou une vague rumeur : le sifflement du serpent qui disparaît dans son trou.

L'accusée principale de ce procès ténébreux est Olympe Mancini, comtesse de Soissons, nièce de Mazarin ; une femme d'État taillée pour le crime, dont la vraie place aurait été au Palais des Césars ou au Vatican des Borgia. Élevée avec le jeune roi, elle attira ses premiers regards ; mais ce vague amour n'eut pas le temps de se dessiner : il passa comme un nuage et ne voila que des jeux d'enfants. Un mariage presque royal ne consola pas Olympe de l'apothéose qu'elle avait rêvée ; elle se jeta pour s'en distraire, avec un emportement passionné, dans l'amour du marquis de Vardes, le don Juan du temps, un de ces grands capitaines de l'ancienne galanterie dont les Lauzun et les Richelieu ne peuvent passer que pour les minces aides-de-camp. A eux deux, ce fat effréné et cette femme violente menèrent de front le train et les intrigues de la Cour. Olympe, jalouse de Mlle de La Vallière qui lui enlevait l'intimité royale dont elle avait gardé quelques restes, souleva contre elle des tempêtes : mais ses artifices furent déjoués par la seule vertu d'un sincère amour. Elle aurait renversé des ministres, elle ne put même ébranler cette « petite violette qui se cachait sous l'herbe, » — comme Mme de Sévigné appelle La Vallière, — mais dont la racine était dans le cœur du roi. De Vardes paya les frais de la guerre : il fut frappé d'une de ces disgrâces foudroyantes, si communes alors à la Cour, et qui rappellent les chutes des demi-dieux précipités de l'Olympe. Relégué pendant vingt ans dans son petit gouvernement d'Aigues-Mortes, le don Juan déchu fut réduit à ravager des cœurs de province. Olympe se perdit bientôt elle-même par une esclandre de sabbat. C'était le temps où La Voisin tenait à Paris boutique de bonne aventure et d'empoisonnement. Sa *poudre de succession* faisait par la ville les ravages d'une épidémie. De très-hauts seigneurs et de très-grandes dames avaient été consulter l'horrible sibylle sur son trépied empesté, et, le jour du procès venu, elle traîna à la Chambre-Ardente, en croupe sur son balai de sorcière, la comtesse de Soissons, la duchesse de Bouillon et le maréchal de Luxembourg. Le maréchal en sortit le front haut, et la duchesse les mains blanches; mais Olympe resta tout éclaboussée des dépositions de l'empoisonneuse. Il lui fallut fuir à la hâte, et passer le reste de sa vie à courir l'Europe, rejetée d'une ville à l'autre, pareille à ces ballots suspects timbrés du sceau de la peste, que se renvoient les douanes et les lazarets.

Ce fut après un exil de six ans dans les Pays-Bas, qu'elle apparut à la cour d'Espagne, où sa renommée sinistre l'avait précédée. Nous avons vu Charles II fasciné par son regard, comme un oiseau de nuit par l'œil d'un reptile. Cette hallucination ne fut peut-être que la forme d'un pressentiment. L'Orient accorde à l'idiot le don de la seconde vue ; il croit que son esprit obscur est sillonné d'éclairs prophétiques. Quoi qu'il en soit, Charles II ordonna à la comtesse de se retirer en Flandre ; mais Olympe était soutenue par le parti autrichien, qui l'avait peut-être mandée à Madrid, comme on appelait Locuste au chevet des impératrices trop lentes à mourir. Elle se raidit contre l'orage et s'entêta à rester. L'ambassadeur de France, qui la surveillait, tenait Louis XIV au courant de toutes ses démarches. « Mme de Soissons, lui
« écrit-il, transportée de ressentiment, a pris le parti
« de se déclarer contre la reyne, et de se jeter entre
« les bras du comte d'Oropesa et du comte de Mans-
« feld. Elle leur a persuadé que la reyne d'Espagne
« estoit *autrice* de son malheur par les complai-
« sances qu'elle avoit pour Votre Majesté, qui m'a-
« voit, dit-elle, donné ordre de la faire, s'il se pou-
« voit, sortir de Madrid. Sur ce pied-là, Sire, ces
« deux hommes l'ont regardée comme une personne
« irritée contre la reyne d'Espagne et contre les
« intérêts de Votre Majesté, et qui, par cette raison,
« leur convenoit à l'un et à l'autre. Ils ont, outre

« cela, fait connoître la grandeur de leur crédit, qui
« pouvoit en peu de jours chasser et retenir qui bon
« leur sembleroit. » — Dans une autre lettre, le
comte de Rebenac semble pressentir que la présence
à Madrid de la comtesse de Soissons est un danger
pour la reine. « Je l'observeray de plus près,
« écrit-il au roi, et feray mon possible pour m'op-
« poser à la confiance que la reyne d'Espagne pour-
« roit peut-être un jour reprendre avec elle. » —
Quelques jours après, il se rassure, et sa défiance
diminue : « J'ay trouvé que la reyne d'Espagne se
« plaisoit quelquefois à sa conversation, mais n'avoit
« aucune confiance véritable en elle ; aussi elle ne
« m'a pas paru dangereuse de ce costé-là. »

Écoutons maintenant la déposition de Saint-Simon
dans ses Mémoires. Bouche de bronze ouverte au
centre du siècle, comme la gueule du lion de Venise
sur la place Saint-Marc, son livre a absorbé tous les
secrets, toutes les confidences, toutes les délations,
de son temps. Ces mystères, il les divulgue aujour-
d'hui avec un éclat fulgurant : *Tuba mirum spargens
sonum!* Ce que Saint-Simon fit pour la mère, il va
le faire pour la fille. On se souvient du jour terrible
qu'il jette sur la fin mystérieuse de Madame Henriette. C'est avec le même accent d'assurance qu'il
raconte la mort de la reine d'Espagne.

« Le comte de Mansfeld, — dit-il, — étoit ambas-
« sadeur de l'Empereur à Madrid, avec qui la com-
« tesse de Soissons lia commerce intime en arrivant.

« La reine, qui ne respiroit que France, eut une
« grande passion de la voir : le roi d'Espagne,
« qui avoit fort ouï parler d'elle, et à qui les avis
« pleuvoient, depuis quelque temps, qu'or vouloit
« empoisonner la reine, eut toutes les peines du
« monde à y consentir. Il permit à la fin que la com-
« tesse de Soissons vînt quelquefois les après-dîners
« chez la reine, par un escalier dérobé, et elle la
« voyoit seule avec le roi. Les visites redoublèrent,
« et toujours avec répugnance de la part du roi. Il
« avait demandé en grâce à la reine de ne jamais
« goûter de rien qu'il n'en eût bu ou mangé le pre-
« mier, parce qu'il savoit bien qu'on ne le vouloit
« pas empoisonner. Il faisoit chaud ; le lait est rare à
« Madrid ; la reine en désira, et la comtesse, qui avoit
« peu à peu usurpé des moments de tête-à-tête avec
« elle, lui en vanta d'excellent qu'elle promit de lui
« apporter à la glace. On prétend qu'il fut préparé
« chez le comte de Mansfeld. La comtesse de Sois-
« sons l'apporta à la reine, qui l'avala et qui mourut
« peu de temps après, comme Madame sa mère. La
« comtesse de Soissons n'en attendit pas l'issue, et
« avoit donné ordre à sa fuite. Elle ne s'amusa guère
« au Palais, après avoir vu avaler ce lait à la reine.
« Elle revint chez elle où ses paquets étoient faits,
« n'osant pas plus demeurer en Flandre qu'en
« Espagne. Dès que la reine se trouva mal, on sut ce
« qu'elle avoit pris, et de quelle main. Le roi d'Es-
« pagne envoya chez la comtesse de Soissons, qui ne

« se trouva plus. Il fit courir après de tous les côtés;
« mais elle avoit si bien pris ses mesures, qu'elle
« échappa. »

Mais Saint-Simon est pour ainsi dire un témoin posthume, il parle d'après des confidences reçues pendant son ambassade en Espagne, trente ans après la mort de la reine. Son récit ressemble au procès-verbal d'un crime impuni, dressé d'après des ossements exhumés d'un endroit secret. Sur le moment même, au lendemain de la catastrophe, les témoins oculaires se perdent en conjectures et en réticences; ils cherchent à tâtons; leurs accusations se croisent et se contredisent.

Le poison joue un grand rôle au xviie siècle; il intervient dans ses affaires, aussi souvent que dans le dénoûment de ses tragédies. Ces Cours chauffées à la température des sérails produisaient des crimes orientaux. Mais ce qui caractérise les coups de foudre qui les décimaient, c'est le peu de bruit qu'ils font en tombant, le fatalisme avec lequel les rois les accueillent, lorsqu'ils éclatent sur leurs maisons mêmes, le grand silence qui bientôt se forme et s'épaissit autour d'eux. Il semble qu'on ait peur de trouver la figure d'un des dieux de la terre, en écartant la nuée qui les couvre. On passe, on détourne la tête, on lève les bras au ciel; à peine ose-t-on échanger un nom à voix basse.

L'ambassadeur de France annonçant à Louis XIV la mort de sa nièce, n'exprime d'abord que des

soupçons indistincts. « Le courrier, — dit-il, — porte
« à Votre Majesté la plus triste et la plus déplorable
« de toutes les nouvelles. La reyne d'Espagne vient
« d'expirer, après trois jours de coliques et de vo-
« missements continuels. Dieu seul, Sire, cognoist la
« cause d'un événement si tragique. Votre Majesté
« aura connu par plusieurs de mes lettres les tristes
« présages que j'en avois. J'ay veu la reyne quelques
« heures avant sa mort. Le roy son mari m'a refusé
« deux fois cette grâce. Elle m'a demandé elle-même
« avec tant d'instance qu'on m'a fait entrer. J'ay
« trouvé, Sire, qu'elle avoit toutes les marques de la
« mort ; elle les cognoissoit et n'en estoit point
« effrayée. Elle estoit comme une sainte à l'égard de
« Dieu, et comme un héros à l'égard du monde. Elle
« m'a commandé d'assurer Votre Majesté qu'elle
« estoit en mourant, comme elle estoit pendant sa
« vie, la plus fidèle amie et servante que Votre Ma-
« jesté pût avoir. » L'ambassadeur essaya pourtant
de constater l'empreinte que le crime avait laissée
sur la reine ; mais on fit bonne garde autour de la
morte ; des ordres mystérieux la mirent sous séquestre. Il voulut assister à l'autopsie du corps ;
on repoussa sa réclamation ; il aposta au seuil de la
chambre mortuaire des chirurgiens chargés d'y
pénétrer dès qu'elle s'ouvrirait et d'examiner le
cadavre : les précautions étaient prises ; la porte
resta scellée comme la dalle d'une tombe. Quelques jours plus tard, les soupçons de l'ambassa-

deur se précisent ; il dénonce à Louis XIV un groupe entier de coupables. « Ce sont, Sire, le comte d'Oro« pesa et don Emmanuel de Lira. Nous n'y mettons « point la reyne mère ; mais la duchesse d'Albu« querque, dame d'honneur de la reyne, a eu une « conduite si suspecte, et a marqué une joie si « grande, dans le moment mesme que la reyne se « mouroit, que je ne puis la regarder qu'avec hor« reur, et elle est créature dévouée à la reyne « mère. » — Il désigne encore Franchini, le médecin de la reine, qui a persisté, malgré ses avis, dans un traitement homicide, et qui le fuit depuis l'événement comme s'il redoutait son regard. « En « sorte, Sire, que sa conduite m'est suspecte. Je « sçais de plus qu'il a dit à une personne de ses « amis qu'il estoit vray que dans l'ouverture du « corps, et dans le cours de la maladie, il avoit « remarqué des symptômes extraordinaires, mais « qu'il y alloit de sa vie s'il parloit, et que ce qui « venoit d'arriver l'avoit obligé depuis longtemps à « souhaiter passionnément son congé. » ... « Le « public se persuade présentement le poison et « n'en fait aucun doute ; mais la malignité de ce « peuple est si grande que beaucoup de gens l'ap« prouvent, parce que, disent-ils, la reyne n'avoit « pas d'enfans, et ils regardent le crime comme « un coup d'État qui a leur approbation... Il est « très vray, Sire, qu'elle est morte d'une manière « bien horrible. »

En France, le crime parut évident. Louis XIV annonça officiellement l'empoisonnement de la reine d'Espagne. Ce fut à souper, selon sa coutume : c'était là qu'il prononçait ses plus graves paroles. Il avait fait de ses repas une solennité, et de sa table un autel. Assis seul, presque toujours silencieux, sous un dais, derrière un balustre, entouré des dignitaires de la coupe et de la serviette, il semblait accomplir une fonction sacrée. Alors s'il élevait la voix devant la cour assemblée, on eût dit un pontife interrompant un office pour promulguer un dogme nouveau. On lit dans le journal de Dangeau : « Le roi a dit, en soupant : « La reine d'Espagne est morte empoi« sonnée dans une tourte d'anguilles ; la comtesse « de Panitz, les caméristes Zapata et Nina, qui en ont « mangé après elles, sont mortes du même poison. » La parole royale se répercuta d'échos en échos avec les variations du soupçon. Mme de Sévigné, qui se souvient de la Brinvilliers, écrit : « Cela sent bien le fagot. » — Mademoiselle, dans ses *Mémoires*, accuse « le duc de Pastronne d'avoir parlé « de la reyne bien mal à propos. Ses discours « ont bien contribué à son malheur, et à sa fin « tragique. » Elle dit ailleurs : « Le comte de Mau« selle (Mansfeld ?) est celuy qui fut cause de sa « mort, à ce qu'on m'a dit. » — Mme de Lafayette, qui avait vu mourir la mère, ne doute pas de l'empoisonnement. « A la vérité, dit-elle, la manière « dont la reine d'Espagne mourut ajouta quel-

« que chose à la douleur de Monsieur, car elle mou-
« rut empoisonnée. Elle en avoit toujours eu du
« soupçon, et le mandoit presque tous les ordinaires
« à Monsieur. Enfin, Monsieur lui avoit envoyé du
« contre-poison qui arriva le lendemain de sa mort.
« Le roi d'Espagne aimoit passionnément la reine ;
« mais elle avoit conservé pour sa patrie un amour
« trop violent pour une personne d'esprit. »

Témoin de l'agonie de la mère, Mme de Lafayette eut à raconter encore la mort de la fille. Nous lui devons de connaître la touchante ressemblance des deux sacrifices. Lorsque l'ambassadeur d'Angleterre, appelé au lit de mort de Madame Henriette, lui demanda si elle était empoisonnée : — « Je ne « sais, — dit Mme de Lafayette, — si elle lui dit « qu'elle l'étoit, mais je sais bien qu'elle lui dit qu'il « n'en falloit rien mander au roi son frère, qu'il fal- « loit lui épargner cette douleur, et qu'il falloit sur- « tout qu'il ne songeât point à en tirer vengeance, « que le roi n'en étoit point coupable. » — Ainsi, elle ne fut pas seulement « douce envers la mort, comme « elle l'était envers tout le monde, » selon les paroles de Bossuet, elle fut douce encore envers le meurtre et la trahison. Peut-être aussi l'aimable princesse voulut-elle mourir gracieusement, comme elle avait vécu : peut-être avait-elle compris qu'il n'était point décent de mourir empoisonnée à la cour de France, et que lorsque la Mort s'y présentait sous une forme étrange, il fallait la recevoir en silence, et lui garder le secret.

La reine d'Espagne ne fut pas moins « douce en-« vers la mort » que sa mère. Elle imita son exquise réserve et son saint silence. Elle jeta d'elle-même sur sa tête mourante le voile des victimes vouées aux dieux infernaux. « La reine, dit Mme de « Lafayette, pria l'ambassadeur de France d'as-« surer Monsieur qu'elle ne songeoit qu'à lui en « mourant, et lui dit une infinité de fois qu'elle « mouroit de sa mort naturelle. Cette précaution « qu'elle prenoit augmenta beaucoup les soupçons « au lieu de les diminuer. » — Qu'il est noble et pathétique, ce martyre de la bienséance royale et de la dignité du trône! Qu'il est touchant, cet acquiescement résigné au secret d'État qui a décidé sa mort et qu'elle subit sans le comprendre! C'est l'Iphigénie de Racine ajustant à son front les bandelettes du sacrifice.

> Cessez de vous troubler, vous n'êtes point trahi ;
> Quand vous commanderez, vous serez obéi.

XII.

Marie-Louise emporta avec elle l'ombre de raison et la lueur d'âme qu'avait encore Charles II. Il survécut dix ans, si l'agonie est la vie. On le remaria à Marie-Anne de Neubourg, sœur de l'impératrice ;

mais ce mariage *in extremis*, sans espoir de postérité, ne fut qu'une machination politique. C'était l'Intrigue autrichienne entrant dans le lit du mourant pour s'emparer de son héritage. Un grand poëte a transfiguré cette pâle et douteuse figure ; la seconde femme de Charles II serait restée, sans lui, dans les limbes obscures de l'histoire ; la reine de *Ruy-Blas* rayonne de l'immortelle beauté des élues de l'art. Comme l'Euphrosine de Gœthe, elle peut dire : « Là-
« bas, dans le royaume de Perséphone, flottent en
« masse pêle-mêle les Ombres séparées de leur
« nom ; mais celle que le poëte chante, celle-là
« marche à part, dans une forme qui lui est propre,
« et se joint au chœur des héros... Un poëte aussi
« me forma, et ses chants complètent en moi ce que
« la vie m'avait refusé. » — Mais, en écartant cette forme idéale, l'histoire ne trouve qu'une femme avide et violente, obsédant de captations le chevet d'un mari malade. Vouée à l'Autriche, la nouvelle reine soutenait âprement les droits de l'archiduc Charles à la succession de l'Espagne. Transfuge de sa propre race et de la cause qu'elle avait d'abord soutenue, la reine mère portait au trône le fils de l'électeur de Bavière ; tandis que Louis XIV, appuyé par une puissante faction intérieure, envoyait au seuil du royaume une armée le réclamer pour son petit-fils. Ainsi enlacé d'inextricables intrigues, harcelé par des querelles domestiques, bourrelé de scrupules que la conscience de sa mort prochaine trans-

formait en épouvantements, l'être misérable sur l'empire duquel le soleil ne se couchait jamais, offrait au monde le spectacle d'un moribond au pillage. Comme Charles-Quint, son aïeul, il assistait à ses funérailles ; il se sentait, pour ainsi dire, démembré avec son royaume. Autour de lui, tout était piéges, trames, complots, ambitions attendant sa mort comme une échéance. Il pouvait lire chaque matin, dans l'œil perçant des ministres et des diplomates, le froid calcul de sa fin prochaine. On eût dit un mourant déjà couché sur la table de l'amphithéâtre et entouré de chirurgiens prêts à porter sur lui le scalpel. Les traités de partage se dressaient et se débattaient sous ses yeux ; chaque parti les lui faisait signer et déchirer tour à tour. — Le Romancero raconte que le cadavre du Cid, sanglé sur son coursier, gagnait des batailles : lui, cadavre vivant, dont des mains sacriléges tiraient les gestes et remuaient la tête imbécile, il présidait machinalement à la curée de l'Espagne.

XIII.

Sa décadence physique prit, dans ses dernières années, l'aspect d'une dissolution ; son corps n'était qu'un nœud de maladies compliquées : à trente-huit ans, il avait le masque d'un octogénaire. Un portrait de Carreno, peint vers cette époque, le montre à l'état presque cadavérique : les joues creuses, l'œil fou, les cheveux pendants, la bouche convulsée. Un effarement de visionnaire idéalise cette tête ravagée : on croit voir Hamlet, au cinquième acte du drame. Aucune horreur ne manqua à son agonie. Pour achever sa raison blessée, la camarilla le livra de nouveau aux magiciens et aux exorcistes. Le Diable fut évoqué et interrogé devant lui ; il affirma que la maladie du roi était produite par un sortilége : une drogue composée avec un cerveau humain et administrée dans du chocolat avait desséché ses nerfs et vicié son sang. Pour guérir du philtre infernal, il devait avaler chaque jour une tasse d'huile consacrée. L'Inquisition intervint et arrêta les sorciers ; elle surprit le confesseur du roi dans cette sombre intrigue ; mais Charles II ne se remit plus de ce cauchemar. Comme Oreste aux Furies, il appartint dès lors aux Démons. La nuit, trois moines veillaient et psalmodiaient autour de son lit, pour en chasser les fantômes.

Lorsqu'il se levait de ce lit de vertige, c'était pour errer des journées entières dans les Sierras qui environnent l'Escurial, pareil à ces âmes en peine qui rôdent autour de leur sépulture. Là, du moins, le bruit du monde se disputant son empire n'arrivait plus jusqu'à lui ; là il n'entendait plus le glas de sa dynastie sonner comme un tocsin dans l'Europe en armes. Il aurait pu s'écrier, comme David fuyant au desert : « Ma force s'est desséchée comme l'argile, je « compte tous mes os ; eux, ils me regardent. — Ils « se distribuent mes vêtements et les tirent au sort. »

L'Espagne l'aimait malgré tout; elle se rattachait passionnément à cette chétive incarnation de son intégrité et de sa puissance. Il était le seul lien de tant de royaumes, la seule fiction qui empêchât cet immense empire de se désagréger et de se dissoudre. Ses misères d'esprit et de corps ne faisaient qu'accroître l'affection du peuple. Les nations ont de ces tendresses; elles aiment les princes dont elles ont pitié; elles pardonnent tout à ceux qui ne savent pas ce qu'ils font.

On sait l'amour de la France pour Charles VI, pour ce pauvre roi fou qu'elle surnomma le *Bien-aimé*, comme une mère invente des noms tendres pour l'enfant malade. Au milieu des effroyables calamités de l'époque, pas une plainte ne s'élève contre l'être passif et irresponsable, de qui viennent pourtant tous les maux. On s'inquiète de sa santé, on redemande à Dieu, à la Vierge, aux Saints, au Diable même sa raison perdue. Les sauvages émeutes d'Assommeurs qui rôdent, en vociférant, dans les rues sombres du vieux Paris, font silence lorsqu'elles passent sous les fenêtres du Louvre. Elles appellent « le chier sire, » il apparaît tremblant et docile : il se fait une pause de douceur, de compassion, de tendresse : « Vive le roi! » L'émeute reprend sa marche et se remet à tuer. A sa mort, ce fut un deuil et une lamentation unanimes : « Ah! très-
« cher prince, — criait le peuple de Paris, — jamais
« nous n'en aurons un si bon! tu vas en repos;

« nous demeurons en tribulation et douleur. »
Ainsi, la France à l'agonie oubliait de se plaindre
pour s'attendrir sur l'insensé qui la faisait mourir.
— « Pauvre fou ! » — dit le roi Lear à son bouffon
fidèle qui le suit, en grelottant, à travers la neige et
la nuit —, « pauvre fou ! il est encore une partie de
« mon cœur qui souffre pour toi ! » Qu'elle est plus
touchante, cette bonne parole, lorsque c'est un peuple
qui la dit à son roi !

L'Espagne, comme la France, aima jusqu'à la mort
son roi « ensorcelé » *Hechizado :* c'est le surnom
qu'elle lui avait donné. Elle ne lui imputait ni les
misères, ni les opprobres, ni les ruines, ni les dilapidations de son règne. Sa folie lui donnait le prestige de l'enfance et de l'innocence. Un jour pourtant, le peuple de Madrid affamé par des ministres
accapareurs, envahit la cour du Palais et demanda
à voir le roi. La reine parut au balcon et dit que le
roi dormait. « Il a dormi trop longtemps, » — s'écria
une voix partie de la foule, — « il est grand temps qu'il
« se réveille. » Alors la reine se retira en pleurant,
et, quelques instants après, le roi apparut. Il se traîna
vers la fenêtre d'un air égaré, et salua son peuple
en remuant les lèvres. Un grand silence se fit comme
dans la chambre d'un mourant ; puis des cris d'amour
s'élevèrent de cette multitude qui, tout à l'heure,
hurlait de colère. Elle salua celui qui allait mourir et
se dispersa tranquillement

XIV.

Aux approches de son dernier jour, le génie funèbre qui, depuis deux siècles, possédait les princes de sa race, inspira à Charles II une démarche étrange. La curiosité du cercueil, l'amour de la mort, l'envie maladive d'entr'ouvrir les portes du sépulcre et de contempler ses mystères, étaient héréditaires dans sa dynastie. Son plus lointain aïeul, Charles le Téméraire, portait dans le carnage un sombre délire ; les vapeurs du champ de bataille l'enivraient comme celles d'un vaste banquet. « Voilà une belle vue ! » disait-il en poussant son cheval dans l'église de Nesle encombrée de morts. — Jeanne la Folle, mère de Charles-Quint, promena en litière par toute l'Espagne le cadavre embaumé de son mari l'Archiduc ; elle l'étendit dans le lit nuptial et le veilla cinquante ans. — Charles-Quint, à Saint-Just, célébra la *répétition* de ses funérailles. — Philippe II s'enterra vivant dans la crypte de l'Escurial, près de sa bière dressée dans un coin, comme un des meubles de sa famille. Quelques heures avant d'expirer il se fit apporter une tête de mort et posa sur elle la couronne royale. — Philippe IV se couchait souvent dans le cercueil qu'il s'était fait fabriquer d'avance, comme pour en prendre la mesure, et voir comment il y dormirait. — Ces rois, qui vouaient l'Espagne à l'immobilité de l'Égypte, avaient, comme ses Pharaons, la monomanie du tombeau.

Charles II fut pris à son tour de cette *envie* funéraire. Il voulut, avant de mourir, visiter ses ancêtres morts. Peut-être l'idée de revoir Marie-Louise le poussait-elle à cette lugubre entrevue ; peut-être une voix secrète lui donnait-elle le conseil que reçut de ses amis le poëte Ebn Zaïat : *Dicebant sodales si sepulcrum amicæ visitarem, curas meas aliquantulum fore levatas.* — « Mes compagnons me disaient « que mes chagrins s'adouciraient un peu, si je « visitais le sépulcre de ma bien-aimée. »

C'est à l'Escurial que les rois d'Espagne sont ensevelis, dans une chapelle souterraine appelée le Panthéon. Elle est située au centre du palais, sous le maître-autel de l'église. L'immense édifice n'est, en quelque sorte, que le couvercle du caveau royal. C'est une salle octogone dont les murs revêtus de jaspe, sont garnis de niches parallèles que remplissent des coffres de bronze. A droite sont les rois, à gauche sont les reines. Un chandelier énorme tombe droit de la voûte. Rien de plus terrible que ce cabinet sépulcral ; il concentre dans un rigide abrégé l'horreur et l'ennui répandus dans les dédales de la nécropole. Sa nudité splendide épouvante : ces jaspes miroitants, ces marbres polis ont l'éclat blessant de la glace. Le voyageur se croit pris entre les parois d'une banquise ; un froid mortel complète l'illusion. Dans une carte géographique du pays des morts, le

caveau de l'Escurial occuperait la place que tient
dans la mappemonde le cercle du pôle. La mort y
paraît plus morte qu'ailleurs. Aucun de ces ornements et de ces insignes qui, dans les cimetières
même, rappellent les actions et les variétés de la
vie : les niches superposées ont la symétrie des
rayons d'une bibliothèque ; les cercueils sont uni-
formes comme les tiroirs d'un meuble d'airain. Ils
semblent recéler non pas des hommes, mais des
choses ; cela sent le papyrus plus que la momie.
L'idée qu'ils éveillent est celle des Archives secrètes
d'un royaume, rangées et scellées dans un souterrain.
Vous y chercheriez vainement les images et les em-
blèmes de l'histoire : la chronologie seule règne
dans ce caveau synoptique. A quoi bon varier les
tombeaux d'une dynastie invariable ? Pendant deux
siècles, l'Espagne n'a qu'un seul roi en quatre personnes. Si la puissance diffère, l'esprit est le même :
ils suivent d'un pas ferme ou chancelant la même
ligne. Charles II n'est que Philippe II tombé en
enfance.

XV.

Le roi descendit donc dans ces catacombes, si
blême et si morbide qu'on eût dit un mort regagnant son lit. Il fit ouvrir tous les cercueils par
ordre de temps et de succession. Charles-Quint lui
apparut presque déformé par le temps ; puis Philippe II, moins sinistre peut-être qu'il n'était vivant.

Philippe III, son aïeul, se montra d'abord merveilleusement conservé; mais l'air, mortel aux morts, le fit subitement tomber en poussière. Sa mère, Marie-Anne d'Autriche, encore dans le premier sommeil du tombeau, semblait prête à se réveiller. — L'image de l'Espagne passait ainsi successivement devant lui, glacée et vide en dedans, comprimée par des liens plus étroits que les bandelettes de l'embaumeur, simulant quelquefois la vie et la majesté, mais prête à se dissoudre au premier contact extérieur.

La plus tragique fantasmagorie du plus grand des poëtes est surpassée par cette scène de l'histoire réelle. Hamlet, dans le cimetière d'Elseneur, à demi fou, un pied dans la fosse où il va rouler tout à l'heure, ramassant les crânes qui bruissent, parmi les feuilles sèches, sous le vent du nord, et leur adressant de mélancoliques apostrophes, est moins pathétique que ce roi mourant qui évoque les spectres royaux dont il va terminer la file. Comme le prince de Danemark, il pouvait interpeller chacun de ces morts. Devant le cercueil de Charles-Quint, il aurait pu s'écrier : — « C'est à peine si ce coffre contien-
« drait ses titres de propriétés, et il faut que
« Sa Majesté s'y couche tout de son long[1] ! » — Sur le crâne de Philippe II, il aurait pu dire : — « Voilà
« donc la tête de celui qui croyait pouvoir circonve-
« nir Dieu[2] ! »

---

1. *Hamlet,* scène XIX. — 2. *Ibid.*

Cependant Charles II vit, sans donner signe d'émotion, défiler cette race deux fois morte, puisqu'elle allait expirer en lui. Lorsque sa mère lui apparut, il baisa froidement sa main desséchée. Mais quand vint le tour de Louise d'Orléans, quand il revit la jeune et douce femme qui avait été sa seule joie et son seul amour, son cœur se brisa, ses larmes jaillirent, il tomba les bras étendus sur la bière ouverte, embrassa longuement la morte, et on l'entendit s'écrier parmi ses sanglots : — « Ma reine! « ma reine! — *Mi reina!* — avant un an, je vien-« drai vous tenir compagnie. »

Quelques mois après, Charles II mourait, en léguant l'Espagne au duc d'Anjou.

XVI.

« Rien n'influe tant sur le grand et sur le petit que
« la mécanique extérieure du journalier des sou-
« verains. C'est ce qu'une expérience continuelle
« apprend à ceux qui sont initiés dans l'intérieur
« par la faveur ou par les affaires, et à ceux du
« dehors assez en confiance avec ces initiés pour
« qu'ils leur parlent librement. Je dirai, en passant,
« par l'expérience que j'ai faite de vingt ans durant
« et plus en l'une et l'autre manière, que cette con-
« naissance est une des meilleures clés de toutes les
« autres, et qu'elle manque toujours aux histoires,

« souvent aux Mémoires, dont les plus intéressants et
« les plus instructifs le seraient bien davantage s'ils
« avaient moins négligé cette partie, que celui qui
« n'en connaît pas le prix regarde comme une baga-
« telle indigne d'entrer dans un récit. Toutefois
« suis-je bien assuré qu'il n'est point de ministre
« d'État, de favori, de ce peu de gens de tous étages
« qui se trouvent initiés dans l'intérieur des souve-
« rains par le service nécessaire de leurs emplois
« ou de leurs charges, qui ne soit en tout de mon
« sentiment là-dessus. »

Ces lignes de Saint-Simon pourraient servir d'épigraphe à l'esquisse que nous venons de tracer. Le tableau de genre explique souvent le tableau d'histoire. Ce n'est pas l'histoire politique du règne de Charles II que nous avons voulu raconter, mais sa chronique intime, le journal de sa décadence. En exposant l'intérieur du palais de Charles II, nous avons fait, pour ainsi dire, l'ouverture du corps. Le mal est là, et non pas ailleurs : l'Espagne meurt de la maladie de ses rois. Au xviie siècle, les monarchies se font hommes ; les peuples perdent leur caractère multiple et leur existence collective : incarnés dans le roi, une individualité les résume. Ils prospèrent ou ils dépérissent, non-seulement du génie ou de l'incapacité du prince, mais encore de sa santé forte ou débile, de son régime vicieux ou salubre. On comprend, dès lors, l'importance qu'acquiert la vie privée d'un homme dont le cerveau est la loi, dont les nerfs sont les mobiles d'une nation. Tout en lui devient historique : son tempérament, ses habitudes, ses infirmités, son entourage, ses maîtresses, le genre de vie sérieux ou frivole, dissipé ou solitaire, que lui impose le cérémonial. S'il est supérieur, il tient toujours par quelque côté à ces influences assidues ; s'il est médiocre, elles l'accaparent et le dominent tout entier : la politique devient alors une question de chambre à coucher.

Or, l'existence factice et baroque à laquelle l'Étiquette condamnait la plupart des souverains du XVIIe siècle, semblait faite pour énerver leur caractère et affaiblir leur intelligence. Ce roi, absolu en apparence, n'est en réalité que l'esclave de sa toute-puissance. Sa grandeur le condamne à l'isolement ; il est si haut qu'il est inaccessible. La vie expire au seuil de son palais, comme la végétation aux premières assises des hautes cimes. Entre lui et son peuple tous les liens se brisent, toutes les voies se rompent : il devient aussi étranger à la réalité des choses et des hommes que s'il habitait une autre planète. La captivité s'ajoute à la solitude. Il faut un culte à cette mythologie monarchique qui fait du prince un dieu matériel. Une fiction si extraordinaire ne peut se soutenir qu'en s'entourant des mystères du cérémonial. L'Étiquette s'empare du roi et l'*enchante*, en quelque sorte, dans un cercle qu'il ne peut franchir. Elle dicte ses paroles, elle mesure ses pas, elle réglemente ses démarches. Chaque règne ajoute un cahier de plus à ces charges de la royauté. Les traditions s'accumulent, les formalités se compliquent, les fonctions de cour, en se multipliant, finissent par se partager le corps du monarque. Après leur avoir donné sa liberté, son temps, son loisir, il est contraint de leur livrer sa personne. Chacun de ses membres appartient à un dignitaire investi sur lui d'un droit exclusif. Sa jambe droite appartient à un courtisan et sa jambe gauche à un autre. Il ne peut mettre sa chemise sans un chambellan, et sa cravate sans l'empeseur ordinaire. Souvent même l'Étiquette entre effrontément dans l'alcôve, et saisit le couple royal dans le filet de Vulcain.

Excessive en France où elle perdit la monarchie en l'exagérant, l'Étiquette, en Espagne, touche à la folie. Les minuties du cloître s'y mêlent aux hyperboles du sérail ; le roi est adoré et garrotté, la reine divinisée et emprisonnée. La théocratie qui règne en leur nom, les soumet à l'immobilité que celle de l'Égypte imposait aux dieux. Volontiers comme à ces dieux, elle leur aurait donné des têtes d'animaux.

XVII.

Un tel culte devait avoir pour résultat de dégrader ses idoles. Les plus généreuses races, les plus robustes génies n'auraient pu résister à son régime accablant. De Charles-Quint à Charles II, la dynastie s'abâtardit à vue d'œil. Elle dépérit au physique et dégénère au moral, par gradations continuelles. En alignant les portraits, en comparant les règnes des cinq rois de cette dynastie, on obtiendrait le phénomène produit par cette série de têtes décroissantes, dans laquelle l'inclinaison d'une ligne verticale transforme insensiblement le profil de l'Apollon en tête de grenouille.

Les reines meurent de cette servitude qui hébète les rois. Elles vont vite en Espagne, aussi vite que les Morts de la ballade germanique. Chaque roi en enterre deux, trois, et quelquefois quatre. L'ennui les tuait à petit feu. L'air opaque et raréfié de cette cour presque africaine était irrespirable pour les princesses nées dans des royautés tempérées.

Philippe V et ses successeurs offrent un frappant exemple de l'action délétère des mœurs espagnoles. Cette dynastie neuve, qui semblait devoir rajeunir l'Espagne et raviver son sang appauvri, succombe à la torpeur morbide qui règne dans le palais de Madrid. La race de Philippe II n'était plus, mais son venin n'était pas mort avec elle ; il avait laissé des miasmes malsains. La tradition, plus forte que la naissance, s'empare de la dynastie nouvelle, la jette dans son moule et la façonne sur le type ancien. Elle lui inocule les vices organiques de la lignée usée à qui elle succède : le favoritisme, l'hypocondrie, l'insouciance, la dévotion sombre et puérile, la fainéantise monacale.

Philippe V reproduit exactement Charles II : on dirait une métempsycose. Le tempérament seul diffère : l'impuissance fait place au satyriasis, mais ces extrêmes aboutissent au même résultat. Enchaîné par sa piété au lit conjugal, Philippe V devient l'esclave de ses deux femmes : il dépend d'elles autant que l'affamé de celui qui le rassasie. La première reine, Marie-Louise de Savoie, secondée par la princesse des Ursins, le séquestre comme un idiot ; elle le fait invisible et inabordable ; elle lui défend le jeu, la chasse, les promenades, les conversations. Les rideaux de l'alcôve nuptiale s'étendent, entre lui et le monde, aussi épais qu'une muraille. Mme des Ursins a seule le droit de les entr'ouvrir et d'interrompre ce perpétuel tête-à-tête. Sa seconde femme, Élisabeth de Parme, resserre encore sa captivité. Lui-même s'y complaît, d'ailleurs, et ne demande qu'à la rétrécir. Comme ces prisonniers dont le corps a pris le pli de l'angle de leur cachot, et que l'espace déconcerte, il n'est à l'aise que dans la clôture.

Saint-Simon décrit en détail cet accouplement enchaîné : c'est le supplice des Jumeaux Siamois aggravé par la représentation et par l'étiquette. Le roi et la reine n'ont qu'un lit, qu'un appartement, qu'un prie-Dieu, qu'un carrosse ; s'il faut le dire, qu'une même garde-robe. Ils se gardent l'un l'autre mutuellement à vue. Dans toute sa journée, calculée seconde par seconde, la reine est libre un demi-quart

d'heure : c'est le matin, tandis que le roi s'habille et que l'*assafeta* la chausse. Le parallélisme géométrique de leurs existences décrit à ce moment un léger écart. La reine peut alors glisser un mot à l'oreille de sa confidente, ou recevoir d'elle un papier furtivement serré dans son *guardinfante*. En dehors de cette échappée, respiration hâtive entre l'oppression du jour et celle de la nuit, la reine ne sort pas de l'ombre du roi. « La chaîne était si fortement
« tendue, — dit Saint-Simon, — qu'elle ne quittait
« jamais le côté gauche du roi. Je l'ai vue plusieurs
« fois au Mail, emportée des instants par un récit ou
« par la conversation, marcher un peu plus lente-
« ment que le roi et se trouver à quatre ou cinq pas
« en arrière, le roi se retourner, elle à l'instant
« même regagner son côté en deux sauts, et y conti-
« nuer la conversation ou le récit commencé avec le
« peu de seigneurs qui la suivaient, et qui, comme
« elle, et moi avec eux, regagnaient promptement
« aussi ce si peu de terrain qu'on avait laissé
« perdre. » — La confession même ne l'isolait pas. Le roi surveillait son entrevue avec le prêtre d'un cabinet contigu ; il en comptait les minutes. Lorsque le temps prescrit était dépassé, il entrait dans la chambre et la confession finissait.

Cette naturalisation si rapide et si radicale est un des plus étranges phénomènes de l'histoire. Lorsque Saint-Simon, qui avait connu Philippe V duc d'Anjou, le retrouva roi d'Espagne dans son ambassade

de 1718, il fut frappé de stupeur. Le prince français s'était transformé en moine espagnol : on eût dit un portrait de Mignard repeint par Zurbaran. « Le pre-
« mier coup d'œil, lorsque je fis ma première révé-
« rence au roi d'Espagne, en arrivant, m'étonna si
« fort que j'eus besoin de rappeler tous mes sens
« pour m'en remettre. Je n'aperçus nul vestige du
« duc d'Anjou, qu'il me fallut chercher dans son
« visage fort allongé, changé, et qui disait beaucoup
« moins que lorsqu'il était parti de France. Il était
« fort courbé, rapetissé, le menton en avant fort
« éloigné de la poitrine, les pieds tout droits qui se
« touchaient et qui se coupaient en marchant, quoi-
« qu'il marchât vite, et les genoux à plus d'un pied
« l'un de l'autre. Ce qu'il me fit l'honneur de me
« dire était bien dit, mais si l'un après l'autre, les
« paroles si traînées, l'air si niais, que j'en fus con-
« fondu. »

L'analogie alla jusqu'au bout. En léguant sa couronne au duc d'Anjou, Charles II lui avait transmis sa démence. Comme lui Philippe V devint fou de tristesse, après quarante années de royauté cellulaire. Il errait dans les salles du Buen-Retiro et de l'Escurial, en haillons, la barbe longue, aussi hagard et aussi sordide que le roi Léar courant dans les bruyères de Cornouailles. Quelquefois il restait six mois dans son lit sans quitter la chemise qui pourrissait sur son corps, laissant pousser sa barbe et ses ongles. Sa folie avait des fantaisies shakspeariennes :

il voulait monter les chevaux représentés sur les tapisseries qui tendaient sa chambre. D'autres fois, il demandait pourquoi, puisqu'il était mort, on tardait tant à l'ensevelir. La voix féminine du chanteur Farinelli pouvait seule calmer son délire. On le faisait venir, lorsque les accès s'emparaient du roi, comme on appelait David et sa harpe au secours de la raison de Saül : *Adducite mihi psaltem.*

XVIII

Ses successeurs le continuent, avec des nuances insensibles. Aucun réveil, aucune résistance à ce Génie du lieu qui les absorbe et qui les éteint. — Louis Ier, fils de Philippe V, n'eut déjà plus un trait français. Son caractère sombre, sa dévotion bornée, rappelaient Philippe II. Quand il mourut, à dix-sept ans, après un règne de six mois, l'Inquisition pleura en lui son Joas. — Ferdinand VI hérita de la maladie et du médecin de son père. Pendant vingt-cinq ans, Farinelli berça ses mélancolies incurables avec l'air de Hasse : *Per questo dolce amplesso.* Le castrat italien prit sous son règne l'influence que les eunuques exerçaient sur les Césars byzantins. Il y joua le rôle d'un Maire du Palais. — Charles III, le seul qui donne signe de vie, dans cette procession de somnambules couronnés, ne put éviter la folie finale : la mort de sa femme ébranla sa raison. Pour se distraire, il s'enfonçait dans la chasse comme dans une mêlée, massacrant en masse les cerfs et les chevreuils, les parquant, parfois en grandes troupes dans des enceintes de toiles, et faisant tirer sur eux à coups de canon. On le rapportait chaque soir dans son lit, soûl de fatigue et de sang. — Il faut chercher le règne de Charles IV, de Louise-Marie et de Godoï dans ces terribles caricatures des *Caprichos,* où Goya l'a gravé d'une pointe plus mordante que le vers de Juvénal racontant le ménage de Claude et de Messaline.

L'Espagne reste faite à l'image de ses rois : telle nous l'avons montrée au début de cette étude, telle on la retrouverait jusqu'à Charles III. Même dépopulation, même stérilité, même paresse, même mépris de l'industrie, même réprobation du travail. La brèche faite un instant, par l'entrée de la nouvelle dynastie, à la grande muraille chinoise qui sépare la Péninsule de l'Europe, se referme bientôt, plus escarpée que jamais. L'Inquisition maintient son règne d'ignorance et de terrorisme ; sa férocité ne fait que s'accroître. Philippe V refuse d'assister à ses auto-da-fés ; elle se passe de sa présence et n'allume pas un fagot de moins. On compte seize cents victimes brûlées vives pendant les quarante années de son règne ; sept cent quatre-vingt-deux brûlées en effigie, douze mille fouettées, piloriées ou enterrées dans les *in-pace.* C'est cet exécrable feu sacré qui dessèche l'Espagne, étouffe son génie, endurcit ses mœurs et tarit en elle toute source de vie active et intellectuelle. Tant qu'il dure, tant qu'il flamboie, l'Espagne ne change pas plus que la zone aride qui environne les volcans. Les rois passent, les dynasties se renouvellent, les événements se succèdent, mais le fond reste immobile, et Philippe II règne toujours.

XVI

LES COMÉDIES DE LA MORT.

I.

La Mort, dans la Grèce antique, avait les attributs de l'Amour : la beauté et un flambeau. A peine distingue-t-on, dans les musées, le Génie Funèbre du Génie du Sommeil. C'est un bel adolescent qui s'appuie, à un arbre ou à une colonne, les mains croisées sur sa tête : son pied foule mollement une torche éteinte. Pausanias parle d'une statue de la Nuit qui tenait ses deux enfants dans ses bras, le Sommeil et la Mort. Enlacés, confondus, ils se joignaient par les lèvres et mêlaient leurs rêves. Rien de moins lugubre que les bas-reliefs des mausolées et des sarcophages. Souvent une bacchanale se déroule le long des parois. Le marbre danse et s'enivre, comme pour distraire les Mânes qu'il renferme, en les entourant des plus riantes images de la vie. Le génie grec se plaisait surtout à embellir la mort de la jeunesse; il la couvrait du voile transparent des métamorphoses. C'était Hyacinthe cueilli par Apollon,

Hylas entraîné par les nymphes dans l'eau du fleuve où il plongeait son amphore, ou Adonis enseveli par Vénus dans le lit des amours célestes. — Avec quelle grâce tombent les jeunes combattants de l'*Iliade !* Ils se détachent de la phalange héroïque, sous le tranchant du glaive, pareils aux fragments d'un bas-relief mutilé. Le regret ingénu de ne plus voir le soleil est la seule plainte qu'ils profèrent. Le poëte ne les compare qu'à des fleurs ou à des épis moissonnés. A Athènes, les adolescents étaient brûlés au point du jour; la flamme de leur bûcher se mêlait aux premiers feux de l'aurore. Ménandre, dans le plus beau morceau qui soit resté de lui, célèbre la mort précoce : il lui prête l'allégresse et la fraîcheur d'un joyeux départ matinal. — « L'homme aimé des dieux
« meurt jeune, ô Parménon! Le plus heureux, je te
« le dis, c'est celui qui, sans chagrin dans la vie,
« ayant contemplé ces beaux spectacles, le soleil,
« l'eau, les nuages, le feu, s'en retourne prompte-
« ment là d'où il est venu. Ces choses, qu'il vive un
« siècle ou un petit nombre d'années, il les verra
« toujours les mêmes, et il ne verra jamais rien de
« plus beau qu'elles. Regarde la vie comme un
« voyage, et ce monde comme une foire étrangère,
« un lieu d'émigration pour les hommes: foule, mar-
« chés, jeux de hasard, hôtelleries où l'on s'arrête.
« Si tu pars des premiers, ton voyage est le meil-
« leur; tu t'en vas déjà muni du nécessaire, et sans
« avoir d'ennemis. Celui qui tarde se fatigue et perd

« ses ressources. Il vieillit, tombe dans l'indigence,
« rencontre les ennemis qui lui dressaient des piéges,
« et s'en va péniblement parce qu'il a trop vécu. »

La Mort était belle en Grèce, parce qu'elle n'était défigurée ni par l'effroi de l'autre monde, ni par les horreurs de la destruction. Qu'étaient-ce que les Enfers et les Champs Élysées? Un pays léthargique et vague, peuplé d'ombres plus pâles que les fantômes du sommeil. Cette existence spectrale répugnait à l'activité des temps héroïques. Achille proteste énergiquement contre elle, lorsqu'il répond à Ulysse qui le félicite de régner encore sur les âmes après le trépas : « Fils de Laërte, noble Ulysse, ne « flatte pas un mort. J'aimerais mieux être sur la « terre le garçon de charrue d'un fermier sans « domaine à lui, et qui n'aurait qu'à peine de quoi « vivre, que de commander en roi à tout le peuple « des morts. » Mais il y a plus d'ennui que de douleur dans cette plainte du héros dépouillé de sa beauté et désarmé de sa force. Et puis la flamme des obsèques antiques embellissait la mort en la purifiant. La pourriture ne souillait pas le cadavre; la forme humaine s'évanouissait dans sa perfection. Elle ne laissait d'elle qu'une poignée de cendres que recueillait une urne de marbre. L'homme s'envolait intact dans la sphère pure de la mémoire, comme l'idée noble ou gracieuse qu'il avait personnifiée sur la terre.

Ce n'est qu'au crépuscule du paganisme que la

Mort revêt les traits du hideux squelette. Encore paraît-il d'abord moins pour effrayer que pour divertir. C'est le bouffon plutôt que le tragédien du sépulcre. L'homme, en présence de sa sinistre carcasse, s'exhorte à jouir d'une chair fragile qui tombera demain ; il répond à son rictus sardonique par un éclat de rire voluptueux. Le squelette d'argent aux vertèbres flexibles, que Pétrone fait danser sur la table de Trimalcion, y joue le rôle d'une marionnette épicurienne : il excite la soif et la licence des convives. — « O misère ! — s'écrient-ils, — ô pitié ! que « tout l'homme n'est rien ! — qu'elle est fragile, « hélas ! la trame de sa vie ! — Ainsi nous serons « tous, après que Pluton nous aura enlevés. — « Vivons donc, tant qu'il nous est permis de jouir. »

Heu ! heu nos miseros ! Quam totus homuncio nil est !
Quam fragilis tenero stamine vita cadit !
Sic erimus cuncti, postquam nos auferet Orcus.
Ergo vivamus, dum licet esse bene.

Quelle tranquillité profonde respirent les tombeaux romains ! Leurs épitaphes semblent des enseignes invitant les passants à jouir de leur paix : *Securitati perpetuæ.* — *Bonæ quieti.*

Je me souviens encore d'une pierre gravée, du Musée de Florence, représentant un squelette qui danse devant un berger jouant de la double flûte. L'enfant lève les yeux, mais l'instrument ne quitte pas ses lèvres ; le spectre trouble à peine son chant qu'il va peut-être interrompre.

II.

L'avénement de la Mort date du christianisme qui, en rendant le corps à la terre, l'avilit et le souille au profit de l'âme. Dès lors, la Mort rejette les voiles dont l'imagination antique avait drapé sa laide nudité. Elle se résume dans le Squelette, emprunte sa faulx au Temps païen, et parcourt le monde en le fascinant. Elle n'a plus d'âge, plus de beauté, plus de sexe, rien qu'une ossature décharnée que surmonte un crâne grimaçant. Elle ne dort plus, elle trépigne et gesticule furieusement : au lieu de convier l'homme au sommeil, elle l'agite des angoisses et des menaces de l'éternité. A travers le grillage de ses os arides flambolent les feux de l'Enfer. Le Moyen-Age s'éprit de ce spectre. Il y a des époques dans son histoire où on peut dire qu'il était amoureux de la Mort. Tel fut le xive siècle, qui créa le drame aux mille tableaux de la *Danse Macabre*.

Qui veut avoir une image de ce siècle atroce n'a qu'à se représenter le cimetière du cinquième acte d'*Hamlet*, où les vivants s'égorgent sur des tas de morts et tombent pêle-mêle dans les fosses. Ce furent d'abord des guerres horribles qui saignèrent à blanc le genre humain ; puis vinrent des famines qui l'exténuèrent ; enfin, en 1348, surgit cette fameuse Peste

Noire dont, selon Froissart, « bien la tierce partie
« du monde mourut. » Cette fois, la mesure était
comble ; l'extrême terreur se changea en gaieté
extrême : le désespoir éclata de rire. La Mort devint
la déité de ce monde de sang et de larmes. On la
comparait à la vie et on la trouvait adorable. *Morte
nihil melius, vita nihil pejus :* « Rien de mieux que
« la mort, rien de pire que la vie. » C'est la devise
d'un livre du temps. Ce rire sardonique est le symptôme des grandes crises : lorsque la vie se fait trop
laide, l'homme n'y tient plus et la répudie. Tant de
catastrophes avaient ébranlé les nerfs de l'humanité.
La danse de Saint-Guy fut le galop final de cette
orgie de douleurs. Elle commence en 1374 sur les
bords du Rhin, et de là se répand, avec une rapidité électrique, en Hollande, en Flandre, en France,
en Suisse, en Allemagne. Ceux que piquait cette
tarentule infernale entraient subitement en danse :
danse enragée, délirante, agitée par les tremblements, couverte de l'écume de l'épilepsie. On
voyait les danseurs se prendre par la main dans
les rues, former de grandes rondes et tourner jusqu'à ce qu'ils tombassent raidis de fatigue. Ce fut
sans doute l'origine de la Danse Macabre. Comment
ne pas croire que la Mort était là, invisible ménétrier
du bal convulsif, aiguillonnant ses bonds, surexcitant
ses gambades, lui faisant creuser sa tombe avec
ses pieds frénétiques. L'Église, d'ailleurs, avait
toujours attaché une idée de damnation aux joies de

la danse. Dans les légendes du temps, la « Danse à mort » est un des châtiments infligés par Dieu aux pécheurs. La *Chronique de Nuremberg* rapporte là-dessus un conte effroyable. — A Darnstedt, près Halberstadt, des hommes et des femmes impies dansèrent un jour, pendant la messe, autour de l'église. Ils furent aussitôt condamnés à danser toujours. Sur-le-champ, ils se mirent en branle et tournoyèrent sans discontinuer. Ce trépignement perpétuel finit par user leurs pieds; alors il leur fallut sauter sur les mains. Le sacristain, voyant sa fille dans la ronde, voulut l'en tirer par le bras ; mais le bras lui resta dans les mains, et la fille damnée, sans donner signe de douleur, continua de danser avec les autres. Enfin, un an après, jour pour jour, ils tombèrent morts dans le gouffre ouvert par le battement de leurs pieds.

Quoi qu'il en soit, à peine créée, la Danse des Morts devint populaire ; elle monta sur les tréteaux, se déroula en longues fresques sur les murs des cloîtres et des cimetières ; elle encadra les livres d'Heures et colora les vitraux : on la retrouve qui serpente jusque sur le fourreau des épées, jusque sur le couvercle des coupes. Au xvie siècle, Holbein résume avec génie ce cycle funèbre. Ce fut le dernier élan de la Danse des Morts. Sortie de la nuit du Moyen-Age, elle s'arrête au seuil de la Renaissance.

III.

L'idée de toutes les Danses macabres est la même ; c'est l'égalité des hommes devant la mort, le nivellement du cimetière appliqué aux écrasantes inégalités de la vie. Du Pape au serf, du trône pontifical au sillon, la Mort visite en gambadant les mille étages de la Babel humaine. Elle n'affecte pas l'air tragique ; c'est en bouffonnant qu'elle invite les hommes à sa ronde. Mais elle redouble d'ironie méchante lorsqu'elle aborde les grands de la terre : alors son ricanement devient goguenard et presque féroce. Regardez bien : à travers ce masque décharné, on entrevoit une tête plébéienne. Le faible se venge du fort en l'assignant au cercueil ; l'opprimé enterre vivant l'oppresseur. — Qu'est-ce que la Danse macabre ? La Jacquerie de l'éternité.

C'est par le Pape que la Mort commence ; elle le prend à l'élévation de sa gloire, au moment où l'empereur d'Allemagne, le César, l'Auguste, le porte-glaive de Dieu, rampe à ses pieds et baise sa pantoufle. — *Non tibi, sed Petro*, semble dire l'empereur humilié, comme fit son aïeul, Frédéric, lorsque dans la basilique de Saint-Marc il baisa le pied d'Alexandre III. Mais, comme son prédécesseur, le Pape répondrait sans doute : *Et Petro, et mihi!* Quel transport d'orgueil doit le saisir à ce faîte des grandeurs terrestres, lui pauvre moine, qui naguère peut-être portait le bissac, et ramenait au couvent l'âne de la quête chargé de sportules! Comme il doit oublier la grave admonition que lui donna, le jour de son avénement, le prêtre qui, soufflant devant lui une torche d'étoupes, chanta par trois fois : *Pater Sancte, sic transit gloria mundi!* La Mort l'en fait souvenir; elle soulève la pourpre du dais, et lui frappe brusquement l'épaule... Les cardinaux effarés partent déjà pour le conclave.

Plus familière encore avec l'Empereur, la Mort saute à califourchon sur ses épaules et lui escamote sa couronne. Pour arriver au Roi, elle se déguise en échanson, et verse dans son gobelet d'or le coup de l'étrier du grand voyage. Puis elle va à la Reine, au Cardinal, à l'Évêque, au Prince de l'empire. — Quand il arrive à l'Abbé, le spectre devient bouffon, et un gros rire luthérien disloque sa mâchoire. L'Abbé est un moine obèse, au ventre proéminent, au triple menton. La Mort l'a décoiffé de sa mitre, et, le tibia tendu, la tête à la renverse, sa crosse abbatiale sur l'épaule, elle le tire par le pan de son froc avec de grotesques efforts.

Le Chanoine, dans une image plus ancienne, fait un beau contraste à cette caricature monastique. C'est un digne vieillard aux traits austères, gravement assis dans sa stalle. Il tient à deux mains le bréviaire que sa vie s'est usée à lire. La Mort s'approche de lui sur la pointe du pied; elle lui dit à l'oreille, comme pour ne pas troubler l'office, que l'heure est sonnée et qu'il faut la suivre. Le vieux prêtre la regarde d'un air tranquille ; il lui fait signe d'attendre qu'il ait fini l'antienne commencée, et il marque d'un signet l'endroit de l'office où elle est venue l'interrompre, comme s'il allait le reprendre au ciel.

Mais le Spectre dansant revient bientôt à sa burlesque nature. Un Prédicateur est en chaire ; il déclame, il gesticule, et ne voit pas que la Mort, debout derrière lui, imite ses mouvements, parodie ses gestes, et contrefait, avec son menton pelé, les inflexions tonnantes et pathétiques de sa bouche. Tout en jouant sa comédie, le terrible mime l'a dépouillé de son étole et lui a pris son bonnet carré qu'il plante effrontément sur son crâne. — Un Prêtre porte le viatique à un moribond. La Mort, grimée en sacristain, marche devant lui, tenant d'une main la lanterne et de l'autre secouant la clochette. — Un moine mendiant rapporte au couvent une valise gonflée de dîmes et d'aumônes ; la Mort l'arrête au passage par la pointe de son capuchon, et rafle du même coup le quêteur et la quête. — A l'air familier dont elle aborde le Médecin, on devine qu'elle visite un collaborateur. — Tandis que l'Astrologue, dressé sur son fauteuil, contemple la sphère planétaire pendue à la voûte de sa cellule, le Squelette lui met sous les yeux un globe plus profond et plus mystérieux : c'est une tête de mort. — Il entre avec effraction dans le caveau de l'Avare, pille les sébiles, vide les balances, fait rendre gorge au sac gonflé des deniers du pauvre, et, de sa toile, fait à l'usurier un suaire.

Dans le nombre des invités à la Danse, il en est qui résistent, et, qu'il faut entraîner de force. Tel ce Chevalier, bardé et empanaché comme un destrier de bataille, que la Mort dépouille pièce à pièce de sa lourde armure. — Tel encore ce Capitan qui tire contre elle sa lourde épée à deux mains; à quoi le spectre moqueur riposte en dégainant un ossement.

D'autres, au contraire, parmi ces invités de la Mort, lui font un accueil cordial ou indifférent. Maudite en haut, elle est, en bas, bien reçue, parfois appelée. N'est-elle pas la consolatrice des inconsolables et l'espérance des désespérés? Les Hindous donnent à Yama, leur Dieu de la mort, deux visages, l'un effrayant et redoutable, l'autre bienveillant et doux. — Le Laboureur traîne dans l'âpre sillon son maigre attelage : la Mort lui apparaît, déguisée en valet de ferme, un fouet à la main. Les chevaux s'effarent; mais le vieux paysan n'est pas même ému. Sa grosse tête obscure et ridée comme l'argile que fend sa charrue, n'e prime qu'une résignation somnolente. Il est las des soleils, il se couchera dans le sépulcre comme il se couchait à midi dans le sillon, la tête sur une pierre. Qu'il est touchant, le mélancolique quatrain inscrit au bas de la vieille estampe!

<pre>
              A la sueur de ton visaige
              Tu gagneras ta pauvre vie,
</pre>

> Après long travail et usaige,
> Voicy la mort qui te convie.

Elle n'est pas moins douce au pauvre Messager qui chemine vers la ville, ployé en deux par sa lourde balle. Il a la sueur au front et le souffle aux dents ; il rappelle ces patients du Dante, qui rampent sous d'énormes pierres dans les sentiers du *Purgatoire*, s'arrêtent çà et là, respirent longuement et murmurent d'une voix si basse que le poëte les entend à peine : *Più non posso!* « Je n'en puis plus! » — Pas de borne où déposer son fardeau, pas de Cyrénéen pour le porter à sa place. Mais la Mort survient, charitable et compatissante ; le rictus de sa bouche grimace un vague sourire de bonté. Elle défait doucement les dures courroies de la besace du pauvre homme, et lui adresse ce miséricordieux appel :

> Venez, et après moi marchez,
> Vous qui êtes par trop chargés,
> C'est assez suivi les marchés,
> Vous serez par moi déchargés.

Le Fou, non plus, ne craint pas la Mort. Elle lui a pris sa marotte et sa cornemuse, et elle l'emmène avec de grotesques gambades. Le bouffon lui rend grimace pour grimace, et part, en pirouettant, avec elle. Qu'importe à cet homme de farce et de joie? Il n'a pas vécu, il a passé sur la vie, fantastique et superficiel comme l'Ombre chinoise. Qu'y a-t-il de changé dans sa destinée ? Lorsqu'il gît à terre entre les fleurs flétries et les flambeaux éteints du bal terminé, le masque ne cesse ni de grimacer ni de rire. Mort ou vivant, nul ne le prend au sérieux. Lorsque Hamlet, au cimetière, ramassera son crâne agité par le vent d'automne, ce sera pour lui débiter encore de mélancoliques facéties.

C'est dans une chaumière que la Mort vient prendre l'Enfant ; elle l'arrache du coin de l'âtre où brille un feu clair, et l'emmène par la porte ouverte sur l'obscurité. Le pauvre petit appelle, en pleurant, sa mère qui se tord les bras. — « O Mort ! » lui fait dire, avec une naïveté poignante, un distique allemand, » O Mort ! comment dois-je entendre ceci ? « Tu veux que je danse, et je ne sais pas marcher « encore. »

La procession funèbre se termine ordinairement par l'Enfant, mais le peintre de la Danse Macabre de Bâle y a ajouté un saisissant épilogue. Il s'est représenté lui-même, dans le cimetière dont il peint le cloître, accosté par la Mort, au moment où il donne le dernier coup de brosse à ses fresques. — « Hans « Hug Klauber, lui dit-elle, laisse là ton pinceau ! »

Hans Hug Klauber ! lass mohlen stohn !

Et le vieux peintre se lève pour entrer, à son tour, dans la ronde funèbre qu'il vient d'évoquer.

IV.

Telle est, dans son rapide abrégé, cette conception étrange, qui, sous la forme du spectacle, du tableau, de la peinture ou du livre, fascina le Moyen-Age pendant plus d'un siècle. On peut dire qu'à cette époque la Mort fut littéralement à la mode ; tous les esprits la méditaient, tous les cœurs battaient à son approche si fréquente. Chacun rêvait d'elle, comme l'amant rêve à sa maîtresse, lorsque l'heure du rendez-vous s'avance, et que d'une minute à l'autre elle peut arriver... — N'est-ce pas elle qui monte l'escalier? N'avez-vous pas entendu frémir les plis de sa robe ? — N'entendez-vous pas claquer ses ossements et siffler sa faux ? — Ses artistes la peignent avec une sorte d'amour ; ils s'ingénient à varier son crâne immobile ; ils lui prêtent des jeux de physionomie aussi expressifs et aussi nuancés que ceux du visage ; ils font parodier toutes les attitudes du corps vivant à sa frêle charpente ; ils lui donnent tous les âges, tous les sexes, tous les caractères. — Ici, la Mort est vieille : sa tête branle, ses fémurs chancellent ; là, elle roidit des biceps d'athlète : son torse vide ressemble à un antre d'où le lion est sorti. Ailleurs, elle affecte les allures folâtres de la jeunesse : vous diriez le svelte squelette d'une danseuse ou d'un écolier.

A travers ces jeux de la forme persiste la moralité dominante : celle de la fraternité humaine se retrouvant avec effroi entre les bras de l'impartiale Destruction.

Il y a trente ans, Grandville entreprit de refaire la Danse Macabre à l'usage du XIX° siècle. On y voyait un squelette déguisé en groom, en avocat, en pharmacien, en garde national, parcourir les rues et visiter les maisons du Paris moderne. Mais la foi manquait à cette parodie des austères images du vieux temps. La Mort, dans les froides lithographies de Grandville, prend la forme prosaïque du *Décès*, ce spectre bureaucrate qui gère le cimetière comme un arrondissement silencieux.

V.

En dehors de la *Danse Macabre*, c'est presque toujours sous l'effigie d'un squelette que la Mort se montre dans les allégories de la poésie et des arts. Tantôt elle s'habille en chasseresse et part pour la curée humaine, le cor à la bouche et le faucon sur le poing. Tantôt elle parade aux obsèques royales, appuyée sur une grande lance et ceinte de la couronne du roi mort. Pétrarque la promène sur le char de triomphe des anciens Césars ; Albert Dürer la met à cheval, une horloge de sable à la main, derrière un cavalier pensif qui s'enfonce dans une forêt ténébreuse. Rembrandt l'évoque d'une fosse entr'ouverte, devant deux fiancés en habits de fête. Les sculpteurs de la Renaissance lui font ouvrir avec un fracas théâtral la porte des mausolées.

Çà et là, cependant, l'imagination humaine prête à la Mort des traits moins hideux et moins répulsifs. La Grèce moderne a gardé l'antipathie qu'inspirait au génie hellène l'image physique de la destruction. Ses Chants populaires représentent la Mort sous la figure archaïque de Charon, l'ancien batelier des Ombres. Comme le Génie étrusque, Charon emmène à cheval les âmes des trépassés. « Il fait aller les
« jeunes gens devant et les vieillards derrière, — et
« les tendres petits enfants rangés de file sur sa
« selle. — Les vieillards le prient, et les jeunes gens
« le supplient : — « O Charon ! fais halte près de
« quelque village, au bord de quelque fraîche fon-
« taine : — les vieillards boiront, les jeunes gens
« joueront au disque, et les tout petits enfants cueil-
« leront des fleurs. » — « Je ne fais halte près d'au-
« cun village, au bord d'aucune fraîche fontaine : —
« Les mères qui viendraient puiser de l'eau recon-
« naîtraient leurs enfants ; — les maris et les femmes
« se reconnaîtraient, et il ne serait plus possible de
« les séparer. » — Dans un autre chant, l'agonie d'un pâtre frappé à la fleur de l'âge prend la forme plastique d'un combat d'athlètes. Charon l'attend au défilé d'une montagne. — « D'où viens-tu, svelte
« berger aux cheveux nattés ? — Je vais chercher

« du pain et m'en retourner aussitôt. — Et moi,
« berger, Dieu m'envoie chercher ton âme. — Mon
« âme ! je ne la livre pas ainsi : je ne suis ni faible
« ni malade. Viens, luttons ensemble sur cette aire
« de marbre. Si je suis vaincu, ô Charon ! tu pren-
« dras mon âme ; si je suis vainqueur, laisse-moi et
« va-t'en à ton plaisir. » — Ils allèrent et luttèrent
« depuis le matin jusqu'à midi. — Mais vers l'heure
« du goûter, Charon terrassa le berger. » — Quel
contraste entre cette lutte résolue d'un être vigou-
reux contre le Trépas, et les jérémiades par lesquelles
les patients de la *Danse Macabre* répondent à l'invi-
tation de la Mort ! Plus de brouillards, plus de cauchemars, plus de fantasmagories grimaçantes. L'air
lumineux de la Grèce dissipe les visions. La Mort est
un combattant qui tue et non un fantôme qui fascine.
En touchant le sol de la Grèce, elle redevient simple
et naturelle comme ses anciens Dieux.

L'Orient fataliste ne fait pas non plus grimacer la
Mort ; son calme imperturbable ne se dément pas
devant elle. Les cimetières musulmans sont des jardins délicieux ; les promeneurs s'assoient sur les
tombes comme sur des divans, et font des libations
de café aux ossements blanchis qui jonchent les pe-
louses. La Mort musulmane s'appelle Azraël. C'est un
de ces anges impassibles du Coran qu'on prendrait
pour les Muets du Sérail divin. On le voit parfois,
lorsque la peste menace une ville, errer par les rues
et par les bazars, et marquer du bout de sa lance la

porte des habitants désignés. Une belle légende, citée par Mahomet, caractérise sa fatalité. — Un jour, Azraël, passant sous une forme visible devant Salomon, regarda fixement un homme assis sur les degrés de son trône. Cet homme demanda quel était ce passant mystérieux dont le regard l'avait transpercé ; Salomon lui apprit que c'était l'Ange de la mort. L'homme effrayé pria le roi d'ordonner au vent de l'emporter dans l'Inde, ce qui fut fait aussitôt. Alors l'Ange dit à Salomon : « Voici pourquoi j'ai regardé cet homme avec attention : j'ai ordre d'aller prendre son âme dans l'Inde, et j'étais surpris de le rencontrer en Judée. »

Aujourd'hui, la Mort a déposé sa faux, son sablier, son flambeau, ses ailes d'ange ou d'oiseau de proie, tous les attributs poétiques et terribles dont l'avait parée l'imagination. La science a étudié son œuvre, et elle n'y a vu que le phénomène d'un organisme éphémère, vaincu après une lutte de quelques années, par les réactions chimiques qui tendent à le désagréger et à le dissoudre. La Mort ne vient plus du dehors attaquer et renverser l'homme, elle naît avec lui, elle surgit de sa propre essence. Ce squelette en qui le Moyen-Age la personnifiait, c'est celui qui fait la base et l'armature de notre être, et qui, après avoir porté quelques jours son vêtement de chair et d'organes, ne tend plus qu'à l'user d'abord, et ensuite à le rejeter. Destituée de sa mission surnaturelle, dépouillée de l'individualité fantastique dont la foi l'avait revêtue, la Mort a pris la sérénité sinistre d'une loi naturelle. Elle a perdu jusqu'à son nom que la science lui conteste, en la mêlant avec la vie dont elle est l'indispensable aliment. L'horrible Spectre auquel l'homme prêtait ses partialités et ses haines était moins effrayant peut-être que ce sphinx vague, abstrait, impassible, plongé dans la nature, soumis au flux de ses naissances et au reflux de ses destructions, et, selon cette alternative invariable, rejetant les êtres vers la lumière ou les engloutissant dans la nuit.

XVII.

LES BOHÉMIENS.

« Il était une fois un certain roi de Bohême, » dit le caporal Trim à l'oncle Toby dans *Tristram Shandy*. ¬ Et c'est tout; l'histoire commencée s'arrête court et ne finit pas. L'histoire de la Bohême se résume dans ce vague exorde de conte bleu : Il était une fois un peuple appelé *Roms, Zingari, Cygany, Zigeuner, Gipsies, Gitanos, Égyptiens, Bohêmes*, etc. Les historiens des grands chemins n'en savent guère plus long que le caporal. Longtemps la source de cette peuplade excentrique est restée aussi inconnue que celle de ce Nil d'où ils prétendaient venir. Aux mots sanscrits que leur argot roule, parmi des vocables arrachés à tous les patois de la terre, la science a reconnu leur mystérieuse origine. — Tels ces coquillages rapportés de Bombay ou de Ceylan : l'oreille qui s'en approche y entend bruire l'écho de la mer des Indes. — Comment l'Inde immobile a-t-elle engendré cette tribu nomade? Quel crime expie sa proscription séculaire? D'où vient qu'elle n'a pas emporté une seule idole, un seul fétiche, un seul rite de ce pays natal où les dieux pullulent? Questions sans réponses. Le sphinx interrogé ne dit pas le mot de l'énigme. Il vous regarde avec son perfide et triste sourire; il bredouille au lieu de répondre : « Affaires d'Égypte. » Cela ne regarde pas les *gorgios.*

On comprend la stupeur de l'Europe chrétienne, au xv° siècle, lorsqu'elle vit surgir sur tous les points de son territoire ces hordes baroques qui semblaient tombées d'une autre planète. Les chroniqueurs se signent en dépeignant leurs ramas d'hommes noirs, d'enfants grimaciers et de fauves sibylles. Ils allaient par petites bandes ou gros bataillons, flanqués de chiens de chasse, précédés de Comtes en loques et de Ducs en guenilles, chevauchant des rosses apocalyptiques, campant aux portes des villes, sous des tentes immondes ou sur des chariots qu'on eût dit revenus de la déroute de Sennachérib. Ici, ils se disaient condamnés par le pape à courir le monde, en pénitence d'une apostasie. Là, c'était Dieu lui-même qui les vouait au vagabondage, pour les punir d'avoir refusé l'hospitalité à la Sainte Famille fuyant en Égypte. L'astuce orientale mystifia la candeur gothique. Le Moyen-Age crut à ces bateleurs grimés en pénitents et en pèlerins; il leur délivra des bulles, des saufs-conduits, des viatiques, il leur octroya toute sorte de priviléges bizarres et naïfs. Cependant, la race intruse l'envahissait en sourdine. Cette lèpre orientale gagnait la chrétienté tout entière. Tout à l'heure ce n'était qu'un point noir sur les steppes de la Valachie, bientôt l'Europe tout entière fut tachée de leurs bivouacs suspects et sordides.

Il serait plus facile de décrire l'itinéraire des nuées ou des sauterelles, que de suivre les traces de leur invasion. Le mystère inhérent à ce peuple étrange enveloppe ses éternels voyages. Le vent efface l'empreinte de ses pieds. Là où ils étaient cent, les voilà mille. Ils se reproduisent avec l'effroyable fécondité des insectes. L'Espagne se réveilla, un jour, couverte de cette vermine, comme le *Pouilleux* de son Murillo. Ils envoyèrent en Angleterre une armée, et elle traversa la mer, invisible, comme ces colonies de rats que débarque un navire venu de mille lieues. Avant qu'il ait relevé l'ancre, le pays en est submergé. Les passagers n'ont rien vu et rien entendu... à peine un petit bruit sourd à fond de cale.

Tels ils étaient, tels ils sont encore. Aucun des traits de leur premier type ne s'est altéré. Vous retrouvez dans les clairières de l'Écosse et sous les cactus de l'Andalousie ces hommes basanés, au nez crochu, aux yeux striés de bile, aux cheveux roides comme des touffes de crin, qui effrayaient les vieux chroniqueurs. Callot signerait, pour copie conforme.

les fastueux haillons qui les drapent; il reconnaîtrait leurs charrettes héroï-comiques encombrées de poêlons et de cymbales, d'oripeaux et de volailles, de mégères et de jolies filles, qu'escortent gravement des truands harnachés et des enfants coiffés de marmites. C'est toujours le même peuple errant, sans feu ni lieu, sans culte ni code, épars et identique à lui-même sur tous les sentiers du monde où il essaime ses noires caravanes. Il a gardé sa paresse rêveuse, son indépendance égoïste, son ignorance du bien et du mal, sa rébellion tenace aux lois du travail et de la contrainte. Immoral et poétique comme la Nature, il ne réclame des civilisations qu'il traverse que le droit d'asile dans son vaste temple. Aux autres les villes policées, les maisons solides, le foyer qui fonde, le champ qui enracine, la sécurité du bien-être, les travaux de l'intelligence. Au Bohême les forêts touffues, les sierras pierreuses, les arches de ponts écroulés, la tente qu'on roule chaque matin autour du bâton de voyage; la marmite immonde où cuisent, à défaut d'autre proie, le hérisson et la taupe. A lui les licences et les hasards de la vie instinctive qui n'obéit qu'aux aiguillons de la chair et qu'aux influences de la lune.

Ses larcins ressemblent aux rapts des animaux carnassiers. Il vole au jour le jour, sans arrière-pensée de prévoyance ou d'épargne. Il s'adjuge le droit du loup sur le haras, du milan sur la basse-cour, du reptile sur les bestiaux qu'il empoisonne avec des venins rapportés des jungles, et dont il va le lendemain mendier les cadavres. De tous les exercices du travail, il ne cultive que la parodie. Montrer des ours, tondre des mules, jouer des gobelets, dire la bonne aventure, c'est avec cette monnaie de singe qu'il gagne et paye l'écot de sa vie. Il se complaît aussi dans les ruses et dans les prestiges du maquignonnage. Un jour de foire est pour lui ce qu'une nuit de sabbat est pour un sorcier. Entre ses mains de jongleur, Rossinante devient robuste comme Bucéphale. Le squelette fourbu qui, la veille, traînait son sabot boiteux, le séton au cou, se métamorphose en coursier fringant qui fume et trépigne. Le *gorgio* tenté vide sa bourse pour l'acquérir; il l'enfourche, il l'éperonne... En un temps de galop, la bête apocryphe se dessèche entre ses genoux; son embonpoint fond comme de la neige au soleil; sa crinière postiche reste dans la main du rustre ébahi. — Quelquefois encore, le Bohême se fait forgeron; mais c'est en virtuose qu'il bat son enclume. Le bruit du soufflet lui rappelle le vent soufflant dans les arbres; le cliquetis du marteau réjouit son oreille; son esprit mobile s'envole et s'ébat parmi les étincelles. « Comme « une centaine de délicieuses filles, elles apparaissent « roses, empourprées, et, dans le même instant, « expirent après avoir dessiné les rondes les plus « gracieuses. » C'est un couplet de chanson bohême.

Ainsi des métiers; quant aux arts, il n'en connaît

qu'un, la musique. Cet art fluide où la pensée flotte est l'élément de son âme; il s'y plonge, il y nage, il ne se confie qu'à lui seul. Un Bohême ne cause qu'avec son violon. Là encore il revendique son indépendance. La musique bohême est une *fantasia* sonore : pas de règles, aucune discipline. Les rhythmes bondissent, les notes s'éparpillent, la mélodie à peine apparue s'évade en zigzags dans les dédales de la fioriture; le sanglot finit en éclat de rire, l'andante, qui se traînait languissamment sur les cordes, prend le galop d'une strette enragée. Mais ce sont des traits à emporter l'âme, des arabesques d'une richesse féérique, des phrases qui pleurent, comme si des voix de femmes se lamentaient entre les planchettes couleur d'or de l'instrument enchanté, des passages d'une soudaineté enthousiaste, qui tantôt enlèvent l'imagination en plein ciel et tantôt l'enfoncent dans les entrailles de la terre. — Je me souviens d'avoir entendu la *Marche de Rakocy* par un virtuose formé à leur école. L'air, attaqué avec un éclat fulgurant, se perdait en imperceptibles rumeurs... Tout à l'heure, c'était le hourrah d'un escadron chargeant l'épée haute... maintenant on eût dit le chant de guerre d'une armée d'insectes.

La grande poésie de la Bohême, c'est la Bohémienne. Lorsqu'elle est belle, sa beauté est un enchantement. Son teint cuit au soleil a la saveur de ces fruits qui sollicitent la morsure; ses yeux félins, où jamais ne passe une lueur de tendresse, fascinent par leur magique clairvoyance. Elle traîne dans des babouches éculées des pieds dignes de s'appuyer sur un socle; elle étale cette chevelure compacte et solide par laquelle on liait autrefois les captives au char du vainqueur. Le clinquant sied à cette fille du hasard et de la fiction. Mensonge vivant, elle s'harmonise avec tous les mensonges de la toilette et de la parure. Son corps vivace s'entortille à ravir dans les étoffes rayées et voyantes. Les verroteries, les amulettes, les sachets, les perles fausses, les baies rouges, les monnaies turques, voilà les écailles qui font reluire ce serpent. Le mauvais goût convient aux idoles. — « S'il te naît une « fille, — dit un des livres sacrés de l'Inde, — « donne-lui un nom sonore, abondant en voyelles « et qui soit doux aux lèvres de l'homme. » Les Bohémiennes n'ont pas oublié cette recommandation des vieux brames. Elles s'appellent Morella, Claribel, Preciosa, Meridiana, Agriffina, Orlanda : des noms de fleurs ou d'étoiles. Leur rôle dans la tribu est celui du miroir dans la chasse aux alouettes. Séduire l'étranger, allécher le chaland, fasciner le *gorgio*, attirer, avec leurs yeux aimantés, les bagues de ses doigts et les sequins de sa bourse, telle est la tâche dont elles s'acquittent avec un sang-froid de Sirènes. Ce n'est pas un des moindres mystères de la Bohême que la chasteté de ses femmes, au milieu des feux et des épices d'une coquetterie infernale. Don Juan a déroulé des noms de toutes les couleurs, sur sa liste cosmopolite : il y en a même écrits de droite à gauche, à l'encre de Chine. Cherchez bien, vous n'y trouverez pas un nom de Bohême. La dernière des Gipsies, à laquelle on donnerait pour amant un lord d'Angleterre, se redresserait avec l'indignation d'une créole accusée de s'être livrée à un nègre.

Les Almées du Caire pâliraient, dit-on, auprès des Bohémiennes de Moscou. Elles ensorcellent la jeunesse de la ville, et font le dégât d'une invasion dans ses patrimoines. C'est une mode et une rage de les avoir dans les fêtes. Elles y exécutent des danses d'Hérodiade, des danses qui semblent piquées au talon par une cantharide. L'air s'allume au tournoiement de leurs robes; leurs yeux fous, leurs gestes lascifs promettent des voluptés enflammées. Un frisson d'amour circule dans la salle, les têtes s'exaltent, les cœurs bondissent, on lance des poignées d'or et de bijoux à leurs pieds... elles, restent froides comme des salamandres dansant au fond d'un brasier. Elles s'enfuient après avoir allumé ce grand feu, et, qui les suivrait à la sortie de ces bals, les verrait courir au loin, dans la plaine, vers un camp nocturne, ou rejoindre un noir saltimbanque ronflant sur le fumier d'une étable. Il y a de la méchanceté dans l'hystérie de leur danse : on dirait que ces cruelles baladines s'amusent à irriter la passion et à torturer le désir. Leur costume favori semble l'emblème de ce jeu féroce. C'est une jupe jonchée de morceaux d'étoffe rouge découpés en cœurs : cœurs navrés, cœurs transpercés, cœurs pris comme des papillons au vol de la danse, brûlés au feu de ces yeux arides et splendides, et piqués sur la jupe brillante qui les a séduits avec les épingles de l'*envoûtement*; cœurs ennemis exposés sur la basquine lascive, comme des têtes de giaours entre les créneaux du sérail; écrin de cœurs massacrés étalé sur la beauté cruelle qui s'en pare, comme la panthère des taches de sa robe !

Cette fidélité aux hommes de leur race est moins d'ailleurs une vertu qu'un instinct du sang. Le mépris les préserve et non la pudeur. Ces mêmes femmes, que n'attendrirait pas une pluie d'or, vendraient pour une guinée l'honneur d'une jeune fille. Il n'y a qu'en Bohême qu'on rencontre des vierges entremetteuses. Ces hermines excellent à vanter la fange et à conduire au bourbier.

La beauté chez les Bohémiennes resplendit et file comme un météore. Elles vieillissent vite, et la laideur les dévore. Tout en elles est extrême; pas de milieu entre la Péri et le monstre. Qui a rencontré sur son chemin une de ces vieilles horrifiques en est resté médusé. Le soleil les brûle, la pluie les rouille, le vent les tanne, l'âge les déforme et les casse en deux. Leur visage n'est plus qu'un fouillis de rides qui se creusent âprement à la lumière du ciel bleu. Seuls, les yeux ont gardé leur éclat sidéral : l'éclair prophétique y remplace la flamme voluptueuse. Du royaume en plein vent de la danse ailée, elles descendent dans l'empire mystique des ténèbres; elles ne font que changer de trône. Que d'incrédules ont convaincus les oracles que grommellent ces bouches sépulcrales! Que de cœurs ont percés à jour ces prunelles de braise qui lisent dans la nuit! Que d'hommes, arrivés le sourire aux lèvres, sont sortis de leur antre rêvant comme Macbeth après l'apparition des Sorcières!

On a déchiffré les hiéroglyphes de l'Égypte et les signes cunéiformes de Ninive; personne encore n'a deviné l'énigme de cette race vivante et présente. Est-ce au philosophe, est-ce au naturaliste, qu'il appartient d'analyser son âme dépourvue, en apparence, de toutes les facultés de la réflexion et du sens moral? Peuple sans tradition, composé d'individus sans mémoire! Quel miracle a conservé cette agglomération de molécules si mobiles? Il n'a pas d'histoire : arrivé au milieu de nous dans un nuage de contes, il s'est habitué à y vivre, et il en a si bien épaissi les ombres, qu'il ne pourrait aujourd'hui distinguer sa réalité de sa fable. Aucun souvenir d'une ère primitive, aucune nostalgie d'un pays natal. On dirait qu'au premier jour de son Exode, il a traversé à la nage le Fleuve de l'oubli. Il n'a pas de Dieu: sa religion est celle des cigognes qui perchent indifféremment, suivant la saison, sur la corniche des cathédrales et sur le balcon des pagodes. Catholique en Espagne, protestant en Angleterre, mahométan en Asie, il passe du temple à la mosquée, de la circoncision au baptême, avec une imperturbable insouciance. Le peuple dit, en Valachie, que « l'église « des Bohémiens ayant été construite en lard, les « chiens l'ont mangée. » Leur athéisme n'a rien d'impie; ils ne nient pas, ils n'affirment pas, mais leur esprit fugace se dérobe aux entraves du dogme, comme leur corps agile aux liens de l'existence sédentaire; ils ne croient qu'à la Nature, ils n'adorent qu. la Fatalité qui régit leur vague existence. Ce signe de race a été observé et constaté de tout temps. Tallemant des Réaux raconte que la Reine Anne d'Autriche mit au couvent, pour la convertir, une jeune danseuse bohémienne, appelée Liance, qui avait amusé la cour de Louis XIII. « Elle pensa faire enrager tout le monde, dit-il, car elle se mettait à danser dès qu'on parlait d'oraison. »

Comment le Bohême s'élèverait-il à l'idée divine? à peine a-t-il conscience de son être. Il ne se connaît pas plus lui-même que l'oiseau ne sait l'histoire naturelle. Chaque nuit efface pour lui les événements de la veille; chaque matin il s'éveille au jour comme le papillon s'élance de sa larve. Interrogez-le sur sa vie passée, il s'embrouille, il balbutie, il vous raconte des fragments de rêves... — Borrow rapporte un propos de vieux Gitano qui jette un jour étrange sur l'intérieur de ces têtes obscures. « Je me sou- « viens, — lui dit son guide Antonio, — qu'étant « enfant, je me mis un jour à battre un âne. Mon

« père retint aussitôt mon bras, et me réprimanda
« en disant : — Ne fais point de mal à cette bête,
« car l'âme de ta sœur habite en elle. — Peux-tu
« croire une telle chose, ô Antonio? s'écria Borrow.
« — A quoi le Bohême répondit : — Oui, quelque-
« fois; mais, d'autres fois aussi, je la repousse. Il y
« a des personnes qui ne croient rien du tout, pas
« même qu'elles ont la vie en elles-mêmes! J'ai
« connu un vieux Caloré très-âgé, il avait plus de
« cent ans, qui répétait toujours que toutes les cho-
« ses que nous croyons voir ne sont que mensonge,
« et qu'il n'existe ni hommes, ni femmes, ni che-
« vaux, ni mulets, ni rien de ce que nos yeux croient
« apercevoir. »

N'est-ce pas là la clef de l'énigme? Cette parole n'est-elle pas le mot d'ordre moral de l'errante tribu? Elle explique sa perversité naïve, ses mœurs animales, son ignorance du lendemain, et pourquoi elle traverse indifféremment les villes et les forêts sans les distinguer l'une de l'autre. Le Bohême ne vit pas, il rêve; il chemine avec le sentiment de l'inanité de son être, parmi les fantômes de toutes choses; il passe sur le monde comme un spectre lumineux sur une toile sans plan et sans profondeur. Dès lors ses actions lui paraissent irresponsables et vaines, comme les mouvements d'une ombre dénuée de substance. Le mal s'efface, le bien s'évanouit; il n'est plus qu'un somnambule égaré dans une fantasmagorie immense et moqueuse. — *Umbra,* dit un sépulcre de Rome.—*Nihil*, lui répond le tombeau voisin. Le passé, le présent et l'avenir de la Bohême tiennent dans ces deux mots.

Quoi qu'il en soit, on les redoute sans les haïr, ces fils de la Fatalité, ces Rois Fainéants de la solitude. Race malfaisante plutôt que méchante! Elle décore de groupes orientaux les paysages de l'Europe. La Muse visite souvent ses bivouacs, et chaque fois elle en ramène dans la poésie ou dans la musique des types immortels : Esmeralda, Mignon, Fenella, Preciosa. Ses caravanes promènent au milieu des civilisations laborieuses, je ne sais quel chimérique étendard de loisir et de liberté. Souvent l'Imagination, fatiguée des entraves de la vie sociale, prend les ailes du rêve pour s'abattre sous leur tente et s'enrôler dans leurs bandes. Le jour où ils disparaîtront, le monde perdra, non pas une vertu, mais une poésie.

XVIII.

LES VOCÉRATRICES DE LA CORSE[1].

Quand un homme a été tué, en Corse, par la balle ou le stylet d'un ennemi, on transporte son corps dans sa maison; on l'étale sur une table, la face découverte; ses amis accourent dans la chambre mortuaire, et la *Gridatu* — Vocifération — commence. C'est d'abord un grand bruit de lamentations et de plaintes, orage de douleur, que traversent, comme des éclairs, de brûlants serments de vengeance. Les hommes tirent les poignards de leurs manches et font résonner les crosses de leurs fusils sur les dalles; les femmes agitent leurs cheveux dénoués et

---

[1]. V. Tommaseo, *Canti popolari Toscani, Corsi, Illirici Greci*, et *Les Chants populaires de la Corse* recueillis par M. Féo.

trempent leurs mouchoirs dans les plaies du mort. Parfois le vertige les saisit : elles se prennent par la main et dansent autour du corps, en poussant des cris saccadés, la ronde funèbre du *Caracolu*. Un silence morne succède à cette crise. Alors, une des parentes du défunt sort du groupe de ses compagnes, et colle son oreille à la bouche du mort, comme pour prendre de lui le mot d'ordre; puis, d'une voix vibrante, elle entonne le *Vocero*.

Le *Vocero* est le chant de guerre de ces violentes funérailles, l'*Évohé* pathétique de ces bacchanales de douleur. Les femmes qui le prononcent l'improvisent sur un rhythme haletant et court, qui semble suivre les palpitations de leur cœur. Quelques-unes cultivent ce don des larmes sanglantes, et président en prêtresses de malédiction à tous les convois qui les réclament. Elles jouent dans ces lugubres cérémonies le rôle des Prophètes de mauvais augure, que les rois de la Bible envoyaient chercher pour anathématiser leurs ennemis. Mais, le plus souvent, la *Vocératrice* est la mère, la femme ou la sœur du mort; et le délire qui la transporte n'est que la voix du sang qui crie, et le blasphème d'un cœur foudroyé.

L'art n'a rien à voir dans ces poésies de clameur et de premier jet : l'amour et la haine, la plainte et l'imprécation, la prière et la menace s'y heurtent et s'y entrecoupent avec les dissonances du sanglot. L'excuse de leur violence est dans leur explosion. Un *Vocero* littéraire aurait la recherche atroce d'un poignard incrusté de perles. Il le faut tel qu'il est, fou de colère, ivre de larmes, chantant « par la bouche d'une blessure, » comme dit un chant du Romancero.

Ordinairement, le prélude du *Vocero* est tendre et plaintif : l'orage commence par un soupir. Ce sont des réminiscences touchantes de la vie intime, des noms d'amour donnés par la sœur ou par l'épouse, et qui retentissent à l'oreille, comme des baisers sur le front du mort. — « O chéri de votre sœur ! » — s'écrie une jeune veuve : — car, par une sorte de pudeur charmante, les femmes, dans les *Voceri*, parlent presque toujours de leur mari comme d'un frère : — « O mon cerf au poil brun ! — mon fau-
« con sans ailes ! — je vous vois de mes yeux ! —
« je vous touche de mes mains ; — ô chéri de votre
« sœur ! — je baise vos fontaines de sang ! — Est-il
« possible que cela soit ? — je ne puis encore le
« croire. — O vous, plus doux que le miel ! — meil-
« leur que le pain ! — il semblait que Dieu l'eût fait,
« — ô Marie ! avec tes mains. »

> Paria Dio l'avesse fattu,
> O Maria, cu le to mane.

Ces litanies passionnées se poursuivent de strophe en strophe. A chaque pause de sa furieuse complainte, la Vocératrice reprend ce rosaire de deuil et d'amour. Elle évoque l'Ombre adorée sous toutes les formes de l'imagination primitive ; elle fait passer son âme dans la colombe du toit, dans la fleur du

champ, dans le faisan du makis, dans la voile de la mer, dans toutes les images familières et propices de la vie rustique. On croit entendre l'Épouse du Cantique des Cantiques prodiguant au bien-aimé ses métaphores idolâtres. A ces tendresses succèdent les gémissements, les angoisses, les vœux de désespoir éternel exprimés avec une énergie qui rappelle les douleurs antiques : — « Je veux envoyer à Asco —
« acheter du noir de fumée ; — je veux me teindre
« de noir — comme les plumes d'un corbeau. — Ma
« vie s'écoule et court — comme l'eau d'un fleuve.
« — Ne voyez-vous pas mes yeux ? — Ils sont chan-
« gés en deux fontaines, — pour pleurer mes deux
« frères — tués le même jour. — Elles ont fort à faire
« — les cloches qui sonnent pour les morts ! — Ce-
« lui dont je me plains le plus — c'est de vous, sei-
« gneur curé ; — car, envers ma famille, — vous
« vous montrâtes si contraire, — qu'en trois années,
« il en est sept — que vous nous avez enlevés. »

Mais le cri dominant des *Voceri*, celui qui finit toujours par étouffer tous les autres, c'est la vengeance. Alors la femme disparaît pour faire place à la Némésis qui chante l'immolation et le sacrifice. Rien n'égale la verve farouche de ses imprécations, vociférées dans ce rude dialecte corse qui est, pour ainsi dire, le hurlement de la langue italienne. La sœur fait vœu de changer sa robe contre une veste de bandit, d'acheter des pistolets avec ses pendants d'oreilles, et de faire elle même, à défaut des

autres, la *vendetta* de son frère. — « Pour faire ta
« *vendetta*, — sois-en sûr, — il suffira d'elle. »

> Per fa la to bindetta,
> Sta sigùru, basta anch'ella.

La mère jure de tailler à son fils un gilet rouge dans la chemise sanglante de son père, pour qu'il porte, jusqu'à ce qu'il l'ait vengé, les couleurs du meurtre. Les femmes veulent recueillir le sang de leurs maris, et le répandre goutte à goutte, par le pays, comme un poison mortel. La soif de la vengeance tourne à la rage dans quelques-uns de ces Chants, ou plutôt à une cruelle hystérie. Cela tient de la possession de la démoniaque et du délire de la Pythie s'agitant sur son noir trépied. C'est la violence de l'idée fixe exaltée par l'imagination de la femme, et par l'instinct du talion spécial à la race. C'est Némésis « tout entière à sa proie attachée. » Les femmes corses naissent vengeresses comme les Spartiates naissaient héroïnes. La religion, si fervente chez elles, s'efface alors, abolie par le culte sanglant qu'elles viennent d'embrasser. — « Plutôt que de « ne pas voir sa *vendetta*, — je renoncerai à mon « baptême ! »

> Se un bidissi la bindetta,
> Mi burria sbattizzà.

s'écrie la cousine d'un homme assassiné dans un guet-apens.

L'Électre d'Eschyle paraîtrait froide auprès de la

sœur de Giovanni Matteo, lequel fut tué par deux hommes appelés Riciotto et Mascarone, qui avaient pour complice un curé de village. La *Vocératrice* s'adresse d'abord aux parents du mort ; elle les lance comme des vautours à la curée des meurtriers. Les invectives des Prophètes renaissent naturellement sur ses lèvres, sa fureur monte à la hauteur de leurs anathèmes : c'est d'une montagne de la Bible que cette paysanne corse semble maudire ses ennemis. — « Que tardes-tu, ô Cecco Anto? — Arrache les entrailles de Riciotto et de Mascarone; — jette-les aux oiseaux; — et que puisse une nuée de corbeaux — déchirer leurs chairs et dénuder leurs os ! » — Son œil égaré s'arrête sur un neveu encore tout enfant; elle voit en lui le vengeur futur, elle le désigne, elle le proclame, elle lui donne le baptême du sang. — « Ne pleurez plus, ô mes sœurs ! — faites-vous un cœur de Pharaon. — « Que Carluccio grandisse — pour verser tout le sang de Mascarone ! » — Sa colère se retourne, plus terrible encore, contre le curé complice de l'assassinat. Alors tout accent humain disparaît : c'est le hurlement de la louve mêlé au bruit sourd des chairs mâchées et des os brisés. — « Que ne puis-je voir dans un panier — les entrailles de ce curé, — je les déchirerais avec les dents — et les froisserais avec les mains. »

> Ch'éo la stracci cu li denti,
> E la palpi di mià manu.

Et l'invective recommence inépuisable en exécrations :

« Dans la maison de ce prêtre — on sent qu'ha-
« bite le diable. — Méchant prêtre excommunié ! —
« Chien rongeur d'hosties ! — *Cane rodi-sagramentu.*
« — Puisses-tu mourir dans les affronts, — les con-
« vulsions et le désespoir ! »

Un moment vient où les paroles écument dans sa bouche; ses nerfs se brisent, ses yeux se ferment; elle se pâme dans la haine comme une bacchante dans la volupté. On sent qu'il lui reste à peine la force de murmurer ces deux vers qui sont en fureur ce qu'est en désir le dernier soupir de l'Ode de Sapho : — « Je sens la soif du sang ! — Je sens le
« désir de la mort ! »

> Di sangue sentu una sete !
> Di morte sentu una brama !

Ici la *Vocératrice* s'affaisse sur elle-même; elle a besoin de cuver son fiel; elle s'endort au pied du lit funèbre, comme les Euménides de l'*Orestie* au seuil du temple de Delphes. Ce qui étonne, c'est qu'elle survive à de tels transports; c'est que, comme ce guerrier de la légende dont le cœur se rompit en sonnant du cor, elle ne tombe pas roide morte, après avoir si furieusement soufflé dans ce que Shakspeare appelle « la trompette hideuse des malédictions. » En lisant son chant incendiaire, on pense à cet hymne d'une légende indienne, dont l'ardeur était telle qu'il consumait, comme une flamme, ceux qui osaient l'entonner. Mais, de même que l'Ombre de Clytemnestre reveille en sursaut les Euménides, le spectre du frère tire bientôt la sœur de son assoupissement passager. Elle se redresse subitement; la source de larmes se remet à jaillir et à bouillonner. — « O Matteo! chéri de ta sœur, — le sommeil m'a- « vait vaincue; — mais avec toi je veux rester — « à pleurer jusqu'au jour. » L'appel à la *Vendetta* recommence, infatigable comme un tocsin de bronze: « — Comment, diable! pourrait-il se faire, — que « pour un homme qui tient à tant de gens, — per- « sonne ne se piquât d'honneur, — en écoutant mes « lamentations? — Si nul de vous ne faisait sa *ven-* « *detta,* — vous ne me seriez plus de rien. » — Elle regrette de n'avoir pas un fils à qui transmettre sa créance de sang; elle maudit ses entrailles stériles qui n'ont pas conçu la vengeance : « — Oh! si j'a- « vais un fils! — Oh! si j'avais un enfant! — je tail- « lerais dans mon tablier sanglant — de quoi lui faire « un gilet, — afin qu'il n'oubliât jamais — le sang « de mon frère, — et que, devenu grand, il fît le « massacre! »

Qu'on se figure l'effet de ces plaintes sur l'âme irascible de ceux qui les écoutent. L'eau des larmes est un philtre avec lequel les femmes fanatisent. Ici les larmes chantent et tombent sur du sang. Aussi le *Vocero* a-t-il toujours été la fanfare des guerres de la *Vendetta.* A son appel, les armes tressaillent, les stylets s'aiguisent, les chiens des fusils crient sous la main des hommes; et, la nuit venue, un fils, un frère, un parent, rôde déjà dans les noirs fourrés des makis.

Quelquefois, par un contraste étrange, on trouve une prière entrelacée au chant homicide, comme un scapulaire au cou d'un bandit. On dirait encore ces poignards du Moyen-Age qui récitent le *Pater* ou la Salutation Angélique gravés sur leur lame. Cette intervention solennelle de l'idée de Dieu au milieu des fureurs humaines n'est nulle part mieux exprimée que dans un *Vocero* historique, qui se compose naturellement comme un drame. Rien n'y manque, ni la scène, ni les péripéties, ni le dénoûment. — Un médecin nommé Matteo avait été appelé auprès d'un mourant, dans le village de Soro. Ce lit de mort était un piége tendu par un ennemi; le malade tua le médecin. La famille, avertie, se mit en route pour aller au-devant du mort et lui rendre les derniers devoirs. Une de ses cousines marchait et chantait en tête. Le cortége rencontra près d'un pont le corps du médecin, que les gens de Soro ramenaient au village où il était né. — « En venant « sur le pont, — apparut comme un petit nuage : — « en avant point de croix, — point de prêtre avec « l'étole. — Seulement on avait attaché — son menton « avec un mouchoir. » Ceux qui portent le corps saluent les parents et veulent leur tendre la main; mais la *Vocératrice* les repousse : « — Approchons-« nous de Matteo, — et touchons-lui la main. — Des

« autres, nous ne voulons rien, — qui en rien ne lui
« ressemblent. — O Matteo, ma colombe! — ils t'ont
« frappé d'une main sûre. » — Puis, elle dénonce ses
meurtriers, avec emportement et menaces. Son indignation gagne une de ses compagnes; l'esprit de la *Vendetta* la saisit, et toutes deux vouent tour à tour
les assassins à une mort prochaine. Les habitants du
village où s'est arrêté le convoi sortent de leurs maisons; ils offrent à la *Vocératrice* une collation de
condoléance : mais elle refuse de manger le pain et
de boire le vin du pays qui a laissé tuer Matteo; elle
le maudit, elle l'insulte, elle en secoue la poussière,
elle appelle la foudre sur ses moissons et sur ses
troupeaux : « Mangez donc votre pain, — et buvez
« votre vin; — nous ne voulons rien de tout ceci. —
« C'est votre sang que nous voulons, — pour venger
« le nôtre, — que vous avez répandu. — N'est-ce pas
« l'indigne pays — qui a vu tomber mon cousin?
« — Qu'il soit assailli par le feu, — et que personne
« ne l'habite plus ! » — C'est alors qu'une vieille
femme élève, parmi les clameurs, sa voix vénérable.
— « Calmez-vous, ô mes sœurs, — et finissez ce
« grand bruit. — Matteo ne veut pas être vengé, —
« car il est au ciel avec le Seigneur. — Regardez
« bien ce cercueil, — regardez, chères sœurs. — Jé-
« sus-Christ est dessus, — lui qui enseigne à par-
« donner. — N'excitez pas vos hommes, — la mer
« est assez agitée. — Songez que si nous voulons
« avoir — à notre tour, il faudra rendre. »

Le Chœur de la tragédie de Sophocle n'a pas de voix plus auguste que celle de cette humble vieille d'une bourgade obscure de la Corse. On croit voir une Sainte des premiers siècles chrétiens s'élancer, le crucifix à la main, au milieu d'un sacrifice de Druidesses, et jeter sur l'autel, où se débat la victime, l'image du Dieu de miséricorde.

Cette passion de la vengeance, qui posséda si longtemps la Corse, fut, du reste, la fatalité de son histoire, autant que l'instinct de son caractère. Il faut en accuser surtout la tyrannie de Gênes, qui traita l'île conquise comme un vaisseau pris à l'abordage, et la gouverna par la rançon et par le pillage. Durant la domination génoise, il n'y eut pas de justice publique pour le Corse. Cette justice qu'on lui refusait, il la demanda à son fusil. Le sang versé sur cette terre encore vierge et demi-sauvage eut une fécondité effroyable; il en fit sortir les représailles par milliers. Chaque balle se répercuta en ricochets meurtriers; chaque tombe devint un créneau derrière lequel s'embusqua un nouveau bandit. L'homme tué tuait à son tour par la main de son fils, de son frère ou de son ami; la famille des morts héritait de leurs querelles; le village épousait la cause de la famille, et s'armait contre son ennemi; les vengeances s'alliaient, se transmettaient, se croisaient et enfantaient des postérités d'homicides. De là ce réseau d'inimitiés aux prises qui couvrit bientôt l'île entière. La *Vendetta* eut son arbre généalogique, mancenillier mortel plongeant au cœur de la Corse, et dont les racines s'enlacèrent aux fibres mêmes de son sol.

De là, aussi, cette habitude tragique de la Mort, qui la faisait intervenir dans toute les scènes de la vie. Comme la Table d'airain des lois de Dracon, les griefs de la Corse n'avaient que la mort pour sanction et pour châtiment. Un coq volé fit, dit-on, s'entre-tuer presque tous les habitants d'un village. L'amour lui-même menaçait au lieu d'implorer : les *Serenate* des vieux temps de l'île sont aussi violentes que les *Voceri*. On n'y joue pas de la guitare aux jeunes filles ; on y sonne leur glas, on y chante leur *De profundis*. La passion y apparaît comme une frénésie, la beauté comme une victime vouée aux couteaux. L'amant injurie sa maîtresse et lui demande son cœur ou sa vie. L'amour n'est plus le berger galant qui soupire sous le balcon des Lucindes ; c'est un bandit noir de poudre qui vocifère, l'escopette au poing. — « Que celui qui t'épousera, — ô gracieuse « déité ! — ne compte plus sur sa vie... — Je te veux, « — divine chérie, — morte, si je ne puis t'avoir « vivante. »

> E ti vogliu, o cara diva,
> Morta, se non posso viva.

Il est défendu, sous peine de mort, de courtiser la même femme que ces farouches prétendants : — « Je « veux mettre en pièces la langue des galants, — et « la donner aux chiens... — Que le toit et la mai-

« son s'en aillent en fumée ! — Que toute la famille
« pleure sa ruine. — Si par hasard je m'y mets, —
« personne ne cheminera tranquillement; — Si je
« prends ce parti, — ne sors pas de ta maison. —
« N'entends-tu pas les gens dire — par tout le pays :
« — L'amant de Béatrix fera des choses inouïes?
« — Il fera, du matin jusqu'au soir, — entendre
« les cris et sonner les cloches. » — Ces effrayantes
Sérénades pourraient se chanter sur les mélopées
de la Messe des Morts. — « Écoute bien ce que je
« te dis : — Je me soucie comme d'une figue d'aller
« aux makis. — Quiconque prétend t'épouser est
« mort... — Je te conseille donc de te repentir
« promptement, — ou de te préparer pour les funé-
« railles. »

Le berceau même, aux époques barbares de la
Vendetta, n'était pas à l'abri de sa sombre influence.
Ce n'étaient pas les Fées, c'étaient les Furies que les
nourrices évoquaient autour de l'enfant. Une de ces
Berceries fait frémir : elle était chantée par une
vieille femme du canton de Ziccavo à son petit-
fils. — « ... Quand vous serez un jeune homme, —
« vous porterez vos armes ; — ni voltigeurs ni gen-
« darmes — ne vous feront peur ; — et si vous êtes
« excité, — vous serez un fier bandit... — Tous vos
« ancêtres étaient des hommes fameux, — ils étaient
« lestes, dispos, — sanguinaires, courageux... —
« Quinze furent mis à mort, — tout autant, en pleine
« place ; — hommes de grand courage, — la fleur

« de notre race... — Peut-être es-tu, — mon chéri,
« — celui qui doit les venger. »

On croit entendre la vieille Atropos bougonner des incantations auprès d'un berceau. On croit voir Tisiphone présenter à un nouveau-né son sein gonflé de poison.

Mais la Corse conserva toujours, jusque dans ses crimes, une grandeur native. La carabine de ses bandits avait à sa manière l'honneur de l'épée du duel. Une sorte de droit des gens réglait la guerre de la *Vendetta* ; elle avait ses cartels, ses défis, ses délais, ses trêves, ses traités et ses lieux d'asile. Les clauses de ce code des buissons furent toujours observées avec une loyauté scrupuleuse. La sinistre histoire de la *Vendetta* ne compte ni une vénalité, ni une délation.

Aujourd'hui, le grand air de l'esprit moderne a pénétré dans les contrées les plus reculées de la Corse. Sa fauve Némésis, exorcisée par la lumière, ne hante plus que quelques recoins sauvages de montagnes. Bientôt, sans doute, elle aura disparu, et le *Vocero* ne sera plus que la plainte du foyer en deuil.

Car le *Vocero*, en Corse, ne mène pas seulement les obsèques sanglantes de l'assassinat, il accompagne aussi les funérailles pacifiques. Alors son accent change, sa voix s'attendrit : ce n'est plus le tocsin tragique qui sonne la vengeance, c'est la cloche qui chante à l'âme envolée les adieux de ceux qui survivent. Les femmes sont encore les prêtresses de ces services domestiques du tombeau. L'instinct de tous les peuples a toujours emprunté la voix de la femme pour parler à la mort, comme elle l'a choisie pour appeler le sommeil. Rome avait ses Pleureuses à gages, fontaines publiques de larmes banales, où chacun pouvait puiser sa libation de douleur; instruments de lamentation auquel on ne demandait que le diapason du sanglot. Mais ce qui n'était dans le paganisme que la musique des fêtes funéraires s'est transformé chez certains peuples en inspiration douloureuse. La Grèce, l'Italie, l'Espagne, ont, comme la Corse, leurs *Vocératrices*; humbles femmes dont le cœur ne résonne que lorsqu'il se brise. La douleur morale n'a pas de plus touchant phénomène que cette transfiguration intérieure qui agite une paysanne ignorante du délire sacré des Sibylles, et lui fait parler, pour une heure, une langue qu'elle aura oubliée dès le lendemain.

Le cérémonial des inhumations ordinaires de la Corse n'est pas celui de ses deuils tragiques. Le mort est encore couché sur une table, la face découverte; mais des cierges illuminent la chambre, et le corps est vêtu de ses habits de fête. Si c'est un prêtre, on place entre ses mains un calice, comme pour le faire monter au ciel dans l'attitude de l'Élévation. Si c'est une jeune fille, on la pare de sa plus belle robe, et on l'expose au seuil de la porte, les pieds tournés vers la maison.

Ces funérailles à visage découvert sont un des plus touchants spectacles de l'Italie religieuse. Que de fois avons-nous rencontré, la nuit, par les rues de Rome, un de ces convois de jeune fille, qu'on prendrait, au premier abord, pour la célébration d'une noce mystérieuse. La jeune morte, habillée de blanc, reposait sur son lit funèbre, entourée de *frati* voilés comme des Ombres; sa tête flottait dans l'auréole formée par les cierges; les prêtres chantaient sur elle des psaumes de bénédiction et de grâce; les sonnettes des enfants de chœur jetaient leurs cris d'oiseaux devant le cortége. A son approche, les passants s'arrêtaient et s'agenouillaient; les femmes envoyaient des baisers et des signes de croix; les fleurs et les rameaux pleuvaient des fenêtres sur le blanc linceul. Tout était palmes, harmonie, lumière, ovation angélique, bienvenue céleste autour du cercueil nuptial qui conduisait à Dieu la vierge endormie, aux lueurs de ses flambeaux et de ses étoiles.

Les *Voceri* non sanglants de la Corse sont d'une douceur ravissante. L'affection, comme la haine, est excessive chez ce peuple entier. Il sait aimer comme il sait haïr. Les abeilles aiment à faire leur miel dans le tronc des chênes foudroyés. Jamais on n'a parlé à la mort un langage plus naturel et plus tendre. Ici, c'est une femme qui, s'adressant à son mari, et craignant d'avoir encouru sa disgrâce, lui propose humblement de se séparer de lui, et de lui céder sa fille, s'il veut bien revivre. — « Si tu ne veux plus

« rester au pays, — je t'enverrai à Bastia, — et là
« tu demeureras avec ta Nunzia-Maria. — Peut-être
« ma compagnie ne te plaît-elle plus, ô Giovanni ! »
— Une autre dit à son époux : — « Vous étiez, à
« mes yeux, — une voile à la mer, » et, d'un vers,
elle se dessine aux yeux dans cette attitude d'une
grâce et d'une naïveté homériques : — « Cher objet
« de mes vœux, — vous ne m'abriterez plus — sous
« votre menton. »

>   Nun m'ascunderàchiu piu
>   Sottu lu vostru bavellu.

Une jeune fille prononçant le *Vocero* d'une de
ses compagnes charge la morte d'une commission
pour le ciel : — « Je veux écrire une petite lettre, —
« vite, et vous la donner ; — je ne la fermerai pas
« avec de la cire ; — je puis me confier à vous. —
« Vous la remettrez à mon père, — aussitôt arrivée
« là-bas. »

Mais les chefs-d'œuvre de ces élégies naturelles,
ce sont les *Voceri* chantés par les mères sur leurs
filles ravies par une mort précoce. On entend là des
Hécubes et des Niobés de village, plus éloquentes
dans leur douleur simple que celles des poëtes. —
Écoutons ce cantique d'une mère pleurant une fille
de seize ans. Ainsi devait pleurer « Celle qui criait
« dans Rama et qui ne voulut pas être consolée parce
« qu'ils n'étaient plus. »

« La voilà donc, ma fille, — jeune enfant de seize

ans ! — La voilà étendue sur la table, — après de longues douleurs ; — la voilà revêtue — de ses plus beaux habits.

« Avec ses plus beaux habits, — elle veut partir à l'instant. — Car ici le Seigneur ne veut plus la laisser. — Celle qui est née pour le paradis — ne peut vieillir en ce monde.

« O ma fille ! ton visage, — si blanc et si rose, — fait pour le paradis, — comme la mort l'a changé ! — Quand je te vois ainsi, — je crois voir une étoile éteinte.

« Tu étais parmi les meilleures — et les plus belles filles, — comme la rose au milieu des fleurs, comme la lune au milieu des étoiles. — Tu étais la plus belle, — même parmi les plus belles.

« Les jeunes gens du pays, — lorsqu'ils étaient en ta présence, — rougissaient comme des flambeaux ardents. — Toi, tu étais courtoise avec tous, — familière avec aucun.

« Tous dans l'église, — du premier jusqu'au dernier, — ne regardaient que toi seule. — Et tu ne regardais personne. — La messe à peine finie, — tu e disais : Maman, partons.

« Qui me consolera jamais, — ô chère espérance de ta mère ? — Tu vas dans le lieu — où le Seigneur t'appelle. — Hélas ! pourquoi le Seigneur — a-t-il eu si grande envie de t'avoir ? — O combien maintenant — le paradis va être plus beau !

« Mais aussi combien le monde — sera pour moi

plein de douleur ! — Un seul jour me paraîtra mille ans — en pensant à toi, — en demandant sans cesse : — Où est donc ma fille ?

« Au milieu de parents sans affection, — de voisins sans amour, — si je tombe malade au lit, — qui m'essuiera la sueur ? — qui me donnera une goutte d'eau ? — qui m'empêchera de mourir ?

« Au moins, si je pouvais mourir, — comme tu es morte, — ô espérance de mon cœur ! — Et si je pouvais aller au ciel, — et te retrouver, — et être avec toi — sans plus te perdre jamais !

« Prie donc le Seigneur — qu'il me chasse de ce monde ; — car je ne puis rester ainsi. — Autrement ma douleur — ne pourra pas finir. »

Terminons par cette plainte touchante, qui rachète toutes les fureurs de la *Vendetta*, comme une larme versée par un Ange éteindrait, dit-on, si elle y tombait, les feux de l'Enfer. Arrêtons-nous à ce lit candide où dort une vierge si saintement pleurée : il nous cache les convois forcenés, les corps sanglants, les scènes de discorde, que nous avons traversés. La vue de cette jeune morte succédant à tant de cadavres balafrés par le couteau, ou fracassés par la balle, repose les yeux comme une belle vision. Ce gémissement semble doux après tant de cris. — C'est ainsi qu'au cinquième acte d'*Hamlet* le spectateur éprouve un mélancolique soulagement, lorsque le blanc cercueil d'Ophélie arrivant dans le cimetière interrompt le choc des épées et l'acharnement des vengeances.

L'action funeste s'arrête un instant, les haines font trêve, les passions s'apaisent : de douces paroles rafraîchissent l'air du drame chargé de sang et d'orage.

« — Puisse-t-il de ta belle chair immaculée éclore
« des violettes ! — Des fleurs sur cette fleur ! — Je
« croyais, belle enfant, orner ton lit nuptial et non
« suivre ton cercueil. »

XIX.

L'ARGENT.

La poésie populaire a souvent célébré, dans de naïves allégories, la « Passion » du raisin, du froment, du grain d'orge, battus sous le fléau, foulés par le pressoir, brûlés sur le gril, avant de nourrir et d'abreuver les hommes. Si l'Économie politique avait des poëtes, ils pourraient chanter aussi le long et dur martyre qu'a subi l'Argent, avant d'arriver au gouvernement de la terre.

Le Moyen-Age le personnifiait dans le Juif spolié, hué, insulté, revêtu d'habits dérisoires, enfermé dans la prison du Ghetto. Il ne distinguait pas la banque de l'usure. La haine qu'il portait à « l'Argentier » s'étale naïvement dans les tableaux où les peintres flamands du xv° siècle l'ont représenté si souvent, d'après la tradition dominante encore. —

C'est d'ordinaire un sombre vieillard, vêtu d'une robe à ceinture de cuir, coiffé jusqu'aux sourcils d'un bonnet baroque. Son visage est plissé de rides soupçonneuses; ses yeux, élargis par les besicles qui pincent son nez maigre, ont la lueur et la fixité du regard des oiseaux de nuit : une barbe fourchue termine en tenailles sa face grimaçante. Il est assis devant une table jonchée de monnaies; ses doigts décharnés s'allongent sur son trésor; il a l'air de s'y chauffer comme à un brasier. Derrière lui, par-dessus son épaule, se penche sa femme. Est-ce une femme. L'avarice a effacé tout vestige de sexe de ce visage sillonné. Ses petits yeux gris reflètent les petillements du métal; on jetterait un écu dans sa bouche étroite comme la fente d'une tirelire. L'affreux couple se ressemble à prendre ses deux visages l'un pour l'autre, ainsi que finissent par se confondre les effigies de deux monnaies diverses, rongées par les frottements et le roulement des marchés.

Cette effigie infamante, vous la retrouvez partout, dans les peintures, les contes, les chroniques, les fabliaux de l'époque. Le Moyen-Age condamnait l'argent à la stérilité; dès qu'il cherchait à multiplier, il le persécutait et l'excommuniait. Il suspectait les affaires faute de les comprendre; il voyait de la magie dans les opérations primitives de la banque naissante. Les mystères du capital accru par lui-même l'inquiétaient comme les phénomènes d'une alchimie dangereuse. Seul le Juif avait le secret de l'or dans cet âge de fer. Il avait inventé le crédit, cette algèbre de la richesse; il possédait les clefs des mystérieux bazars de l'Orient. Le Ghetto, dressant sa masse noire au milieu de la cité, était pareil à cette montagne d'aimant des *Mille et une Nuits* qui attire à elle les ferrures de tous les vaisseaux épars sur la mer. Les ducats et les deniers de la ville filtraient vers lui par d'invisibles conduits. Tôt ou tard ce haut baron, ce seigneur superbe, qui aurait fait laver son chenil si un juif y était entré, avait besoin d'argent pour payer une rançon ou lever un ban. Alors il fallait bien passer par la porte caudine de la Juiverie. Il y entrait à la nuit tombante; il frappait à la porte d'Isaac ou de Nathaniel, de l'homme qui, disait-on, perçait les hosties, et, le jour du Vendredi-Saint, crucifiait un petit enfant. Un vieillard, portant une lampe, venait lui ouvrir, après avoir regardé par le judas grillé, ouvert sur le dehors comme un œil hagard. Ce n'était plus le paria sordide qui, le jour, s'en allait par les rues tête basse, l'air furtif, rasant le mur de sa tunique sale marquée d'une rouelle jaune : le turban des patriarches ceignait son front chauve; la robe flottante de l'Orient lui donnait l'air d'un prêtre ou d'un juge. La maison resplendissait des vases et des étoffes de l'Asie; elle exhalait le parfum que rapportent les navires chargés des denrées de l'Inde. Derrière un rideau diapré apparaissait une tête de vierge, au nez aquilin, aux yeux de diamant : c'était la fille de la maison, qui, curieusement, épiait l'étranger. Le Juif et le chrétien, assis côte à côte, discutaient le prêt en question, aux lueurs d'un flambeau à sept branches, image du Chandelier biblique. Et souvent, le fief seigneurial avec ses champs, ses villages, ses étangs fertiles et ses forêts giboyeuses, s'en allait lambeau par lambeau dans le coffre d'où l'Hébreu tirait le sac de l'emprunt.

Rien n'accrut davantage la haine contre les Juifs que cette science de la richesse, qu'ils étaient seuls à connaître. Dans quelques États de l'Europe, des princes besoigneux, à bout d'expédients, sous la contrainte d'un remboursement ou d'une guerre, prenaient parfois un Juif pour trésorier; comme, atteints d'une maladie mortelle, et abandonnés de tous les médecins, ils auraient appelé auprès de leur lit un sorcier ou un astrologue. Le Moïse financier faisait des miracles; il transmutait les maravédis en ducats et tirait de l'argent des peuples à sec. Mais au prix de quelles exécrations et de quelles colères! Écoutez plutôt ce cri furieux poussé par un poëte espagnol contre le fisc israélite de don Pedro de Castille, qui avait nommé le riche Samuel Lévi ministre de son trésor. « Là viennent des Juifs, prêts à boire le sang des
« peuples affligés. Ils présentent leurs écrits, qu'ils
« ont concertés, et promettent leurs dons et leurs
« bijoux très-estimés... Ils disent bientôt au roi : —
« Certainement vous avez les Juifs pour serviteurs;
« et si grâces vous leur faites, ils vous feront monter

« les rentes jusqu'au haut des murailles; accordez-
« les-leur, seigneur, car vous aurez un bon recou-
« vrement. Seigneur, disent les Juifs, nous vous
« rendrons service : pour elles nous vous donnerons
« trois cents de plus que l'an dernier, et nous vous
« promettons clairement de bonnes cautions, avec
« les conditions que nous vous portons écrites. » —
« Le roi répond : « Il me plaît, de bon gré, de leur
« faire des grâces. Elles ont monté beaucoup, mes
« rentes, cette année. » — Et il ne voit pas, le lâche,
« que tout ce sang sort de son côté. »

..... Et non cota, il cuitado,
Que toda esta sangre caye de su costado.

« Après cela arrive don Abraham, ou don Samuel,
« avec leurs douces paroles, qui paraissent de miel,
« et ils font encore une telle enchère que dans tout
« le royaume la balance monte d'un cent et demi.
« Par ces choses que vous avez entendues passe le
« peuple, tout lacéré, pleurant son malheur... Là où
« demeuraient mille hommes, il n'y en a déjà plus
« trois cents. Les lettres de change tombent sur eux
« plus que de la grêle; riches et pauvres fuient avec
« de grandes souffrances. Le roi a, à cet effet, des
« Juifs très-habiles pour tirer les nouveaux impôts[1]. »

Cependant les Juifs faisaient des élèves. Au xv° siècle, un scribe de la tour Saint-Jacques, nommé Nico-

---

1. *Rimado de Palacio*, poëme de Pero Lopez de Ayala.

las Flamel, amassait une fortune en spéculant, après leur expulsion, sur leurs maisons vendues au rabais. Le peuple aima mieux attribuer sa richesse à la sorcellerie. Trente ans durant, les Parisiens suivirent, bouche béante, la fumée qui sortait du toit de son humble échoppe, convaincus que le maître du logis soufflait nuit et jour le feu du grand œuvre. — Plus tard, un grand homme, Jacques Cœur, découvrait l'avenir du monde industriel avec l'intuition de Colomb devinant et affirmant l'Amérique. Appliquant son génie de négociant aux affaires ruinées du royaume, il fonda le commerce du Levant, exploita des mines, inventa la statistique, organisa l'impôt et fournit à la France, sur sa cassette, plus royale que celle de son roi, la rançon de son territoire envahi. La France accepta cet argent du diable, mais elle proscrivit l'argentier. On l'accusa de concussion, d'empoisonnement, de magie; on fit de lui le veau d'or émissaire des exactions de son temps, et on le chassa au désert. Il alla mourir dans une île de l'Archipel, sur le fumier du vieux Job.

Quoi d'étonnant! L'époque était pauvre. Elle attachait exclusivement la richesse au fief et à l'héritage; tous ses autres ressorts étaient pour elle des engins suspects. Les grandes fortunes qui surgissaient au milieu d'elle, sans sortir des racines d'une possession séculaire, lui semblaient des trésors maudits, des édifices enchantés. De plus, elles s'apercevaient de loin dans la pénurie générale. C'étaient les pyramides au désert. L'Arabe famélique et superstitieux y voit la demeure des mauvais Génies, rôde autour d'elles sur son cheval maigre, les toise d'un œil oblique, s'enhardit, les viole et les pille. — Le Moyen-Age, d'ailleurs, par sa nature même, devait mépriser l'épargne et le lucre. Son tempérament d'ascète et de chevalier le poussait à rejeter l'argent comme un corps étranger. Il dépensait beaucoup en dédaignant d'acquérir. Industrie, commerce, spéculation, tout cela était pour lui œuvres serviles, grimoire équivoque. Son royaume n'était pas du monde qui produit, consomme, achète, négocie et imprime aux matières premières les mille formes de l'industrie; il était dans cette sphère idéale où la Chevalerie parcourt la terre, sans autre gagne-pain que sa lance, où la guerre même est mystique, où l'on s'attache moins au revenu du sol qu'à sa seigneurie, où l'or ne sert qu'à payer des rançons et qu'à parer des armures, où croissent, pour illustrer l'écusson royal, les lis de l'Écriture, « qui ne travaillent ni ne filent. » Aussi, comme l'Argent se fait humble tout le long de cet âge de fer! Il s'enfouit dans les arcanes d'Israël et dans les cachettes de la bourgeoisie; là il germe obscurément, végète sourdement, engendre en silence. Travail latent et mystérieux comme celui des minéraux sous la terre.

Mais le temps marche, les sociétés se compliquent, les besoins augmentent, les industries se développent; l'horizon jusque-là si court du commerce recule avec le monde exploré. D'une autre part, les monarchies, en se concentrant, acquièrent des appétits énormes qu'à tout prix il leur faut combler. Les rois d'affaires apparaissent : Philippe le Bel, Charles V, puis Louis XI en France; Henri VII en Angleterre, Ferdinand V en Espagne, plus tard encore, Charles-Quint. Alors les serviteurs de l'argent montent en grade; le publicain relève la tête; à l'argentier décrié et d'état précaire succède le banquier puissant et solide. En Allemagne surtout, dès le xve siècle, la haute banque, inaugurée par les Fugger, s'élève et prospère, tandis que la chevalerie aux abois, traquée de burg en burg par l'ordre nouveau, tombe avec Gœtz de Berlinchingen, son dernier champion. Saint Michel est foulé aux pieds par Mammon. Les Fugger trônent à Augsbourg dans leur « chambre d'or, » prêteurs des rois, usuriers des princes, bailleurs de fonds des élections impériales. Lorsque Charles-Quint vint loger chez eux, ils allumèrent avec un reçu de huit cent mille florins qu'il leur avait souscrit, le fagot de canelle placé dans la cheminée de sa chambre. Parfum magnifique, digne de l'autel d'un César romain, que l'empereur leur paya, en disant dédaigneusement, lorsqu'il visita en France les joyaux de la Couronne : « J'ai, à Augsbourg, un tisserand qui pourrait payer tout cela. »

Le Musée de Munich présente dans une même salle ce frappant contraste de la finance qui monte et de la chevalerie qui décline. — D'un côté c'est le portrait en deux pendants d'Antoine Fugger et de sa famille, par Holbein; portrait officiel, presque dynastique. Le père, revêtu de fourrures comme un roi du Nord, tête de bourgeois hautain, qui vous regarde d'aplomb, avec l'autorité de l'intelligence et de la richesse ; puis les enfants, rangés à genoux, en deux files, un chapelet à la main : les garçons sérieux déjà, et empesés comme des archiducs; les filles emboîtées dans leurs robes de drap aux plis lourds, confites en dévotion et en morgue, qui prient avec l'importance de petites donataires pouvant bâtir à leurs patronnes des églises. Aussi le ciel s'ouvre pour faire honneur à cette riche clientèle, et, dans les nues, la Vierge leur apparaît, — sur fond d'or.

Vis-à-vis de ces portraits triomphants sont les deux *Chevaliers armés* d'Albert Dürer. Ils viennent de descendre de cheval et se tiennent debout, la lance en arrêt. Leurs têtes chagrines et soucieuses trahissent une fatigue immense. Ils regardent tristement devant eux, comme ne sachant plus retrouver leur route, et semblent accomplir une corvée en portant leurs armes. Remonteront-ils sur leurs chevaux fatigués comme eux, qui soufflent, tête basse? Je crois plutôt qu'ils vont jeter leur cuirasse aux ronces du chemin, endosser le pourpoint et la houppelande, et s'asseoir au banc des comptables d'Augsbourg ou de Nuremberg.

Bien avant l'Allemagne, l'Italie avait réhabilité l'argent, ses pompes et ses œuvres. Le trafic, la banque, la spéculation, le négoce, toutes choses méprisées et tarées ailleurs, s'étalaient chez elle avec une ostentation souveraine. Tandis que les monarchies chevaleresques combattaient à jeun et rompaient des lances de tournoi, les petites républiques de la péninsule restaient assises à leur comptoir glorieux comme un trône. Leur pavillon marchand tenait tête aux étendards blasonnés : elles mettaient du génie à dépenser leur fortune. Quel spectacle que celui de Venise florissante au milieu des eaux! Son image est dans les *Noces de Cana* de Paul Véronèse, qui nous montrent ses marchands fastueux et basanés comme des califes, hébergeant les rois à leur table. — Florence fit régner l'argent qui la gouverna. Qu'est-ce que les Médicis, sinon des millionnaires couronnés? Ennobli par cette toute-puissance, l'argent accomplit des miracles; pour tout dire, il fit les frais de la Renaissance. L'antiquité ressuscita, grâce à ses largesses, les monuments surgirent, un peuple de statues décora les villes, la peinture créa ses merveilles. L'or brut que gagnait le trafic allait se purifier dans le creuset de l'art, qui le rendait transformé en coupes, en autels, en bas-reliefs, en flambeaux, chefs-d'œuvre sans prix de la main humaine. L'Italie réalise alors cette scène éblouissante du *Second Faust* de Gœthe, où Plutus, le dieu de la richesse, apparaît, non plus aveugle et difforme, comme dans les caricatures de Lucien et d'Aristophane, mais beau, grandiose, auguste, vraiment divin, couché sur les tapis d'un char triomphal, et caressant sa barbe asiatique d'une main chargée de bagues. « Sa dignité ne peut se décrire, mais son « visage frais et rond comme la lune pleine, ses « joues en fleur qui s'épanouissent sous l'appareil « du turban, une riche aisance dans les plis de sa « robe. Que dire de son maintien? Il me semble « reconnaître un souverain. » Le Caprice, sous la forme d'un Génie ailé, conduit le quadrige; sa main lumineuse jette sur son passage des poignées de joyaux. « Voyez, il me suffit de claquer des « doigts, et sur-le-champ des lueurs et des étin- « celles jaillissent autour du char; tenez, voilà un « collier de perles! A vous les agrafes d'or, les pen- « dants d'oreilles, les colliers; à vous aussi les cou- « ronnes sans défaut, les pierres précieuses montées « en bagues... Il pleut des bijoux comme dans un « rêve [1]! »

Plus l'âge moderne approche, et plus s'accroît l'influence de l'argent. L'Angleterre met bas sa panoplie féodale, endosse l'habit foncé du commerce, et conquiert les Indes du fond d'un comptoir. La Hollande n'est qu'un chantier d'armateurs. Chez ces deux peuples, les affaires entrent si avant dans la politique, qu'elles s'identifient avec elle. La richesse y prend le poids d'une influence publique; elle s'y complique de puissance, de conquête, de

1. Gœthe, *Second Faust,* acte Ier.

souveraineté. — Récemment encore, ce marchand qui monte l'escalier de la Bourse de Londres, son parapluie sous le bras, pensionnait le grand Mogol, détrônait des rajahs, et levait des armées dont les bagages étaient portés à dos d'éléphants. Quelques bourgeois penchés sur une carte, dans une sombre salle de East-India-House, s'annexaient des royaumes, et, en une séance, remuaient plus de peuples et de frontières qu'un congrès européen à la fin d'une guerre. De même, ce négociant d'Amsterdam, qui fume sur le seuil de sa noire boutique : en Europe, c'est un épicier; à Java, c'est un nabab, un prince, presque un roi. — Nous parlions tout à l'heure des peintures dérisoires que faisaient de l'homme d'argent les vieux maîtres de l'école flamande : les tableaux et les gravures à l'eau-forte où les artistes hollandais du xvii° siècle représentent à leur manière la parabole des *Cinq Talents* ou celle du *Créancier* de l'Évangile nous en donnent le parfait contraste. Quelle différence de style et de point de vue ! Quelle imposante image de la richesse laborieuse ! — Le banquier, magnifiquement costumé, est assis sur une estrade, dans une royale attitude. Autour de lui, des sacs inclinés épanchent les lingots et les épices de l'Orient : on dirait le Commerce versant sa corne d'abondance aux pieds de son roi. A la droite du maître, de larges balances oscillent sous leur charge d'or; au bas de l'estrade, un caissier soucieux, le sourcil froncé par la contention du calcul, aligne des chiffres sur un vaste livre. — L'âme d'un peuple est empreinte dans ces fières images ; emblême d'une royauté nouvelle qui a sa grandeur.

L'avénement de l'argent fut plus tardif en France. Tout lui faisait obstacle et le tenait à distance : l'aristocratie, les idées, les mœurs, le peu d'occasions que la timidité commerciale de notre pays lui offrait de se déployer. De plus, l'argent se personnifiait, sous l'ancien régime, dans la personne des Traitants, aussi odieux, aussi exécrés que le Juif et le Lombard l'étaient au Moyen-Age. Les traitants font rire au théâtre, sous le masque de la comédie, et pourtant ils n'avaient rien de risible. C'étaient les exécuteurs des hautes œuvres du Fisc, des bourreaux d'argent, dans le sens tragique et cruel du mot. Ils régnaient avec une rapacité tyrannique sur leur domaine compliqué d'impôts, de traites, de tailles, de capitations, de gabelles. Leur privilége était une concussion patentée ; le budget de la France, tel qu'ils l'avaient établi, l'organisation du pillage. Le peuple leur était affermé comme une terre ; pourvu qu'ils payassent au maître la location convenue, ils étaient libres de le pressurer jusqu'aux os. Leurs fraudes éclataient dans des fortunes subites, sans prétexte et sans vraisemblance ; elles s'étalaient dans leur luxe impudent, dans leurs hôtels royaux, dans ces *Folies* scandaleuses qui ont gardé leur nom. Tous les millions qu'ils avaient volés se dressaient là, pétrifiés, solidifiés, palpables ; on pouvait les mesurer au cordeau. L'argent, laborieux et patriotique

en Hollande et en Angleterre, restait en France égoïste et improductif ; il prenait et ne rendait pas. Les financiers n'y étaient que des veaux d'or à l'engrais. — Parcourez dans Saint-Simon les portraits des princes de ces publicains. Quelles physionomies effrayantes! L'avarice du proconsul s'y mêle à la férocité du pacha. C'est Voysin s'élevant d'une intendance à un ministère : « Sec, dur, sans politesse ni
« savoir-vivre... avec l'autorité toute crue, pour tout
« faire et répondre à tous ; un homme à peine visi-
« ble, et fâché d'être vu, refrogné, éconduiseur, qui
« coupait la parole, qui répondait sec et ferme en
« deux mots, qui tournait le dos à la réplique, ou fer-
« mait la bouche aux gens par quelque chose de déci-
« sif et d'impérieux, et dont les lettres, dépourvues
« de toute politesse, n'étaient que la réponse laco-
« nique, pleine d'autorité, ou l'énoncé court de ce
« qu'il ordonnait en maître ; et toujours à tout : Le
« roi le veut ainsi. » — C'est Desmarets, pris par Colbert en flagrant délit de faux-monnayage, rappelé aux finances après une longue disgrâce, et appliquant à la France épuisée la question extraordinaire de l'impôt du Dixième. Saint-Simon fait peur, lorsqu'il raconte sa rentrée : il donne à l'or arraché par ses exactions l'horreur du sang ruisselant d'un corps broyé par des instruments de torture. — « La capi-
« tation doublée et triplée, à la volonté arbitraire
« des intendants des provinces, les marchandises et
« les denrées de toute espèce imposées au quadruple

« de leur valeur; taxes d'aides et autres de toute
« nature et sur toute sorte de choses: tout cela écra-
« sait nobles et roturiers, seigneurs et gens d'église,
« sans que ce qu'il en revenait au roi pût suffire, qui
« tirait le sang de ses sujets sans distinction, qui en
« exprimait jusqu'au pus... Moins d'un mois suffit à
« la pénétration de ces humains commissaires pour
« rendre bon compte de ce doux projet au cyclope
« qui les en avait chargés. Il revit avec eux l'édit
« qu'ils en avaient dressé, tout hérissé de foudre
« contre les délinquants. Ainsi fut bâclée cette san-
« glante affaire, et immédiatement après signée,
« scellée, enregistrée, parmi les sanglots suffoqués...
« La levée ni le produit n'en furent pas tels, à beau-
« coup près, qu'on se l'était figuré dans ce bureau
« d'anthropophages, et le roi ne paya non plus un
« seul denier à personne, qu'il faisait auparavant. »
— C'est encore Samuel Bernard, bâtissant une fortune énorme sur une banqueroute de quarante millions, s'alliant aux Molé et aux Mirepoix, et promené dans les jardins de Marly, devant la cour stupéfaite, par Louis XIV aux abois. — « Le roi, raconte
« Saint-Simon, dit à Desmarets qu'il était bien
« aise de le voir avec M. Bernard, puis tout de suite
« dit à ce dernier : « Vous êtes bien homme à n'avoir
« jamais vu Marly, venez le voir à ma promenade;
« je vous rendrai après à Desmarets. » Bernard suivit,
« et, pendant qu'elle dura, le roi ne parla qu'à Ber-
« gheyck et à lui, les menant partout, et leur mon-

« trant tout également, avec les grâces qu'il savait si
« bien employer quand il avait dessein de com-
« bler. J'admirais, et je n'étais pas le seul, cette
« espèce de prostitution du roi, si avare de ses pa-
« roles, à un homme de l'espèce de Bernard. Je ne
« fus pas longtemps sans en apprendre la cause, et
« j'admirai où les plus grands rois se trouvent quel-
« quefois réduits. »

Ce mépris des hommes d'argent, alors si cruellement justifié, était général. Relisez dans La Bruyère l'immortel chapitre des *Partisans :* chaque trait est un stigmate qui brûle et flétrit. Le Sage les résuma dans un personnage composé de la bêtise de Géronte et de l'âpreté d'Harpagon. Turcaret passa à l'état de type ; son nom devint l'étiquette classique du coffre-fort et du sac. Même lorsque la noblesse ruinée épousait la finance parvenue, de quelles avanies elle lui faisait payer son alliance ! — Mme de Grignan maria son fils à la fille du fermier général Saint-Amand. « En la présentant au monde, elle en fai-
« sait ses excuses, et, avec sa minauderie, en radou-
« cissant ses petits yeux, disait qu'il fallait bien de
« temps en temps du fumier sur les meilleures
« terres[1]. » — Le comte d'Évreux ne daigna pas toucher à la fille de Crozat, qui lui apportait quinze cent mille livres de dot, et vingt et un millions d'héritage en expectative. Enrichi par le Système, il

---

1. *Mémoires de Saint-Simon.*

remboursa la dot de sa femme et la renvoya chez son père. On ne l'appelait dans la maison de son mari que le « petit Lingot. » — Une comédie du temps de la Régence, l'*École des bourgeois*, de d'Allainville, nous montre un marquis perdu de dettes épousant la petite Benjamine, pour la fortune de sa mère, Mme Abraham. Mais, outre la dot de deux cent mille livres de rente, il lui faut en prime cent mille livres de dettes acquittées. Encore trouve-t-il que c'est là s'encanailler à trop bon marché. Il méprise d'ailleurs parfaitement la jeune fille à laquelle il daigne octroyer sa main, et il persifle toute cette famille qu'il exploite, avec une méchante insolence. Au dénoûment, une lettre où il se moque outrageusement de la parenté tombe entre les mains de la mère ; le mariage est rompu. « Parbleu ! s'écrie le marquis, voilà
« une royale femme que Mme Abraham ; je ne con-
« naissais pas encore toutes ses bonnes qualités. Je
« m'oubliais, je me déshonorais, j'épousais sa fille ;
« elle a plus de soin de ma gloire que moi-même, et
« m'arrête au bord du précipice. Ah ! embrassez-moi,
« bonne femme, je n'oublierai jamais ce service. »

Aujourd'hui l'argent s'est émancipé, sa prodigieuse diffusion a fait de lui quelque chose d'épars et d'universel comme un élément. Le flot des affaires, autrefois circonscrit dans une corporation suspectée, a débordé les hiérarchies et les classes. La finance n'est plus le grimoire d'une secte de publicains, mais le grand-livre ouvert de la richesse publique. Le capital est sorti des bas-fonds où il croupissait ; il a attaqué et renouvelé la nature. Comme la vapeur dégage la matière des entraves de la pesanteur et la fait voler, la spéculation enlève à l'or son poids et son inertie de métal. Elle le répand, elle l'agite, le centuple par son mouvement même, comme le caillou lancé sur l'eau semble se multiplier par ses ricochets. Cet or si longtemps dormant et difficile à mouvoir, cet or que l'antiquité, dans un symbole expressif, nous montrait couvé sous le ventre du monstre immobile de Cholcos ou des Hespérides, s'envole, à son appel, des cachettes de l'avare, des coffres du thésauriseur ; il s'enfuira bientôt du silo, où l'homme de l'Orient l'enterre encore comme un grain stérile. Il brise, pour venir bouillonner dans son grand creuset, le ciment des pierres, l'acier des serrures. Le crédit, cet idéal de l'argent, donne la foi à l'écu défiant et routinier du vieux temps. Il le fait croire à une idée, à une invention, à une découverte ; sur sa promesse, il se jette dans le rêve et dans l'inconnu. Surexcités par lui, les chiffres prennent des ailes pour voir de loin et devancer l'avenir. L'escompte affirme le projet à naître et bâtit le pont d'or qu'il lui faut passer pour toucher la réalité. Tous les torrents des intérêts divers viennent confluer au centre des Bourses qui les mêle, les entre-choque, les balance, retient leurs vérités, dissipe leurs chimères et entretient l'inerte métal dans un état perpétuel de fusion et d'effervescence. En face de la vieille Fortune régulière et héréditaire, qui tourne sa roue dans le même sillon, s'est élevée une Fortune nouvelle, aléatoire comme le jeu, rapide comme l'occasion, changeante comme l'opinion dont elle répète les mouvements. L'argent était une caste, il est devenu une démocratie. Mammon s'appelle maintenant « Légion, » comme le diable de l'Écriture, et le Pandémonium qu'il construit est le monde transformé et renouvelé.

XI.

ROLAND.

LA CHANSON DE ROLAND.
(Poëme de Theroulde.)

In quo prœlio, Eggihardus, regiæ mensæ præpositus, Anselmus, comes palatii, et HROUODLANDUS, *Britannici liminis præfectus, cum aliis compluribus, interficiuntur.* — « Eggihard, maître d'hôtel du roi, « Anselme, comte du palais, et *Roland*, préfet des « Marches de Bretagne, périrent dans ce combat, « avec beaucoup d'autres. » — Cette brève mention, inscrite dans la sèche chronique d'Éginhard, est le seul vestige historique qu'ait laissé Roland. Une empreinte de pied sur un sable aride, voilà ce qui reste de l'homme qui, pendant des siècles, a rempli de sa mémoire tous les mondes de la poésie. La légende a de ces caprices magnifiques de fée et de reine ; elle se plaît à exalter les humbles, comme l'histoire s'amuse quelquefois à abaisser les superbes. Tandis que l'histoire jette dans l'oubli ou relègue dans l'ombre des héros vivants, réels, authentiques, qui ont souvent ébranlé la terre ; tandis qu'elle plonge dans ses limbes Sésostris et Cyrus, qu'elle n'épargne du règne de Trajan que de vagues bas-reliefs enroulés autour d'une colonne, et qu'elle étend la nuit de la barbarie sur les exploits suprêmes d'Aétius et de Posthumus, égaux aux Scipions, plus grands que Marius, la légende ramasse parfois un personnage inconnu, gisant dans la poussière des Chroniques : elle le couve, elle l'enchante, elle concentre sur lui toutes les puissances fécondantes, toutes les vertus enthousiastes de l'imagination populaire. Et l'homme obscur surgit rayonnant de son sépulcre ignoré; et l'inconnu qui n'a peut-être ni combattu ni vaincu revêt subitement une gloire aussi magnifique que celle des César et des Charlemagne assis sur leur trône!

Telle a été la destinée de Roland. Qu'était-ce que ce préfet militaire de Charlemagne, tué à Roncevaux, dans une affaire d'arrière-garde? Un soldat quelconque, si peu illustre, si peu mémorable, que l'historiographe de son maître n'ajoute pas même une épithète à son nom. Trois siècles passent sans qu'un chroniqueur le répète : il semble, comme son corps, réduit en poussière. Mais la légende, qui l'a recueilli, veille sur lui dans cette nuit et dans ce silence : sa lente incubation le ranime. Les souvenirs confus, les traditions éparses, les rêves poétiques s'emparent de cette Ombre, la grandissent et la transfigurent. Des milliers de fantômes guerriers, disparus dans les ténèbres des temps barbares, *reviennent* en elle et l'accroissent démesurément. Elle absorbe des armées, elle s'assimile des races, elle résume des peuples. Comme ce paladin fabuleux, qui héritait de la force de tous ceux qu'abattait sa lance, Roland hérite de tous les héroïsmes et de toutes les prouesses d'une époque. Trois cents ans après Roncevaux, au matin de la bataille d'Hastings, sa *Chanson*, entonnée par un trouvère, et répétée en chœur par l'armée normande, révèle à la Chevalerie le héros qui doit la personnifier. L'Achille chrétien surgit, non pas du Styx, mais du Léthé, désormais invulnérable à l'oubli.

A partir de là, Roland conquiert le passé : il s'empare du monde carlovingien dont il devient le type et le chef. Les douze Pairs de la Table Ronde, plus réels que lui, ne tiennent pas contre ce vainqueur chimérique. Ce sont les hommes de chair qui s'effacent, c'est l'homme d'ombre qui resplendit. Charlemagne lui-même décroît, dès qu'il apparaît, comme Agamemnon dans l'*Iliade* devant le fils de Pélée. Il extermine plus de monstres qu'Hercule et plus de Sarrasins que le Cid; il charge avec un bâton des géants armés de toutes pièces; il soutient seul l'assaut d'une armée; il se bat en duel avec Olivier, dans une île du Rhône, et le combat dure cinq jours et cinq nuits. Le temps se dérange, les limites du

monde historique se déplacent pour lui faire passage.
Les Croisades anticipées reculent de trois siècles, et
rentrent humblement dans le nombre de ses exploits. Il prend Constantinople avant Beaudoin et
Jérusalem avant Godefroi. Il enchante tout ce qui le
sert et tout ce qu'il touche. Son cheval, Veillantif,
parle comme l'âne de la Bible et comme les coursiers
de l'*Iliade*; son épée Durandal est une fée d'acier
infrangible; son oliphant, lorsqu'il y souffle de toute
son haleine, déracine les poternes, descelle les portes
des villes, et fait tomber les dents et les moustaches
de ceux qui l'entendent. Roland envahit toutes les
races et tous les pays. Sa renommée a le don de
l'ubiquité; son épée jette des éclairs aux quatre
coins du monde. L'imagination le multiplie après
l'avoir évoqué. Elle en fait un géant physique, après
en avoir fait un héros grandiose; elle étend sa taille
aux proportions de l'âme qu'elle lui a donnée. Il
passe partout, et partout il laisse après lui des vestiges de foudre et des empreintes de colosse. —
L'immense embrasure qui ouvre les Pyrénées, sous
les tours de Marboré, a été taillée par un coup de
sa Durandal; François Ier, soulevant à Blayes le couvercle de son tombeau, pâlit comme le laboureur de
Virgile découvrant dans son sillon les grands ossements des hommes d'autrefois. L'Angleterre l'a vu
apparaître près d'un marais qui porte son nom. L'Italie est remplie de sa gloire et de ses reliques : sa
statue, rongée par le temps, monte la garde, à la

porte du Dôme de Vérone, vis à vis de celle d'Olivier : Pavie donne pour sa lance un aviron gigantesque suspendu à la voûte de sa cathédrale : on voit à Rome, dans la rue de la *Spada d'Orlando*, Durandal sculptée sur un mur, et à Spello un phallus de pierre gigantesque, au bas duquel est inscrit ce distique :

> Orlandi hic Caroli magni metire nepotis
> Ingentes artus; cætera facta docent.

L'Allemagne l'a vu chevaucher, mystérieux et redoutable comme le *Chevalier de la Mort*, d'Albert Dürer, dans les ténèbres de ses forêts. Il a bâti sur un rocher du Rhin le burg de Rolandsek : une tradition l'y fait mourir d'amour devant un cloître de nonnes. La Hongrie l'a aperçu parcourant ses steppes. On entrevoit vaguement sa haute silhouette, comme aux clartés d'une auréole boréale, dans les légendes brumeuses de l'Islande. Les Turcs, d'après Pierre Belon, le réclamaient comme un des leurs, et montraient son épée accrochée à la porte du château de Brousse. Les Géorgiens, selon Busbec, qui ont oublié Jason et Médée, chantaient Roland, au seizième siècle, sur leurs guzlas grossières faites de trois cordes tendues sur une planche. — De là, porté sur les hippogriffes, il s'enfonce dans l'infini de l'Asie, et si l'on prêtait l'oreille aux plus vagues rumeurs de la tradition, on entendrait jusque dans les jungles de l'Inde, jusque sur les neiges de la Tartarie, le sourd retentissement de ses pas.

La poésie canonise Roland après l'avoir glorifié. Au plus haut du Paradis, Dante enchâsse son âme, comme une relique vivante, entre celles de Machabée et de Charlemagne, sur la croix lumineuse qui traverse la planète de Mars. — « Et au nom du grand « Machabée, je vis se mouvoir une lumière tour- « noyante, et la joie était le fouet de cette toupie « céleste. — Ainsi pour Charlemagne et pour Roland : « mon regard attentif suivait leurs deux lueurs, « comme l'œil du chasseur suit le faucon dans son « vol. »

Mais c'est dans le poëme de Theroulde qu'il faut chercher le Roland primitif, tel qu'il sortit tout armé de la tête casquée de la Chevalerie. C'est dans l'aire où il est né qu'il faut chercher l'aigle. Hors de cette rude Iliade du xie siècle, vous ne trouverez que son fantôme errant parmi des mirages. Là seulement revit le Roland, non pas historique, mais épique et animé, sous sa figure légendaire, de l'existence réelle du siècle qui le créa. Quel chef-d'œuvre brut que ce poëme qui se dégage âprement d'un idiome inculte, comme le lion de Milton, des fanges du chaos ! C'est l'enfance de l'art, mais une enfance herculéenne qui, d'un bond, atteint au sublime. Les héros, la langue, les idées, tout y semble en fer. *Quantum ferrum ! Quantum ferrum !* comme s'écriait le roi Didier, en voyant, du haut de sa tour, ondoyer

à l'horizon les flots d'acier de l'armée de Charles.
Le poëme ressemble à ces armures de taille surhumaine qui figurent dans les arsenaux : on se demande avec stupeur quels hommes gigantesques ont pu l'inspirer.

Dès le premier chant, vous êtes transporté dans un monde presque surhumain : Charlemagne entouré de ses Pairs, avec « sa barbe blanche étalée sur sa cuirasse, » apparaît comme le patriarche du monde féodal. Le poëte le vieillit pour le rendre plus vénérable : il ajoute l'antiquité à sa majesté : avec la gloire de César, il lui donne l'âge d'Abraham. La querelle de Roland avec Ganelon, la trahison du comte de Mayence conspirant, avec le roi Marsille, l'extermination de l'armée, présentent des scènes admirables. Mais c'est avec la bataille que le génie de Theroulde éclate. A partir du moment où Olivier, monté sur un arbre, signale l'armée sarrasine à Roland, engagé avec l'arrière-garde dans les gorges de Roncevaux, le poëte prend un élan qui ne faiblit plus. — « Camarade Roland! sonnez votre cor. « Charles l'entendra et ramènera son armée! »

> Cumpaing Rollans kar sunez vostre corn,
> Si l'ouat Carles, si returnerat l'ost!

s'écrie par trois fois Olivier. Mais Roland s'indigne d'appeler à l'aide avant d'avoir combattu : — « Ne plaise à Dieu que nul ici-bas puisse dire que « j'ai corné pour des païens! Pareil reproche ne

« sera fait à ma race. Non ; mais de Durandal je
« frapperai grands coups, l'acier sera sanglant jus-
« qu'à l'or de la garde. » Les Maures s'avancent :
cent contre un Franc, mille contre dix. L'évêque
Turpin à cheval, du haut d'un rocher, absout en
masse l'armée qui va mourir. « Pour pénitence, il
lui enjoint de bien frapper. »

Par pénitence les cumandet à férir.

C'est une des plus originales figures de la chevalerie que celle de cet évêque guerrier mitré d'un
casque, crossé d'une lance, qui bataille de si grand
cœur et prêche au son du clairon. Une rude jovialité
se mêle à son héroïsme. Il rappelle tantôt saint Michel
secouant son glaive de feu sur les Mauvais Anges, et
tantôt le *Moyne* de Rabelais guerroyant avec Gar-
gantua contre Picrochole.

La bataille s'engage, furieuse dès le premier choc.
Roland crève d'un coup d'épieu la poitrine d'Alroth :
Olivier abat « à pleine lance » Fausseron, « seigneur
du pays de Dathan et Abiron ; » Turpin fracasse le
roi Corsablyx. Ce ne sont qu'écus rompus, hauberts
démaillés, arçons vidés, casques écrasés, armures
fendues jusqu'à la chair vive. Les lances et les
estocs retentissent comme des marteaux battant une
enclume humaine. Des rires vaillants éclatent au milieu du carnage : l'alouette gauloise jette sa note
parmi ces cris d'aigle. — « Gente est notre bataille ! »
crie Olivier à Gerer qui vient de tuer un émir. « Un

vrai coup de baron ! » dit Turpin voyant le duc Sanche transpercer un Sarrasin d'outre en outre. — « Vous n'avez pas la chance, » dit Angelier, renversant mort Escromiz. — « Le mal est sans remède ! » s'écrie Gautier de Luz désarçonnant Estorgan. — Roland va et vient dans la mêlée, suant le sang sur son cheval qui l'épanche. Au quinzième coup, son épieu se brise. Alors il tire Durandal. Olivier, qui, depuis une heure, se bat avec un bois de lance, dégaine à son tour Hauteclaire. Les deux épées enchantées fondent sur les Sarrasins qu'elles abattent par gerbes, taillant les membres, coupant les têtes, tranchant en deux, d'un seul coup, les chevaux et les cavaliers.

Mais cette moisson humaine renaît et se multiplie sous le fer des Francs. Le roi Marsille tombe sur eux avec le gros de son armée restée à l'écart. Leurs rangs s'éclaircissent, les hauts barons tombent ; au cinquième choc ils ne sont plus que soixante. Les exclamations tout à l'heure joyeuses et confiantes se changent en cris de détresse : « Baron, c'est jouer de malheur ! » crient les Français à Auséis renversé : « Ah ! quel déchet des nôtres ! » lorsque Gerer, Bérenger et le duc Austore tombent, d'un jet, sous la lance de Grandogne, roi de Cappadoce. — Roland se décide à sonner de son oliphant. Olivier l'en dissuade avec une tragique ironie. — « Ah ! ce serait « trop grande vergogne à tous vos parents qui en « porteraient l'affront toute leur vie ! » — Roland embouche sa trompe; il y souffle avec un si furieux effort que le sang jaillit de sa bouche et que sa tempe en éclate. Le cri désespéré perce les montagnes; il va frapper, à trente lieues de là, l'oreille de l'empereur qui y sent passer l'âme du héros. « C'est le cor de Roland, dit-il, oncque il ne le « sonna qu'au cœur d'une bataille. » Le traître Ganelon veut l'empêcher de comprendre le sens de cette fanfare éperdue. — « De bataille il ne s'agit « point. Ne connaissez-vous votre neveu Roland? « pour un seul lièvre, il va cornant toute une jour- « née. » Mais Roland continue à sonner furieusement de sa bouche sanglante : c'est comme un râle qui fend l'air. « Ce cor a longue haleine, » s'écrie Charlemagne; et le vieux duc Naymes de Bavière lui répond : « C'est un brave qui sonne : on se bat autour « de Roland. Sur ma conscience, celui-là l'a trahi qui « voulait vous donner le change. Donc, criez votre « devise, et secourez votre noble neveu. Vous enten- « dez assez si Roland désespère. » Cette fois, Charlemagne ne doute plus. — « Seigneur, nos affaires vont « mal et très-mal! Mon neveu Roland va nous quitter « aujourd'hui. J'entends à son cornet qu'il ne vivra « guère. Donc, qui veut le revoir chevauche allègre- « ment. » Et l'armée, tournant bride, rentre à grand train dans les défilés.

Charlemagne arrivera trop tard : cinquante mille païens de Carthage, « qui n'ont de blanc dans le visage que les dents, » viennent d'assaillir les preux survivants. Durandal flamboie et foudroie. Mais que peut une hache contre une forêt? Olivier est blessé à mort : aveuglé par le sang, il rôde encore sur le champ de bataille, frappant à tâtons. Son épée s'abat sur le cimier de Roland qu'elle fend jusqu'au nasal. « Roland le regarde et lui demande « avec douceur : Monsieur mon compagnon, l'avez-« vous fait exprès?

<blockquote>Sire cumpain, faites le vos de gred?</blockquote>

« C'est moi, Roland, votre ami le plus cher. Vous ne « m'avez aucunement défié. — Olivier répond : je « vous entends, mais je ne vous vois pas, ami, Dieu « vous protége! je vous ai frappé : pardonnez-le-« moi. — Roland répond : je n'ai pas le moindre mal. « je vous pardonne ici devant Dieu. » — Les deux frères se saluent et se séparent pour aller mourir.

Ils ne sont plus que trois : Roland, Gautier de Luz et Turpin. Gautier est tué; Turpin a quatre épieux dans le corps; Roland panse ses plaies, puis il va fouiller le champ de bataille, en rapporte un à un ses compagnons morts et les range à la file devant l'archevêque : l'agonisant bénit les cadavres. Mais quand vient le tour d'Olivier, Roland tombe pâmé de douleur, en apportant le corps de son ami étroitement serré sur son cœur. L'archevêque se traîne dans la vallée pour lui chercher à boire et expire en route. Roland se redresse avant de mourir. Il veut briser Durandal contre les rochers, mais l'épée héroïque « grince sans se rompre ni s'ébrécher. » Alors le preux la plaint comme une vierge qu'il serait forcé d'abandonner aux barbares. — « Ah ! « ma Durandal, votre heur est inégal à votre bonté, « mais homme ne soit votre maître à qui un autre « homme fera peur ! Longtemps vous fûtes aux « mains d'un vaillant capitaine, dont jamais le « pareil ne sera en France, la terre de la liberté. » Il ramasse ses dernières forces pour la casser contre le granit ; Durandal grince encore, mais rebondit sans entaille. — « Hélas ! ma Durandal, que tu es « claire et blanche ! Comme au soleil tu luis et re- « flamboies ! En ai-je assez conquis avec toi des pays « et des terres où règne Charlemagne à la barbe fleu- « rie ! Aussi pour cette épée ai-je deuil et souffrance. « Plutôt mourir qu'aux païens la laisser. Que Dieu « le Père sauve cette honte à la France ! » Une troisième fois, le preux essaie de la rompre ; la pierre vole en éclats sous ses coups, mais l'épée immortelle n'est pas effleurée ; alors, l'étreignant contre sa poitrine : — « Ah ! Durandal, si belle et sanctissime, « dans ta garde dorée il y a assez de reliques. Ce « n'est le droit que païens te possèdent. Combien « de terres j'aurai par toi conquises, que tient « Charles à la barbe fleurie, et dont l'empereur est « brave et riche ! » — Sentant la mort venir, il se couche sur l'herbe, à l'ombre d'un pin, ayant sous lui son épée et son oliphant. — « Le comte Roland « se couche sous un pin ; vers l'Espagne il a le visage

« tourné. De maintes choses lui vient la souvenance,
« de tant de pays soumis par sa valeur ; de douce
« France, des hommes de son lignage, de Charle-
« magne son seigneur qui l'a nourri. Il ne peut s'em-
« pêcher de pleurer et de soupirer. A Dieu il tendit
« le gant de sa main droite. Saint Gabriel le lui a
« pris de la main. Mort est Roland, Dieu a son âme
« au ciel ! » — Un héros d'Homère envierait ce gant
tendu au ciel par le preux mourant. C'est comme
une arme que Roland rend son âme à Dieu.

Le poëme devrait finir lorsque Roland meurt. Il a
pourtant encore une page admirable, celle où la
belle Alde « aux crins d'or, aux yeux d'azur pâle
« comme ceux des faucons après la mue, » se présente devant Charlemagne. — « Où est Roland, le
« capitaine qui me jura qu'il me prendrait à
« femme ? » Charles pleure à chaudes larmes, et tire
sa barbe blanche. — Hélas ! tu t'informes d'un
« homme mort. » Et il lui offre son fils Louis en
échange. — Alde répond : « Ce discours m'est
« étrange. Ne plaise à Dieu, qu'après Roland je reste
« vivante ! Disant, elle blêmit, et tombe aux pieds de
« Charles, morte à jamais. »

C'est le seul moment où l'Amour intervienne dans
ce poëme vierge comme la Mort : il y lance la foudre
et il disparaît. Hors de là les femmes sont bannies de
la Chanson de Roland comme d'un cloître de moines
militaires. Leur souvenir même n'y pénètre pas. Les
preux n'ont que leur épée pour maîtresse ; leur chair

n'est sensible qu'au fer. C'est l'épée qu'ils baisent en mourant ; c'est à l'épée qu'ils adressent leurs derniers adieux.

Tel est ce poëme auquel il n'a manqué qu'une langue abordable. On refuse à notre race le génie épique : qui l'eut plus qu'elle au Moyen-Age où les *Chansons de Gestes* surgissent par légions ? L'Inde antique a seule égalé cette fécondité. Un trésor inouï de hautes traditions, d'images grandioses, d'idées poétiques est enseveli dans ces livres; mais la rouille et les ronces d'un idiome barbare le dérobent à l'admiration. Il est gardé par les rauques vocables des dialectes gothiques, comme par les monstres difformes du blason. Ceci a tué Cela : la lettre morte a tué la pensée vivante. La France n'a pas eu, comme l'Italie, le bonheur d'avoir un Dante qui recueillît ces matériaux épars et les concentrât dans un monument éternel. *Pendent interrupta.* La sublimité naturelle ne suffit pas aux créations du génie humain : il y faut la clarté de la parole, la main et le travail de l'art. Les murs cyclopéens de la Grèce attestent par leur masse la vigueur d'une race athlétique : le voyageur les regarde à peine et court admirer Phidias dans le Parthénon.

La destinée poétique de Roland dégénéra en se prolongeant. Du poëme de Theroulde, austère et nu comme une tente, il passe dans une enfilade de fictions féeriques qui dénaturent sa sublime histoire. L'Italie sceptique du xvi⁰ siècle le prend pour *Condottiere* à tout faire de ses épopées romanesques : elle le surcharge de prouesses banales et d'exploits menteurs. L'Arioste fait de Roland le héros de son poëme immense, et cette apothéose est une décadence. Le martyr guerrier de Roncevaux s'y transforme en paladin d'opéra, amoureux et écervelé, taillant en pièces des géants de carton, assiégeant des villes fantasmagoriques, chevauchant sur les nues, bataillant contre des fantômes ; fantôme lui-même dont se joue le magicien moqueur qui l'a évoqué. Arrachons-le à ces fictions profanes. Comme ce mendiant des *Mille et une Nuits,* qu'après un jour de règne imaginaire on reporta sur son grabat pendant son sommeil, tirons Roland de l'empire des songes, et replaçons-le sur les rochers sanglants des gorges de Roncevaux. Sa place d'honneur, son poste idéal est sur cette brèche des Pyrénées où il tombe, en couvrant la France naissante de son corps.

XXI.

LE DÉCAMÉRON DE BOCCACE.

Les poëtes ont souvent parlé du lien secret qui rattache l'Amour à la Mort. Le *Décaméron* de Boccace semble inspiré par cette fraternité mystérieuse. Jamais poëme plus riant n'eut un frontispice plus sinistre. On entre dans ce jardin enchanté, où se lève l'aurore de la Renaissance, par une avenue encombrée de fossoyeurs, de porteurs de torches et de charrettes funéraires. La peste noire est à Florence ; les morts courent les rues et se rangent en files par centaines, derrière un prêtre livide qui les conduit au cimetière, en récitant sur lui-même les prières des agonisants. Le Moyen-Age va finir, et il fête son dernier jour par une danse macabre. Les vies s'éteignent comme les mille cierges d'une cathédrale dont les cérémonies se terminent. —

« Hélas ! — s'écrie le conteur, — que de grands
« palais, que de belles maisons, que de nobles
« demeures, naguère encore pleines de seigneurs,
« de dames et de familles, se trouvèrent vides
« tout d'un coup ! Que d'opulents héritages et de
« grands trésors restèrent sans successeurs ! Que
« d'hommes vaillants, que de belles femmes et de
« beaux jeunes gens que Galien, Hippocrate et Escu-
« lape eux-mêmes auraient jugés robustes et bien
« portants, dînèrent le matin avec leurs parents,
« leurs compagnons et leurs amis, et s'en allèrent, le
« soir, dans l'autre monde avec leurs ancêtres ! »

C'est du sein de cette mortalité que Boccace va faire sortir les prémices de la vie nouvelle. Au chant du *Dies iræ* il répond par des contes d'amour ; il sème les fleurs de la Renaissance dans le sol de cet immense cimetière, et la vie germe du sépulcre, sous mille formes riantes et gracieuses. — Les poëtes ont souvent niché l'oiseau de Vénus dans le casque de la guerre ; Boccace, plus hardi, le fait chanter dans une tête de mort.

Au milieu du deuil qui remplit Florence, sept jeunes dames et trois beaux jeunes gens se rencontrent dans l'église de Santa-Maria-Novella. Ils conviennent de fuir ensemble la cité mortuaire. Pampinea offre sa villa ; on l'accepte, on s'y réfugie, on s'y enferme comme dans une oasis de salubrité et de paix. Le banquet de Platon est dressé sous ses frais ombrages : chaque matin, un Roi ou une Reine, élue par le sort, préside à la fête du jour. Les danses succèdent aux festins et la musique à la causerie. Après la sieste de midi, les dames et les cavaliers, groupés en cercle sur la pelouse du jardin, se racontent tour à tour des histoires galantes. Le glas des agonies sonne dans le lointain : mais on peut le prendre de loin pour une sonnerie de fête. La brise qui souffle dans les orangers est peut-être pestiférée : qu'importe le poison caché dans la coupe, si le breuvage est exquis ? Il fait bon de s'endormir bercé par ces jeunes voix émues ou rieuses, au son des violes, à l'écho des joies de ce monde qui semble finir.

Ainsi le Génie de la Renaissance s'éveilla, comme s'endormit le Génie païen, en raillant la mort. A tous les Jugements Derniers de l'histoire on voit se répandre, comme une grâce d'état, cette ironique insouciance du présent et de l'avenir. Antoine et Cléopâtre, cernés par Octave, organisent ce qu'ils appellent « la bande de ceux qui doivent mourir ensemble, » et cette troupe funèbre, dont les jours sont comptés, remplit Alexandrie de mélancoliques algarades. Le jardin délicieux et sinistre du Décaméron ne rappelle-t-il pas encore les Thermes tragiques où venaient s'évanouir dans les parfums les jeunes patriciens proscrits par les Césars ; où Pétrone, les veines ouvertes, dictait des vers licencieux dans la vapeur sanglante de son bain ? Il y a de l'effroi mêlé au charme qu'inspirent ces jeunes femmes, qui oublient dans les délices d'une villégiature élégante leur famille, leurs proches, leurs amis, leur ville qui se meurt. Le château de Pampinea semble une arche cruelle, dont les passagers couronnés de fleurs se moqueraient des naufragés luttant contre les grandes eaux du déluge.

Le Décaméron est la chronique railleuse d'une société mourante, lue au chevet de son lit funèbre. Le héraut de la Renaissance y conduit en bouffonnant les funérailles du Moyen-Age, comme ces mimes qui, aux obsèques antiques, contrefaisaient les gestes et la physionomie du défunt. — La sculpture grecque entrelaçait des rondes de faunes et de bacchantes sur les parois des sarcophages; le conteur florentin cisèle des bas-reliefs érotiques et des statuettes de moines luxurieux sur la tombe austère où le mort gothique, les mains jointes et les pieds en pointe, dort rigidement son dernier sommeil.

Ainsi, quelques années suffisent à détourner le cours des siècles et le penchant des esprits. Imaginez Dante témoin de la peste du XIV° siècle et survivant à ses hécatombes. Quel terrible chant des morts il aurait entonné sur les générations abattues! De quel souffle puissant il aurait poussé ces grands essaims d'âmes vers leurs destinations éternelles! C'est de la vallée de Josaphat qu'il aurait contemplé ce carnage de l'humanité; Boccace a choisi pour point de vue le Tibur d'Horace. On dirait que la sombre mise en scène de son livre n'est qu'un artifice d'artiste, un cadre de cyprès destiné à rehausser la volupté de ses contes et la beauté de ses femmes. Scheherazades du sépulcre, elles chantent sous la faux qui tranche si largement autour d'elles. Quelle joie de vivre au fort de la mort! Quelle rieuse vendange au milieu de cet automne de la race humaine. Si la peste surprenait une des conteuses pendant son récit, elle descendrait aux Enfers, comme Proserpine, une poignée de fleurs à la main.

Un demi-siècle à peine sépare le *Décaméron* de la *Divine Comédie*, et, en passant d'un livre à l'autre, vous franchissez une distance égale à celle des deux pôles. Si les cent Chants du Dante ont des antipodes, ce sont les cent Nouvelles de Boccace. Tandis que le poëte, rempli des haines et des amours de sa ville natale, les transporte dans l'autre monde dont il fait une Florence infernale et céleste, le conteur disperse ses récits à travers toutes les villes et toutes les régions. Il fonde dans son livre cette cité imaginaire de *Cosmopoli* qui, remplaçant la Rome idéale, va devenir, pendant tant de siècles, la capitale morale de l'insouciante Italie. Les passions du Moyen-Age qui saignaient et brûlaient encore; ces discordes de Noirs à Blancs, de Guelfes à Gibelins, que Dante prolongeait dans l'éternité, comme si le temps ne suffisait pas à les assouvir, le *Décaméron* les laisse à peine entrevoir. Elles y semblent aussi refroidies et aussi lointaines que les factions des Gracques et les proscriptions de Sylla. Que le Moyen-Age italien paraît sombre et farouche dans les cercles concentriques de la *Divine Comédie !* Qu'il semble clair et frivole dans le labyrinthe du *Décaméron !* Aux féroces légendes de la guerre civile, hurlées du fond des flammes, par des damnés formidables, succèdent des contes moqueurs racontés par d'aimables dames. Stratagèmes d'amoureux, ruses de courtisanes, joyeux adultères, farces bourgeoises enluminées sur le fond d'or de la vieille civilisation florentine. L'indifférence politique de Boccace n'a d'égale que son insouciance religieuse. Dès le seuil du livre, le conte des « Trois Anneaux » inaugure la tolérance sceptique de l'époque moderne. L'Église corrompue et déchue qui arrache à Dante de si furieux anathèmes, et qui lui fait jeter des papes dans les fossses de feu de l'Enfer, n'inspire au conteur que des fabliaux graveleux et des caricatures monastiques. Faux miracles et fausses reliques, intérieurs de couvent hantés par des Incubes en chair et en os, prêtres surpris par les maris dans le lit conjugal, comme dans le filet de Vulcain, le confessionnal servant d'entremetteur à l'Amour, et les ailes postiches de l'Ange déguisant les fornications du *frate*. Du monde des morts, encore retentissant de la voix du Dante, Boccace ne tire que des fantômes dérisoires qui en reviennent le sourire aux lèvres et clignant de l'œil d'un air déniaisé. — Tinguccio sort du Purgatoire pour dissiper les scrupules de son ami Meuccio, qui craint de commettre un péché mortel en courtisant sa commère. — La vision d'Anastase (*degli Honesti*), dans une forêt de Ravenne, paraît d'abord effrayante. Il voit un cavalier basané, monté sur un cheval noir, qui poursuit une femme nue et échevelée, dont ses chiens rongent le sein et dévorent le cœur. Cette chasse diabolique semble digne de courir dans les forêts vivantes de l'Enfer du Dante. Achevez le conte... le sauvage veneur est un amant dédaigné; la femme dévorée est une beauté cruelle, ainsi damnée et châtiée pour lui avoir tenu trop longtemps rigueur. La fantasmagorie dantesque se termine en morale anacréontique.

Une sérénité imperturbable recouvre, comme du Masque antique, ces facéties licencieuses. C'est avec le style de Tite-Live que Boccace raconte les commérages de Florence. Ses périodes cicéroniennes drapent de la toge consulaire Calandrino et Buffamalco. La langue romaine, dans laquelle sont narrées ses comédies conjugales, leur donne la gravité que revêtent, avec le temps, les bouffonneries séculaires. Il y a dans son livre des scènes de femmes volages et de maris crédules, qui rappellent ces bas-reliefs antiques où l'on voit de graves béliers que des nymphes demi-nues retiennent, en folâtrant, par les cornes.

Ne vous fiez point à cette bonhomie solennelle; elle cache le génie florentin le plus net et le plus sagace. Le désabusement complet, le sens raffiné de la vie pratique, la sensualité positive et délicate à la fols qui caractérise l'épicuréisme italien, l'acquiescement ironique aux conventions de la vie percent, à chaque instant, sous l'apparente simplicité du conteur. Souvent aussi la malice subtile de certains récits, lorsqu'ils sont contés par Fiametta ou par Néiphile, font songer au sourire de la *Joconde* du Vinci. Il en est d'autres dont l'impudeur robuste et hardie évoque devant les yeux ces grandes nymphes du Giorgione qui se promènent nues, dans la campagne ardente, devant de jeunes Vénitiens accoudés au bord d'une fontaine.

Tout n'est pas rires pourtant et moqueries plaisantes dans le *Décaméron* de Boccace. L'impression qu'il fait sur l'esprit est celle d'un été splendide entrecoupé de violents orages. Peu de larmes, mais des coups de tonnerre : aucune effusion de tendresse, mais, çà et là, de foudroyants éclats de passion. Quand l'amour vrai paraît dans le *Décaméron*, il y sévit aussi terriblement que la peste de son exorde. On en meurt, et de mort subite, comme d'une blessure physique qui traverserait la poitrine en perçant le cœur. — Jérôme épris de Sylvestra, et la retrouvant mariée après deux ans d'absence, pénètre, la nuit, dans sa chambre. Il lui demande qu'elle lui fasse dans son lit une place pour mourir, et il y meurt en effet, tranquillement, naturellement, de son désir étouffé. — Simone, accusée d'avoir empoisonné son amant, se justifie en mâchant à son tour la plante venimeuse qui l'a fait mourir.

Mais la plus belle et la plus exquise de ces légendes de l'amour subit est celle de Lise, fille de Bernardo Puccini, apothicaire de Palerme, devenue amoureuse de Pierre d'Aragon. Ne vous récriez pas sur la profession de son père, puisqu'un roi n'en a pas rougi. L'apothicaire, en ces temps anciens, n'était pas le personnage grotesque que Molière a fait; il tenait du médecin et de l'alchimiste. Avec ses drogues bizarres, ses pilules de pierreries et son or potable, la thérapeutique arabe lui avait transmis des formules de « charmes » et d'incantations. Imaginez la jeune Lise assise au comptoir de son père, sous une image byzantine de saint Nicolas, le patron des pharmacopoles, entourée de belles maïoliques siciliennes aux dessins moresques, pleines d'ambre gris et de bézoards, et le cadre ne sera pas indigne du portrait.

Lise Puccini ayant donc, un jour de fête, vu le roi Pierre d'Aragon jouter à la catalane avec ses barons, s'éprend de lui ardemment : *di lui ferventemente s'innamoro*. La fête terminée, elle ne cesse de penser à ce « haut amour; » mais désespérant d'y atteindre, elle tombe bientôt mortellement malade. Sentant sa fin approcher, elle prie son père d'appeler auprès d'elle Minuccio d'Arezzo, un jeune musicien en faveur auprès du roi Pierre. Minuccio arrive, et joue doucement de la viole devant le lit de la malade. Mais la musique ne fait qu'irriter sa fièvre : restée seule avec Minuccio, Lise lui avoue la flamme dont elle meurt :

« Sachant combien peu mon amour convient à celui
« d'un roi, et ne pouvant ni l'éteindre, ni même
« l'apaiser, j'ai pris le parti de mourir; mais je
« mourrai moins désespérée, si le roi sait que je
« meurs pour lui, et j'ai compté sur toi pour qu'il le
« sache au plus tôt. » — Minuccio, ému de pitié,
accepte le triste message. Il va trouver Mico de
Sienne, « fort bon maître de rimes, pour le temps
d'alors : » *assai buon dicitore in rima a quei tempi*,
et le poëte, à sa prière, écrit une canzone que Minuccio
met en musique, sur un air gémissant et tendre. Le
lendemain, il vient la chanter au roi, assis à table
avec ses barons. La plainte mélodieuse lui va droit
au cœur; il y démêle un aveu secret et veut savoir à
qui elle s'adresse. Alors Minuccio lui raconte l'histoire de Lise, et comment elle se meurt de l'amour
qu'elle a pris pour lui. « A ce récit, le roi fit grande
« fête, *fece gran festa*; il donna à Lise de grandes
« louanges, disant qu'une si vaillante jeune fille
« méritait bien qu'on eût pitié d'elle; et il ordonna
« à Minuccio d'aller la consoler de sa part, et lui
« dire qu'il irait ce jour-là même, à l'heure de
« vêpres, lui faire une visite. »

A l'heure dite, Pierre d'Aragon monte à cheval, et
s'arrête devant la maison de Bernardo. Il se fait
conduire auprès du lit de la jeune fille qui, avertie
par Minuccio, l'attendait, soulevée sur ses oreillers,
dans l'attitude d'une malade qui va recevoir l'hostie
du viatique. — « Madame, lui dit le roi en lui pre-

« nant la main, *Madonna*, que veut dire ceci? Vous
« qui êtes jeune et qui devriez réjouir les autres,
« vous vous laissez abattre par le chagrin! Nous vous
« prions pour l'amour de nous de vous consoler et
« de vous guérir. » À ces bonnes paroles et au contact de la main royale, la jeune fille se sent heureuse
« comme si elle eût été dans le paradis. » Elle promet
au roi de guérir et se ranime à vue d'œil. Quelques
jours après, Pierre d'Aragon, qui a tout dit à la reine,
retourne avec elle, suivi de sa cour, dans la maison
de l'apothicaire, et là, s'adressant à Lise qu'il trouve
levée et convalescente : « Belle fille, lui dit-il, le
« grand amour que vous nous avez porté vous a près
« de nous mis en grand honneur, et celui que nous
« voulons vous faire est de vous donner un mari de
« notre main, ce qui ne nous empêche pas de nous
« déclarer désormais votre chevalier, sans vous
« demander autre chose pour cette promesse, qu'un
« seul baiser. » Lise rougissante, et genou en terre,
lui fait cette humble et noble réponse : — « Sire, je
« sais qu'on me croirait folle, si l'on savait que j'ai
« été amoureuse de vous. Mais Dieu m'est témoin
« qu'à l'heure même où cet amour me prit, je n'ou-
« bliai pas que vous étiez le roi et moi la fille de
« Bernardo. Mais vous savez qu'on ne commande pas
« à son cœur, et qu'on n'aime pas à son choix, mais
« selon son désir. Le mien m'attirait vers vous, et
« j'essayai de lui résister. N'en pouvant plus, je vous
« aimai, je vous aime encore et je vous aimerai toute

« ma vie. Du moment que je vous aimai, je résolus
« de faire toujours de votre volonté la mienne. Ainsi,
« non-seulement j'épouserai et j'aimerai le mari que
« vous voulez que j'épouse et que j'aime ; mais, si
« vous le désiriez, je me jetterais au feu avec joie.
« Quant à l'offre que vous me faites d'être mon
« chevalier, vous qui êtes mon Seigneur et mon Roi,
« vous sentez combien peu un tel honneur m'appar-
« tient. Je ne veux donc point y répondre, et pour
« le baiser, je ne l'accorderai qu'avec la permission
« de la reine. » — La bonne reine permet cette chaste
faveur, et le roi baise au front la jeune fille devenue
sa dame. Puis il la marie à un de ses gentilshommes
nommé Perdicon, en lui donnant pour dot les deux
fiefs de Catellabota et de Ceffalu. — « Et depuis, dit
« en terminant Pampinea, il fut toute sa vie le che-
« valier de Lise Puccini, et dans tous ses faits
« d'armes il parut toujours avec les devises qu'elle
« lui envoyait. »

Ne souriez pas ; l'ironie romprait le charme de
cette belle et naïve histoire. La chevalerie y brille
dans sa fleur ; la royauté y apparaît bienfaisante et
pure, telle que se la figurait l'imagination enfantine
des premiers trouvères. Cela vous transporte dans
l'âge d'or monarchique de Charlemagne et d'Artus.
Ce jeune roi sage comme un patriarche, chaste
comme un héros celte, est en même temps un cavalier accompli. Sa continence n'a rien d'emphatique :
ce n'est pas celle d'un Scipion romain, mais d'un

gentilhomme consommé dans les secrets de l'amour, et qui sait le prix de ce qu'il refuse. Ce désintéressement magnanime lui donne quelque chose de presque divin. Pierre d'Aragon, au chevet de Lise Puccini, me rappelle l'Époux céleste que l'on voit, dans les *Mariages mystiques* des vieux maîtres, passer l'anneau au doigt d'une jeune vierge défaillante et pâmée d'amour.

L'atroce énergie de l'âge dont on sort se révèle aussi dans les vengeances qui remplissent presque toute une *Journée* du livre. — Trois frères siciliens poignardent l'amant de leur sœur et l'ensevelissent dans un champ. La jeune fille va déterrer le corps de son bien-aimé ; elle coupe sa tête avec un couteau, la dépose au fond d'un vase qu'elle remplit de terre, y plante un basilic de Salerne, et, nuit et jour, l'arrose de ses larmes. Ses frères lui enlèvent cette urne tragique : elle meurt dès qu'elle lui est arrachée. — Si le Décaméron a ses Sganarelles, il a aussi des Othello qui valent celui de Shakespeare. On y rencontre des maris sinistres coulés dans le bronze des Ezzelin et des Ruggiero ; Nérons en raccourci, tyrans diaboliques d'une méchanceté presque grandiose, tant elle est affreuse. — Tel ce mari qui fait manger à sa femme le cœur de son amant, préparé et assaisonné en hachis ; et la dame lui demandant quel est ce mets si exquis : « Que Dieu m'aide ! dit-il, je « ne m'étonne point que vous trouviez bon mort, ce « qui, vivant, vous a plu par-dessus tout. » — *Se m'aiti Dio ! io ne me ne maraviglio se morto ve piaciuto cio che vivo piu che altra cosa vi piacque.*

Malgré sa réputation graveleuse, c'est encore au groupe des figures sérieuses du Décaméron qu'appartient la *Fiancée du roi de Garbe*, cette Alaciel si fatalement belle, vouée par le sort aux excès de l'amour et déchaînant, sans le vouloir, des orages de crimes et de catastrophes. Ses amants tuent pour la conquérir, et sont tués à leur tour par d'autres amants. Des lions ou des taureaux sauvages se déchirant autour de quelque superbe femelle, qui attend tranquillement l'issue du combat, voilà l'image d'Alaciel au milieu de ses prétendants. Elle passe de rapt en rapt, comme une captive antique, des bras d'un gentilhomme dans ceux d'un bandit, du palais d'un duc dans le harem d'un sultan : les vieillards même ont leur part de cette beauté mise au pillage. Alaciel résiste d'abord à chacune des violences que lui fait le sort ; puis elle cède et elle se résigne, et elle finit par aimer ceux qui l'aiment jusqu'au meurtre et jusqu'à la mort. Irresponsable et désirable encore, après tant d'aventures et de flétrissures : car, dit en terminant le conteur avec le sourire du vieux Salomon : *Bocca bacciata non perde ventura, anzi rinnuova come fa la luna.*

Vanité de la renommée ! Un homme construit, à la sueur de sa vie, un monument laborieux ; le Temps passe, en détache une pierre, la plus petite souvent, l'immortalise, et fait du reste un monceau de cendres. Boccace était un savant illustre, plongé dans les hautes études de son temps. Il composa de grands poëmes allégoriques et mystiques, des encyclopédies classiques, des traités d'histoire et d'érudition. Sa vie se passa, comme celle de Pétrarque, à fouiller et à exhumer les manuscrits de l'antiquité. A cinquante ans, il renonça aux lettres profanes, revêtit l'habit clérical, et se cloîtra dans l'enseignement de la *Divine Comédie*. Il prêcha, dix ans, la parole de Dante dans une église, avec le zèle d'un théologien scrutant et commentant l'Écriture. Et toute sa gloire tient dans un livre de contes licencieux, écrits pour amuser une princesse, qu'il renia énergiquement dans ses derniers jours ! « De grâce, « écrivait-il à son ami Mainardo, ne lisez pas ce « livre à des femmes. Elles me prendraient, en « écoutant mes Nouvelles, pour un vil entremetteur, « un vieillard incestueux, un homme impur, et per- « sonne ne serait là pour s'élever en témoignage et « pour dire : Il a écrit en jeune homme, et forcé par « qui avait puissance sur son âme. » Vains remords, protestations inutiles. L'imagination se représentera toujours Boccace sous les traits d'un Satyre aimable, assis au milieu d'un cercle de jeunes femmes, qu'il fait tour à tour sourire et rougir. La postérité s'est moquée de la contrition du vieillard; elle l'a condamné à l'immortalité du *Décaméron*.

XXII.

AGRIPPA D'AUBIGNÉ.

— *Les Tragiques.* —

I.

Agrippa d'Aubigné est, à la fois, le poëte, le soldat et le diplomate de l'âge héroïque du protestantisme. Tout en lui est extraordinaire, jusqu'à son enfance. A peine eut-il quatre ans, que son père le livra aux verges d'un de ces terribles pédagogues du xvi° siècle, entre les mains desquels les frêles écoliers d'aujourd'hui périraient en quelques semaines. Il apprit à lire dans une Bible hébraïque; il épela ses lettres dans le stoïque latin de Sénèque. A l'âge où l'on sèvre les autres enfants, il avait bu jusqu'à la lie la coupe d'encre non frottée de miel que la Muse classique tendait alors à ses nourrissons.

Quand il eut épuisé ses maîtres, son père le mena à Paris pour en chercher d'autres. En passant par Amboise, le vieux huguenot se trouva face à face avec les têtes coupées de ses frères d'armes plantées sur des pieux. « Les bourreaux, s'écria-t-il, ils ont « décapité la France ! » Puis, posant les mains sur la tête de son fils : « Mon enfant, il ne faut point « épargner ta tête après la mienne pour venger ces « chefs pleins d'honneur. Si tu t'y épargnes, tu « auras ma malédiction. » L'enfant jura, et jamais serment ne fut mieux tenu. Ces têtes coupées furent au néophyte ce que les têtes de morts sont aux anachorètes, un memento perpétuel. Elles lui soufflèrent par leurs bouches sanglantes la foi et la haine : il vécut sous leur noir regard.

A peine arrivé à Paris, la persécution l'en chassa avec son précepteur Béroalde. Ils tombèrent en fuyant dans une embuscade de reîtres catholiques, qui les conduisirent à un inquisiteur nommé Démochares.— Démochares ! un tel nom vaut un portrait. On voit d'ici le pédant sinistre agitant des tenailles en guise de férules. D'Aubigné fut condamné à mort : en attendant son exécution, les officiers de l'escouade l'emmenèrent passer la nuit avec eux. Il y avait bal, ce soir-là, dans le corps de garde : aux premiers sons du violon, l'enfant se leva et se mit à danser. Était-ce un poétique adieu aux joies de la vie et de la jeunesse, ou l'enthousiasme d'un jeune martyr s'élançant vers le paradis ? Quoi qu'il en soit, cette danse funèbre remua le cœur de ses geôliers. L'un d'eux l'éveilla au point du jour, et lui ouvrit la porte de la prison. Il sauta sur un cheval de rencontre, et courut ventre à terre jusqu'à Montargis, où il vint tomber poudreux, hors d'haleine, aux pieds de la duchesse de Ferrare.

Cependant son père mourut, et le tuteur auquel il l'avait confié l'enferma sous les verrous pour l'empêcher d'aller rejoindre l'armée protestante. Mais, une nuit, il sauta en chemise par la fenêtre de sa chambre, rencontra une compagnie de cavaliers huguenots, monta en croupe sur le cheval du capitaine et partit demi-nu pour les croisades de son Évangile.

C'est là l'aurore de cette vie orageuse, aurore sanglante, qui devait avoir pour midi ce soleil fixe de la Bible qui s'arrête au milieu du ciel, pour éclairer plus longtemps le carnage sacré. La jeunesse de d'Aubigné, c'est une stance du poëme de l'Arioste en tête d'un chant de la *Divine Comédie;* c'est une fanfare qui s'éteint dans le sombre chant du *Dies iræ.* A partir de son entrée dans la guerre civile, le jeune soldat s'assombrit. Au milieu de l'armée mondaine d'Henri IV, il apparut comme un derviche guerrier de l'Islam dépaysé dans un tournoi français. Apre au combat, implacable au conseil, il était toujours pour le parti violent, la guerre à outrance et l'incendie des vaisseaux. Son maître, qu'il servait en le rudoyant, aimait et redoutait à la fois cet ami solide, mais blessant. D'Aubigné s'indignait de ses tergiversations et de ses mollesses, il l'arrachait à ses amours, il aboyait à ses lunes de miel comme un chien de garde farouche et fidèle. A vrai dire, sa place n'était pas sous la tente profane d'Henri IV, mais dans ce camp des *Saints* de Cromwell où des caporaux étaient saisis d'inspiration prophétique, où les soldats chantaient des psaumes en montant la garde. Sa religion n'était pas le calvinisme politique et tempéré de la France d'alors, mais la Réforme de Huss et de Ludlow, un culte abstrait dans un temple nu, une religion de terreur et de tremblement, l'adoration isolée d'un Dieu redoutable, sans forme, sans image, qui permet à peine de graver son nom en hiéroglyphes mystiques, sur l'éphod d'or de son Prêtre.

II.

C'est au désert qu'il faut le chercher; dans ce désert moral du fond duquel il a daté ses *Tragiques*[1]. On les croirait écrits dans une caverne du Carmel, sur une table de pierre, en lettres de dix coudées, par un prophète à demi-sauvage. Écoutez le poëte, dans sa préface, lançant sur le monde ce

---

1. Les Tragiques donnez av pvblic par le larcin de Promethée. Au dézert (*sic*). M. O. C. XVI.

chant de colère! Vous diriez Élisée déchaînant ours qui dévore les blasphémateurs :

> Va, livre, tu n'es que trop beau
> Pour être né dans le tombeau
> Duquel mon exil te délivre ;
> Seul pour nous deux je veux périr,
> Commence, mon enfant, à vivre
> Quand ton père s'en va mourir.
> . . . .
> Sois hardi, ne te cache point,
> Entre chez les rois mal en point,
> Que la pauvreté de ta robe
> Ne te fasse honte ni peur,
> Ne te diminue ou dérobe
> La suffisance ni le cœur.
> . . . .
> Si on te demande pourquoi
> Ton front ne se vante de moi,
> Dis-leur que tu es un posthume,
> Déguisé, craintif et discret ;
> Que la Vérité a coutume
> D'accoucher en un lieu secret.
> . . . .
> J'eus cent fois envie et remord
> De mettre mon ouvrage à mort.
> Je voulais tuer ma folie ;
> Cet enfant bouffon m'apaisait.
> Enfin, pour la fin de sa vie,
> Il me déplut, car il plaisait.

C'est par cette porte de bronze, c'est poursuivi par ces abois de Cerbère que l'on entre dans ce poëme infernal ; pêle-mêle inouï de trivialités et d'épouvantements, où les caricatures obscènes de la satire latine se heurtent aux gigantesques fantômes de l'Apocalypse. Qu'on s'imagine l'épopée du calvinisme chantée sur le ton inouï d'Ézéchiel, la cour des Valois éclairée au feu de Gomorrhe, et les Mignons de Henri III, et les dames galantes de Brantôme traînées par les cheveux, dans leurs toilettes impudiques, comme sur un fond d'incendie.

Quelle face et quel revers de tableau que ces « Entrées royales, » dont l'une a la magnificence et la lumière d'un Rubens, et l'autre la noirceur sinistre d'un Caravage !

> Jadis nos rois anciens, vrais pères et vrais rois,
> Nourrissons de la France, en faisant quelquefois
> Le tour de leur pays, en diverses contrées,
> Faisaient par les cités de superbes entrées.
> Chacun s'esjouissait : on savait bien pourquoi ;
> Les enfants de quatre ans criaient : *Vive le roi !*
> Les villes employaient mille et mille artifices
> Pour faire comme font les meilleures nourrices,
> De qui le sein fécond se prodigue à s'ouvrir,
> Veut montrer qu'il en a pour perdre et pour nourrir.
> . . . .
> Nos tyrans aujourd'hui entrent d'une autre sorte ;
> La ville qui les voit a visage de morte ;
> Quand son prince la foule, il la voit de tels yeux
> Que Néron voyait Rome en l'éclat de ses feux.
> Quand le tyran s'égaye en la ville où il entre,
> La ville est un corps mort, il passe sur son ventre,
> Et ce n'est plus du lait qu'elle prodigue en l'air,
> C'est du sang. . . . .

Suivez, au Louvre des Valois, cet Alceste bardé de pied en cap, il y apporte sa foi rigide, sa franchise

abrupte, son verbe tranchant. C'est un homme de
fer qui accoste et qui froisse des hommes de velours.
Juvénal n'a pas de tirade d'une ironie plus mordante que celle où il suppose un jeune homme débarquant de sa province à la cour, et s'informant du
nom des damoiseaux à mine d'hermaphrodites qu'il
y voit briller.

> Notre nouveau venu s'accoste d'un vieillard,
> Et pour en prendre langue il le tire à l'écart.
> Là il apprit des noms dont l'histoire de France
> Ne lui avait donné ni vent ni connaissance.
> Ce courtisan grison, s'émerveillant de quoi
> Quelqu'un méconnaissait les mignons de son roi,
> Raconte leurs grandeurs, comment la France entière,
> Escabeau de leurs pieds, leur était tributaire.
> A l'enfant qui disait : « Sont-ils grands terriens,
> Que leur nom est sans nom par les historiens ? »
> Il répond : « Rien du tout ; ils sont mignons du prince.
> — Ont-ils sur l'Espagnol conquis quelque province ?
> Ont-ils, par leurs conseils, relevé d'un malheur ?
> Délivré leur pays par extrême valeur ?
> Ont-ils sauvé le roi, commandé quelque armée,
> Et par elle gagné quelque heureuse journée ? »
> A tout fut répondu : « Mon jeune homme, je crois
> Que vous êtes bien neuf : ce sont mignons du Roi. »

D'Aubigné est de la race de ces ascètes de la Judée,
troglodytes et mangeurs de sauterelles, qui sortaient
parfois de leurs trous de rochers, et surgissaient au
milieu des orgies de l'Asie, la cendre au front et
l'anathème à la bouche. Il reproduit leur exagération
formidable. Tout s'enfle et tout s'amplifie dans ce

cerveau exalté. Les images catholiques s'y reflètent aussi monstrueuses que les idoles de Baal. Ces femmes de cour, qui nous semblent si gracieuses et si séduisantes dans les chroniques de l'époque, lui apparaissent comme autant de Prostituées apocalyptiques montées sur des dragons à sept têtes. La lecture unique et assidue de la Bible hallucinait les esprits enflammés des premières ferveurs de la Réforme; elle y produisait des effets de mirage. Ils ne distinguaient plus nettement Rome de Babylone et Philippe II de Sennachérib; ils tournaient tout à l'hyperbole orientale. Leurs malédictions ont la redondance et l'emphase des anathèmes de la Bible.

> Ils crachent vers la lune, et les voûtes célestes
> N'ont-elles plus de foudre et de feux et de pestes?
> Ne partiront jamais du trône où tu te sieds
> Et la Mort et l'Enfer qui dorment à tes pieds!

Ce livre entier des *Tragiques* n'est qu'un appel aux foudres de Jéhovah, au glaive de l'Ange Exterminateur. Le poëte y fait le tour de son siècle, comme Jonas celui de Ninive, criant « Malheur! Malheur! » prophétisant le fer et le feu. Pour lui, point de milieu, point de purgatoire, le Ciel ou l'Enfer! Le monde est tranché en deux camps : d'un côté Rome, de l'autre Genève. Ceux qui resteront entre deux, les tièdes, les neutres, les indifférents, n'échapperont pas à la ruine de la cité condamnée. « Car, » dit-il avec une poésie admirable,

Lorsque l'éclat
D'un foudre exterminant vient renverser à plat
Les chênes résistants et les cèdres superbes,
Vous verrez là-dessous les plus petites herbes,
La fleur qui craint le vent, le naissant arbrisseau,
En son nid l'écureuil, en son aire l'oiseau,
Sous ce dais qui changeait les grêles en rosée,
La bauge du sanglier, du cerf la reposée,
La ruche de l'abeille et la loge au berger,
Ayant eu part à l'ombre, avoir part au danger.

Mais c'est lorsqu'il chante le martyrologe de la Réforme que le poëte s'élève à la sublimité de la haine et de l'enthousiasme. Son livre des *Feux* est le bien nommé; il brûle et il rayonne. On y marche entre deux rangées d'holocaustes : la vapeur des auto-da-fé se mêle aux parfums des encensoirs de Sion. Les martyrs entonnent dans la fumée les psaumes de la délivrance; ils chantent jusqu'à ce que la flamme vienne lécher leurs lèvres; et leurs bûchers se transfigurent en buissons ardents, et les ailes incombustibles des Séraphins viennent, au milieu du brasier, palpiter sur leurs fronts fumants.

Huss, Jérôme de Prague, images bien connues
Des témoins que Sodome a traînés par ses rues,
Couronnés de papier, de gloire couronnés,
Par le siége qui a d'or mitrés et ornés
Ceux qui n'étaient pasteurs qu'en papiers et en titres,
Et aux évêques d'or fait de papier les mitres.

Quelle image que celle de ce martyr anglais,

levant au ciel ses bras, dont le feu a déjà fait des os de squelette !

> Tu as ici ton rang, ô invincible Haux !
> Qui, pour avoir promis de tenir les bras hauts
> Dans le milieu du feu, si du feu la puissance
> Faisait place à ton zèle et à ta souvenance.
> Sa face était brûlée, et les cordes des bras
> En cendres et charbons étaient chutes en bas,
> Quand Haux, en octroyant aux frères leur requête,
> Des os qui furent bras fit couronne à sa tête.

Son tableau de la Saint-Barthélemy a l'horreur de la tuerie qu'il retrace. Le glas du tocsin, les cris des meurtriers, le râle des victimes, le petillement des arquebusades se répercutent dans des vers haletants, et comme essoufflés de colère. Le meurtre est partout, dans l'alcôve et dans la rue; il vient surprendre la volupté en flagrant délit. Dalila livre aux Philistins Samson énervé. Spectacle érotique et tragique que d'Aubigné peint en traits de sang.

> Il n'est garçon, enfant qui quelque sang n'épanche,
> Pour n'être vu, honteux, s'en aller la main blanche.
> Les prisons, les palais, les châteaux, les logis,
> Les cabinets sacrés, les chambres et les lits
> Des princes, leur pouvoir, leur secret, leur sein même
> Furent marqués des coups de la tuerie extrême.
> . . . .
> Les princesses s'en vont de leurs lits, de leurs chambres,
> D'horreur, non de pitié, pour ne toucher aux membres
> Sanglants et détranchés que le tragique jour
> Mena chercher la vie au nid du faux amour.

> Libitine marqua de ses couleurs son siége,
> Comme le sang des faons rouille les dents du piége ;
> Ces lits, piéges fumants, non pas lits, mais tombeaux,
> Où l'Amour et la Mort troquèrent de flambeaux.

Ailleurs il nous montre la cour de Charles IX, penchant aux fenêtres du Louvre, sur le fleuve qui charrie des morts, les mille têtes lubriques et cruelles d'un cirque romain.

> Or, cependant qu'ainsi par la ville on travaille,
> Le Louvre retentit, devient champ de bataille,
> Sert après d'échafaud, quand fenêtres, créneaux,
> Et terrasses servaient à contempler les eaux,
> Si encore sont eaux. Les dames, mi-coiffées,
> A plaire à leurs mignons s'essayent échauffées,
> Remarquent les meurtris, les membres, les beautés,
> Bouffonnent salement sur leurs infirmités.
> A l'heure que le ciel fume de sang et d'âmes,
> Elles ne plaignent rien que les cheveux des dames.
> En tel état la cour, au jour d'esjouissance,
> Se promène au travers des entrailles de France.

Ce n'est plus un poëte qui raconte, c'est l'homme échappé, meurtri, du massacre, qui crie « par la bouche de sa blessure : » *per la bocca de su herida,* dit la romance espagnole. Puis, comme au cinquième acte des *Huguenots,* les cantiques luthériens s'élèvent, entre les clameurs du carnage, pareils à des spirales d'encens se détachant de la fumée des arquebuses et montant droit vers le ciel. La légende des premiers martyrs n'a pas de scène plus touchante que celle des femmes calvinistes cherchant le corps de leurs maris, au clair de lune, sur les deux rives de la Seine.

> Si quelqu'un va chercher en la berge commune
> Son mort, pour son témoin il ne prend que la lune.
> Aussi bien, au clair jour, ses membres détranchés
> Ne se discernent plus fidèlement cherchés.
> Que si la tendre fille ou bien l'épouse tendre
> Cherchent père ou mari, crainte de se méprendre,
> En tirent un semblable, et puis disent : « Je tien,
> Je baise mon époux, ou du moins un chrétien. »

Ces pauses de douceur sont rares, mais exquises dans la poésie de d'Aubigné. C'est le miel fait par des abeilles sauvages à triple dard dans la gueule déchirée du lion de la Bible ; il paraît meilleur que celui des ruches. Quelle tendre mélancolie respirent ces vers sur les derniers martyrs de la Réforme !

> Le printemps de l'Église et l'été sont passés ;
> Si serez-vous par moi, verts boutons, amassés ;
> Encore éclorez-vous, fleurs si blanches, si vives,
> Bien que vous paraissiez dernières et tardives.
> On ne vous laisse pas simples de si grand prix,
> Sans vous voir et flairer au céleste pourpris.
> Une rose d'automne est plus qu'une autre exquise.
> Vous avez réjoui l'automne de l'Église.

Il faut citer encore cette fraîche peinture de la terre taillée et colorée par la main de l'homme ?

> Les aimés laboureurs
> Ouvragent son beau sein de si belles couleurs,
> Font courir les ruisseaux dedans les vertes prées
> Par les sauvages fleurs en émail diaprées.

Ils sont peintres, brodeurs, et puis leurs grands tapis
Noircissent de raisins et jaunissent d'épis.
Les ombreuses forêts leur demeurent plus franches,
Éventent leurs sueurs et les couvrent de branches.

Mais, encore une fois, ces chants de flûte ou de harpe sont rares dans les *Tragiques*. Le poëte ne quitte guère l'embouchure de sa trompette ajustée contre les murailles de Rome, comme celles de Josué contre Jéricho. Quel souffle dans l'invective ! Quelle portée dans l'imprécation ! Cette violence de ton se fausse à la longue; le vers s'enroue à force de crier. Ainsi que Roland à Roncevaux, sonnant du cor jusqu'à ce que son cœur éclate, on dirait parfois qu'une veine se brise dans la poitrine de ce crieur d'anathèmes, et qu'il teint son clairon du sang et de la bile de ses poumons déchirés. Puis, l'haleine lui revient, sa verve se rallume, son fiel se renouvelle, l'écume remonte à ses lèvres; il recommence à menacer, à attester, à maudire. Plus il va, plus il s'enfonce dans ces sentiers pierreux de la Judée prophétique, où surgissent des visions grandioses, où se déploient de brûlants mirages, où tout entraîne l'âme aux idées extraordinaires et terribles : la citerne tarie, le figuier desséché, le cri de l'onagre, le caillou qui grince sous les écailles du serpent, l'aigle décrivant dans l'air embrasé son vol gigantesque. Il perd toute notion du temps, tout rapport entre la parole et les choses. Il n'est plus ni à Paris ni à Genève; il est à Patmos, sur la pointe d'un rocher perdu, entre la mer et l'éternité. Achab et Henri III, Jézabel et Catherine de Médicis, le Pape et l'Antechrist, les prêtres de Baal et les moines, les amours du Louvre et les fornications d'Israël, tout cela s'amalgame à ses yeux en une vision confuse, indéfinie, horrible, qui remplit l'espace et le temps, sans distinction de plans ni de siècles. C'est la débâcle effrayante de l'Apocalypse, le firmament accablant la terre de terreurs, les phénomènes du prodige se substituant aux lois naturelles; des étoiles qui tombent, des Plaies qui se répandent, du sang qui crie, des sépulcres qui se fendent, des chevaux pâles qui courent dans les airs; et, au-dessus de tout cela, le Jugement Dernier qui s'avance, du fond des cieux ouverts, avec ses cercles d'anges oscillant à perte de vue, et le Christ debout, tonnant au milieu !

L'air n'est plus que rayons, tant il est semé d'anges.

Il y a des images dantesques dans ce tableau final. Le poëte y montre les arbres, les eaux, le feu, les montagnes déposant au tribunal de Dieu contre les persécuteurs.

« Pourquoi, — dira le feu, — avez-vous de mes feux
Qui n'étaient ordonnés qu'à l'usage de vie,
Fait des bourreaux, valets de votre tyrannie? »
L'air, encore une fois, contre eux se troublera,
Justice au Juge saint contre eux demandera,
Disant : « Pourquoi, tyrans et furieuses bestes,

M'empoisonnâtes-vous de charognes, de pestes,
Des corps de vos meurtris? » — « Pourquoi, diront les eaux,
Changeâtes-vous en sang l'argent de nos ruisseaux? »
Les monts qui ont ridé le front à vos supplices :
« Pourquoi nous avez-vous rendus vos précipices? »
« Pourquoi nous avez-vous, diront les arbres, faits
D'arbres délicieux, exécrables gibets? »

Sa peinture du désespoir des damnés fait passer devant les yeux les groupes frénétiques de la fresque de Michel-Ange.

Que si vos yeux de feu jettent l'ardente vue
A l'espoir du poignard, le poignard plus ne tue.
Que la mort, — direz-vous, — était un doux plaisir !
La mort morte ne peut vous tuer, vous saisir.
Voulez-vous du poison? en vain cet artifice.
Vous vous précipitez, en vain le précipice.
Courez au feu brûler, le feu vous gèlera ;
Noyez-vous, l'eau est feu, l'eau vous embrasera.
La peste n'aura plus de vous miséricorde ;
Étranglez-vous, en vain vous tordez une corde.
Criez après l'enfer, de l'enfer il ne sort
Que l'éternelle soif de l'impossible mort.

III.

On comprend, après avoir lu les *Tragiques*, l'espèce de disgrâce amicale dans laquelle Henri IV tint d'Aubigné après la victoire. De tels fanatismes sont de la trempe des épées, il faut les remettre au fourreau après le combat. D'Aubigné eut le tort de se croire toujours à la même heure de l'histoire. Le compagnon du prétendant ne put se résigner à devenir le sujet du roi. Il garda en pleine cour les allures et les coudées franches de la tente. Or, il est tel brusque conseil, telle boutade acerbe que le prince peut écouter sous le chêne de Charles II ou au bivouac de Coutras, mais qui détonnent dans les salles du Louvre et sous les lambris de Windsor. D'ailleurs, d'Aubigné ne se gênait guères pour traiter d'apostasie la conversion de son maître. On sait la poignante réponse qu'il fit à Henri IV, lui demandant ce qu'il pensait du coup de couteau de Châtel : « Sire, que le « Dieu que vous n'avez renoncé que des lèvres, ne « vous a percé que les lèvres, mais sitôt que le « cœur renoncera, il vous transpercera le cœur. » Tandis qu'autour de lui tous pactisaient, cédaient, transigeaient et se pliaient aux changements du temps, l'inflexible sectaire se roidissait dans sa croyance inflexible. Il battit donc en retraite devant la fortune, et se retrancha dans des gouvernements de forteresses, du haut desquelles il assistait indigné aux spectacles des temps nouveaux. L'assassinat de Henri IV le frappa au cœur ; il rompit avec le monde, et se retira à Saint-Jean-d'Angély, où il écrivit l'*Histoire universelle* de son temps. Le livre fut brûlé par le bourreau, et d'Aubigné s'enfuit à Genève. La Mecque protestante reçut en triomphe le confesseur de sa foi. Il remplit de sa grande âme cette petite république têtue et violente, il fortifia ses remparts, arma Berne, agita la Suisse, négocia avec l'Angleterre pour sauver La Rochelle, et tint tête à toutes les intrigues et à tous les piéges de la France tendus contre lui. Le Parlement de Paris l'ayant condamné à mort, il lui répondit en prenant femme, le jour où l'on tranchait la tête à son effigie : le vieux soldat se remaria en barbe blanche, avec la candeur d'un patriarche de la Genèse. La prise de La Rochelle, la chute de son parti, la trahison d'un fils qui renia le Dieu de son père, navrèrent ses derniers jours. Il mourut longuement, lentement, pétrifié dans sa foi en ruines, et s'écroulant avec elle sans broncher de sa base. Sa petite-fille fut Mme de Maintenon, qui persécuta les protestants et les chassa de France. L'histoire a de ces contrastes, qui feraient croire que l'ironie est un des jeux de la Destinée.

XXIII.

DON QUICHOTTE.

Les œuvres, comme les hommes, changent parfois, avec le temps, de physionomie et de caractère. Admiré longtemps comme un chef-d'œuvre de pure bouffonnerie, le livre de Cervantes nous émeut aujourd'hui, à la façon d'un drame héroï-tragique. Plus Don Quichotte recule dans le passé, plus il devient sympathique et grave. Dans sa grande et triste figure, nous saluons la dernière apparition de la chevalerie.

Cette métamorphose est-elle une illusion d'heure et d'optique? J'ai peine à le croire. Si Don Quichotte n'était qu'une caricature, il ne serait pas entré si avant dans l'affection de l'humanité. L'imagination humaine est, au fond, triste et sérieuse. Parmi les êtres fictifs, elle n'admet dans son intimité que ceux qui l'émeuvent ou qui l'ennoblissent. Les bouffons, lorsqu'ils ont du génie, sont souvent très en faveur auprès d'elle : comme les rois du Moyen-Age, elle leur accorde toute licence et se plaît en leur compagnie. Mais, s'ils restent ses favoris, ils ne deviennent jamais ses amis. Un certain mépris se mêle à la gaieté qu'ils inspirent : ils réjouissent l'esprit, ils détendent la rate, et le cœur leur reste fermé. — La disgrâce subite qui frappe le vieux Falstaff n'attendrit personne; Panurge se noierait avec ses moutons sans nous émouvoir; et l'agonie de Scapin, dans la comédie de Molière, serait réelle au lieu d'être feinte, qu'elle n'attristerait pas un instant la gaieté de ses *Fourberies*. Don Quichotte, au contraire, nous émeut en nous égayant; il se fait respecter en nous faisant rire, et les railleurs les plus endurcis compatissent secrètement à ses infortunes.

C'est que le brave chevalier de la Manche cache l'âme d'un héros sous l'habit d'un fou, et que ses actes les plus absurdes ne sont que les déviations d'une idée sublime. Protéger les faibles, châtier les méchants, redresser les torts, terrasser les crimes, exercer la magistrature du glaive sauveur et vengeur sur tous les grands chemins de la vie humaine : tel est le programme de son entreprise. Ses chimères ont l'essor des aigles, sa folie plane sur lui avec des ailes de Victoire. Son seul tort est d'être né trois siècles trop tard. Le *Mystère* chevaleresque est depuis longtemps terminé; les Maures sont rentrés dans les coulisses de l'Afrique; les géants ont repris la taille moyenne de l'espèce humaine; les chars attelés de dragons ne sont plus que des machines de toile et de carton peint; et lui, resté seul sur la scène déserte, dans sa panoplie démodée, s'obstine à poursuivre un rôle sans répliques, et s'escrime dans le vide contre des fantômes. Paladin déclassé, portrait fabuleux qui cherche son cadre au milieu d'un temps historique, Don Quichotte est l'anachronisme vivant du Cid et de Bernard del Carpio.

Dépouillez ses illusions des formes extravagantes dont il les revêt, vous trouverez les plus hautes vertus. Le zèle de l'honneur le dévore, la soif de l'équité trouble sa raison, la fièvre de l'enthousiasme le fait délirer. Le monde, pour ce vieil enfant grandiose et candide, se divise en deux zones rigidement tranchées : d'un côté des princesses éplorées, des reines captives, des amants enchantés et persécutés; de l'autre, des colosses farouches, des magiciens perfides, des tyrans pervers. Pas de milieu, aucune mesure : la moyenne de la vie réelle lui échappe. Il ne conçoit le Bien que sous des formes sublimes ou royales; le Mal ne lui apparaît qu'avec des figures de bêtes ou de monstres. Son idéal de la justice plane au-dessus des institutions et des lois humaines. Il ignore l'alcade, l'alguazil lui est étranger, la baguette de corrégidor lui semble un jonc dérisoire, la Sainte Hermandad lui paraît faire à la Chevalerie errante une basse concurrence. Son idée d'un droit spontané et libre résultant d'une inspiration supérieure le rend hostile à toute magistrature établie. Comme il le dit quelque part, il n'a « d'autre loi que son épée, d'autre code que sa volonté. » En moins de temps qu'un cadi turc n'en met à rendre un arrêt, il décide du juste et de l'injuste, du tort et du droit, de la culpabilité et de l'innocence des personnages qu'il rencontre. Comme les oiseaux du ciel augural qui, en volant à droite ou à gauche, jugeaient une cause et tranchaient un doute, les rêves heureux ou sinistres qui passent dans son cerveau lui font condamner ou gracier les justiciables de son caprice. Quelques mots de confession lui suffisent pour absoudre un bagne tout entier; il fraternise avec les brigands en haine de la police régulière. Le chevalier de Dieu donne l'accolade aux chevaliers du Diable par-dessus les tribunaux et les juges.

Son amour n'est pas moins arbitraire que son héroïsme. Comme un sculpteur qui d'un bloc informe extrait une déesse, Don Quichotte, par l'opération de son esprit, tire d'une massive paysanne une beauté céleste. Sa personnalité matérielle lui importe peu : à vrai dire, il n'est pas bien sûr qu'elle existe, et le créateur doute parfois de sa créature. Lorsque le duc lui demande si Dulcinée n'est pas une dame fantastique : — « Sur cela, il y aurait beaucoup à
« dire, — répond Don Quichotte, — Dieu sait s'il
« existe ou non dans le monde une Dulcinée, et si
« elle est ou non fantastique. Ce sont de ces choses

« qu'il ne faut pas examiner trop à fond. Je n'ai ni
« engendré ni mis au jour ma dame, mais je la vois
« et la contemple en mon esprit, telle qu'il convient
« que soit une dame, pour réunir en elle les vertus
« qui puissent la rendre fameuse entre toutes. »
Mais qu'importe la vie grossière de la chair et du
sang à cette idole de son âme? Comme les divinités,
Dulcinée doit demeurer impalpable; la dame de ses
pensées déchoirait en devenant l'épouse de son
corps. — « Pour ce que je veux de Dulcinée, — dit-
« il encore à Sancho, — elle vaut autant que les
« plus hautes princesses de la terre... Je me figure
« qu'il en est d'elle juste comme je dis, et je la
« peins dans mon imagination telle que je la désire,
« aussi bien pour les attraits que pour la noblesse;
« et, de la sorte, nulle femme n'approche d'elle,
« ni les Hélène, ni les Lucrèce, ni aucune héroïne
« des siècles passés, Grecque, Romaine et Barbare. »
Tel est Don Quichotte, l'idéal incarné, l'abstraction faite homme. Sur la visière de son casque grotesque est écrit ce défi au monde extérieur : « Qu'y
« a-t-il de commun entre vous et moi ? » La réalité
se venge du mépris qu'il affiche pour elle par de
cruelles représailles : elle fait achopper aux plus vils
obstacles ses plus fiers élans; elle dissipe en poussière ses plus beaux mirages. Tous ses rêves avortent, toutes ses visions enlaidissent et se défigurent. Il prend une *venta* sordide pour un palais magnifique, et la hideuse Maritorne pour une sultane

éblouissante. Chacun de ses exploits se termine en échauffourée : il conquiert un plat à barbe, il provoque des moulins à vent, il décapite des outres, il massacre des marionnettes, il met des moines et des marguilliers en déroute. Le péril, même lorsqu'il est sérieux, ne veut pas de lui : les lions dont il ouvre la cage lui tournent dédaigneusement le derrière ; le fleuve dans lequel il se jette crache sur lui et le rejette sur sa rive ; les taureaux le foulent aux pieds sans l'effleurer de leurs cornes. — « Va te faire écharper ailleurs ! » semblent lui dire tous les êtres et toutes les choses qu'il provoque. La Fatalité riposte à ses coups de lance par des coups de bâton : il cherche des émirs et rencontre des muletiers ; les cimeterres arabes qu'il voit flamboyer crèvent en camouflets sur son crâne ; il ne reçoit que des horions en affrontant des blessures. Toujours moulu, jamais pourfendu : voué aux emplâtres, la charpie lui est interdite. Ce n'est pas tout : en semant des bienfaits absurdes, il récolte une ingratitude méritée. Les fausses victimes auxquelles il se dévoue se retournent contre lui avec des visages irrités. L'enfant qu'il arrache au fouet de son maître l'accable d'injures ; les galériens dont il vient de briser la chaîne le chassent à coups de pierres ; il viole des funérailles en croyant sauver un captif. Sancho n'est berné que pendant une heure ; d'un bout à l'autre de sa croisade, Don Quichotte bondit vers le sublime et retombe à plat sur le ridicule.

Et pourtant le chevalier de la Manche reste noble et grand au milieu des déceptions qui l'accablent ; criblé de ridicules, il est invulnérable au mépris. Tout ment autour de lui, excepté son courage. Si ses aventures sont apocryphes, son intrépidité est réelle ; si le danger le mystifie, ce n'est pas sa faute. Les moulins auraient été des géants, le troupeau de moutons serait une armée païenne, qu'il ne fondrait pas moins sur eux, la pique en arrêt. C'est avec l'héroïque fureur d'un preux du *Romancéro* qu'il se baigne dans le sang des outres ; il tombe sur le plancher d'un galetas, aussi grandement que sur un champ de bataille. Lorsqu'au moment de se jeter dans le cliquetis de lances qu'il a cru entendre, il se trouve devant les six marteaux d'un foulon, Sancho éclate d'un gros rire ; mais Don Quichotte, le frappant du manche de sa pique : — « Te semble-t-il par hasard « que si ces marteaux à foulon eussent été aussi bien « une périlleuse aventure, je n'aie pas montré le « courage qu'il fallait pour l'entreprendre et la « mettre à fin ? Et suis-je donc obligé, étant cheva- « lier comme je suis, de distinguer les sons et de « reconnaître si le bruit que j'entends vient de « marteaux à foulon ou d'autre chose ? »

Sa folie n'est d'ailleurs qu'une monomanie ; une seule fêlure, héroïque comme l'entaille d'un glaive, entame son cerveau. En dehors de son idée fixe, Don Quichotte est le plus sage et le plus éloquent des hommes. Quelle raison supérieure et quelle grandeur d'âme dans les conseils qu'il donne à Sancho sur le gouvernement de son île ! Quel sens exquis dans ses dissertations littéraires ! Il en remontrerait aux plus fins humanistes de Madrid et de Salamanque. Sa tirade sur la profession des armes rappelle ce « discours casqué » *sermo galeatus*, dont parle saint Jérôme. Il devise de l'amour avec la subtilité ingénieuse d'un troubadour provençal. Sa courtoisie est incomparable : cet hidalgo de campagne, encanaillé par la malice du sort au milieu des pâtres et des muletiers, serait digne de haranguer des rois et de courtiser des Infantes. Il y a de la grandeur dans son langage ; sa parole est un *Sursum corda* perpétuel. Telle de ses exhortations à Sancho retentit comme le rappel d'un clairon guerrier ; tel de ses saluts à un hôte respire la noble emphase de l'hospitalité orientale. Lorsqu'il reçoit l'Auditeur au seuil de la *venta*, on dirait un calife ouvrant à un prince les portes de son Alcazar. Le langage qu'il tient à la duchesse mêle aux hyperboles de la poésie arabe les exquises recherches de la galanterie. Sa politesse ne se dément pas envers les rustres et les souillons qu'il fréquente : il touche, sans se salir, à leurs trivialités et à leurs guenilles. Les taudis, dès qu'il y entre, prennent un air de cour ; il s'assoit aux immondes repas qu'on lui sert aussi majestueusement que s'il prenait place à la Table-Ronde. Il appelle « Votre Grâce » un chef de bandits, et Maritorne « haute et charmante dame. » Toutes les femmes sont égales devant son respect ; tous les hommes sont égaux devant sa bonté. Ce chevalier fou est un cavalier accompli.

Ce n'est pas du premier coup que Cervantes atteignit la perfection d'un tel type. On sent qu'il le conçut dans un éclat de rire et qu'il le termina avec un sourire attendri. Dans la première partie du livre, le poëte rudoie cruellement son héros; il le roule dans d'ignobles rixes; il lui inflige des traitements indignes. S'il n'altère jamais sa pureté morale, il le souille du moins physiquement. On voudrait déchirer la page où Don Quichotte et Sancho vomissent l'un sur l'autre l'infect orviétan qu'ils viennent d'avaler : le livre en reste tout éclaboussé. Mais bientôt l'artiste s'éprit de sa création, il l'épura et la perfectionna en tous sens. Plus Don Quichotte avance dans sa campagne romanesque, plus il grandit en honneur, en magnanimité, en justice. Les saillies burlesques qui tourmentaient son noble profil s'effacent par degrés; ses intervalles lucides se rapprochent : des journées entières se passent sans accès. Alors vous croiriez voir Alfonse le Sage parcourant la Castille, en réformant les lois et en prononçant des sentences.

Sancho lui-même se dégrossit à force de rouler derrière Don Quichotte sa grosse panse et ses courtes jambes. Comme l'argile du poëte persan, en vivant auprès de cette longue fleur d'élégance et de chevalerie, il finit par s'imprégner de ses hauts parfums. Son bon sens rustique s'unit sans mésalliance à

l'idéalité de son maître, et de ce mélange sortent des dialogues d'une incomparable sagesse. Dès la seconde partie du poëme, la gloutonnerie de Sancho décroît à vue d'œil, sa grossièreté diminue, son dévouement à son maître se raffermit sous les coups, et se purifie par les jeûnes. Il l'aime pour sa folie même, dont il sent vaguement la grandeur. Le valet cupide se transforme en écuyer désintéressé et féal. — « Je reconnais, — dit-il à la duchesse, — que si
« j'avais pour deux maravédis d'esprit et de bon
« sens, il y a beau jour que j'aurais planté là mon
« maître ; mais ainsi l'a voulu mon destin ou plutôt
« mon malheur ; il faut malgré moi que je le suive.
« Nous sommes du même endroit, j'ai mangé son
« pain, je l'aime ; il est reconnaissant, il m'a donné
« ses ânons, et, par-dessus tout, je suis fidèle. Il
« est donc impossible que rien nous sépare, jusqu'à
« ce que la pioche et la pelle nous creusent un
« même lit. »

L'île promise arrive à la fin, et, lorsque Sancho s'y installe, son éducation est faite : la bête s'est changée en homme : une particule de l'âme de Don Quichotte anime désormais sa nature épaisse. Sancho juge comme Salomon et comme Haroun-al-Raschid, et la sagesse de l'Orient parle par sa bouche.

La sympathie croissante qu'inspire Don Quichotte redouble la pitié qu'excitent les mystifications qu'on lui fait subir. Les muletiers qui le rossent sont dans

leur droit, puisqu'il les attaque ; mais les beaux esprits et les grands seigneurs qui le bafouent, à la seule fin de se divertir, révoltent le cœur. Cette populace en habits de soie tombe au-dessous de la canaille en haillons. On s'indigne de le voir mis en cage, comme un animal montré à la foire, par un curé pédant et un barbier facétieux. On méprise ce duc et cette duchesse hypocrites qui l'attirent dans leur château, pour le livrer aux risées des duègnes, aux malices des caméristes et aux facéties des laquais. La partie la plus douloureuse du livre est certainement celle où Don Quichotte sert de jouet à ces hobereaux de province qui le mettent en scène comme un *gracioso*. On se souvient de Samson appelé devant les Philistins « pour qu'il les fît rire, » et les écrasant sous les débris de leur temple. — « Sam-
« son dit : Que je meure avec les Philistins ! Il se pen-
« cha avec force ; la maison tomba sur les princes et
« sur tout le peuple qui y était ; et ceux qu'il tua lors
« de sa mort étaient plus nombreux que ceux qu'il
« avait fait mourir pendant sa vie. » Comme la force revint, à ce moment, au Juge d'Israël, on voudrait que le héros de la Manche reprît alors sa raison et qu'il fondît, l'épée à la main, sur les *Philistins* qui le raillent, comme il fait, à moins juste droit, sur les marionnettes de maître Piétro.

Cervantes a châtié d'ailleurs la duchesse de sa conduite envers Don Quichotte. Elle ravit et elle éblouit d'abord, dans son livre, lorsqu'elle apparaît, au crépuscule, sur une haquenée blanche, le faucon au poing, pareille à « l'Élégance en personne. » Mais l'indiscrétion d'une duègne nous révèle que cette Diane chasseresse a deux cautères à ses jambes, et Don Quichotte est vengé.

Quel morne dénoûment termine l'aventureuse odyssée ! Don Quichotte a été vaincu par le bachelier travesti en Chevalier de la Blanche-Lune : pour tenir les conditions du combat, il doit rentrer dans son village, et renoncer à la chevalerie. Mais son âme se brise avec son épée ; en abdiquant son rêve, il prend congé de la vie. « Adieu ! » pourrait-il s'écrier avec l'Othello de Shakespeare. « Oh ! maintenant, pour
« toujours, adieu les troupes empanachées et les
« grandes guerres, qui font de l'ambition une vertu !
« Oh ! adieu, adieu le coursier qui hennit et la stri-
« dente trompette ! Adieu la bannière royale et toute
« la beauté, l'orgueil, la pompe et l'attirail de la
« guerre glorieuse ! Adieu ! la tâche de *Don Qui-*
« *chotte* est finie. » — Sa tâche est finie en effet. Dégradé de sa mission idéale, Don Quichotte n'a plus qu'à mourir. Il dépouille sa fierté avec son armure ; il se traîne sur les grands chemins qu'il parcourait naguère dans l'attitude d'un haut justicier. De chevalier errant, le voilà devenu, comme il dit, « écuyer pédestre. » Or, Don Quichotte démonté de Rossinante, c'est un centaure mutilé. Des porcs lui passent sur le corps sans qu'il s'en émeuve. — « Laisse-les passer, » dit-il à Sancho qui

veut les pourfendre; « cet affront est la punition de « mon péché, et le ciel a raison de châtier un cheva- « lier errant vaincu, en le faisant manger par les « renards, piquer par les guêpes et fouler aux pieds « par les pourceaux. » L'affaiblissement de sa folie est le présage de sa fin prochaine : déjà il ne prend plus les hôtelleries pour des châteaux forts : funeste symptôme! — *Malum signum! malum signum!* comme il murmure entre ses dents, lorsqu'en rentrant dans son village, il est frappé au cœur par ce cri que jette un enfant : « Elle est morte, ta dame, « et tu ne la reverras plus! » — Ainsi Dante, dans la *Vita nuova*, voit en songe des figures éplorées qui passent en criant : « Ton admirable dame est « sortie de ce siècle! » Quelque différente que soit leur structure, les grands livres, comme les montagnes, ont de ces échos qui se répondent à travers les siècles. Dulcinée et Béatrix, sous des formes diverses, sont les filles du même rêve et les fantômes du même idéal.

« C'est bon, silence, mes enfants, » — répond Don Quichotte au bruyant accueil que lui font sa gouvernante et sa nièce. — « Menez-moi au lit, car « je ne me sens pas très-bien. » Il s'endort, et en s'éveillant il se réveille aussi du songe de sa vie. Guéri de sa folie, il tombe aussitôt mortellement malade. Le somnambule réveillé en sursaut glisse du toit où le portaient des ailes invisibles, et se brise sur le sol ou sur le pavé. De même Don Quichotte,

précipité du haut de ses visions dans le monde réel, ne survit pas à cette chute. L'enthousiasme était l'huile qui alimentait son corps desséché; dès qu'elle lui manque, il expire. La moquerie, qui l'a pourchassé pendant toute sa vie, ne le lâche pas à son lit de mort. Le curé et le bachelier veulent encore mystifier sa dernière heure par les visions de la chevalerie; mais Don Quichotte leur ferme la bouche avec une douce fermeté. — « Seigneurs, n'allons pas si vite;
« il n'est plus temps de plaisanter, car dans les nids
« de l'an dernier il n'y a plus d'oiseaux cette année.
« J'ai été fou, et maintenant me voilà rendu à la
« raison; j'ai été Don Quichotte de la Manche, et
« maintenant me revoici Alonso Quizano le Bon.
« Qu'on m'amène un prêtre pour me confesser et un
« notaire pour recevoir mon testament. »

Et il rend sa grande âme à la Raison, qui lui revient sous les traits sévères de la Mort, comme il rendrait son épée à un ennemi victorieux.

Dans la Grèce antique, chaque île, chaque contrée avait un dieu spécial, guerrier ou rustique, agricole ou maritime, fait à l'image du pays et modelé sur le caractère de ses habitants. Cette divinité indigène le remplissait de sa présence et de son influence. Ses statues surgissaient à chaque tournant de route, sur chaque sommet de colline; sa légende était mêlée à l'histoire, ses oracles remplissaient les antres, on y respirait son souffle avec l'air.

Idéal et imaginaire comme les dieux de la Grèce, Don Quichotte a pris, comme eux, possession du pays qui l'a enfanté : il y est devenu le Génie du lieu. Son long spectre ne quitte pas le voyageur qui parcourt la Manche et les deux Castilles. L'aridité des plaines grises rappelle sa maigreur; l'âpre profil des rochers qui hérissent l'étroit sentier des Sierras retrace vaguement sa face anguleuse : l'Espagne et Don Quichotte paraissent calqués l'un sur l'autre. On s'attend à le voir sortir de chaque nuage de poussière, debout sur les étriers de son cheval eflanqué; il n'est pas un moulin agitant son aile qui n'ait l'air de le provoquer. Le soir, on cherche sa lance dans l'angle obscur de la *posada*, où des maritornes hagardes vous servent le jambon rance et le vin à fumet de bouc qui défrayaient ses sobres repas; on croit reconnaître sa bizarre silhouette parmi les ombres que la lampe fumeuse découpe sur le mur. Et il semble qu'en tirant les rideaux de serge du lit délabré où vous conduit votre hôtesse, vous allez trouver Don Quichotte droit sur son séant, l'œil fixe, la moustache altière, le visage bandé, drapé dans sa couverture aux plis de linceul, tel qu'il apparut à dona Rodriguez, ou plutôt tel que siège le Cid sur son fauteuil sépulcral.

« Dans Saint-Pierre-Cardena est embaumé le Cid, le vainqueur invaincu des Maures et des chrétiens. Il est assis sur son fauteuil; sa noble et vaillante personne a été vêtue et parée. Ses

« visage, doué d'une grande gravité, est découvert;
« il a sa bonne épée Tizona placée à son côté. Il ne
« semble pas mort, mais vivant et très-honoré[1]. »

1. *Le Romancero du Cid.* Romance 51.

XXIV.

GIL BLAS.

Gil Blas est un de ces livres qu'on relit quatre ou cinq fois dans sa vie : l'impression change avec les lectures. Le charme ne faiblit pas, mais le jugement se redresse. On a voulu voir dans le héros de Le Sage le type moyen de l'espèce humaine. C'est trop d'enthousiasme et pas assez d'amour-propre. Étudiez de près cette physionomie à facettes ; vous n'y trouverez que les traits vulgaires de l'humanité subalterne.

Voyez-le partir d'Oviedo, au trot de sa mule ; pas un regret à son père, pas une larme pour sa mère, pas un souvenir au vieil oncle qui a élevé son enfance. On a dit de Panurge qu'il semble né des amours d'un jambon et d'une bouteille, tant il est dénué de tendresse humaine ; Gil Blas n'est guère plus sensible :

il est, comme Figaro, « le fils de quelqu'un, » mais c'est tout.

Il part, faisant sonner les grelots de sa mule et les ducats de son escarcelle. Le mendiant à l'escopette lui donne sa première leçon de prudence; le parasite à l'omelette lui fait avaler son premier déboire. Des voleurs l'arrêtent au coin d'un bois et ils l'enrôlent dans leur bande. Admirez la souplesse de Gil Blas se pliant à cette vie nouvelle. Il pleure sans doute, il se désole, il a horreur de ses compagnons, mais il faut hurler avec les loups, et Gil Blas fait sa partie dans la troupe sans trop de scrupule. Il détrousse un moine avec la gaieté qu'il mettrait à jouer un sot rôle; il tire son coup de carabine sur le carrosse de dona Mencia avec la résignation d'un conscrit décidé à faire son métier. Le voilà délivré et fuyant avec une grande dame; mais des mains des brigands, il tombe dans les pattes graissées des corrégidors, et désormais Gil Blas ne distinguera plus bien nettement la justice des grands chemins de celle des tribunaux et des greffes.

C'est par l'antichambre que Gil Blas fait son entrée dans le monde, et, que Le Sage l'ait ou non voulu, son héros restera laquais à travers ses métamorphoses. Il garde l'allure oblique, les instincts pillards, les sentiments bas de la servitude. « Quand les Dieux, — dit un ancien, — réduisent un homme en esclavage, ils lui enlèvent la moitié de son âme. » Gil Blas, en revêtant la livrée, perd cette partie élevée de l'âme que l'indépendance emporte avec elle. Désormais, quoi qu'il fasse, il sentira l'office et la valetaille. A la fin même, lorsqu'il pille les coffres du roi d'Espagne, on reconnaît l'homme qui a fait danser les anses du panier.

Quelle vocation d'ailleurs plus flagrante et plus décisive! il est valet à tout faire. Voyez-le au chevet du licencié Sédillo, singeant le dévouement, dans l'espoir d'un legs, et versant des larmes de pleureur à gage. Mystifié par le testament du bonhomme, il entre au service du médecin qui l'a dépêché. Sangrado l'arme de sa pinte d'eau tiède et de sa lancette, plus meurtrières que le poignard et la coupe de poison de la tragédie. Il échaude et il saigne à blanc ses malades, et c'est en riant qu'il conte les exploits de sa médecine homicide : « Nous procédâmes de ma-
« nière qu'en moins de six semaines nous fîmes
« autant de veuves et d'orphelins que le siége de
« Troie. Il semblait que la peste fût dans Valladolid,
« tant on y faisait de funérailles. »

De la province, il passe à la capitale, et du service des bourgeois dans celui des grands seigneurs et des petits-maîtres. Là, sa volée s'étend, ses vices se décrassent; il y double, à l'école des Mascarilles de Madrid, la rhétorique de l'escroquerie et de l'impudence. Il emprunte, pour courir les bonnes fortunes, l'habit de son maître; en revanche, il lui prête son écriture pour contrefaire des billets galants. Son éducation s'achève dans les coulisses du théâtre.

Une comédienne fait de lui le majordome de son auberge érotique. Il voit de près les seigneurs de l'oripeau et les princesses de la rampe ; il est initié à la cuisine de la scène et à la boutique de l'amour. Cette fois le dégoût le prend ; il quitte ce monde de clinquant et de perdition. « C'en est fait, je ne veux « pas demeurer plus longtemps avec les sept péchés « mortels. »

Ces velléités de vertu ne durent guère ; nous retrouvons bientôt Gil Blas affilié à une bande d'escrocs. Il s'affuble avec ses camarades des redoutables soutanes de l'Inquisition, pour dérober la cassette d'un vieux marchand juif. Et pas un scrupule, et pas un remords ! « Nous poussâmes nos chevaux vers « Ségorbe en rendant grâces au dieu Mercure d'un « si heureux événement. »

Plus il va, plus ses préjugés se dissipent. Les voyages aiguisent son appétit et élargissent sa conscience. L'avis mal reçu qu'il donne à un vieux fat de la trahison de sa maîtresse le corrige à jamais du zèle ; le congé qu'il reçoit de l'archevêque de Grenade le guérit de la vérité. Il apprend dans la maison d'un prodigue la pratique et la théorie du pillage ; il y acquiert, en servant son singe favori, la souplesse d'échine que l'intrigue exige. Le voilà dressé aux manœuvres, rompu aux courbettes, désossé de tous principes et de toute droiture. C'est alors que la fortune le ramasse, l'improvise favori du duc de Lerme, et le porte au haut de sa roue. Il y figure aussitôt dans l'attitude du Mercure de Jean de Bologne, la jambe en l'air et le caducée à la main. Le duc le charge des messages galants de l'Infant d'Espagne. « Je n'examinai point si cela était bon ou « mauvais ; la qualité du galant étourdissait ma « morale. Quelle gloire pour moi d'être ministre des « plaisirs d'un grand prince ! » C'est le trésor public qui paye ses commissions équivoques ; il vend aux enchères les grâces et les faveurs ; il tient boutique de priviléges et de bénéfices ; il boit le pot-de-vin jusqu'à la lie ; il mange à tous les râteliers de la simonie et du péculat. — Bon appétit, Gil Blas ! lui aurait dit Ruy Blas, son glorieux confrère. — Son cœur s'avilit à ce métier d'usurier public ; la corruption sèche, particulière à la vie de cour, endurcit son âme ; il apprend sans sourciller l'indigence de ses vieux parents ; il renie effrontément les amis de sa pauvreté. La disgrâce et la prison l'amendent un instant ; mais, au premier retour de faveur, il rentre en rampant dans la domesticité de son caractère. On le retrouve griffonnant, dans le cabinet d'Olivarès, des pamphlets contre son bienfaiteur exilé. Il reprend, avec la plume du scribe, le caducée de l'entremetteur. Le brillant Scapin d'autrefois continue ses fourberies sous les cheveux blancs de Leporello : il ne faut rien moins que la chute de son second patron pour le congédier du service.

Tel est Gil Blas réduit à sa plus simple expression, et tiré du tourbillon d'aventures au milieu duquel il disparaît voilé par la rapidité de ses volte-faces : un intrigant médiocre, à la fois actif et borné, malléable aux vices, invulnérable aux passions, n'ayant d'autre ambition que celle du bien-être, incapable, même lorsque les ailes lui poussent et que le vent souffle dans ses voiles, de quitter le terrain plat de l'intérêt journalier : pour tout dire, un subalterne d'esprit et de cœur. Je me refuse à reconnaître dans ce masque amusant, mais déprimé, de valet comique, le type de l'homme moyen qu'on a cru y voir. Par la multiplicité même de ses transformations et de ses déguisements, il échappe à la fixité du portrait. C'est moins un caractère qu'une matière humaine que l'artiste pétrit entre ses doigts comme un morceau de cire, et qu'il façonne tour à tour à l'image des vices qu'il veut peindre et des ridicules qu'il veut exprimer. Le seul trait qui persiste en lui est sa bonne humeur, et cette belle humeur est aussi le charme de l'épopée prosaïque dont il est moins le héros que le factotum. Certes, la confession de Gil Blas, dépouillée des agréments du récit, effrayerait un confesseur aguerri ; mais l'imperturbable sourire avec lequel le pénitent la débite nous oblige toujours à l'absoudre. Il raconte ses méfaits d'un air si naturel, qu'on les met sur le compte de la seule nature. On s'accoquine—c'est le mot—à ce *græculus* du tripotage et de l'expédient; on rit des saillies, lestes comme des pirouettes, par lesquelles il se tire d'un fâcheux aveu. On lui sait gré de sa facilité à vivre et de son enjouement perpétuel. Il se bat contre le sort avec des armes si brillantes et si inégales, il avale les déceptions avec tant d'esprit et si peu de grimaces, il passe avec si peu de surprise de la dégringolade à l'apothéose, il va si gaiement « jouer à la fossette » après des chutes effroyables, que le plus sévère stoïcien lui donnerait sa sympathie, en lui refusant son estime.

Il mondo va da se. C'est la conclusion de ce livre, qu'il ne faut ni rabaisser ni surfaire. Son horizon est bas, son niveau médiocre ; la grande observation n'y projette pas ces éclairs qui scrutent à fond les hommes et les choses. Il y règne un jour de théâtre qui teint d'une couleur artificielle les mille figures qui l'encombrent. Plus elles s'élèvent et plus leur ressemblance décroît et s'altère. Celles qui garnissent les plans inférieurs frappent l'esprit par l'exactitude et la netteté de leurs traits ; mais on a peine à reconnaître les personnages placés sur les hauteurs de la scène. Les grandes dames de Le Sage ne se distinguent guère de ses comédiennes et de ses soubrettes ; la cour d'Espagne, telle qu'il nous la montre, ne diffère pas d'un tripot véreux ou d'un office au pillage. C'est Téniers quittant son cabaret pour les palais de la peinture historique. Là où l'œil d'un La Bruyère pénètre le fond et perce les âmes, la lorgnette de comédie de Le Sage n'aperçoit que les minuties et que les détails. Il n'a point l'intuition qui supplée au témoignage oculaire. Sa fenêtre donne sur la rue et ne domine pas la cité. Les grands vices comme les grandes vertus excèdent la portée de son fin regard.

La gaieté l'emporte, et elle remplit de son souffle ce long récit pareil à une plaine sans élévations et sans mouvements ; elle lui enlève toute monotonie. Quelque tarée qu'elle soit au fond, on se plaît dans cette société si sociable ; on se surprend à regretter de ne point y vivre. Ses vices n'offensent pas plus que des ridicules, ses calamités amusent comme des catastrophes théâtrales. Quel parti pris de la vie et de ses traverses ! quelle philosophie dans cette manière de regarder le monde comme une tragi-comédie à travestissements! Tous ces gens-là boivent sec, mangent à belles dents, aiment à leurs heures et suivent, sans la discuter, la loi naturelle. La largeur de leurs consciences n'est égalée que par la capacité de leurs estomacs. Ils commettent, en éclatant de rire, des peccadilles qui nous agiteraient d'épouvantables remords. Ils ne creusent pas leurs souffrances, ils n'exagèrent pas leurs chagrins; ils vivent en concubinage avec la misère, sans engendrer la mélancolie. On ne connaît dans leur monde ni la rêverie, ni l'idéal, ni le spleen, ces chères et cruelles maladies modernes qui sont venues compliquer si douloureusement les maux réels de la vie. On prend les choses pour ce qu'elles sont, on n'analyse rien, pas même son malheur ; il y a dans l'air je ne sais quelle joie qui dissipe la tristesse et rend légère l'existence.

Malgré tout, on sort l'âme sèche et l'esprit altéré de la lecture de *Gil Blas*. Cette absence de passions, ce dénûment d'idéal, cette façon positive et froide d'envisager le spectacle de la vie humaine, ce sang-froid goguenard vis-à-vis des iniquités et des injustices, tout cela finit par attrister à la longue. On payerait une larme, en parcourant ce beau livre, aussi cher qu'un verre d'eau dans un désert brillant et aride. Quand on l'a fermé, on éprouve le besoin de lire une page d'Homère, une pensée de Marc-Aurèle, un chant de Dante, quelque chose qui enlève l'âme à ce terre-à-terre, qui l'exalte vers l'héroïsme ou la ramène à la beauté pure. *Sursum corda !*

Et puis on se rappelle le Chevalier de la Manche qui, un siècle avant, chevauchait, droit dans son armure, sur ces mêmes chemins de l'Espagne, où Gil Blas gambade en courant fortune. Quel contraste entre sa grandeur d'âme et la rouerie de l'aventurier. Quelle différence dans leur destinée ! Tandis que Don Quichotte escalade le sentier pierreux de l'âpre Sierra, cherchant l'antre du dragon, la tour du géant, la source enchantée, Gil Blas maraude dans les sentiers de traverse, en quête d'un hôte à duper, d'un juif à voler, d'une aubaine à faire. Aussi le Chevalier rentre-t-il brisé de corps et d'âme dans son morne donjon de la Manche, pour s'y mettre au lit et mourir. Gil Blas, au contraire, revient riche et joyeux dans son château de Lirias. Il est satisfait, en fin de compte, des spectacles qu'il a vus

et des intermèdes où il a joué son bout de rôle. —
Les lauriers sont coupés, Don Quichotte n'a plus
rien à faire en ce monde. Gil Blas, qui n'est pas un
animal gloriæ et qui ne mange point de ces légumes-
là, peut se reposer et vieillir en paix : il y aura toujours des choux à planter.

XXV.

LES CONTES DE FÉES.

I.

Il n'est pas un bibliophile qui ne connaisse la première édition des *Histoires ou Contes du temps passé avec des moralités,* publiés chez Charles Barbin, en 1697. Vénérable et charmant bouquin imprimé en grosses lettres, comme pour être lu plus à l'aise par les lunettes troubles des aïeules et les yeux éblouis des petits enfants. Il a pour frontispice une belle estampe jaunie par le temps qui représente une vieille assise à son rouet, dans une chambre éclairée par une lampe antique, et contant ses contes à trois marmots groupés autour d'elle, le nez en l'air, et la bouche ouverte. Au-dessus de la vieille se déroule un écriteau qui porte ces mots : *Contes de ma Mère l'Oye.*

N'est-elle pas, en effet, notre mère à tous, cette

vieille filandière ? Elle a bercé nos premiers rêves, donné des ailes à nos idées naissantes : elle a fait voler l'oiseau-bleu sous le ciel de notre berceau. Humble Scheherazade de la France ! elle n'a ni la bouche d'or, ni l'imagination magnifique de sa grande sœur orientale. Elle ne raconte pas ses histoires sur la terrasse d'un sérail, accoudée au lit d'un calife. Elle n'a pas devant elle, comme la conteuse arabe, pour inspirer ses récits, cet horizon de Bagdad, d'où l'on découvre tant de pays enchantés, depuis la Syrie jusqu'au fond de l'Inde. Dans les *Mille et une Nuits*, la splendeur des fables reflète, en les grossissant, les pompes de la civilisation et de la nature orientale. Tout est prodiges et prestiges : les arbres chantent, l'eau parle, les pierres précieuses font l'amour, les fleurs proposent des énigmes. Des oiseaux fabuleux emportent du bout de leur bec les talismans des pèlerins, et les turbans des marchands pleins de sequins d'or : on trouve des diamants dans les poissons éventrés. Le tapis magique transportant trois princes de la Chine à l'Inde frôle en l'air les ailes de l'oiseau Roc dont l'envergure éclipse le ciel. — Parcourez ces villes merveilleuses. Les maisons peintes se reflètent dans des eaux dormantes ; des léopards à la chaîne gardent leurs cours tapissées de cachemires, où trépignent des chevaux qui descendent du coursier de Job. Les bazars sombres et splendides, allongent à perte de vue leurs petites boutiques garnies de

plumes d'autruche et d'écuelles pleines de pierreries.
Çà et là, des oreilles clouées sur les auvents, servent
d'enseigne aux marchands prévaricateurs. Sur les
places publiques stationnent des éléphants, aux
trompes peintes, qui portent des tours chargées de
jongleurs et de baladins. Dans les temples, de
graves idoles assises, jambes croisées, suivent partout, de leurs yeux d'escarboucle, ceux qui les
regardent. Le despotisme et le destin frappent sur
la foule des coups de théâtre éblouissants. Le caftan du visir tombe subitement sur les épaules de
l'esclave; le mendiant se réveille sur le trône du
calife; des fils de roi demandent l'aumône à la porte
de la mosquée. — L'Euphrate bruit là-bas sous les
platanes, roulant dans ses flots le coffre mystérieux
où gît la « Dame massacrée. » Des palanquins passent
par les rues, escortés d'eunuques criards et de cymbaliers qui font rage. De grands nègres à demi sauvages vont noyer au fleuve les odalisques infidèles,
cousues dans des sacs. Amine, enveloppée de ses
voiles de mousseline, parcourt le bazar des fruits et
le bazar des épices, et fait ses provisions pour régaler
les Trois Calanders. Le « Petit Bossu » joue du tambourin dans la boutique du tailleur. — Voyez entrer,
par la porte de la ville, cette caravane de mulets
chargés de grands vases de cuir... c'est une bande
de voleurs qui passe : chacune de ces outres contient
un des brigands de la caverne Sésame. — Cette
femme, masquée d'un manteau, qui rase les murs

comme une chauve-souris, et enfile la porte du cimetière, est une goule qui va souper d'un cadavre fraîchement enterré. — Suivez cette vieille qui vous fait de loin des signes mystérieux : elle vous conduira dans la maison, où Chaîne-des-Cœurs vous attend, couchée sur un sopha d'ambre, devant une table garnie de cédrats, de vins de Schiraz et de tartelettes au gingembre. — Cependant, prenez garde à cet homme drapé d'un burnous noir, qui rôde par la ville, suivi d'un compagnon respectueux. Il épie les mystères des nuits à la porte des caravansérails et sous le figuier des citernes. Par moments, son sourcil se fronce, un éclair jaillit de son œil oblique, comme une lame sortie du fourreau... L'Ange Noir, qui marque, la nuit, du bout de sa lance, les portes de ceux qui mourront le matin, n'est pas plus terrible. Passez en tremblant devant ce rôdeur nocturne; rentrez en vous-même, et repassez vos actions du jour. Demain, des têtes coupées allongeront leurs barbes entre les créneaux du palais. C'est le juge absolu, le justicier suprême, le Commandeur des Croyants, le calife Haroun-al-Raschid qui fait sa ronde, suivi de Giafar, son fidèle visir.

Comme à la porte des mosquées le musulman dépose ses sandales, de même l'Européen laisse au seuil de ce livre ses pensées inquiètes et actives. Le calme des pays chauds qu'il exhale se communique à l'esprit. Peu de passions, nul mouvement d'idées; l'amour ne s'y montre que sous la forme matérielle des épouses passives ou des Péris sans âme. Le sang y coule indifféremment, comme pour remplacer le vin défendu. Il y est aussi naturel de couper des têtes que de cueillir des oranges. On n'y cherche pas le bonheur, on le trouve dans un trésor découvert, ou gagné par quelque acte d'hospitalité. Le travail se réduit à attendre paresseusement le chaland, accroupi sur une natte, en roulant les grains du rosaire. A quoi bon lutter et combattre ? Un fatalisme immuable régit ce monde si mouvant en apparence, rempli de métamorphoses et de catastrophes. Dieu est Dieu, chaque homme a son Génie, chaque destinée a son étoile. Le glaive du Sultan erre comme la foudre sur les Croyants ; sa faveur vole sur eux comme l'aigle : elle choisit dans la foule les élus de Dieu et les porte jusque sur les marches du trône. — Résigne-toi, attends et courbe ta tête : elle tombera demain, si Allah le veut... peut-être aussi se relèvera-t-elle couronnée.

II.

Tout au contraire, la Mère-l'Oie de nos contes est née dans les forêts de la Germanie, sous un ciel chargé de brouillards; et si vous sautez brusquement des contes arabes à ses légendes, il vous semblera passer du plein soleil à un clair de lune. Plus de Génies aux ailes d'aigle ni de Péris lumineuses ; mais des gnomes qui rampent sous la mousse, des nains velus qui thésaurisent dans le creux des pierres, des nixes aux dents vertes qui gardent au fond de l'eau les âmes des noyés, des ogres qui mangent la chair fraîche, des vampires qui boivent le sang chaud, des vierges-serpents qui rampent dans des souterrains, des preneurs de rats qui emportent les petits enfants, des sorcières à califourchon sur des chats d'Espagne, des mandragores qui chantent sous les potences, des *homoncules* qui vivent, comme des sangsues, au fond d'une bouteille... toute une mythologie folle et sinistre, dont le diable est le Jupiter et dont le sabbat est l'Olympe. Cette sorcellerie excentrique n'a sans doute ni l'harmonieuse beauté de la Fable grecque, ni l'éclat du conte de l'Orient. Et pourtant, que de poésie dans ses cauchemars ! que d'aurores boréales dans cette nuit du Nord ! que d'apparitions délicieuses surgissent à chaque détour de la forêt des légendes ! — C'est la Willis dansant du bout de ses pieds morts sur l'herbe pâle des clairières; c'est l'Ondine folle et sans âme peignant ses cheveux d'or au bord des fontaines; c'est la Femme-Cygne qui dépouille, lorsqu'elle vient à terre, sa robe de plumage; c'est la Walkirie qui raye de ses patins d'argent l'opale à perte de vue des glaces scandinaves; ce sont ces volées de lutins et de farfadets dont les noms seuls brillent comme des gouttes de rosée au soleil : Origan, Marjolaine, Saute-aux-Champs, Saute-Buisson, Saute-au-Bois, Verd-Joli, ean-le-Vert, Jean-des-Arbrisseaux, Fleur-de-Pois,

Grain-de-Moutarde : diminutifs de faunes, monades de sylvains, parcelles d'Amours, âmes des fleurs, élixirs des plantes, atomes incarnés, globules animés de l'air! — C'est encore, la Fée, reine de cette ruche de génies ailés, jeune comme l'aurore dont elle réfléchit les couleurs, millénaire comme la montagne qu'elle habite, changeante comme la lune sous laquelle elle danse, perfide comme l'eau qu'effleurent ses pieds aériens. La Fée, c'est-à-dire la Nymphe antique à l'état fluide et incorporel; un être aux mille visages, aux mille masques, aux mille nuances, tantôt bête et tantôt étoile; une forme illusoire, nuageuse et mobile, comme la nature de l'Occident dont elle est l'image.

Ce terrible et doux grimoire, compliqué par les traditions étrangères, alla de siècle en siècle s'allongeant et s'embrouillant sur les lèvres des nourrices et des vieilles femmes. Les nourrices surtout en perpétuèrent les récits. C'est de leur sein rustique qu'a jailli cette voie lactée de la féerie qui sillonne d'une si vague clarté le ciel de l'enfance. Charles Perrault écrivit son livre sous la dictée de ces muses crédules. L'accompagnement naturel de sa lecture serait le bourdonnement d'un rouet, le branle assoupissant d'un berceau.

Livre unique entre tous les livres, mêlé de la sagesse du vieillard et de la candeur de l'enfant. Il incarne le mensonge, il persuade l'impossible, il apprivoise les chimères et les hippogriffes, et les fait s'ébattre dans la maison, comme des animaux domestiques. Tous les êtres fabuleux qui, dans la légende, voltigent à une distance infinie de la vie réelle, Perrault les prive et les humanise. Il leste d'un grain de bon sens français ces Esprits évaporés que la lune gouverne; il les revêt de clarté et de vraisemblance, il leur donne l'air familier d'une race fraternelle. Le conteur emmène l'enfant jouer au pays des Songes, et l'enfant croit courir dans le jardin de sa mère.

Ses Fées, ployées en deux sur leurs baguettes fatidiques, ressemblent aux mères-grands du temps, courbées sur leurs longues cannes à bec de corbin. Ses jeunes princesses, si polies et si sages, sortent d'hier de la Maison de Saint-Cyr. Les fils de rois qui les rencontrent dans les bois, en revenant de la chasse, ont la haute mine et la courtoisie des dauphins de France. Le style Louis XIV répandu sur ces féeries gothiques leur donne un charme nouveau. On aime à retrouver dans le palais de la Belle-au-Bois-Dormant les filles d'honneur, les gentilshommes de la chambre, les mousquetaires, les vingt-quatre violons et les « Suisses au nez bourgeonné » de la grande galerie de Versailles. Il nous plaît que la méchante reine veuille manger la petite Aurore « à la sauce Robert. » Les « mouches de la bonne faiseuse » vont à ravir aux sœurs de Cendrillon. Quand le Petit-Poucet, « après avoir fait quelque temps le métier de courrier et y avoir amassé beaucoup de bien, » achète pour son père et pour ses frères « des offices de nouvelle création, » cette conclusion de l'histoire paraît un dénoûment naturel. » Mascarade piquante et naïve ! Il nous semble voir Obéron en habit de marquis, se promener avec Titania coiffée à la Fontanges, dans une chaise à porteurs aérienne, qu'escortent Ariel et Puch, déguisés en pages.

La couleur du xvii⁰ siècle, empreinte sur ces légendes immémoriales, n'est plus, aujourd'hui, un anachronisme, mais une harmonie. N'est-il pas déjà un temps de féerie, le siècle royal, où tout un peuple de courtisans vivait enchanté dans le cercle de l'étiquette, au milieu des statues et des jets d'eau d'un jardin magique ? La trompe des chasses de Marly et de Rambouillet sonne d'aussi loin à nos oreilles que le cor d'Artus, dans la forêt de Broceliande. Les lourds carrosses qui transportaient processionnellement cette cour pompeuse de palais en palais et de fête en fête, ont une tournure aussi étrange que les dragons volants et les citrouilles attelées de souris. Les rondes des fées et les menuets des duchesses se dessinent dans le même lointain brumeux et bleuâtre. — Ainsi, les histoires de la Chevalerie étaient déjà bien vieilles lorsque les tisseurs de la Flandre les déroulaient sur leurs tapisseries de haute lice. Aujourd'hui, l'étoffe séculaire semble contemporaine du roman brodé sur sa trame : sa vieillesse mêlée à son antiquité ne fait plus qu'une avec elle.

Les contes de Perrault ont gardé d'ailleurs, sous leur costume rococo, le caractère fantastique des légendes dont ils sont sortis. Pour avoir été débrouillée par Le Nôtre et taillée par La Quintinie, cette sylve enchantée n'en conserve pas moins ses échos antiques, et ses racines se rattachent aux plus profondes traditions. Les Fées de Perrault arrivent directement des forêts celtiques; ses Ogres descendent des Râkshas de l'Inde et du Cyclope homérique. Le Petit-Poucet est l'incarnation gauloise de ces Nains qui remplissent les légendes allemandes de tours subtils joués aux géants. Le Chat Botté revient du Sabbat, et la terreur qu'il inspire s'explique par les métamorphoses félines des sorcières. Le palais de la Belle-au-Bois-Dormant correspond, par des passages secrets, à la caverne des Sept-Dormants et à cette montagne de la Thuringe où l'empereur Frédéric, au milieu de sa cour, dort accoudé sur une table de pierre dont sa barbe rousse fait trois fois le tour. La pantoufle de Cendrillon s'appareille à la sandale de Rhodope, enlevée par un aigle et jetée par lui sur la poitrine de Psammétique, roi d'Égypte, qui fit chercher, par toute la terre, la femme à qui elle appartenait, et l'épousa dès qu'on l'eut trouvée. Peau-d'Ane remonte peut-être à l'Ane d'or d'Apulée. Les antiquaires, en s'approchant de très près, reconnaissent dans Barbe-Bleue un roi breton du VI⁰ siècle, nommé Comorus, qui tuait ses femmes, que ressuscitait ensuite saint Gildas. De temps en temps, des formules anciennes se détachent sur le clair langage du conteur, pareilles à des inscriptions archaïques enchâssées entre les pierres neuves d'un édifice reconstruit. — « Anne, ma sœur Anne, ne vois-tu « rien venir? — Je ne vois rien que le soleil qui « poudroie et l'herbe qui verdoie. » — « Tire la « chevillette, la bobinette cherra. » — « Elle vient « de douze mille lieues de là. » — « Elle alla donc « bien loin, bien loin, encore plus loin... » — C'est la voix cassée et lointaine de la Tradition interrompant un récit moderne.

Mais, encore une fois, le talent de Perrault est d'avoir revêtu ces vieilles légendes qui couraient le monde, de formes propres à séduire l'imagination enfantine. — Un grand poëte nous montre le lion de Némée, l'hydre de Lerne, le triple Géryon, le sanglier d'Érymanthe, tous les monstres vaincus par Hercule, qui rôdent dans la chambre d'Omphale et fixent sur son rouet un œil humilié[1]. De même, dans le livre du charmant conteur, les génies et les ogres, les fées et les géants, créatures difformes du chaos des mythes, effroi de la légende, terreur des campagnes, viennent, conduits et apprivoisés par ce doux esprit, tourner pacifiquement autour d'un berceau.

---

1. Victor Hugo : LES CONTEMPLATIONS. — *Le Rouet d'Omphale.*

XXVI.

MANON LESCAUT.

Il est des livres licencieux qu'on admire malgré leurs souillures, en regrettant de ne pouvoir laver leurs pages entachées. *Manon Lescaut* offre l'étonnante exception d'un roman qui plaît par sa corruption même, et dont pour rien au monde on ne voudrait réhabiliter l'héroïne. Moins coupable et moins immorale, Manon ne serait plus elle. Sa petite tache de boue sied comme une *mouche* à sa tête folâtre. C'est le signe auquel la reconnaissent ses amants.

Il n'y a pas deux mots pour définir cette lâche et adorable créature; c'est une « fille » dans toute l'indécence du mot. Elle appartient à cette race de femmes déchues de naissance, pour lesquelles semblent avoir été inventées les grilles des couvents et les jalousies des harems. Elle n'est que faiblesse, fragilité, puérilité lascive et frivole. Dans quel recoin de sa molle cervelle l'idée du devoir pourrait-elle loger? Elle va, elle vient, elle se reprend, elle se donne; elle garde son cœur à son amant, mais elle prête son corps au premier venu. Elle trouve tout naturel que Desgrieux vole au jeu pour l'entretenir; elle trouve tout simple qu'il vive de la table et qu'il puise à la bourse de l'homme auquel elle vient de se vendre.

Et elle nous plaît ainsi, et nous ne lui faisons pas grâce d'une souillure; et si nous écoutons avidement sa confession effrontée, nous lui refusons le baptême qui lui rendrait l'innocence. Il nous la faut fille de joie en même temps que fille de douleur. « Écoute, » — dit le *Sardanapale* de Byron à sa maîtresse, devant le bûcher où il va monter, — « si tu ne peux
« sans froide horreur songer à te lancer avec moi
« dans l'avenir à travers ces flammes, dis-le : je
« ne t'en aimerai pas moins, oh! non, peut-être
« t'en aimerai-je davantage pour avoir cédé à ta
« nature. »

> I shall not love thee less; noy, perhaps more,
> For yielding to thy nature...

Là est le secret de notre passion pour Manon Lescaut. Nous l'aimons parce qu'elle a cédé à sa nature, et qu'elle est admirablement naturelle dans son vice comme dans son amour. Elle est légère, le vent l'emporte; elle est fragile, elle se laisse briser;

elle est folle de son chevalier, mais elle est aussi
« folle de son corps, » suivant l'énergique expression dont le Moyen-Age marquait les femmes de sa
classe. Elle ne peut vivre que de luxe, de plaisir et
d'oisiveté, et elle prend sa vie où elle la trouve, sur
le tapis vert du jeu frelaté ou sous l'oreiller des
amours vénales; et elle met à commettre toutes ces
actions honteuses et mauvaises je ne sais quelle
grâce naïve qui nous effraye et qui nous désarme.
Est-ce bien? est-ce mal? Manon n'en sait rien. Elle
ne semble pas plus responsable de ses fautes que la
gazza ladra de ses vols. Comme l'Ondine du poëte
allemand, Manon n'a point d'âme.

Que de flamme il a fallu pour purifier ces souillures! Aussi ce petit livre a la fièvre; il brûle, il
palpite : c'est la « furie française » portée dans les
transports et dans les égarements de l'amour. « Je
m'avançai vers la maîtresse de mon cœur, » dit
Desgrieux, lorsqu'il voit Manon pour la première
fois; et il se jette dans ses bras, la tête la première;
et, de cette étreinte aussi fatale qu'un phénomène
d'attraction, ni la trahison, ni le malheur, ni la honte,
ne pourront jamais l'arracher. De sa première à sa
dernière page, le récit garde le ton, l'exaltation,
l'entraînante démarche d'un dithyrambe. On ferait
une litanie de l'amour des noms idolâtres qu'il prodigue à son héroïne : « Ma chère reine! l'idole de
mon âme! la souveraine de mon cœur! » Cela
revient à tout propos; et cette ardeur d'expres-

sion qui tournerait à l'emphase dans un autre livre, semble naturelle à ce style, tant la trame en est enflammée.

Quelle spontanéité et quelle persistance! quel emportement et quel entêtement! quelle impénitence finale dans la passion réprouvée! C'est le conte de la *Courtisane amoureuse* retourné : l'amant mettant sa poitrine nue sous les pieds de sa maîtresse, et se réduisant lui-même en son esclavage. Jamais cette hallucination infernale ou céleste qui efface la nature entière pour mieux faire ressortir une femme adorée, et qui lui donne sur un homme le pouvoir d'un être absolu parce qu'il est unique; jamais, dis-je, cette illusion splendide n'a été peinte de plus vives couleurs. Desgrieux n'a pas une distraction durant le cours de ce long récit; Manon le remplit tout entier de sa présence et de son absence, de ses chutes et de ses rechutes, de ses tendresses et de ses faiblesses. L'idolâtrer lorsqu'il la possède, la retrouver lorsqu'il l'a perdue, lui pardonner quand elle est coupable, la délivrer lorsqu'elle est captive, la pleurer lorsqu'elle est morte avec des larmes de sang, voilà les seules pensées qui l'agitent, l'occupation opiniâtre de cet être qui semble avoir été créé uniquement au profit d'un autre. Son déshonneur même n'est qu'un effet de cet aveuglement volontaire. Il vole pour Manon, comme Oreste tue pour Hermione, avec un voluptueux fanatisme. Il n'y a qu'elle pour lui sur la terre, le reste du monde est de bonne prise. Le naïf cynisme avec lequel il confesse ses escroqueries d'aigrefin témoigne du peu de remords qu'il en a gardé. On sent qu'il a de la peine à s'en repentir, et qu'il estime au fond bien acquises ces pistoles volées qui ont eu l'honneur de payer les rubans et les bjioux de Manon.

Lorsque l'amour atteint ce paroxysme, il inspire je ne sais quelle respectueuse compassion, comme la folie, comme le haut mal, comme ces maladies mystérieuses qui semblent venir d'une main surnaturelle s'abattant sur l'argile humaine. De là vient l'irrésistible sympathie qui vous saisit à la lecture de ce livre étrange; de là coulent les larmes brûlantes dont les yeux les plus purs ont baigné ses pages. Abaissez d'un degré la chaleur de cœur qui l'embrase, que Desgrieux faiblisse un instant dans la violence de sa passion, et cette histoire d'un filou et d'une fille perdue devient, à l'instant, presque odieuse. Mais la flamme soudaine allumée aux yeux de Manon, dès les premiers mots du récit, gagne de page en page, consumant ses souillures, jetant des voiles magiques sur ses nudités, redoublant à chaque nouveau scandale d'effervescence et d'ardeur, jusqu'à ce qu'elle aille s'éteindre au milieu des savanes du Nouveau-Monde, avec la mélancolie d'un holocauste dans la solitude. Plus sa maîtresse se dégrade et se perd, et plus Desgrieux s'acharne à l'aimer. On dirait qu'il mesure l'élan de son amour à la profondeur de ses chutes. Il l'aime à l'hôpital;

il l'adore sur la charrette infamante qui mène les prostituées à l'exil.

Car il n'y a pas d'illusion à se faire sur Manon Lescaut : elle n'appartient même pas à l'aristocratie des « Impures. » C'était à Sainte-Pélagie qu'on envoyait les grandes courtisanes prises en maraude dans la vie sociale; quant aux plébéiennes de la confrérie, l'hôpital était leur prison. Oui, Manon appartient corps et âme à cette peuplade de nymphes équivoques que le Lieutenant de Police régissait à la turque, comme aurait pu faire un pacha de Chypre, si l'île d'Aphrodite avait gardé son vieux culte. Au moindre éclat, à la première plainte d'un père ou d'un oncle, souvent même parce que c'était la saison de cette sorte de chasse, la police lançait ses limiers à la poursuite des filles galantes. On en chargeait des charrettes et on les roulait à l'hôpital, d'où elles ne sortaient que pour être expédiées aux colonies, sous la conduite d'un négrier de chair blanche. Tant pis pour la fille séduite, mais honnête encore, qui se trouvait prise au milieu de cette *razzia* violente et confuse : Vénus reconnaissait les siennes.
— Quel triste pendant au *Pèlerinage à Cythère*, de Watteau, que ce radeau des naufragées de la fange échouant au désert !

Elles s'en vont peupler l'Amérique d'amours !

s'écrie La Fontaine du rivage, entre un sourire et une larme.

J'ai sous les yeux deux gravures du xviii° siècle qui rendent au vif le martyrologe de ces vierges folles. L'une s'intitule : *les Vestales tondues et rasées;* car le premier acte de la fantasque justice qui les atteignait, était de couper leurs cheveux jusqu'à la racine. Elles sont là une douzaine de filles, rangées devant le tribunal d'un magistrat goguenard dont la perruque à marteaux semble railler leurs têtes dépouillées. Près de lui, un greffier affairé enregistre cette tonte de brebis galeuses. Deux d'entre elles sont livrées aux ciseaux du perruquier des hautes-œuvres, qui montre au juge les chevelures qu'il vient de scalper. Elles pleurent, elles se désolent, elles portent la main à leur front dénudé avec un geste de honte. Celles qui vont être rasées à leur tour, se traînent en suppliant aux pieds de leur juge. Vous croiriez voir Mme Dubarry demandant grâce, trente ans plus tard, non plus pour ses cheveux, mais pour sa tête : « Monsieur le bourreau! monsieur le bourreau! ne me faites pas de mal! » Un gamin emporte entre ses bras une corbeille pleine de tresses flottantes qui pendent en désordre. Plus loin, — détail poignant et misérable, — deux chiens des rues, fourvoyés dans ce vil prétoire, tiraillent par les deux bouts une chevelure oubliée, qui s'embrouille et se déchire sous leurs dents.

L'autre estampe a pour titre *le Départ des Vestales pour l'hôpital.* C'est la charrette des premières et des dernières pages de *Manon Lescaut;* une charrette pleine de femmes enchaînées, liées, entassées. Les unes pleurent et les autres rient; celles-ci tendent les bras à leurs amants, qu'elles aperçoivent dans la foule, celles-là narguent ou affrontent les huées de la populace. Des soldats du guet escortent, le fusil sur l'épaule, l'abjecte carriole que traînent deux forts chevaux de boucher. Où va-t-elle, la triste fournée? On pourrait croire, tant cet omnibus de la Vénus Vulgaire ressemble aux charrettes de la Terreur, qu'il conduit ses captives à la guillotine.

Et Manon figure sur cette claie d'infamie ! c'est assez dire quel nom et quelle pierre on peut lui jeter. Mais ne regrettons pas les larmes qu'elle nous fait verser. Elle est charmante, malgré tout, parce qu'elle est douce, parce qu'elle est naïve, parce qu'elle ne sait pas plus qu'elle fait mal qu'une fille de Taïti ne sait qu'elle est nue. Son ignorance morale est celle d'un enfant. C'est la « jolie païenne » de Mme de Sévigné; l'eau du baptême n'a jamais touché cette tête de nymphe érotique. On a beau résister, il faut se laisser séduire par « ces yeux fins et languissants, », par « ce visage capable de ramener tout l'univers à l'idolâtrie. » A quoi tient ce charme étrange que les plus austères ont subi? A une simplicité singulière, à un naturel inimitable, à une vérité de chair et de sang qui vous émeut par sa nudité même. Mais on n'analyse point un prestige. Cela se sent et ne s'explique pas. — « Ta maîtresse est-elle grande? » demande à l'amoureux d'un drame de Shakespeare son compagnon d'aventures. Et celui-ci de répondre : — « Juste au niveau de mon cœur. »

L'abbé Prévost a bien fait d'envoyer Manon mourir au désert. Que serait-elle devenue dans le Paris de vice et de boue où elle s'égarait? Dans quel mauvais lieu, au coin de quelle borne, sur quelle paille pourrie de cachot serait-elle tombée? Il fallait la macération du désert à cette Marie l'Égyptienne de la Régence. — Un voyageur raconte que les colons qui épousaient les filles déportées les regardaient comme purifiées par leur trajet d'outre-mer. L'océan n'a-t-il point, en effet, une vertu lustrale? L'Européen transporté dans un monde exotique, au milieu de plantes et d'animaux inconnus, ne s'éveille-t-il pas de son existence antérieure comme d'un songe? Il croit aborder une autre planète; c'est une vie nouvelle qui commence pour lui. — Du sein de sa civilisation raffinée, la France du dix-huitième siècle aspirait vaguement aux fraîcheurs de la solitude. Elle rêvait des « coureurs de bois » de ses colonies; les *Indes* lui apparaissaient de loin baignées de la molle lumière des mirages. C'est pour lui plaire que l'abbé Prévost ensevelit Manon dans une prairie de la Louisiane, et que plus tard Bernardin de Saint-Pierre fera naître Virginie à l'ombre du cocotier, parmi les antilopes et les oiseaux de paradis d'une île édénique. Des deux extrémités du monde poétique, Manon et Virginie, la pécheresse et la vierge, s'élancent dans une même migration, sur les mêmes vents alisés, vers des rivages inconnus. La vieille Europe a flétri l'une et n'a eu que le temps de briser l'autre. Virginie plonge dans la mer pour y mourir de pudeur; Manon va cacher son corps profané dans les sables de la savane.

XXVII.

MADEMOISELLE AÏSSÉ.

« Il y a ici un nouveau livre intitulé : *Mémoires d'un homme de qualité retiré du monde.* Il ne vaut pas grand' chose; cependant on en lit cent quatre-vingt-dix pages en fondant en larmes. » — Ces cent quatre-vingt-dix pages sont celles qui contenaient « Les Aventures du Chevalier Des Grieux et de Manon Lescaut, » et c'est Mlle Aïssé qui pleure ainsi, en lisant le roman de l'abbé Prévost. De si belles larmes laveraient Manon et purifieraient son histoire.

Le dix-huitième siècle n'a pas de plus touchante figure que celle de cette jeune Circassienne ensevelie, il y a cent vingt ans, dans un caveau de Saint-Roch, au lieu d'aller dormir, comme c'était son droit, dans un des jardins funèbres du Bosphore, enveloppée du linceul de cachemire des sultanes. Par le caractère comme par l'origine, elle reste à l'écart du groupe agité des femmes de son temps : elle n'en eut à aucun degré ni la célébrité ni l'influence. Sa mémoire est contenue tout entière dans un petit livre de lettres; l'urne d'albâtre d'un mausolée! Fille de l'Asie, transportée par un coup de baguette de la destinée, d'un bazar de Constantinople dans le monde de la Régence, Aïssé traversa l'orgie étrangère sous le voile pudique des femmes de l'Orient. Sa seule distinction est d'avoir aimé dans un temps où l'on n'aimait plus.

L'antiquité avait des villes et des îles, Chypre et Corinthe, par exemple, vouées spécialement au culte des sens. Entre toutes les époques de notre histoire, la première moitié du XVIIIe siècle semble consacrée à la Volupté. Elle l'enveloppe et elle le remplit, elle l'énerve et elle le suscite, elle imprime à sa société le mouvement d'une élégante bacchanale. Ce fut une épidémie morale, si contagieuse et si unanime, qu'elle semble produite par un courant physique, par quelque rumb d'air impur influant sur les mœurs d'une génération. Une immense Tentation environnait la femme, et prenait toutes les formes pour assaillir sa pudeur. La toilette la déshabillait, l'ameublement l'invitait à la chute, le livre débauchait son esprit, la musique amollissait son âme, la conversation riait de ses scrupules, les tableaux et les statues divinisaient les plaisirs des sens. Et ce n'était pas l'amour voilé que célébrait cette apothéose licencieuse, c'était le désir hâtif et rapide, nouant et dénouant comme des ceintures ses liaisons d'un jour. Le sentiment était bafoué, la fidélité persiflée, la passion réduite aux *passades*; la galanterie prenait la brusquerie de l'attaque. Souvent les rôles se renversaient dans ce carnaval; la femme provoquait, faisait des avances. Un type nouveau apparaît dans les dernières années de Louis XIV et domine sous la Régence; c'est l'Homme à la mode convoité, flatté, courtisé, qui n'a pour vaincre qu'à vouloir, qu'à désigner pour séduire, et dont les plus fières se disputent pêle-mêle le caprice. — Létorière envoie le même jour, aux plus grandes dames de Versailles, la circulaire d'une déclaration. — Trois générations de femmes adorent le duc de Richelieu. Son prestige, presque séculaire, devient une superstition et une habitude. Il ressemblait, vers la fin du siècle, à ces vieilles idoles qui depuis longtemps ne font plus de miracles, mais que viennent toujours prier les dévotes. A quatre-vingt-cinq ans, il afficha sa dernière maîtresse.

Le désir se dépravait dans ces jeux cyniques. La séduction, tournée en stratégie savante et perverse, aboutissait au déshonneur de la femme, comme l'escrime du spadassin à la mort de son adversaire. L'homme ne daignait plus prendre pour la séduire le masque de l'émotion ou de la tendresse; il l'attaquait par une ironie acérée et froide comme une lame d'épée. Il en triomphait avec sécheresse, la quittait avec insolence, jouissait de sa douleur et se complaisait dans ses larmes. Il y a un moment au xviii° siècle où le libertinage devient véritablement satanique. Qu'est-ce que dans la réalité le duc de Fronsac, le marquis de Louvois, le comte de Clermont; dans la fiction, le *Méchant* de Gresset et plus tard le Valmont de Laclos, sinon des scélérats en manchettes? — Les anciens procès de sorcellerie rapportent que les sorcières, confessant aux juges leurs accointances avec le diable, se plaignaient du froid glacial de ses embrassements. Les maîtresses des Roués auraient fait sans doute un aveu pareil. On va loin dans cette « voie scélérate : » l'abîme appelle l'abîme; la cruauté morale entraîne la férocité sanguinaire. Cette décadence élégante tombe dans le cloaque et aboutit au charnier. De berger qu'il était à l'aurore du siècle, l'Amour se fait bourreau et donne la torture, aux lueurs sanglantes de son crépuscule.

L'originalité d'Aïssé est donc moins encore dans sa destinée singulière que dans la noble et tendre passion dont elle donna l'exemple à une société corrompue. Il y a des portraits de Nattier et de Largillière qui représentent les grandes dames du temps costumées en Vestales et attisant un trépied. En peignant ainsi Aïssé, on aurait défini sa vie. Elle la passa et la consuma à entretenir le feu mourant de l'amour.

Son histoire commence comme un conte. M. de Ferriol, ambassadeur du roi Louis XIV à Constantinople, vit un jour, au marché des esclaves, une petite fille de quatre ans exposée en vente. Elle arrivait d'une ville de Circassie, pillée et saccagée par les Turcs. Elle s'appelait Aïscha ou Haïdée, comme l'héroïne de Byron, nom qui parut trop étrange en France, et dont on fit Aïssé. On l'avait trouvée, disait-on, dans le palais d'un prince du pays. Plus tard, en effet, Mlle Aïssé se rappelait vaguement son enfance, et elle se revoyait, comme en rêve, dans un palais rempli d'esclaves empressés et agenouillés autour d'elle. M. de Ferriol avait pris les mœurs turques dans son ambassade; il acheta la petite fille, et l'envoya mûrir en France chez sa belle-sœur, Mme de Ferriol : graine d'odalisque qui lui promettait une maîtresse esclave, la plus délicieuse Abigaïl que pût rêver un vieillard.

Aïssé grandit et devint charmante. On peut en croire ses portraits qui nous la montrent dans sa première fleur de jeunesse. C'est une tête candide et presque enfantine, éclairée par ces grands yeux innocents, que les poëtes orientaux comparent à ceux des gazelles. Le regard est resté circassien dans une physionomie devenue française par l'amabilité et par l'enjouement. Contraste exquis et unique. Il y a de la dame, de la vierge et de la houri dans cette figure nuancée d'esprit, de langueur et d'ingénuité.

La curiosité fut grande dans le monde d'alors, lorsque Mlle Aïssé y fit son entrée. C'était une véritable apparition d'opéra que cette jeune princesse asiatique, descendue du Caucase dans les salons de Paris. La *jeune Grecque*, comme on l'appelait, tourna bientôt toutes les têtes. Le Régent eut un instan l'envie d'en faire sa maîtresse. Mais l'esclave entendait garder la liberté de son cœur; elle déclara qu'elle se jetterait dans un couvent si ses poursuites continuaient.— Quelle femme semblait pourtant plus fatalement vouée aux servitudes de l'amour, que cette jeune fille née dans les montagnes où se recrute le sérail, marquée au front, dès son enfance, par le doigt de l'eunuque, et achetée au bazar par un vieillard libertin? Qui n'aurait prédit une éclatante vocation de courtisane à cette odalisque déguisée en Européenne, comme pour mieux intriguer le désir? Sa race, son sang, son étoile, semblaient l'entraîner vers les mille et une nuits du plaisir. Vains présages, menteurs horoscopes! Un amour unique, troublé par les regrets, purifié par le repentir, absous par la mort, devait être la destinée de cette novice des harems. Elle apparut, dès ses premiers pas, dans la modeste attitude de cette jeune princesse turque du *Bajazet* de Racine, qui cherche à se faire pardonner sur la scène son origine exotique, en redoublant de pâleur et de convenance.

On s'est demandé si M. de Ferriol, revenu dix ans après de son ambassade, jeta le mouchoir à sa captive, et si ce mouchoir fut ramassé. Il y a là doute et incertitude. Cependant, malgré le témoignage d'une lettre équivoque, je suis de ceux qui ne peu-

vent croire à cette résignation servile dans une âme si fière[1]. Comment celle qui devait mourir du plus noble et du plus fervent des amours, aurait-elle pu se soumettre au droit du pacha? Ce fut chez Mme Du Deffant qu'elle vit pour la première fois le chevalier d'Aydie; elle l'aima à première vue, et jusqu'à la mort. Le jeune gentilhomme était digne d'une si rare maîtresse. Tous les récits du temps parlent de lui comme ils feraient de Tancrède épris de Clorinde. Voltaire, écrivant à Thieriot et parlant de sa tragédie d'*Adélaïde Duguesclin*, l'arme chevalier, une seconde fois, en le touchant de sa plume. « C'est un sujet tout
« français et tout de mon invention, où j'ai fourré le
« plus que j'ai pu d'amour, de jalousie, de fureur,
« de bienséance, de probité et de grandeur d'âme !
« J'ai imaginé un sire de Couci, qui est un très-
« digne homme, comme on n'en voit guère à la
« cour; un très-loyal chevalier, comme qui dirait le
« chevalier d'Aydie ou le chevalier de Froulay. »

Les lettres d'Aïssé et du chevalier d'Aydie ont été perdues : leurs amours restent enveloppés comme d'un pudique clair-obscur. On n'y distingue à distance qu'un couple entrelacé qui fuit et se dérobe, pareil à ce groupe de Francesca et de Paolo qui passa dans une vapeur mélancolique, sous les yeux du Dante. Aïssé, critiquant dans une de ses lettres le jeu

---

[1]. Voir les Derniers portraits littéraires de M. Sainte-Beuve. — *Mademoiselle Aïssé*.

exagéré d'une actrice, se peint elle-même lorsqu'elle exprime l'idée voilée qu'elle se fait d'un honnête amour. « Il me semble que dans le rôle d'amoureuse, « quelque violente que soit la situation, la modestie « et la retenue sont choses nécessaires ; toute pas- « sion doit être dans les inflexions de la voix et dans « les accents. Il faut laisser aux hommes et aux ma- « giciens les gestes violents et hors de mesure : une « jeune princesse doit être plus modeste. » Des séparations, des inquiétudes, des obstacles, la naissance d'une fille — « si jolie, disait sa mère, qu'il fallait « bien lui pardonner d'être venue au monde, » — furent les seuls événements de cette liaison mystérieuse. Mais la flamme de l'éther n'est pas moins brûlante pour n'avoir ni fumée ni cendres. Aïssé était une de ces âmes qu'un froissement flétrit ; sa passsion lui fut mortelle : l'hermine dépérissait de sa tache. Elle souffrait de ce qu'il y avait d'illicite dans son bonheur et de l'excès d'une tendresse qu'elle se reprochait. Par un touchant scrupule, elle refusa la main que le chevalier d'Aydie lui offrit pendant douze ans, avec la plus tendre insistance. « J'aime trop sa gloire, » disait-elle, comme aurait dit à sa place une Monime ou une Aricie. Sa vie d'ailleurs n'était pas heureuse ; son esclavage romanesque avait tourné en dépendance positive ; elle était attachée à la maison de Ferriol par des liens de gêne qui s'allourdissaient tous les jours. L'ambassadeur lui avait légué en mourant une chétive pension viagère que lui disputait sa belle-sœur. Mme de Ferriol, ancienne femme galante, avait tourné avec le temps en duègne acariâtre. Aïssé languissait à cette ombre ingrate, dans une maison glacée par l'indifférence et par l'avarice; mais le devoir la retenait à sa chaîne. Les confidences qui lui échappent sont comme des soupirs étouffés. « Je suis obligée « de me rappeler, cent fois le jour, le respect que je « lui dois. Rien n'est plus triste que n'avoir pour « faire son devoir que la raison du devoir. » Ainsi gênée dans ses élans, comprimée dans son expansion, malade du milieu dans lequel elle vivait, de cet air froid de la malveillance où les âmes tendres ne peuvent respirer, Mlle Aïssé se consumait au sein d'une félicité apparente. L'amour fut, dans sa triste existence, comme un de ces torrents qui traversaient les vieux cloîtres. Elle n'en connut jamais l'indépendance et la plénitude; elle souffrait de n'en pouvoir goûter que les eaux furtives et les délices défendues. Jamais son bonheur, d'ailleurs si troublé, ne lui avait fait oublier sa faute; ses lettres sont comme baignées des larmes de ce touchant repentir. Née pour la vertu, éloignée d'elle par une irrésistible passion, elle en a, en quelque sorte, le mal du pays. Son nom même lui revient sans cesse, comme celui de la patrie à une exilée. « Hélas! madame, écrit-elle à une sage et sévère amie qui la conseillait, — « que n'étiez-vous Mme de Ferriol? vous m'auriez « appris à connaître la vertu. » Et plus loin : « J'ai

« un sincère plaisir à vous ouvrir mon cœur ; je n'ai
« point rougi de vous confier toutes mes faiblesses.
« Vous seule avez développé mon âme ; elle était
« née pour être vertueuse... Je vous parus un objet
« qui méritait de la compassion et qui était coupable
« sans trop le savoir. Heureusement, c'était aux déli-
« catesses mêmes d'une passion que je devais de
« connaître la vertu. Je suis remplie de défauts, mais
« je respecte et j'aime la vertu. » Et encore : « Je
« vois tous les jours qu'il n'y a que la vertu qui soit
« bonne en ce monde et en l'autre. Pour moi qui
« n'ai pas le bonheur de m'être bien conduite, mais
« qui respecte et admire les gens vertueux, la simple
« envie d'être du nombre m'attire toute sorte de
« choses flatteuses : la pitié que tout le monde a de
« moi fait que je ne me trouve presque pas mal-
« heureuse. » Apprenant le mariage d'une jeune
personne de Genève, qu'elle avait connue, elle s'écrie
en enviant son bonheur : « Ah ! le bon pays que vous
« habitez, où l'on se marie quand on sait aimer et
« quand on s'aime encore ! Plût à Dieu qu'on en fît
« autant ici. » La religion vint sanctifier ce délicat
martyre, Dieu inclina vers lui cette âme languis-
sante. Elle souffrait depuis longtemps de sa faute
comme d'une blessure incurable ; le remords chrétien l'acheva. Aïssé mourut repentante et réconciliée,
aimant toujours son cher chevalier, mais en vue des
réunions éternelles.

Ainsi s'évanouit cette vision charmante. Elle apparut au milieu de l'orgie du temps comme Psyché au banquet de l'Olympe, image de l'âme assistant, sans y prendre part, à l'ivresse des sens. Sa faute même fut un enseignement et un bon exemple. Elle apprit à ce monde de bacchantes et de courtisanes la poésie du voile et la grâce des chutes retenues. Au milieu des bruyantes licences de l'époque, sa petite chambre de recluse, qui ne s'ouvrit jamais qu'à l'amant fidèle, fut comme un nid silencieux où l'Amour chassé des âmes vint se réfugier et ployer ses ailes.

Son nom si doux aux lèvres ne périra pas; elle a été rejoindre au ciel idéal Héloïse, Béatrix, Laure, La Vallière, cette constellation de cœurs embrasés et purs que les amants invoquent comme des étoiles tutélaires. Aïssé est plus pâle sans doute, moins visible et moins magnifique que ces astres de première grandeur de l'amour; par cela même, peut-être est-elle plus touchante. Sa lueur timide attirera toujours, vers le coin du ciel où elle tremble, les pensées et les yeux des mélancoliques.

Quelle différence dans sa destinée, si M. de Ferriol l'avait laissée au bazar ! Elle aurait été jetée sur les divans d'un harem ; ses jours se seraient passés à composer des sélams, à se teindre les ongles et les paupières, à respirer des parfums. Peut-être aurait-elle été plus heureuse, mais la végétation n'est pas la vie ; à tout prendre elle a gagné à changer de sort. Elle a aimé, si elle a souffert, et une heure de passion vaut à elle seule l'éternité voluptueuse du paradis musulman. Un jour d'Aïssé compte plus que toutes les existences accumulées des générations du sérail.

XXVIII

SWIFT.

Le génie anglais n'a pas de représentant plus violent et plus répulsif que Jonathan Swift. Il incarne en lui l'orgueil effréné, le sombre égoïsme, la haine acharnée, l'ironie méchante, l'humeur insociable, tous les Péchés capitaux de sa race et de son pays. Il n'y a pas un trait sympathique dans ce sauvage misanthrope; il grimace ou il menace par tous les côtés. On ne sait par quel bout prendre ce fouillis revêche d'ongles et d'épines. Tantôt il dégoûte, tantôt il effraye : un porc-épic roulé sur lui-même symboliserait assez bien son âpre génie.

Sa vie ne fut qu'une tyrannie malfaisante entrecoupée d'accès de fureur. Cette tyrannie débuta par la servitude. Secrétaire à vingt ans de sir William Temple, chapelain à trente ans de lord Berkeley, domestique déguisé sous ce double titre, Swift avala jusqu'à la lie tous les déboires de l'humiliation. Il éprouva combien l'escalier de service est dur à monter, et de quelle pâte amère est fait le pain des valets. Il s'affranchit de cette position subalterne à l'aide de ses pamphlets meurtriers, pareil à un esclave échappé qui se frayerait son chemin à coups de poignard. La liberté de la presse venait d'apparaître; l'Angleterre était en admiration devant le Journal comme les nègres le sont encore aujourd'hui devant le *papier qui parle*. Swift devint presque subitement une puissance; l'aristocratie, le clergé, les ministres employèrent et redoutèrent tour à tour cette plume acérée qui faisait des blessures mortelles. Le scribe de William Temple, l'officiant à gages de lord Berkeley, fut le conseiller des Cabinets et le dictateur des partis.

Il abusa cruellement de ce changement de fortune, rendant l'insulte pour le dédain, et l'imprécation pour l'impertinence. Les courtisanes parvenues se vengent, par un luxe écrasant, de leur enfance misérable : le pamphlétaire arrivé accabla d'outrages la classe qui l'avait comblé de mépris. Son arrogance indomptable terrassait l'orgueil de race des ministres et des grands seigneurs. On cite de lui des boutades qui sont des coups de boutoir. — Il renvoie les banks-notes que le premier lord de la Trésorerie lui adresse pour le remercier d'un article, réclame des excuses, les obtient et écrit sur son journal : « J'ai rendu mes bonnes grâces à M. Harley. » — Le duc de Buckingham désire faire sa connaissance; Swift répond « que cela ne se peut, qu'il n'a pas « fait assez d'avances. » On lui dit que le duc n'a pas l'habitude de faire les premières démarches. — « Je dis que je n'y pouvais rien, car j'atten- « dais toujours des avances en proportion de la « qualité des gens, et plus de la part d'un duc que « de la part d'un autre homme. » — Un autre jour, il s'imagine que le secrétaire d'État Saint-John lui fait froid visage. Cela l'indigne et le révolte comme un délit de lèse-majesté. « Je l'avertis que je ne « voulais pas être traité comme un écolier, que tous « les ministres qui m'honoraient de leur familiarité « devaient, s'ils entendaient ou voyaient quelque « chose à mon désavantage, me le faire savoir en « termes clairs, et ne point me donner la peine de « le deviner par le changement ou la froideur de « leur contenance et de leurs manières; que c'était « là une chose que je supporterais à peine d'une « tête couronnée, mais que je ne trouvais pas que la « faveur d'un sujet valût ce prix; que j'avais l'inten- « tion de faire la même déclaration à mylord garde « des sceaux et à M. Harley, pour qu'ils me traitas- « sent en conséquence. » — Saint-John se défend en alléguant deux nuits passées l'une à boire et l'autre au travail : ce que Swift avait pris pour de la froideur n'était que de la fatigue. Il daigne accepter cette explication.

Malgré sa plume et son influence, Swift ne put

atteindre au pouvoir. Ses passions étaient plus fortes que son ambition n'était haute. Il aurait passé par-dessus la crosse et les sceaux pour attraper un sarcasme ou pour blesser un ennemi. On ne pouvait faire un évêque du sceptique qui, dans le *Conte du Tonneau,* avait comparé les sectes chrétiennes à des habits plus ou moins brodés. On ne pouvait faire un lord de l'homme qui écrivait dans son *Gulliver :* « Un noble est un misérable pourri de corps et « d'âme, ayant ramassé en soi toutes les maladies et « tous les vices que lui ont transmis dix générations « de débauchés et de drôles. » Swift était de ceux que les partis entretiennent, mais qu'ils n'élèvent pas. Relégué au doyenné de Saint-Patrick à Dublin, il puisa dans la misère du pays où on l'exilait l'aliment de nouvelles fureurs. Anglais d'origine, quoique Irlandais de naissance, il épousa contre sa race la haine de son pays d'adoption; il en fit hurler la famine, saigner les plaies et sonner les chaînes. L'Irlande asservie trouva en lui le plus violent et le plus puissant des tribuns.

Car on ne peut refuser à cet homme de proie certaines passions généreuses. Il déteste l'iniquité, l'hypocrisie le révolte; « la corruption des hommes au pouvoir mange sa chair — comme il dit — et dessèche son sang. » Mais il ne sait pas aimer, s'il sait exécrer. Il plaide sans sympathie la cause des opprimés; il les méprise, en les défendant, presque autant que leurs oppresseurs. Sa soif de la justice provient

de son irritation permanente. Il y a du fiel dans son
zèle et de la bile dans son dévouement.

Certes un pareil personnage n'était pas fait pour
séduire; il avait d'ailleurs l'enveloppe de son caractère, une laideur abrupte et farouche. Il semble qu'il
urait pu dire, comme le Richard III de Shakespeare :
« J'ai été brouillé avec l'Amour dès le ventre de
« ma mère. » Aussi professait-il cyniquement le
mépris des femmes. La nature l'avait fait neutre,
mais il violait cette neutralité. Je ne sais rien de plus
odieux que sa *Lettre à une jeune personne sur son
mariage*. Il salit son voile nuptial; il flétrit, avec
ses rudes mains de pédant, les fleurs de sa guirlande
et les illusions de son cœur : « Vous avez, — lui
« écrit-il, — fort peu d'années à être jeune et jolie
« aux yeux du monde, et aussi peu de mois à l'être
« aux yeux d'un mari qui n'est point un sot. Car
« j'espère que vous ne rêvez plus aux charmes et
« aux ravissements que le mariage a toujours eu et
« aura toujours pour mission de faire cesser subite-
« ment. D'ailleurs, votre union a été une affaire de
« prudence et de bonne amitié, sans aucun mélange
« de cette ridicule passion qui n'existe que dans
« les pièces de théâtre et dans les romans. » — Il
poursuit sur ce ton brutal, allant de l'avanie à l'insulte, parlant à cette jeune fille comme à une femelle
qu'on vient d'accoupler : « De même que les théo-
« logiens disent que certaines gens prennent plus de
« peine pour se damner qu'il ne leur en coûterait

« pour faire leur salut, ainsi votre sexe emploie plus
« de mémoire et d'application pour être extravagant
« qu'il n'en faudrait pour le rendre sage et utile.
« Quand je songe à cela, je ne puis croire que vous
« soyez des créatures humaines. Vous êtes une sorte
« d'espèce à peine d'un degré au-dessus du singe.
« Encore, le singe a des tours plus divertissants que
« les vôtres, et il est, en somme, un animal moins
« coûteux et moins malfaisant. Avec le temps, il
« pourrait devenir un critique passable en fait de
« velours et de brocart, et ces parures, que je sache,
« lui siéraient aussi bien qu'à vous. »

Cet être haïssable fut pourtant aimé. Les bonnes fortunes du nain d'Astolphe et du nègre des *Mille et une Nuits* ne sont pas plus singulières que les passions inspirées par Swift. Ce fut l'amour à la renverse : Galatée courtisant Polyphème, Miranda éprise de Caliban. Une jeune fille nommée miss Waryng aspira d'abord à sa main ; il l'épouvanta pour la repousser, en lui faisant du mariage une peinture auprès de laquelle celle d'Arnolphe est un trumeau de boudoir. — « Êtes-vous capable, écrit-il à sa pré-
« tendue, d'abjurer vos penchants pour prendre les
« miens, de n'avoir de volonté que la mienne et de
« vous résigner à une profonde abnégation? Souf-
« frirez-vous patiemment mes colères souvent in-
« justes et mon humeur presque toujours détestable?
« Avec trois cents livres sterling, saurez-vous tenir
« maison et y répandre l'aisance? Serez-vous l'ange

« de résignation que je n'espère pas trouver en ce
« monde? Si vous le croyez, épousez-moi. »

Miss Waryng avait reculé devant le portrait, Esther Johnson s'éprit de l'original. C'était une belle jeune fille qu'il avait connue chez son premier patron, William Temple. Il fut son précepteur et devint son maître. L'enfant s'attacha à lui avec une passion qui ressemblait à une possession. Elle le suivit en Irlande; elle entra dans son doyenné comme elle serait entrée dans un cloître. La vierge fit vœu de chasteté entre les mains du vieil impuissant. Mais une autre jeune fille, miss Vanhomrigh, s'éprit de Swift à son tour. L'épouvantail inerte et farouche attirait à lui les colombes. Swift se laissait adorer avec un gauche embarras; il laissait ses deux maîtresses platoniques tirer par les deux pans son manteau rogné de ministre. Il leur donnait les noms poétiques de Stella et de Vanessa; parfois même il forgeait pour elles de lourds madrigaux : cadeaux d'un vieux Cyclope à des nymphes. Mais sa galanterie grimace et se bat les flancs. On sent dans ses vers d'amour l'eunuque pour qui un billet doux est une tâche aussi ingrate qu'un pensum.

Cependant Stella, apprenant qu'elle avait une rivale, tomba malade de désespoir et de jalousie : Swift l'épousa pour la guérir. Mariage dérisoire et glacial : le contrat stipulait sa stérilité. Vanessa n'en mourut pas moins de douleur. — Il y a du mystère dans cette histoire moitié grotesque et moitié tragique; elle ferait croire aux ensorcellements. — Stella, depuis, ne fit que languir et mourut bientôt à son tour. En partant, du moins, elle emporta la raison du vieillard qui l'avait tuée. Insensible aux souffrances de ses deux victimes, Swift ne résista pas à leurs spectres. Sa vieillesse se débattit dans les affres du spleen et de la folie. Il savoura le lent supplice de sentir l'imbécillité l'envahir à la façon d'une gangrène. Ses facultés se détachaient de lui une à une; il perdit d'abord la vue, puis la mémoire, puis l'intelligence. Son hypocondrie se tourna en rage. Il mourut, selon sa prédiction, « comme un rat empoi-« sonné dans son trou. »

Le talent, chez Swift, c'est l'homme : une adresse de bourreau, une misanthropie d'hypocondre, un rire de tyran. Tantôt il rappelle cet Apollon de Ribeira, qui, son couteau sanglant dans les dents, regarde fumer le corps de Marsyas; tantôt le fossoyeur de Shakespeare, bouffonnant sur les fosses ouvertes et cassant les têtes de mort à coups de bêche. Pamphlétaire, il est terrible et unique. Jamais la vengeance ne fut mangée plus froide et mâchée plus flegmatiquement. « Malheur! — s'écriait Auguste lé-« guant l'Empire à Tibère, — malheur au peuple « romain qui va devenir la proie d'aussi lentes mâ-« choires! » *Miserum populum romanum qui sub tam lentis maxillis erit!* — On se rappelle ce cri d'Auguste, en assistant aux exécutions de Swift. On plaint comme lui le malheureux tombé dans les mains de ce tortureur méthodique. Pas un éclat, pas un tressaillement, pas un de ces mouvements de colère qui abrégent le supplice ou qui le relèvent, en lui donnant le caractère d'un combat. Il dépèce symétriquement sa victime, il la divise et la subdivise, il inflige une douleur choisie à chaque membre, une convulsion spéciale à chaque fibre. — Il est tel de ses portraits satiriques, celui de lord Wharton, par exemple, qui rappelle les *écorchés* de l'anatomie.

Moraliste, Swift ne cesse pas d'être pamphlétaire. Sa haine, de particulière, devient générale. Il voudrait que l'humanité n'eût qu'une tête pour lui cracher au visage. Sa préoccupation unique dans ses Contes est de la ravaler et de l'avilir. Il dégrade toutes ses passions, il rabat toutes ses tendances, il déshonore tous ses sentiments. Le corps n'est pour lui qu'un appareil de fonctions ignobles, l'âme qu'un réceptacle de vices et de folies, la beauté qu'un vain trompe-l'œil qui ne résiste pas au verre du microscope. Il résume la religion par un énergumène, la science par un charlatan, la politique par un sycophante, la civilisation par une cohue d'imbéciles et de fripons. — Dans son *Gulliver*, il crée les *Yahous*, une espèce de singes immondes et féroces, les compare aux hommes, et les déclare supérieurs. Ses géants et ses nains nous rapetissent également, les uns en nous rabaissant à l'état d'insectes, les autres en nous montrant parodiés par une fourmilière. Ce Voyage de Gulliver est plus triste au fond que celui de

Dante à travers l'Enfer. Vous y cherchez en vain une échappée sur le ciel. Quelle différence avec la navigation imaginaire du *Pantagruel* de Rabelais, auquel on l'a souvent comparé! Le vaisseau de Pantagruel vogue en pleine science et en pleine nature : le vent de l'avenir souffle dans ses voiles ; l'aube de la Renaissance luit à l'horizon. Il aborde, comme celui de Gulliver, les îles symboliques du Mensonge et de l'Ignorance; mais les joyeux colosses qui le montent affrontent leurs monstres, soufflent sur leurs fantômes, et exorcisent leurs démons d'un éclat de rire fulgurant. Le Gulliver de Swift voyage sans espoir et sans idéal. Les pays chimériques qu'il visite lui montrent les vices de l'humanité monstrueusement grossis ou ridiculement contrefaits. Il y apprend que l'humanité est incurable et incorrigible, que tout est vanité et calamité. L'univers tel qu'il le découvre n'est qu'un vaste système d'enfers et de prisons roulant dans le vide. Il n'est pas jusqu'à l'idée de l'immortalité que Swift n'essaye d'enlaidir et de dégrader. Gulliver rencontre dans l'île de Luggnagg les *Struddbrugg*, une race d'Immortels; mais ces Immortels sont des vieillards idiots et infirmes qui se traînent, en radotant, le long de leur éternité misérable. Chaque lustre augmente leur caducité, chaque siècle aggrave leur décrépitude. Les êtres dont la Grèce fait des demi-dieux ne sont pour Swift que des ganaches tombées en enfance.

Même quand il moralise, Swift nous effraye et nous

choque encore. C'est sous la forme de l'antiphrase qu'il donne ses leçons; mais il garde dans le sarcasme un sérieux si imperturbable qu'on se demande si ce sérieux n'est pas véritable. Cette ironie perpétuelle a l'effrayante immobilité du masque que portaient les histrions antiques; son rire crispé ne bouge pas; les blasphèmes et les infamies passent au travers sans le détendre et sans l'amoindrir. Ses *Instructions aux domestiques* indigneraient Scapin et scandaliseraient Mascarille. Il leur prêche le vol, la fraude, l'ivrognerie, la paresse, l'espionnage, le mensonge, l'incurie des enfants, le dégât de la maison, la haine de leurs maîtres. L'intention morale est probable; mais comment la discerner sur ce visage impassible? Aucun signe ne vous avertit que l'auteur plaisante et qu'il dévoile les vices des valets en feignant de les enseigner. L'intendant, le sommelier, le cocher, le laquais, le groom, la cuisinière, la nourrice, la bonne d'enfant, la femme de chambre, ont leur chapitre à part dans ce Manuel technique de la fourberie. Les moindres détails du service y sont pervertis; l'auteur corrompt chacun selon son emploi : il révèle à la chambrière les ruses des entremetteuses; il apprend au laquais les stratagèmes des filous. C'est Machiavel professant à l'office et dans l'antichambre.

Mais si l'on veut voir le génie de Swift dans toute sa laideur, il faut lire le petit pamphlet qu'il intitule : « Modeste proposition pour empêcher les enfants des

« pauvres d'Irlande d'être à charge à leurs parents
« ou à leur pays, et pour les rendre utiles au public. »
Sa modeste proposition consiste à saigner les enfants
comme des veaux et comme des moutons, à les
cuire et à les manger. On comprendrait que le tribun
d'un peuple affamé employât cette monstrueuse
image pour effrayer ses tyrans, en donnant à son
discours le cri des seins taris et des entrailles déchirées. Mais c'est avec son flegme ordinaire que Swift
émet cette affreuse idée; il ne la lance pas dans un
accès de rage oratoire, il la présente comme une
motion, l'explique, la discute, en fait ressortir, point
par point, tous les avantages. On dirait un prêtre de
Moloch qui, devenu pasteur protestant, essayerait de
propager les rites de son ancien Dieu en les accommodant à l'esprit pratique de sa nouvelle religion. —
Il commence par établir qu'un jeune enfant bien
nourri est, à l'âge d'un an, rôti ou bouilli, à l'étuvée
ou au four, une nourriture substantielle et saine;
puis il prie le public de considérer que sur cent vingt
mille enfants, on en pourrait réserver vingt mille
pour la reproduction de l'espèce, « ce qui est plus
« qu'on ne réserve pour les moutons et le gros
« bétail, » et que les cent mille autres pourraient, à
l'âge d'un an, être offerts en vente aux personnes
de qualité et de fortune, dans tout le royaume, « la
« mère étant toujours avertie de les allaiter copieu-
« sement dans le dernier mois, de façon à les rendre
« charnus et gras pour les bonnes tables. » Il a tout

prévu et tout calculé : le poids que l'enfant peut atteindre, son prix de revient et de vente, l'usage qu'on pourrait faire de sa peau convenablement préparée. Il expose les résultats financiers et économiques de cette boucherie enfantine : la diminution du nombre des papistes, principaux producteurs de la nation; la richesse du pays accrue des cinquante mille guinées que coûterait par an l'entretien des enfants mangés; le profit d'un nouveau plat introduit sur la table des gentlemen « qui ont quelque délicatesse dans le goût; » l'encouragement au mariage, devenu une industrie lucrative; l'amour maternel excité et encouragé « quand les femmes « seraient sûres d'un établissement à vie pour les « pauvres petits, institué en quelque sorte par le « public lui-même. » Et cette facétie d'ogre continue ainsi pendant vingt-cinq pages, déduite logiquement, travaillée comme un rapport, appuyée par des chiffres, assaisonnée de recettes culinaires et gastronomiques! Ainsi parlerait un Taïtien anglican et parlementaire qui proposerait à la Chambre de son île de revenir au cannibalisme... Le cœur se soulève, le goût se révolte! On se demande si l'excès même du désespoir autorise de telles fantaisies, si l'ironie portée à cet excès n'est pas complice des horreurs qu'elle veut simuler.

Swift est un grand homme en Angleterre, il décroît à Douvres; à Calais, il n'a plus qu'une taille ordinaire. Son génie est trop insulaire pour s'acclimater ailleurs que dans son pays. Il personnifie avec une vigueur singulière les qualités violentes de la race saxonne. Mais son talent, qui enthousiasme l'Angleterre, n'inspire ailleurs qu'un morne étonnement. — Baal domine à Carthage, Typhon règne en Égypte : leur génie cruel fait partie de l'esprit public, leur laideur caractérise la contrée, leur difformité plaît à leur peuple comme l'expression de son originalité et de sa puissance. Mais Rome refuse d'adorer ces rudes fétiches indigènes; la Cité éternelle et universelle ne les admet pas dans son Panthéon.

FIN.

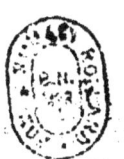

CALMANN LÉVY, ÉDITEUR

DU MÊME AUTEUR

LES DEUX MASQ

PREMIÈRE SÉRIE

LES ANTIQUES : ESCHYLE
Un beau volume in-8

HOMMES ET DIE

ÉTUDES
D'HISTOIRE ET DE LITTÉRATURE
Un beau volume in-8

BARBARES ET BAND

— LA PRUSSE ET LA COMMUNE —
Quatrième édition, un beau volume grand in-

SOUS PRESSE

LES DEUX MASQUE

DEUXIÈME SÉRIE
SOPHOCLE, EURIPIDE, ARISTOPHANE, CALID

Paris. — Imprimerie Ph. Bosc, 3, rue Aubur

www.ingramcontent.com/pod-product-compliance
Lightning Source LLC
Chambersburg PA
CBHW071609230426
43669CB00012B/1884